당현종

지은이

閻守誠 _ 首都師範大學 歷史系 教授

吳宗國 _ 北京大學 歷史系 教授

옮긴이

임대희 _ 경북대학교 역사과 교수

우성민 _ 동북아역사재단 연구위원

초판 인쇄일 : 2012년 7월 5일
초판 발행일 : 2012년 7월 10일
지은이 : 閻守誠 · 吳宗國
옮긴이 : 임대희 · 우성민
발행인 : 김선경
편　집 : 김소라 · 김윤희
발행처 : 도서출판 서경문화사
주　소 : 서울 종로구 동숭동 199-15(105호)
　　　　　전화 : 743-8203, 8205 / 팩스 : 743-8210
　　　　　메일 : sk8203@chol.com
등록번호 : 제300-1994-41호

ISBN 978-89-6062-095-7   93910

당현종

閣守誠·吳宗國 共著
임대희·우성민 옮김

서경문화사

한국어판 서문

당대는 고대 중국의 역사에서 가장 찬란한 시대였으며, 당현종 이융기 치하의 개원·천보 년간은 특별히 태평성세라 칭해지고 있습니다. 그러나 당현종에 대한 평가는 한결같지가 않습니다. 혹자는 그를 풍류의 황제라 부르기도 하고, 혹자는 그를 어리석은 황제라 말하기도 합니다. 또 어떤 이는 공적과 과실이 반반이며, 그가 명석하기는 하나 한편으로는 어리석기도 한 사람이라고 말하기도 합니다. 또 어떤 이는 그를 중화 민족의 걸출한 역사적 인물 중 하나로 꼽기에 부족함이 없다고 말하기도 합니다.

그를 어떻게 평가하든지 간에, 그는 당대 역사 연구에서 사람들의 마음을 사로잡는 중요한 인물임에 틀림없으며, 우리도 그에게 깊은 흥미를 가지고 있습니다. 그래서 이 책을 쓰게 되었고, 그에 대한 우리의 좁은 소견을 약술하였던 것입니다.

이번에 한국에 계신 임대희(任大熙) 선생의 배려에 힘입어, 이 책이 한국어로 번역되어 장차 한국에서 출판된다고 합니다. 만약 한국의 학자들이 넓은 마음으로 이 책을 읽고 비평과 질정을 가해주신다면 진심으로 감사하겠습니다. 우리는 이러한 학술적인 교류가 학술의 발전에 도움을 줄 뿐만 아니라, 한중(韓中) 두 나라의 우의에도 도움을 줄 것이라 믿습니다. 우리는 이 작은 책을 통하여 한국의 훌륭한 스승[良師]과 유익한 친구들을 많이 사귀고 싶습니다. 또한 한중 양국인의 우호에도 작은 힘을 다할 수 있기를 바라는 바입니다.

염수성闔守誠 · 오종국吳宗國
1996년 4월 北京에서

목차

1부

1. 불행한 왕자

수공(垂拱) 원년 가을 음력 8월 5일(685. 9.8), 당나라의 새 황제인 예종(睿宗)의 덕비(德妃) 두씨(竇氏)가 동도(東都) 낙양(洛陽)에서 아들을 낳았으니, 그의 이름이 이융기(李隆基)이다. 이 아이가 바로 예종의 셋째 아들이며, 역사적으로 명성을 떨친 당현종(唐玄宗), 즉 당명황(唐明皇)이다. 이융기가 태어났을 때 당나라는 나날이 발전하고 있었다. 국력은 강성했고 경제가 발전하였으며, 사회는 안정되어 한마디로 태평성대를 누리고 있었다. 그러나 최고 통치 집단의 내부는 불안정하였고, 언제 발생할지 모르는 정변의 가능성이 숨어 있었다. 그야말로 폭풍 전야의 고요함과 같은 기운이 도사리고 있었다.

이융기가 태어나기 2년 전인 홍도(弘道) 원년(683) 2월, 그의 조부 고종(高宗) 황제 이치(李治)가 지병으로 붕어했다. 고종은 오래도록 건강 상태가 좋지 않은데 현경(顯慶) 5년(660)부터 중풍의 일종인 풍현(風眩)으로 머리가 무겁고 눈앞이 침침해서 이융기의 조모이자 고종의 황후인 무측천(武則天)이 정무 처리를 돕기 시작했다. 무측천은 "천성이 밝고 민첩하며 문학과 역사를 섭렵하였는데, 일을 처리할 때마다 황제의 칭송을 받았다(『資治通鑑』 卷200, 高宗顯慶5年)"고 했을 정도로 고종의 깊은 신임을 받고 있었다.

무측천은 고종 후기에 점차 권력을 장악하여 황제와 다를 바 없는 위세를 가지고 있었기 때문에, 당시 고종과 더불어 두 명의 성인이라는 '이성(二聖, 『舊唐書』 卷6, 則天皇后)'으로 불렸다. 고종이 세상을 떠난 후에 황태자 이철(李哲)이 황제 자리를 계승하였는데, 이가 바로 중종(中宗)이다. 중종은 무측천을 황태후로 받들었고, 무측천은 정사를 모두 결재하였다고 한다.

그러나 중종이 즉위한 지 두 달도 채 되지 않았을 때, 무측천은 그를 여릉왕(廬陵王)으로 낮추고 황위를 박탈하였다. 무측천은 둘째 아들인 이철의 동생 이단(李旦)에게 황관을 하사하였다. 그가 바로 예종(睿宗)이다.

중종이 폐위된 것은 그가 황제 자리에 오르자마자 자신의 파당을 만들려 하였기 때문이었다. 그는 장인인 위현정(韋玄貞)을 시중(侍中)에 임명하고 유모의 아들에게 5품관(五品官)을 하사하려고 하였다. 그 얼마 전에, 위현정은 그 딸이 황후의 자리에 오르면서 보주참군(普州參軍)에서 예주자사(豫州刺史)로 승진한 바가 있었다. 또 얼마 되지 않아 다시 시중으로 승임되었으니 이는 분명 타당한 일이라 할 수 없었다. 이러한 제안에 대해 당대 재상이었던 배염(裴炎)은 단호하게 반대하고 나섰다. 젊은 황제는 크게 화를 내면서 "내가 천하를 위현정(韋玄貞)에게 준다 해도 안 될 일이 있겠는가! 시중의 자리가 아깝단 말이오?!"라고 말하였다. 배염은 이 사건을 무측천에게 고하였고, 일련의 밀모를 통해 광택(光宅) 원년(684) 2월 초 엿새, 무측천은 건원전(乾元殿)에서 백관(百官)들을 소집하였다. 배염과 중서시랑(中書侍郎) 유위지(劉褘之)·우림장군(羽林將軍) 정무정(程務挺)·장건욱(張虔勖)은 병사를 거느리고 입궁하였으며, 태후(太后)의 명령을 선포하고 중종을 여릉왕으로 폐위시켰다. 이철은 황제의 옥좌에서 이끌려 내려오면서 자신이 무슨 죄를 지었는지 물어보았다. 이에 무측천은 "네가 천하를 위현정에게 주려 하였는데 어찌 죄가 없다 하겠느냐?"라고 일갈하였다. 그녀는 이렇게 대답하면서 위풍당당하게 자기의 궤변을 정당화하였다. 이와 같은 대답은 그럴듯하게 들리지만 역시 도리에 어긋나는 일이 아닐 수 없었다.

무측천은 젊은 황제가 홧김에 한 말을 꼬투리로 잡았던 것이다. 사실 고종이 죽고 난 후 그녀는 이미 대권을 잡고 있었으며, 이때부터는 적극적으로 여황제로 등극하는 꿈을 차근차근 현실화하고 있었던 것이다. 그 과정에서 그녀의 의도에 방해가 되는 자는 서슴없이 처단하였다. 여기에는 따뜻한 정감이 흘러야 할 어미와 자식간의 사랑도 역시 예외가 될 수 없었다. 무측천의 성격은 의연하고 엄격하였으며 정적을 타도하는 것에 대해서는 조금도 빈틈이 없었다. 그것은 '남을 죽이더라도 자기가 살아야하는' 권력투쟁 속에서 그녀가 살아남아 승리를 거두는 방법이었다. 그녀가 자신의 아들을 황위에 앉혔던 이유는 단지 자신이 황제가 될 만한 시기에 아직 이르지 않았기 때문이었다. 무측천은 결코 아들이 황제의 권리를 행사하길 원치 않았으며, 그가 권력을 남용하는 것은 더더욱 허락하지 않았다. 중종은 당시의 정치적 형세와 자기가 처한 환경과 지위, 그리고 어머니의 개성과 생각에 대한 정확한 이해가 부족했다. 그는 자신이 황제이며 절대권력을 가지고 있으므로 자기 마음대로 행동하여도 된다고 생각했다. 결국 자기가 옳다고 여긴 행위가 엄격한 어머니의 신경을 건드렸고, 이로써 죄를 뒤집어쓰게 되어 이제 막 쓰게 된 황관을 벗어야만 했던 것이다.

눈 깜빡할 사이에 옥좌의 주인은 바뀌었다. 이로 말미암아 이융기는 대단히 고귀한 황제의 가문에서 탄생하게 되었다. 그러나 변화무쌍한 정치의 풍운은 어린 이융기의 머리 위를 뒤덮고 있었다. 그의 앞날이 순탄하지만은 않을 것이며, 액운이 가득할 것이라는 것을 예고하고 있었던 것이다.

무측천은 수월하게 중종을 폐위시키고 예종을 세워 그녀의 무시할 수 없는 권위를 선명하게 과시하였다. 이는 그녀의 전성시대가 시작되었음을 상징적으로 보여주는 것이었다. 이때부터 태후는 항상 궁전에 거하며 붉은 장막을 치고 수렴청정을 하였다. 무측천이 섭정에 임한 후 황위를 향한 그녀의 행보는 더욱 빨라졌다. 그녀는 동도를 신도(神都)라고 개명하고 깃발과 관복(官服)의 색을 바꾸고 정부 각 부문의 명칭과 관명을 바꾸었다.

조카 무승사(武承嗣)를 재상으로 임용하고 무씨(武氏) 오대조(五代祖)를 왕으로 봉하였다. 이러한 뜻밖의 놀라운 시책은 당대 조상들의 전통을 변경시키는 것이었고, 무거운 정치적 압력을 조성하였다. 이씨 성을 지닌 당왕조 종실(宗室) 사람들은 위협 속에서 격분하였다. 중종이 폐위된 지 몇 개월이 지나지 않아 서경업(徐敬業)이 주도한 양주(揚州) 무장 반란 사건이 일어났다. 이 반란은 비록 신속히 평정되었지만 무측천은 이를 통해 궁정 내외에서 반대파의 세력이 여전히 강하게 잠재되어 있음을 깨닫게 되었다. 그리하여 그녀는 밀고의 문을 열고 혹리(酷吏)를 중용하는 등 고도의 압력적인 수단을 사용하여 반대파의 세력에 타격을 가하고, 반대 의견을 가진 관원을 주살하였다. 당종실(唐宗室)은 반대파의 중심에 있었으며, 무측천이 황위에 오르는데 주요한 장애가 되기도 하였다. 무측천은 당종실에 타격을 가하는 것에 대하여 신중하게 심혈을 쏟았다. 당종실의 사람들을 주살하는 사건을 시작으로 하여 무측천이 황제가 되기 전까지, 그녀가 낳은 아들 이철(李哲 : 中宗, 顯이라고도 일렀다)과 이단(李旦) 외에는 당의 고조(高祖)·태종(太宗)·고종(高宗) 3대 황제의 황자들을 모두 제거하였다. 당 종실은 이로써 거의 씨가 마르게 되었던 것이다.

재초(載初) 원년(690) 9월 9일, 무측천은 당의 명운을 바꾸어 국호를 주(周)라고 고치고 연호를 천수(天授)라고 개원하였다. 그녀는 스스로 '성신황제(聖神皇帝)'라 칭하고 예종을 황위의 계승자로 삼고 그에게 무씨(武氏) 성을 하사하였다. 이 해에 이융기는 다섯 살이 되었다. 세 살 때 그는 이미 초왕(楚王)에 봉작(封爵)되었다. 이융기는 당종실의 사람들이 참혹하게 피살당하는 공포스러운 분위기 속에서 어린 시절을 보내야했다. 다행스럽게도 예종은 현명하였기 때문에 그 자신도 험악한 환경 속에서 평안함을 얻을 수 있었을 뿐만 아니라 이융기의 형제자매들도 안전한 지위에서 어린 시절의 즐거움을 향유할 수 있었다. 예종은 양호한 문화 교육을 받아 사람됨이 "겸손하고 효성스럽고 우애가 있었다. 또한 학문을 좋아하고 초서(草書)

와 예서(隷書)에 능했는데 특히 문자 훈고의 책을 좋아하였다(『舊唐書』卷7 「睿宗紀」)"고 한다. 형에 비해서 그는 어머니 무측천을 깊이 이해하고 있었으며 궁정에서 일어나는 투쟁의 형세와 그 속에서의 역량에 대해 분명하게 인식하고 있었다. 수공(垂拱) 2년(686) 정월, 태후(太后)는 황제에게 다시 정치에 임하라는 명을 내렸다. 그러나 예종은 태후의 마음이 진심이 아님을 알고 표(表)를 올려 한사코 사양하였다. 그 후 태후는 다시 국정을 맡고 황제를 대신해 섭정하였다. 중종은 자신이 황제가 되면 자기가 하고 싶은 대로 할 수 있다고 여겼다. 그러나 예종은 태후가 국정을 맡아 섭정을 하는 상황에서 유명무실한 황제로 있고자 마음을 굳게 먹고, 무측천의 행동을 방해하지 않았다. 그래서 무측천이 처음 국정을 맡을 때부터 혁명의 시기에 이르기까지 황실 주변에는 여러 차례의 변고가 있었음에도 불구하고 황제는 이와 같이 매번 삼가며 물러남으로서 결국 화를 면할 수 있었다(『舊唐書』卷7 「睿宗紀」). 예종은 황제의 존귀한 자리에 있으면서도 힘겹게 화를 면하고 자신을 지켰으며, "예종의 자식들은 모두 궁중에 유폐되어 10여 년 간 두문불출하며 모습을 나타내지 아니하였다." 이융기와 그의 형제들은 어릴 때부터 궁중에서 유금되어 생활했으므로, 그들이 어린 시절에 누릴 수 있었던 즐거움은 극도로 제한된 것이었다.

역사상 '당왕조를 주(周)왕조로 바꾼 사건[改唐爲周]'을 '혁명(革命)'이라고 한다. 이 혁명을 둘러싸고 당대의 정치에는 연이어 한 차례 또 한 차례 높은 파도가 일어나 이 시기의 역사를 유달리 특이하고도 풍성하며 다채로운 모습으로 만들고 있었다. 이 모든 사건의 중심은 무측천이었으며 그녀의 밝은 빛은 이 시대를 두루두루 비추고 있었다. 이융기는 뛰어난 재능과 원대한 계략을 갖춘 조모의 통치하에 청년기를 시작함으로 평범하지 않은 경력을 갖게 된다.

무측천의 주왕조[武周] 시기에 이융기의 부친 황사(皇嗣) 이단(李旦)은 줄곧 궁핍한 생활을 하였다. 무측천은 황제가 된 해에 이미 67세의 나이였다. 그러나 무측천은 길고 긴 고난의 역경을 이겨내고 비로소 대주(大周)의 '성신황제'가 되었고, 중국 역사상 전에 없던 걸출한 여황제라는 이름을 얻게 된 것이다. 그러나 그녀가 당 황실의 최고 권력을 장악하였다고 해서 궁정 내의 분쟁이 그친 것은 아니었다. 단지 분쟁의 초점이 "무측천이 황제가 되어야 하는가, 아니면 황제가 되는 것을 막아야 하는가"라는 문제에서 "황위를 이씨(李氏)가 계승해야 하는가, 아니면 무씨(武氏)가 계승해야 하는가"라는 문제로 전환되었을 뿐이다. 황위 계승의 쌍방으로서 한쪽은 무승사(武承嗣)와 무삼사(武三思)를 핵심으로 하는 무씨 집단이었고, 다른 한쪽은 당 황실에 충성을 바치던 조정의 중신들이었는데 그들은 당연히 이씨에 의해 황위가 계승되어야 한다고 믿었다. 무측천의 태도는 분명하지 않았다. 그녀 역시 양쪽 사이에서 갈등하고 있었다. 때문에 황위의 계승자가 된 이단의 지위도 결코 든든하지만은 않았다. '황사(皇嗣)'라는 것은 미묘한 뜻을 포함한 명칭이다. 황사는 황위의 계승자라는 뜻이지만 황위 계승자의 전통 명분과 지위에서 볼 때 격이 한 단계 낮은 것이다. 즉 무측천이 이단에게 황사라는 자리를 준 것은 그녀가 아직 그를 진정한 계승자로 결정하지 않았다는 것을 뜻하였다. 또한 상당히 긴 시간 동안 무측천은 '무씨를 중시하고 이씨를 경시하였으므로[重武輕李]' 아마도 그녀는 무씨의 자제를 황위의 계승자로 선택하려는 쪽으로 마음이 많이 기울었을 것이다. 이리하여 무승사와 무삼사는 모두 제멋대로 활개를 쳤고, 그들은 공격의 화살을 황사 이단에게로 돌리고 황위 계승자의 자리를 차지하고자 하였다. 이단은 아직도 무측천의 충분한 신임과 기대를 받지 못하였기 때문에 피동적이었고, 비난을 받는 위치에 놓여 있을 수밖에 없었다.

여의(如意) 원년(692) 9월, 무측천은 이가 새로 난 것을 기려 연호를 장수(長壽)로 바꾸었다. 10월, 예종의 자제들은 궁을 나오게 되었고[出閤] 관직에 배치될 수 있었다. 이 엄격한 조모는 자신이 병이 없이 장수하는 것을 즐거워하여 자손들에 대한 규제를 풀어주고 그들에게 독립적인 활동의 여

가를 주었다. 이융기가 7세 되던 이 해, 궁정을 진동하게 한 사건이 벌어
진다.

　　음력 초하루 보름, 말과 수레가 궁궐에 도착하자, 금오장군(金吾將軍)
　　무의종(武懿宗)은 이융기의 의장이 엄숙하고 정연한 것을 꺼려하며 의장의
　　배열을 질책하면서 그를 제압하려고 하였다. 그러자 이융기는 질책하며 "나
　　의 집이 조정인데, 네가 무슨 일을 하려느냐? 감히 나의 말 모는 시종들을
　　핍박하다니!"라고 하였다. 무측천은 이를 듣고 그를 더 총애하였다(『舊唐
　　書』卷8「玄宗上」).

　이것은 무측천이 황제가 된 후에, 이씨와 무씨 사이에 일어난 첫 번째
정면충돌이라 할 수 있었다. 무의종은 무측천의 백부인 무사일(武仕逸)의
손자로서 하내군왕(河內郡王)이라는 지위를 갖고 있었다. 무씨 주나라의 새
로운 귀족이 득의양양한 때에, 그는 이융기가 거느린 기마의 의장이 위엄
하고 정돈된 것을 보고는 몹시 불쾌해했다. 그래서 금오장군(金吾將軍)의
풍기를 감찰하는 권한을 이용하여 제동을 걸어서 이융기를 꺾으려 하였
다. 그러나 이융기는 조금도 두려워하지 않고 당당하게 힐문하였다. "나의
집이 조정인데, 네가 무슨 일을 하려느냐? 감히 나의 말 모는 시종들을
핍박하다니!" 이 사건을 통해서 나이 어린 이융기가 성격이 강직하고 고집
스러우며, 이미 정치적인 신념을 가지고 있었음을 알 수 있다. 이융기가
정치적으로 이렇게 조숙하였던 것은 가정교육과 환경의 영향으로 말미암
은 것으로 보인다. 그는 어려서부터 궁정에서 일어나는 정치적 분쟁의 소
용돌이 속에서 지냈고, 이씨와 무씨의 대립에 초점을 맞춘 권력의 쟁탈을
항상 보고 들으면서 이로부터 큰 영향을 받게 되었다. 그래서 그는 일찍부
터 자신의 지위와 사명을 깨닫고 있었으며 '자신의 집이 조정'이라는 사실
을 지키기 위한 분투의 정신을 가지게 된 것이다. 이로써 그는 후일 정치

투쟁의 거대한 변화에서 큰 역할을 담당하게 되었다.

이융기는 용감하고 고집이 세었는데 무측천은 이 소식을 듣고 그를 더욱 총애하였다. 아마도 연로(年老)한 이 할머니 스스로가 일곱 살 난 손자의 모습에서 젊은 시절 자신의 결단력 있고 용감했던 성격을 발견하였고, 그가 드러낸 기질에 기뻐하였을 것이다. 당나라 사람 정처회(鄭處誨)는 또 다른 사건을 기술하고 있다.

> 당 천황은 늘 여러 황손들을 어전에 소집하여, 그들이 노는 것을 바라보았다. 그리고 서국[西國 : 서역(西域) 국가]에서 헌상한 옥팔찌가 담긴 접시를 앞에 펼쳐놓고, 마음대로 가져가게 내버려두고는 무엇을 가져가는지 그 뜻을 헤아려보려 하였다. 황손들은 모두들 다투고 난 후에야 얻고 싶던 것을 가지게 되었는데, 단지 현종(玄宗)만은 단좌하고 앉아서 움직이려 하지 않았다. 황후가 이를 기이하게 여기고, 그의 등을 쓰다듬으면서 대신들에게 "이 아이가 태평성세의 황제가 될 것이야"라고 말하였다. 그리고는 명령을 내려 옥으로 된 용을 하사하게 하였다(『舊唐書』 卷8 「玄宗上」).

무측천은 많은 황손들 가운데에서도 이융기를 가장 소중하게 여겼다. 여황에게는 사람을 보는 혜안이 있었는데, 그녀가 이융기를 보며 마음속으로 흐뭇해했던 것은 결코 우연한 일이 아니었다. 역사는 이융기가 여황의 커다란 기대를 저버리지 않았음을 실증한다.

이융기는 비록 조모의 총애를 받았지만, 이융기의 주위에서 액운은 계속 떠나지 않았다. 그가 출각한 지 한 달도 되지 않아 황사비(皇嗣妃) 유씨(劉氏)와 생모인 덕비(德妃) 두씨(竇氏)가 비명횡사하였다.

장수(長壽) 2년 정월 초이틀,[1] 황사비 유씨와 덕비 두씨는 가예전(嘉豫

---

1) 武周의 역법(曆法)은 주정(周正 : 周나라의 正月)을 사용하였으므로, 11월이 비로서 정월(正月)이 된다. 12월은 납월(臘月)이 된다. 이 때는 692년이다

殿)에서 무씨를 조알한 후 동시에 피살되는데, 시신이 어디에 매장되었는지 조차도 분명히 아는 이가 없었다. 유씨는 이단(李旦)의 본부인으로 명문 집안에서 출생하였다. 조부 유덕위(劉德威)는 당나라의 개국 공신이며, 태종이 다스리던 정관(貞觀) 때에 관직이 형부상서(刑部尚書)에 이르렀다. 부친 유연경(劉延景)은 섬주자사(陝州刺史)였다. 광택(光宅) 원년(684) 2월, 이단이 황제가 되면서, 유씨는 황후의 자리에 올랐다. 그러나 곧 예종은 황사로 낮추어졌고, 유씨는 황사비가 되었다. 덕비 두씨(竇氏)는 고조 이연(李淵)의 황후인 두씨의 종형제 두항(竇抗)의 증손녀로서, 그 아버지 두효심(竇孝諶)은 윤주자사(潤州刺史)였다. 두씨는 저명한 사족(士族)으로 "덕비(德妃)는 혈통이 고귀하며 자태가 온순하고 행동이 예도에 합당하였다(『舊唐書』 卷51 「昭成皇后竇氏傳」)"고 하는데, 그녀가 바로 이융기의 생모이다.

　유씨와 두씨가 피살된 원인에 대해 "유씨는 두덕비(竇德妃)와 함께 독충을 몸에 지니고 저주하는 주문을 읽었다고 집노비로부터 모함 받았기 때문이다(『新唐書』 卷75 「肅明順聖皇后劉氏傳」)"라는 기록이 있다. 유자현(劉子玄)의 『태상황실록(太上皇實錄)』에는 비교적 상세한 기록이 남아있다. "위단아(韋團兒)는 아첨을 잘하여, 무측천에게 특별히 신임을 받았다. 그녀는 황사의 애첩이 되고자 하였지만 거절당하자 그를 원망하였다. 이에 오동나무로 된 인형을 만들어 두명의 비(妃)의 원내(院內)에 묻고 그들을 모함하여 죽였다(『資治通鑑』 卷205 「長壽2年正月」에서 인용)"고 한다. 당률(唐律)에 따르면, 가축이나 독충으로 독을 만들고 저주를 비는 것은 십악(十惡)의 사면 받지 못할 죄에 속하며 극형에 처해야 하였다. 덕비 두씨가 피살된 후에, 그 어머니 방씨(龐氏) 또한 집노비로부터 덕비와 더불어 저주를 행했다는 무고를 당하여 죽음을 당할 뻔하였다. 그러나 다행히도 시어사(侍御史)인 서유공(徐有功)이 용감하게 나서 사리에 맞게 힘써 변호하였다. 방씨는 가까스로 죽음을 면할 수는 있었으나 그 세 아들과 함께 모두 지방으로 추방되었다. 위단아는 여기서 그치지 않고 다시 황사를 해치려 하였는데, 그 상황을 태후

(太后)에게 고발한 사람이 있었기에 이에 태후는 위단아를 죽였다고 한다.

이 사건은 마치 위단아가 황사의 사랑에 대해 만족하지 못한 것에서 시작된 것처럼 보인다. 그러나 실제 문제는 이처럼 간단하지가 않았다. 일개 하녀가 황사의 비와 덕비를 해치고, 또 황사까지 해하려 한 것은 그녀 자신이 능력과 담력을 갖추었기 때문이 아니라 그 이면에 분명 복잡한 배경이 있었기 때문이다. 당시 무측천은 황제로 즉위한 지 얼마 되지 않았고, 이에 혹리 정치도 성행하였다. "밀고자들이 사람을 꾀면 노비는 그 주인을 고발하였고, 그것으로 상(賞)을 구하는 것이 일종의 사회적인 유행이 되어 있었다"고 한다. 위단아를 책동하여 황사를 모함한 세력은 궁중에 있는 무씨 집단에서 나올 수밖에 없었다. 유씨와 두씨가 피살되기 하루 전인 정월 초하루, 무측천이 만상신궁[萬象神宮 : 무측천이 건원전을 헐고 새롭게 건립한 명당(明堂)을 칭함]에서 제사를 드릴 때 위왕(魏王) 무승사(武承嗣)에게 아헌(亞獻 : 제사지낼 때 두 번째 술을 올리는 일)을 하게 하고, 양왕(梁王) 무삼사(武三思)에게 종헌(終獻 : 제사지낼 때 세 번째 술을 올리는 일)을 하게 하였다. 무측천이 황제가 되기 일년 전, 즉 영창(永昌) 원년(689)에 만상신궁(萬象神宮)에서 제사를 드렸을 때는, 바로 황제가 아헌을 하고, 태자에게 종헌을 하게 했었던 것이다. 중요한 대전(大殿)에서 담당한 역할이 변화한 것을 볼 때, 무씨 집단의 세력이 현저히 상승했음을 알 수 있다. 무씨들은 적극적으로 활동하면서 황사를 폐위하고 무승사를 태자로 삼도록 요구하였다. 그러므로 위단아가 나타나 모함을 한 것은 당연히 무씨 집단의 세력이 그녀의 배후가 되었음이 틀림없었다.

그러면 무측천은 왜 위단아의 무고를 믿고, 경솔히 유씨와 두씨를 죽여버렸을까? 이는 그들이 명문 귀족 출신이라는 것과 무관하지 않다. 무측천은 원래부터 황사가 집안 세력이 센 후비를 얻는 것을 원하지 않았다. 그렇게 되면 그녀가 황사를 제압하는 데 방해가 되기 때문이었다. 그래서 그들이 깜박 바른 길에서 벗어났다는 소식을 듣고는 이것이 진실인지 거짓인지 살피지도 않고 그들을 처단하였던 것이다. 무측천은 분명히 황사에게 경계심을 가지고 있었다. 그러나 그때까지는 황위 계승 문제를 고려하고 있었기 때문에 황사를 폐위시켜야 하는지는 결정하지 못하고 있었다. 따라서 위단아가 황사를 해코지 하고자 했을 때 그녀는 털끝만큼의 인정도 없이 위단아를 죽여 버린 것이다.

유씨와 두씨의 갑작스런 죽음 앞에, 이단의 마음은 비통함으로 가득 찼지만 감히 드러낼 수는 없었다. "황사는 황제의 마음에 거슬리는 것을 두려워하여 감히 말은 하지도 못하였고, 태후(太后)의 앞에서 언행도 마음대로 할 수 없었다". 이는 비좁은 틈바구니에서 살아가는 황사(皇嗣)의 어려움을 잘 보여주는 것으로, 그가 얼마나 무거운 압박감 속에서 살고 있었는지를 표현한다. 이단의 아들들도 역시 이 일에 연좌되어 궁중에 연금되었으며 군왕(郡王)으로 낮추어졌다. 첫째인 황손(皇孫) 이성기(李成器)는 황태자(皇太子)에서 황손으로 낮추어졌고 다시 수춘군왕(壽春郡王)이 되었으며, 둘째인 항왕(恒王) 이성의(李成義)는 형양군왕(衡陽郡王)으로 낮추어지고, 셋째 초왕(楚王) 이융기는 임치왕(臨淄王)으로 낮추어졌으며, 넷째 위왕(衛王) 이융범(李隆范)은 파릉군왕(巴陵郡王), 다섯째 조왕(趙王) 이융업(李隆業)은 팽성군왕(彭城郡王)이 되었다.

이렇게 이융기는 자유를 잃었을 뿐만 아니라 어머니까지도 잃게 되었다. 그리고 "이모 두씨(竇氏)가 어린 이융기를 양육하게 되었다(『舊唐書』卷51「肅宗張皇后傳」)." 이모 두씨는 덕비 두씨의 여동생으로, 후에 숙종(肅宗) 장황후(張皇后)의 조모가 된 사람이다. 갑자기 닥친 재난과 어머니를 잃어버린 고통은 이융기의 마음속에 깊은 상처를 남겨주었다. 이모가 이융기를 부양하였기 때문에, 그녀는 이후 "경운(景雲) 년간에, 등국부인(鄧國夫人)에 봉해지니, 그 은혜가 매우 컸다(『舊唐書』卷52「肅宗張皇后傳」)."

그러나 액운은 여기서 그치지 않았고 이융기는 곧 더 큰 위험에 빠져들게 되었다.

　　이융기와 그 형제들의 지위가 낮아진 지 얼마 되지 않아, 누군가가 전
(前) 상방감(尙方監) 배비궁(裴匪躬)・내상시(內常侍) 범운선(范雲仙)이 사적으로
황사를 알현하였다고 상부에 고하였다. 장수 2년 1월 24일, 배비궁과 범
운선 두 사람은 저자 거리에서 허리를 잘라서 죽이는 요형(腰刑)을 당하였
다. 이로써 황사는 조정 바깥의 공경(公卿)들과 관계가 완전히 단절되었으
며, 그 모습이 마치 죄를 지은 사람과 같았다. 연이어 또 누군가가 황사가
다른 뜻을 품고 있다고 고발하였고, 무측천은 혹리(酷吏) 내준신(來俊臣)에
게 이 안건을 처리하게 하였다. 내준신의 엄형으로 자백을 강요당하자 황
사의 곁에서 따르던 사람들은 모두 분분히 모반을 꾀하였다고 거짓 자백
하기에 이르렀다. 그러나 태상공인(太常工人) 안금장(安金藏)은 끝까지 이를
부인하였다. 그는 내준신에게 "공이 나의 말을 믿지 못하니 이 가슴을 갈
라서 황사께서 모반을 꾀하지 않았음을 증명하게 하여 주시오"라고 말하
였다. 말을 마치고 허리에 차고 있던 칼을 꺼내 자신의 배를 가르니 오장
이 모두 튀어나오고 붉은 피가 땅 위를 흥건하게 적셨다. 태상공인은 음악
을 직업으로 삼은 사람인데 당대에는 천민에 속하였다. 그들은 주현(州縣)
에 호적을 두게 되어 있지만, 예전과 같이 태상시(太常侍)에서 복역하여,
태상음성인(太常音聲人)이라 따로 불렀다(『唐律疏議』 卷3). 그들은 천민 계층
가운데에서도 가장 높은 등급이었다. 무측천은 정치가의 예민한 안목으로
안금장의 태도를 보고 황사의 모반이 사실이 아니라는 점과 사회의 하층
민이 이당 황실을 지지하고 있는 것을 깨닫고는 심문을 멈추게 하였다.
그녀는 신속히 궁중의 의원을 불러 안금장의 병과 상처를 고치게 하였다.
태후는 친히 그를 만나보고, "내 아들이 스스로 이 일을 밝히지 못하여
그대를 이 지경으로 만들었도다"라고 탄식하며 말하였다. 이단은 비로소
어려움에서 벗어나게 되었다. 이 사건은 이단의 정치 생애에서 가장 위험
했던 한순간이었다. 만약 안금장이 결사적으로 대항하지 않았다면 당장에
모반의 죄명을 뒤집어쓰고 이단과 그 자녀들은 모두 극형에 처해졌을 것

이었다. 이때 이융기는 아직 어렸기 때문에 죽음의 경계선을 넘나드는 이 사건의 엄청난 위험을 완전히 이해할 수는 없었다. 그러나 그가 성년이 된 후에는 이 사실을 깊이 깨닫게 되었다. 안금장의 용감한 희생정신은 이후 이단, 이융기 부자로부터 거듭되는 표창을 받았다. 이 일로부터 40년 이 지난 개원(開元) 24년(732), 현종 이융기는 안금장을 대국공(代國公)에 봉하고, 동서악(東西岳)에 비를 세우고 그 공을 드날리게 하였다. 안금장은 사후에 병부상서(兵部尙書)로 추증되었다.

　이융기의 액운은 부친 이단과 연루된 것이었다. 이단이 받은 일련의 타격은 무씨 집단이 황위를 계승하려고 행한 활동의 일부분이었다. 무승사와 무삼사는 모두 태자가 되려 했으며, 그들은 무측천에게 "자고로 황제들 가운데에는 성이 다른 후계자가 없었습니다"라고 말하였다. 한편 적인걸(狄仁傑)을 수뇌로 한 조정의 신하들은 무측천에게 이씨를 대신하여 무씨에게 황위를 물려주려는 생각을 포기하라고 재삼 당부했다. 그들의 이유는 한 곳에 집중되었는데, 그것은 "조카로 황제를 삼고 제사를 지내는 사람을 아직 들어보지 못했다"는 것이었다. 적인걸 등은 또한 여릉왕(廬陵王)을 복위시키자고 건의하였고, 길욱(吉頊)은 무측천의 남총(男寵)인 장이지(張易之)·장창종(張昌宗)으로 하여금 무측천이 여릉왕을 맞이하도록 설득하게 하였다. 무측천은 조카를 세워야 하는지 아들을 세워야 하는지 선택의 기로에 서게 되었다. 그녀는 오랜 시간 망설이고 곰곰이 생각하다가, 궁정 안팎의 실제적인 상황과 이익을 고려하여 결국은 아들에게 황위를 물려줄 것을 결정하였다. 그러나 황사 이단에게는 이 소식을 전하지 않은 채 여릉왕의 복위를 준비하였다.

　여릉왕이 복위한 원인 가운데에 하나는 황위 계승의 순서에 따른 것 때문이다. 여릉왕이 연장자이므로 즉위해야 한다는 것이었다. 사실 중종을 폐한 사건은 사람들의 인심을 얻지 못하였다. 후에 서경업(徐敬業)이 일으킨 양주기병(揚州起兵)과 낭야왕(瑯邪王) 이충(李沖)과 월왕(越王) 이정(李貞)

이 일으킨 기병(起兵)에서 모두 "여릉왕(廬陵王)으로 하여금 나라의 위태로움을 구제하고 회복하게 한다"는 것과 "중종(中宗)으로 되돌려 맞이한다"는 것을 정치 구호로 삼은 바 있었다. 심지어 거란(契丹)의 손만영(孫萬榮)도 성력(聖曆) 원년(698) 2월 유주(幽州)를 포위공격 할 때 조정의 격문을 고치고, "어찌 우리 여릉왕(廬陵王)에게로 돌아가지 않느냐"라고 책문하기까지 했던 것이다. 둘째, 이씨와 무씨의 관계를 고려해 볼 때도 여릉왕을 세우는 것이 비교적 타당하였다. 이단은 황사로 있는 동안 무씨 집단의 끊임없는 공격을 받았고, 쌍방에는 그 원한이 깊어 있었다. 중종은 낮추어져 멀리 방주(房州)에 있었기에 이씨와 무씨의 투쟁으로부터 비교적 초탈할 수 있었다. 무측천은 비록 아들에게 황위를 물려주도록 작정하였지만 이것으로 무씨의 이익에 손해를 주려고 하지는 않았다. 그리고 여릉왕으로 태자를 세워서 무씨에 대한 위협을 축소시켰다. 비록 이렇게 하였지만, 그녀는 태자와 무씨들이 서로 용납하지 않는 것을 내버려두지 않았다. 그리하여 "태자, 상왕(相王)·태평공주(太平公主)와 무유기(武攸暨)와 같은 사람들에게 맹세하게 하여, 명당(明堂)에서 천지에 고하고 철책에 새기게 하고 사관(史館)에 보관하였다." 우리는 여기에서 그녀가 이씨와 무씨간의 모순을 조절하고, 마음을 다해 고심하였던 것을 알 수가 있다. 사실상 중종이 즉위한 후, 무씨 집단과의 관계가 융합되어서, 무측천은 소원을 대체로 실현할 수 있었다.

무측천이 태자의 문제에 관한 결정을 내리자 이융기는 잠시 액운에서 벗어날 수 있었다. 성력 원년(698) 3월 초 아흐레, 여릉왕이 낙양(洛陽)으로 돌아오자, 무승사는 황위 계승의 희망이 이미 없어졌음을 알고 억울한 나머지 병을 얻었고 8월 숨을 거두었다. 한편 황사 이단은 황제에게 황사의 지위를 여릉왕에게 양보하고자 하는 뜻을 거듭 고하였다. 9월, 무측천은 여릉왕 이철을 태자의 지위로 복위시키고, 다시 이름을 이현(李顯)이라고 하였다. 황사 이단은 상왕(相王)으로 봉해졌다. 상왕의 여러 아들들도 재차

궁을 나올 수 있게 되었다. 동도 적선방(積善坊)에서 이 다섯 명의 형제들이 저택[院]을 나누어서 동거하였는데, 이를 오왕택(五王宅)이라고 불렀다(『舊唐書』卷95「讓皇帝傳」). 이 해, 열네 살이 된 이융기는 6년의 유금 생활을 마치고 다시 자유의 몸이 되었다.

대족(大足) 원년(701) 10월, 17세의 이융기는 조모 무측천을 따라 낙양에서 서경(西京) 장안(長安)으로 돌아왔다. 무측천은 이 해를 장안이라고 개원하였다. 장안으로 돌아온 뜻을 기념하게 하고, 또한 자신의 정권이 오래도록 평안하리라는 신념을 표명한 것이었다. 이융기는 처음으로 유구한 역사를 가진, 번화한 장안성(長安城)으로 오게 되었다. 장안은 당왕조의 도성으로 그곳에는 선조들의 빛나는 업적과 유구한 역사가 담겨져 있었다. 이 넓고도 장엄한 고성(古城)은 오랜 시련을 겪은 젊은 왕자의 마음에 깊은 인상을 새겨 주었을 것이다. 아마도 그는 이 고성이 이후의 세월 속에서 그의 일, 그의 운명과 연결되어 동고동락하게 되리라 생각했을 것이다. 무측천이 이융기의 다섯 형제에게 하사한 주택은 장안성 동북의 홍경방(興慶坊)에 있으며, '오왕택(五王宅)'이라 불렸다. 후에 이융기가 황제가 되자, 이 저택은 '황제가 살았던 고택[龍潛舊邸]'이라 하여 확장 건설된 후 홍경궁(興慶宮)으로 개명되었다.

무측천이 장안에 머무른 지 2년 되는 해, 장안 3년(703)에 다시 신도(神都)인 낙양으로 돌아왔다. 이 해 겨울, 무측천은 병이 들었고 총신 장이지(張易之)와 장창종(張昌宗)만이 그의 신변에서 시중을 들었다. 이에 반해 재상들은 항상 그녀를 볼 수가 없었다. 무측천은 "정사를 장이지 형제에게 많이 위탁하였는데(『舊唐書』卷78「張行成 附張易之傳」)", 이로서 장씨 형제는 마음대로 권력을 휘두르며 조정과 재야에서 마음대로 행하면서 그 위세가 등등하였다. 무측천의 건강 상태가 악화됨에 따라, 두 명의 장씨 형제와 장간지(張柬之)를 대표로 한 조정 신하들 사이의 대립은 전에 없이 격화되었고, 결국은 장간지 · 환언범(桓彦范) · 최현위(崔玄暐) · 경휘(敬暉) · 원서기(袁

恕己) 등이 신룡(神龍) 원년(705) 정월 22일 군사 정변을 일으켜 장씨 형제와 그 당파를 주살하고 무측천을 폐위시키고 중종을 복위시키는 사건이 발생하였다. 정변이 일어난 지 1년이 되지 않아 무측천은 낙양 상양궁(上陽宮)의 선거전(仙居殿)에서 병사하였다. 반세기라는 오랜 기간 동안 대당 왕조를 지배한 이 여정치가는 이렇게 조용히 세상을 떠났다.

무측천이 여릉왕을 복위시킨 후 8년 동안 무측천의 병이 악화되어 궁정 안의 상황이 비교적 평안해지기는 했으나, 정치적 투쟁은 여전히 복잡하게 뒤엉켜 있었다. 물론 이단은 황사의 지위에서 물러나 대립의 중심에서 멀리 떨어져 있었고, 이로써 이융기 형제들은 비교적 안정된 생활을 보낼 수 있었다. 이는 이융기의 청소년 시절에 좀처럼 얻기 어려웠던 평온한 나날들이었다. 그러나 좋은 일이 오래 갈 수는 없는 법. 중종 즉위 이후 액운은 다시 새롭게 이융기의 머리 위를 감싸고 돌았다. 2)

---

2) 당고종 시기부터 당현종 시기에 걸친 전반적인 흐름에 관해서는, 도나미 마모루(礪波護), 「당중기의 정치와 사회」(임대희 옮김), 『세미나 수당오대사』(서경문화사, 2005)를 참조.

2. 노주별가[潞州別駕]3)가 된 이융기(李隆基)

　　중종(中宗)이 즉위했을 때 이융기는 21세로 임치왕(臨淄王)에 봉해졌고 위위소경(衛尉少卿)4)을 맡고 있었다. 이 젊은 왕자는 천성이 호방하고 쾌활하였으며, "매우 뛰어난 용모를 갖추고 있었는데, 보통 사람과는 달랐다 (『舊唐書』卷8 「玄宗上」)"고 한다. 그는 출신이 고귀하였으며, 몸과 마음이 건강하였고 또한 다재다능하였다. 음악을 좋아하여 그가 사는 저택에는 고부(鼓部 : 궁중 악기 담당 부서)와 악부(樂部 : 궁중 음악을 장관하는 부서)의 양부(兩部)가 있었다. 그는 말타기와 활쏘기[騎射]에 뛰어났으며 기예가 출중하였고, 특히 폴로[打馬球]를 좋아하였다. 한 번은 티베트[吐蕃] 구단과 궁정의 구단이 시합을 하였는데, 티베트가 매번 승리를 하였다. 중종은 이융기와 사괵왕(嗣虢王) 이옹(李邕)·부마(駙馬) 양신교(楊愼交)·무연수(武延秀) 등 네 명을 시합에 나가게 하여 티베트의 열 명과 대결하게 하였다. 이융기가 동서로 말을 몰고 돌진하여 바람처럼 빨리 나아가니 그가 나아가는 곳에는 아무도 뒤따라올 수가 없었다. 티베트는 열심히 노력하였지만 승리를 거두지

---

3) 潞州는 산서성 동남부(長治市)에 위치함. 별가는 주(州) 자사(刺史)의 보좌관이다.
4) 從四品上 궁문수비를 맡은 부장관급 관직.

못하였다(『封氏聞見錄』). 이융기는 구장에서 말을 타고 달리며 마음껏 놀 수 있었으며, 장안에서 호화롭고 즐거운 귀족 생활을 보낼 수 있었다. 그러나 궁정에 불어닥친 정치적 풍랑은 그를 또 다른 가시밭길로 떠밀었다.

경룡(景龍) 2년(708) 4월, 이융기는 장안을 떠나, 노주별가(潞州別駕)로 부임하였다. 셋째 융범(隆范)은 농주별가(隴州別駕)가 되었고, 넷째 융업(隆業)은 진주별가(陳州別駕)가 되었다. 이융기의 형제 세 명이 동시에 경성을 떠나 외지로 부임 된 데는 그 원인이 있다.

중종은 원래 우매하고 무능한 황제였다. 그는 오랫동안 파면되어 유폐 생활이라는 불행한 나날을 보냈음에도 제대로 된 교훈을 얻지 못했던 것이다. 즉위한 후에는 곧 위후(韋后)의 부친 위현정(韋玄貞)을 상낙왕(上洛王)에 추증(追贈)하고, 모친 최씨를 상낙왕비(上洛王妃)로 삼았다. 그리고 황후인 위씨와 사랑하는 딸 안락공주(安樂公主)가 조정 일에 간섭하도록 내버려 두었다. 위후(韋后)는 정치에 빠져서 시어머니 무측천을 본받아 언젠가는 여황의 옥좌에 오르고 말겠다는 꿈을 꾸고 있었다. 이를 위해 그녀는 힘을 다해 사적인 세력을 확장하고, 자기의 친속을 등용하여 재빨리 위씨(韋氏) 집단을 형성하였다. 그녀는 또 무삼사(武三思)와 결탁하여, 무삼사에게 재상의 자리를 주고 조정의 대권을 장악하게 하였다. 위후의 지지를 받으면서 무씨 집단의 세력은 무측천이 퇴임한 후에도 약해지지 않았다. 위후와 무삼사가 결합하여 알력을 일으키게 되자, 정변을 주동한 장간지(張柬之) 등 다섯 명이 먼저 왕으로 봉해졌다. 그러나 빛이 떠오르면 암흑은 사라지듯이 그들은 곧 실권을 잃게 되었고, 곧 낮춰져 경사(京師)를 떠나게 되었다. 신룡(神龍) 2년(706) 7월에, '오왕(五王)'은 잇따라 파면되거나 주살당하였다.

위후와 무삼사가 정치를 농단하며 전권을 휘두르며 그릇된 일을 하자, 통치 집단 내부에는 대립이 격화되었다. 경룡(景龍) 원년(707), 태자 이중준(李重俊)이 기병(起兵)을 일으키는 사건이 발생하였다. 이중준은 위후의 소생이 아니었기에 위후의 미움을 받았다. 무삼사는 특히 태자에 대하여 의

심하고 꺼려하는 마음을 품고 있었다. 안락공주(安樂公主)는 태자의 지위를 빼앗고 대신 그 자리를 차지하고, 자기는 황태녀(皇太女)가 되고자 하였다. 또한 장래에 여황제가 되고자 하였다. 그녀와 무삼사의 아들인 부마(駙馬) 무숭훈(武崇訓)은 늘 태자를 능멸하고, 그를 노비라고 불렀다. 이중준은 위씨와 무씨 집단의 압박을 받으면서, 자신의 앞날에 위험함을 느껴 견디지 못했다. 그는 7월 6일 좌우림대장군(左右林大將軍) 이다조(李多祚)·장군(將軍) 이사충(李思冲)·이승황(李承況)·독고위(獨孤褘)·사타충의(沙咤忠義) 등을 이끌고, 조정의 명령이라고 사칭하여 우림천기병(羽林天騎兵) 삼백여 명을 보내 무씨의 집에 쳐들어가서 무삼사와 무숭훈과 친당(親黨) 십여 명을 죽였다. 그러나 병사들이 궁중으로 진입하다가 숙위금군(宿衛禁軍)에게 격파당하여 이중준은 피살당하였고 함께 기병(起兵)을 일으킨 성왕(成王) 이천리(李千里)·천수왕(天水王) 이희(李禧) 등도 모두 피살당하였다.

그러나 이중준의 기병 사건에도 위후와 안락공주는 반성하지 않았다. 뿐만 아니라 다른 사람을 점검하려 하였다. 그리고 오히려 이 사건을 이용하여 상왕(相王)과 태평공주(太平公主)를 타도하려고 하였다. 그 이유는 그들이 "장이지를 죽이는데 공을 세웠기 때문이었다(『舊唐書』 卷183 「太平公主傳」)." 그리고 그들은 각각 진국태평공주(鎮國太平公主)와 안국상왕(安國相王)이라는 작위를 받은 바가 있었는데, 이는 그들이 이당왕실(李唐王室) 가운데에서 영향력과 실권을 갖춘 인물이며, 또한 위후가 황제 자리에 오르려는 야심을 실현하는 데 중요한 장애가 되기 때문이었다. 위씨 집단의 밀모 아래 시어사(侍御史) 염조옹(冉祖雍)은 상왕과 태평공주가 이중준과 함께 밀모를 하였으니, 체포하여 하옥하도록 주청하였다. 중종은 이부시랑(吏部侍郎) 겸 어사중승(御史中丞) 소지충(蕭至忠)으로 하여금 이 안건을 조사하여 처리하게 하였다. 소지충은 중종에게 간절하게 진언하였다.

폐하에게는 사해가 있사오나, 한 형제 한 자매를 용납하지 못하시고, 사람으로 하여금 많은 이유를 찾게 하여 해치게 하고 계십니다! 상왕(相王)께서 일찍이 황사(皇嗣)의 자리에 계셨을 적에 천하를 폐하에게 양보하기 위해 연일 음식을 끊고 측천께 청했던 바가 있었습니다. 이 일은 온 땅과 바다가 아는 바인데 어찌 염조옹의 한마디 말로 그를 의심하시는지요!

소지충(蕭至忠)과 오경(吳競)과 같은 대신(大臣)들이 힘을 다해 저지하고 반대하자, 중종은 이 일을 더 추궁할 수가 없었다.

상왕과 태평공주는 비록 잠시 근심을 덜었지만, 이융기의 형제들은 이중준 사건 이후 곧바로 장안에서 몰려나게 되었다. 이것은 분명히 위후가 상왕의 세력을 약하게 하려는 의도였던 것이다.

이융기가 취임하게 된 노주(潞州)는 지금의 산서성(山西省) 장치시(長治市)에 위치한다. 당대(唐代)에는 상당현(上黨縣)·장자현(長子縣)·둔류현(屯留縣)·노성현(潞城縣)·호관현(壺關縣)·여성현(黎城縣)·동제현(銅鞮縣)·양항현(襄垣縣)·섭현(涉縣) 등의 아홉 개의 현을 관할하고 있었고, 개원 년간에는 64,276호(戶)와 133개의 향(鄕)이 있었다(『元和郡縣圖志』 卷15 「河東道四」). 노주 지역은 옛날에 상당(上黨)이라고 불렸으며, 태항산(太行山) 구역에 속하였다. 이곳은 지세가 높고 험준하며 산이 첩첩이 겹쳐있고 인가가 드물어 예로부터 싸움터나 전략지로 매우 중요시되었던 곳이다. 별가(別駕, 5품)라는 직위는 자사(刺史)의 다음이며, 명의상으로 자사에 버금가게 주(州)의 일을 맡았다. "다스려야 하는 일이 많고, 여러 가지 관직을 관리하였으며, 해가 끝날 때에는 재정을 결산해 보고해야 하는(『唐六典』 卷30 「州縣官」)" 업무를 관할하여야 하는 주의 제2인자였다. 그러나 사실상 별가에게는 구체적인 의무가 없었고 기본적으로 유유자적하게 봉록을 받는 한가한 직책이었으며, 유폐된 대신과 종실의 사람들과 무장들을 위로 삼아 안치시키는 방법으로 사용되었다. 이융기가 종4품상(從四品上)의 위위소경에서 5품(五

品)의 지방 별가로 부임되어간 것은 분명히 배척을 받았기 때문이다.

이융기가 노주에 왔을 때 그의 심정은 몹시 우울하였다. 그는 비록 나이는 어렸지만 이미 많은 위험과 좌절을 경험하면서 역경과 재난 속에서 성숙해지고 용감했으며 고집이 세어졌을 뿐만 아니라, 또한 침착하고 속이 깊어져 갔다. 그는 자기의 운명과 당의 운명을 동일시하면서 의기소침해 하지 않았고 마음속으로 언젠가는 때가 올 것을 기다리면서 기운을 내어 힘차게 일어났다.

이융기는 노주에 재임하고 있는 동안, 항상 관료를 데리고 각지를 순찰하고 민심을 살피면서 기층 사회와 접하여 정치적 경험을 쌓았는데, 이것이 후에 나라를 다스리는 데 아주 큰 도움이 되었다. 이융기는 또한 지방의 호걸들과 친교를 맺으며, 인재를 모으는 데 주의를 기울였다. 동제령 (銅鞮令 : 지방 县令) 장위(張暐)는 "집이 부유하고 빈객(賓客)을 좋아하며, 사냥하는 것을 즐겼다고 한다. 임치왕이 노주별가가 되자, 장위는 그의 뛰어나고 늠름한 자태를 알고는 몸을 바쳐서 그를 섬기고, 날마다 여행 다니는 곳으로 모시고 다녔다(『舊唐書』 卷106 「張暐傳」)." 이융기는 "또한 이의덕(李宜德)이 민첩하고 날렵하여 말타기와 활쏘기에 뛰어난 것을 보고 노비였던 그를 5만 전(錢)에 샀다(『舊唐書』 卷106 「王毛仲傳」)"고 한다. 장위와 이의덕과 같은 사람은 모두 훗날에 이융기가 황권을 쟁탈하는 데 도움을 주었다.

이융기는 정치에 종사하고 시간이 나면 산수(山水)에서 마음 내키는 대로 놀면서 말을 타고 짐승을 몰아 사냥을 하고 술을 마시고 시를 읊었으며, 간혹 아름다운 미인을 만나기도 하였다. 산동(山東)에서 온 악인(樂人) 조원례(趙元禮)에게는 자태가 아름답고 가무에 뛰어난 딸이 있었다. 이융기는 장위의 소개로 그녀를 아내로 맞아 들였다. 그녀는 조려비(趙麗妃)가 되어 노주에서 아들을 낳았는데 그가 바로 이후에 폐위된 태자 이영(李瑛)이다.

노주에서의 이러한 생활은 그에게 깊은 인상을 남겨주었다. 개원 년간 그는 개원 11·12년, 그리고 23년 이렇게 세 번 노주에 다녀갔다. 매번 노주에 갈 때마다 큰 연회를 베풀어 노인들과 고향 사람들을 초대하였으며, 노주 백성들의 조세를 면제해주고 사형 이하의 범죄인들에게 사면을 내려 노주에 대한 각별한 후의를 표시하였다.

이융기가 노주에 다시 돌아왔을 때 쓴 것으로 「순성도차상당구부(巡省途次上黨舊賦)」라는 글이 있는데, 그는 서문에서 이렇게 말하였다. "짐은 예전 9년 동안 이 주(州)에서 둘째가는 자리로 자사를 보좌하였다. 마을을 순찰하는 것을 좋아하여 길을 가다가 오래도록 묵기도 하였다. 산천은 완연하나 사람의 일에는 틈이 없었고 갑자기 왕조는 바뀌게 되었다. 관사를 두루 돌아보니 눈에 들어오는 풍경은 예전과 같다. 비록 한(漢)왕조는 아니지만 땅은 여전히 한왕조의 풍읍(豐邑)이다. 축(筑 : 거문고와 비슷한 현악기)을 연주하고 마음이 격양되어 연일 술잔을 기울인다. 유방의 대풍가(大風歌)를 회고해 보며 여기에 짧게 적고자 한다."

긴 한숨 내쉬며 지금의 기운을 묻노니,
옛날부터 포부는 산을 뽑을 만큼 용감하다네.
유곤(劉琨)의 춤을 배우지 못하고,
먼저 한 고조의 노래를 배웠네.
뛰어난 젊은이가 모여드니,
호걸도 스스로 품안에 돌아오네.
세상이 하루아침에 변하였으나,
노래는 사해에 동일하네.

이융기는 자기와 노주(潞州)와의 관계를 한 고조(高祖) 유방과 그의 고향인 패읍(沛邑)에 비교하였다. 서문과 시에 나타나듯이 당시 그의 몸은 비록 노주에 있었지만, 마음은 늘 장안을 향해 있었던 것을 알 수 있다. 또한 그의 마음에는 항상 궁정의 정치에 대한 관심과 이당왕조를 위해 공과 업적을 세우려고 하는 웅장한 이상과 포부가 가득했음을 알 수 있다.

경룡 3년(709) 겨울, 이융기는 중종이 남교대전(南郊大典 : 도읍의 남쪽에서 거행하는 의식)에 참가한다는 구실로 장안에 돌아올 준비를 하였다. 이융기가 노주에 있는 동안 이미 황룡이 승천을 하고 자색 구름이 출현하는 등의 열아홉 가지 상서로운 일이 일어났다. 개원 13년(725), 노주(潞州)에서 『서응도(瑞應圖 : 상서로운 징조를 그린 그림)』을 헌납하고, 이융기는 재신(宰臣)에게 말하였다.

짐이 노주(潞州)에 있을 때에는 맡은 직무가 한가롭고 낮은 것이어서, 이 일을 기록하지 않았다. 지금은 이미 분명히 기록하도록 청하니, 경들은 변방(潞州)의 저택에서 일하던 옛날의 관료를 불러서 그 사실을 묻고 난 연후에 쓰도록 하라(『册府元龜』卷48「帝王部」謙德).

가부를 밝힐 수 없는 이러한 말은 사실 묵인되었다. 소위 말하는 '상서로운 징조'는 대다수가 특수한 자연 현상으로 말 만들기 좋아하는 사람들이 덧붙이고 널리 퍼트러서 생긴 것이기 때문에 완전히 믿을 수는 없는 것이다. 그러나 여기에서의 '상서로운 징조'는 당시에 나타난 것으로, 이것은 곧 이융기가 장차 정치상에서 할 일들을 은근히 보여주고 있다. 이융기는 노주를 떠나기 전에, 주술사 한예(韓禮)에게 명하여 풀잎으로 이 일의 길흉을 점쳐보게 했다. 점을 치자 가지 하나가 홀로 섰다. 한예는 놀라면서 "앞이 선 것을 보니 아주 기이하고 상서로워, 무어라고 말씀드릴 수가 없습니다(『舊唐書』卷8「玄宗上」)"라고 말하였다. 이리하여 그는 자신감을 가지고 흉중의 포부를 펼치기 위해 장안으로 떠났다.

3. 위씨(韋氏) 세력을 주멸하다

이융기가 장안으로 돌아왔을 때, 장안은 여전히 웅장하고도 장엄한 면모를 드러내고 있었다. 그러나 장안의 궁정은 바람이 불고 구름이 요동을 치고 물결이 세차게 흐르는 것처럼 불안정한 상태였다.

중종이 집정한 지 5년이 되었는데도 조정에는 활기를 띄는 기색이 털끝만치도 없었다. 오히려 상황은 갈수록 악화되어만 갔다. 천지에 제사를 드리는 남교(南郊)의 행사를 바삐 준비하고 있었다. 그런데 이 때 제사를 드리는 격식에 대한 격렬한 논쟁이 일어났다. 국자제주(國子祭酒)[5] 축흠명(祝欽明)·국자사업(國子司業) 곽산운(郭山惲)은 위후(韋后)가 아헌(亞獻)을 하고 안락공주(安樂公主)가 종헌(終獻)을 담당하도록 건의하였지만, 당소(唐紹)·장흠제(蔣欽諸)·저무량(褚無量) 등의 대신들이 이를 결사반대하였다. 재상 위거원(韋巨源)은 축흠명의 건의를 지지하였고, 중종은 위후가 아헌하는 것에는 동의하였지만 종헌은 위거원이 담당하도록 바꾸었다. 천지에 제사를 드리는 장엄한 행사에서 위후가 제물을 바치는 것은, 그녀의 정치적 지위

---

5) 국자감을 관장했음. 국자감은 유교사상을 전수하는 곳이기 때문에서 제사의례를 중시했고, 여기서 제주라는 관명이 유래된 것임.

가 이미 상당히 부각되었다는 것을 의미한다. 고종이 태산에서 제사를 드
릴 때 무측천이 아헌하던 장면을 굳이 떠올리지 않더라도 당나라의 사직
(社稷)은 또 다시 여황이 군림할 위험에 직면하게 될 상황이었다.

이러한 상황에서도 이융기는 조금도 동요하지 않았다. 그가 노주(潞州)
에서 장안으로 돌아온 이유는 해야 할 일이 있었기 때문이다. 그는 황실에
조만간 사건이 발생할 것을 감지하고, 적극적으로 황실을 지키려는 데 몰
두하였다.

이융기는 이미 풍부한 궁정 투쟁의 경험을 쌓아 왔었다. 장간지(張柬之)
등이 정변을 일으켰을 당시, 그는 한참 혈기 왕성한 이십 대의 나이였다.
그가 이당왕조를 부흥하려는 정변에 참가하였는지에 대한 기록은 없다.
'오왕(五王)' 가운데의 하나인 원서기(袁恕己)는 상왕부사마(相王府司馬)로 왕
부의 군사 업무를 통솔하는 책임을 맡고 있었다. 정변이 일어나기 전, 영
무군(靈武軍)에서 장안으로 돌아온 영무도대총관(靈武道大總管) 요숭(姚崇)은
비록 오왕의 반열에 있지는 않았지만 정변의 중요한 배후 인물로 있었다.
그는 장기간 상왕부장사(相王府長史)를 역임하였으므로, 상왕의 관료들이
정변을 지지했다는 것을 알 수 있다. 이융기는 성격이 강직하고 과감하였
기 때문에 이런 일에 관여하지 않을 수가 없었다. '오왕'의 변이 성공한
것은 먼저 군대를 장악하고, 양원염(楊元琰)・환언범(桓彦范)・경휘(敬暉)・
이담(李湛) 등의 네 명을 금군(禁軍)에 편입시키고, 또한 금병 북문을 20여
년 장악하고 있던 우우림대장군(右羽林大將軍) 이다조(李多祚)를 포섭했기 때
문이며 이로써 승리의 확신을 얻게 된 것이다. 태자 이중준이 군사를 일으
킨 사건은, 중종이 궁정에 있을 때 일어난 대사건이다. 이중준이 실패한
원인은 그가 황급히 군사를 일으키느라 세밀하게 준비를 하지 않고, 특히
군사적 역량을 충분히 축적시키고 조직하지 않았기 때문이다. 이중준의
사건은 금군에 의해 신속히 격파되었다. 이융기는 이러한 성공과 실패의
경험을 통해서, 궁중의 투쟁에서 승리를 얻으려면 군대, 특히 궁중을 숙위

(宿衛)하는 금군(禁軍)을 장악하는 것이 관건임을 깨닫게 되었다.

이리하여 이융기는 장안으로 돌아온 후, "늘 재능있는 선비를 은밀하게 끌어들여 자신을 돕게 하였으며(『舊唐書』 卷8 「玄宗上」)", 몰래 역량을 축적하여 비상시를 위해 대비하였다. 이융기는 개인의 세력을 발전시키고 무장(武裝) 역량을 쟁취하기 위해 만기(萬騎)에 중점을 두었다. 만기는 북아군(北衙軍)에 속하는 군대로, 황제와 가장 가까운 군대이며 가장 훌륭한 군대이기도 했다. 이들의 주요 임무는 궁성의 북문을 수위하는 것이었다. 이융기가 만기에 연락하는 일은 측근 무사 왕모중(王毛仲)을 통해 진행되었다. 왕모중은 원래 고구려 사람으로, 부친이 죄를 지어 관부의 노비가 된 후에 태어났다. 그는 이융기가 임치왕으로 있을 때 좌우에서 수행을 하였으며, 말을 잘 타고 무예가 출중하였으며 총명하여 사람의 마음을 잘 이해했다. 그는 이융기의 의도를 아주 잘 파악하였으며, 만기의 장군과 주요 인물들을 모아서 그들을 이융기에게 소개시켜 주었다. 이융기는 "자주 만기 장수들과 호걸들을 모아, 음식과 비단을 주어서 환심을 삼으로써(『新唐書』 卷121 「王毛仲傳」)", 장수들과 중견 인물들의 호감과 신임을 얻게 되었다.

이융기가 세력을 기르도록 도와준 또 다른 사람은 상의봉어(尙衣奉御) 왕숭엽(王崇曄)이다. 왕숭엽은 뜻이 크고 기개가 있는 협객이다. 재물을 가벼이 여기고 술을 좋아해 장안의 소년들도 모두 그를 따랐다. 황제가 이에 그를 불러 보고자 하였는데, 마침 이인부절충(利仁府折衝) 마사종(麻嗣宗)·압만기과의(押萬騎果毅) 갈복순(葛福順)·총감(總監) 종소경(鍾紹京)을 만나 국가의 일을 언급하고, 깊이 결속하게 되었다(『册府元龜』 卷20 「帝王部·功業二」). 상의봉어는 정5품하의 관직으로 황제의 복식을 관장하는 관원에 불과했지만 교류가 넓고, 높은 사회적 명성을 얻고 있었기 때문에 이융기는 자신을 굽혀 초청하는 것을 꺼리지 않고 그를 보고자 하였다. 또한 그가 사방의 호걸과 연결된 것을 이용하여 금군(禁軍)의 장군을 얻고자 했다. 이렇게 이융기의 고된 노력으로 점점 역량이 모아졌고, 이로써 훗날 싸움에서 이

거 적을 평정시킬 수 있는 견고한 기초를 마련하게 된 것이다.

위후의 역행적인 행위는 조정 내외의 불만을 샀기 때문에 계속하여 몇몇 사람들은 힘을 다해 위후 등에 대한 반란을 일으켰다. 경룡(景龍) 4년 (710) 5월, 허주(許州) 사병참군(司兵參軍) 연흠융(燕欽融)이 "위후는 음란하고, 국정에 간여하며, 종족이 강성하다. 안락공주(安樂公主)·무연수(武延秀)·종 초객(宗楚客)은 종사를 위험에 빠트리고자 한다"고 상소하였다. 중종이 그를 불러서 질문을 하자, 연흠융은 고개를 숙이고 상주를 하면서 강직하게 말을 하는데 얼굴색이 조금도 변하지 않았다. 중종은 묵묵히 입을 열지 않았다. 그런데 종초객은 크게 화를 내고 황제의 분부라고 사칭하고 비기 (飛騎)에게 명하여 연흠융을 궁중에서 살해하게 하였다. 종초객이 갑자기 이처럼 두려움도 없이 무지막지하게 굴자 유약한 중종까지도 불만을 품게 되었다. 중종의 태도가 변화하자 위후와 그 당파인들은 두려움을 느끼게 되었다. 위후는 일찍이 중종 대신 그의 황제 자리에 앉으려고 하였으며, 안락공주는 위후가 조정을 맡아 황제가 되면 자신은 황태녀(皇太女)가 되기를 원하였다. 두 모녀는 함께 모의하여 의술에 정통한 산기상시(散騎常侍) 마진객(馬秦客)과 음식을 잘 만드는 광록소경(光祿少卿) 양균(楊均)의 협조를 받아 황제의 음식에 독을 탔다. 6월 초 이튿날, 중종은 자신의 아내와 딸에 의해 독살되었다. 그때 그의 나이 55세였다.

위후(韋后)는 잠시 중종의 죽음을 알리지 않았다. 초사흘, 그녀는 재상이며 중신(重臣)인 위안석(韋安石)·위거원(韋巨源)·소지충(蕭至忠)·종초객(宗楚客)·기처눌(紀處訥)·위온(韋溫)·이교(李嶠)·위사립(韋嗣立)·당휴경(唐休璟)·조언소(趙彦昭)와 소괴(蘇瓌) 등 19인이 참가한 회의를 열어, 중종(中宗)의 유제(遺制 : 황제의 유언)를 개정하도록 토론하였다. 유제의 규정은 "온왕(溫王) 중무(重茂)를 황태자(皇太子)로, 황후는 지정사(知政事)로, 상왕은 참모정사(參謀政事)로 세운다"라는 것이었다. 토론을 할 때 논쟁의 초점이 된 것은 상왕의 보정(輔政)에 관한 문제였다.

중종의 유제는 태평공주와 소용(昭容 : 후궁의 관직명) 상관씨(上官氏)가 초안한 것이었다. 태평공주는 중종의 여동생이며 무측천의 유일한 친딸로, 침착하고 민첩하며 권모술수에 능해서 무측천은 그녀가 자기와 닮았다고 여겼다. 그래서 여러 자제들 가운데에 유독 그녀를 사랑하였고 밀모를 함께 준비하였지만, 위후는 무측천의 엄격함을 두려워하여 감히 권세를 잡으려고 하지 못하였다. 태평공주는 일찍이 '오왕(五王)'의 변을 지지했고, 중종이 즉위한 후에, 자기의 세력을 발전시키기 시작했다. 그녀는 권세욕이 강하고, 또한 매우 모략적인 여성이었기에 야심이 강한 위후와 안락공주는 서로 어울리기 어려웠다. 그녀들은 서로를 비방하며 각자 붕당을 조성하여 첨예하게 대립하게 되었고, 중종은 속수무책이었다. 태평공주는 중종의 유제 초안을 만들 때, 상왕을 '참모정사'의 지위에 추천하였는데, 이것은 바로 위후가 대권을 장악하는 것을 막으려고 한 것이었다.

소용 상관씨는 바로 그 유명한 재녀(才女)인 상관완아(上官婉兒)이다. 그녀는 상관의(上官儀)의 손녀로, 상관의가 피살된 후에 액정궁(掖廷宮 : 비빈과 궁녀들이 거처하는 正殿 옆에 있는 궁전)에 들어갔다. 그녀는 말을 지혜롭게 잘하였고 속문(屬文 : 작문)에 뛰어났으며 관리들의 사무 처리에 익숙하였으므로 무측천은 그녀를 자기의 신변에 두었다. 또한 그녀는 표장(表章)과 주소(奏疏)를 도와서, 두터운 신용을 얻게 되었다. 중종이 즉위한 후에도 완아는 여전히 중용되었고, 궁녀가 되어 제명(制命)을 전담하며 핵심 기밀을 다루는 데 참가하였다. 무삼사는 그녀의 정부(情夫)인데 그녀가 무삼사를 위후에게 추천하여, 금궁에 출입하게 되었다. 중종조 초기에, 무씨(武氏) 집단과 위후(韋后) 집단의 결합에 상관완아가 촉매 역할을 하였다. 그리하여, 태자 이중준이 기병하여 무삼사(武三思)·무숭훈(武崇訓)을 죽여버린 뒤에, "숙장문(肅章門)에서 닫힌 문을 부수고 달려들어가, 모든 누각과 전각의 문을 일일이 두드리며 상관 궁녀를 찾으러 다녔다." 상관완아와 무씨와 위씨 세력이 서로 의기투합하게 되자, 그녀의 이종 사촌인 좌습유(左拾遺) 왕욱

(王旦)은 상관완아의 모친 정씨(鄭氏)에게 "지금 완아가 무삼사에게 접근하였기에, 온 집안이 멸족의 길에 있습니다. 부디 이모님께서는 이를 고려하시기 바랍니다"라고 말하였다. 정씨가 이 말을 상관완아에게 알려주자 상관완아는 그렇지 않다고 보았다. 하지만 태자 이중준 사건을 통해, 정치적 투쟁을 많이 경험하게 된 상관완아는 위후의 세력이 의지할 만하지 못하다는 것을 민감하게 깨달았다. 그녀는 왕욱의 권고를 기억하고 정치적 입장에도 태도를 바꾸어 위후와 안락공주의 편에서 상왕과 태평공주를 대표로 하는 이당왕실로 전향하였다. 그리하여 중종의 유제를 기초하는데, 그녀는 또한 상왕을 참모정사가 되도록 지지하였던 것이다.

만약 상왕이 정치를 보좌하게 되면 반드시 위후의 수족을 묶을 것인데, 이것은 위후와 그 당파가 절대로 받아들일 수 없는 일이었다.

> 중서령 종초객이 위온(韋溫)에게 "오늘 반드시 황태후(皇太后)께서 조정에 임하시도록 청하여, 상왕(相王)의 보정을 막게 해야 합니다. 또한 황태후와 상왕은 시숙(媤叔) 사이이므로 내왕하지 않는 사이에 있으니, 의논하기가 매우 어려우며 정무 처리가 완전히 불가합니다"라고 말하였다. 그러자 소괴(蘇瓌)가 홀로 정색을 하며 이를 거절하고, 종초객 등에게 말하였다. "유제(遺制)는 선왕의 뜻이거늘 어찌 다시 바꾸려 하십니까?" 그러자 종초객과 위온은 크게 노하였고, 이에 상왕보정(相王輔政)을 삭감하고 이를 선포하여 실행하였다(『舊唐書』卷88 「蘇瓌傳」).

이 회의에 참가한 재상 위온·위거원·종초객·기처눌과 같은 사람들은 위후의 파당이었고, 그 나머지 사람 가운데에서 어떤 이들은 위후와 한데 뭉치고, 어떤 이들은 위후의 위협에 굴복당하여 모두 유제를 첨삭하고 상왕의 참정을 배제하는 데 동의하였다. 재상들의 태도는 위후가 주살된 후에, 그들이 받은 처분에서 볼 수 있다. 예를 들어 "위안석은 이전에 중종을 도와서 유제를 받았는데 종초객과 위온은 자신의 마음대로 상왕이 정치를 보좌한다는 말을 제거하였으며, 위안석은 이를 바로 잡지 않았다. 감찰어사(監察御史) 곽진(郭震)은 이를 상주하여, 위사립(韋嗣立)·조언소(趙彦昭)를 모두 폄적시켰다(『新唐書』卷122「韋安石傳」). 위사립은 종초객 등이 유제를 없앤 일을 따라 옳은 일을 하지 아니하여 악주별가(岳州別駕)로 폄적되었다(『新唐書』卷141「韋嗣立傳」). 소지충(蕭至忠)은 당륭(唐隆) 원년(710) 위후 당파에 연루되었으나, 태평공주의 말 한마디에 진주자사(晉州刺史)로 폄적되었다(『新唐書』卷123「蕭至忠傳」)." 이교(李嶠)의 태도는 어떠하였을까? 처음에, "중종이 죽자 이교는 상왕의 아들들이 수도에 남아있어서는 안되며 현종이 후계자의 자리에 앉아서는 안된다고 비밀리에 청하였는데, 그 상주문을 궁중에서 발견하게 되었다(『新唐書』卷123「李嶠傳」)"고 한다. 또한 상왕의 아들이 모두 수도에서 물러나야 한다 했으니, 이것은 당연히 상왕의 보정을 지지하지 않는 것이었다. 재상 가운데에는 소괴(蘇瓌)만이 유제를 첨삭하는 것에 대해 굳게 반대하였으나, 혼자서는 일을 이루기 어려워서 큰 역할을 담당하지는 못하였다.

재상 회의를 연 것과 동시에, 위후는 다음과 같은 조처를 취하였다. 첫째는 부병(府兵) 오만 명을 징집하여 경성(京城)에 주둔시키고, 부마도위(駙馬都尉) 위첩(韋捷)과 위관(韋灌)·위위소경(韋尉少卿) 위선(韋璿) 등 위씨의 아들들로 하여금 통솔하게 하여 수도를 통제하게 한 것이다. 둘째는 좌감문대장군(左監門大將軍) 겸 내시 설사간(薛思簡)과 같은 장병 오백 명으로 하여금 역전의 말을 통해 신속하게 균주(均州)로 가서, 초왕(楚王) 중복(重福)을 감시하게 한 것이다. 중복은 중종의 둘째 아들로, 후궁의 소생이다. 위후가 낳은 의덕태자 중윤(重潤)이 죽은 후에, 중복은 장자가 되어 황위 계승자로써의 가장 유리한 자격을 가지게 되었다. 이 때문에 위후는 그에 대해 경계를 강화시켰다. 셋째는 형부상서(刑部尙書) 배준(裴俊)·공부상서(工部尙書) 장석(張錫)을 각각 동중서문하3품(同中書門下三品)과 동도유수(東都留守)에 임명하여 동도에서 생기는 변을 막게 하였다.

위후는 이렇게 배치를 한 후에 중종이 죽은 지 사흘 되는 6월 초 나흘, 백관을 소집하여 장례를 시작하였다. 위후는 조정에서 섭정을 시작하면서, 온 천하에 죄인들을 사면해주고 연호를 당륭(唐隆)이라고 바꾸었다. 7일에는 온왕(溫王)이 즉위하였다. 온왕 중무(重茂)는 중종의 작은아들로, 이때 나이 16세였다. 위온이 내외수착병마사(內外守捉兵馬事)를 총괄함으로 말미암아, 남북위군(南北衛軍)과 대각요사(臺閣要事)는 모두 위씨(韋氏)의 자제와 심복들이 다스리게 되었다. 종초객(宗楚客) · 무연수(武延秀) · 조리온(趙履溫) · 섭정능(葉靜能)과 여러 위씨들은 누차 위후에게 무측천을 본받아 당의 명운을 바꾸고 황제의 자리에 오를 것을 권하였다. 위후 역시 황제가 되기를 원하였다. 다만 황제가 될 만한 여건이 준비되어 있지 않았을 뿐이었다. 그녀는 우선 상왕과 태평공주로 대표되는 반위세력(反韋勢力)을 소멸하고 난 다음에야, 황위에 오를 수 있는 평탄한 길이 열릴 수 있었다. 중종이 세상을 뜨자, 위후파(韋后派)와 반위후파(反韋后派)의 두 세력 사이의 투쟁은 전에 없이 격렬해져갔다.

상왕의 보정을 두고 논쟁을 한 것을 볼 때, 상왕이 당시에 중요한 지위에 있었음을 알 수가 있다. 명성과 자격과 경력으로 말하자면 그는 위후가 가장 꺼리는 존재가 되었다. 그러나 상왕의 지위가 찬란하였기 때문에, 가지 많은 나무에 바람 잘 날 없듯이 활동하기는 오히려 불편하였다. 설상가상으로 상왕은 천성이 활달하고 권세에 욕심이 없어서, 많은 궁정 투쟁의 위험을 경험한 후에도 역시 황위에 앉고자 하는 뜻이 없었다. 상왕의 장자 이성기(李成器)와 차자 이성의(李成義)는 모두 천성이 소박하여 중임을 맡을 인재가 되지 못하였다. 이당왕실 가운데에서 위후의 세력에 반대하는 진정한 조직의 인도자는 바로 사람들의 주목을 끌지 않는 나이 어린 이융기였다. 그는 이미 몰래 사람들과 연락하여 힘을 모아서 적극적으로 이당사직을 지키고, 위후가 권력을 찬탈하는 것을 반대하고, 적당한 시기가 오면 일거에 위후 집단을 소멸할 준비를 하고 있었다. 이융기는 고모 태평공주의 지지를 얻었고, 태평공주는 아들 위위경(衛尉卿)인 설숭간(薛崇暕)을 보내 위후를 주살하려는 이융기의 밀모에 참여시켰다.

부친인 상왕은 이융기의 정치 경향과 활동을 전연 모르는 것은 아니었으므로 분명 그에게 지지를 보내주었을 것이다. 그러나 위후를 주살하는 밀모의 구체적인 조직 공작은 상왕에게 숨긴 채 진행이 되었다. 이융기는 "나는 이를 위해 사직에 목숨을 바치고 일이 성사되면 이 복을 왕에게 돌릴 것이며, 성사되지 않으면 이 몸이 죽을 것이니 왕에게 누를 끼치지는 않을 것이다"고 생각하였다. 이융기의 생각은 주도면밀하였다. 그는 위후를 주살하는 사건이 위험한 일임을 잘 알고 있었는데 이는 당시의 정국이 매우 급박하였기 때문이다. 위후는 어린 황제를 다스리고 있었고, 황제를 등에 업고 제후에게 명령을 내릴 수가 있었으며, 정치상에서 주동적인 지위를 장악할 수가 있었다. 위후는 유제를 첨삭하며 상왕의 참정을 제압할 수 있었으므로, 그녀가 재상과 조정의 대신 가운데에서 상당한 세력을 가지고 있었음을 알 수 있다. 특히 모든 위후 세력이 황궁과 수도를 지키는 금군과 경성숙위부대를 맡아 병권을 장악하고 있었기에 이융기가 가볍게 위후 세력을 물리칠 수 없었고 다만 그가 성공과 실패의 두 가지 가능성을 냉정하게 가늠할 뿐이었다.

위후는 세력이 강대하였고, 중종을 모해한 후의 조처는 상당히 철저하였다고 말할 수 있다. 그러나 그녀가 황제가 되는 목적을 이루기까지는 극복하기 어려운 치명적인 약점들이 있었다.

첫째, 중종과 위후가 정치를 맡은 기간 동안 관리의 치적은 부패하고, 뇌물이 성행하였으며, 재정은 결핍되었다. 민생은 생활의 근거지를 잃어버렸고, 위후는 백성들의 인심을 얻지 못하였다. 둘째, 이당왕조가 막 무주(武周) 혁명을 끝내자, 사람의 마음은 굳어졌고 백성들의 인심은 당으로 향하였다. 그러나 위후는 무측천처럼 그렇게 걸출한 재능과 정책을 갖추지 못하였다. 또한 무측천처럼 황제가 되기 전에 장기간 동안 고된 준비 작업도 없었다. 위후가 당의 운명을 개혁하는 데는 현실적인 기초가 부족하였다. 셋째, 위씨들과 그 당파의 교만과 사치와 방탕무도함은 사회 각 계층의 강렬한 불만을 불러일으켰다. 예를 들어 만기(萬騎) 의 좌우영(左右營)을 장악한 위파(韋播)와 (위온(韋溫)의 생질이었던) 고숭(高嵩)은, 늘 군사들을 구타하는 방법으로 자기의 위엄과 명성을 수립하였기 때문에 만기(萬騎) 장수들은 분노를 품고 있었다. 만기의 장령(將領)인 갈복순(葛福順)·진현례(陳玄禮)·이선부(李仙鳧) 등은 이융기에게 위후 집단을 주멸할 것을 힘써서 권하고, 죽으나 사나 그와 함께 하고자 하였다. 위씨 집단의 군대와 각 부문에 대한 통제는 이토록 견고하지 못하였다.

앞에서 이야기한 원인들로 말미암아 투쟁이 날로 격화되는 시기에 위후 집단 가운데 몇몇 지식 있는 인사들이 이융기에게로 전향하기 시작하였다. 원래 종초객(宗楚客)·무삼사(武三思)·무연수(武延秀)에게 빌붙어 있던 병부시랑(兵部侍郎) 최일용(崔日用)은 위후가 조정에 나아가 황제가 되자 자기에게 화가 미칠 것을 두려워하고 있었다. 그는 이융기가 의거를 도모한다는 것을 알고는 이에 승려 보윤(普潤)과 도사 왕엽(王曄)을 통하여 몰래 이융기의 저택에 도착해 자신도 깊이 결탁을 하고 앞으로 지지하겠다고 하였다(『舊唐書』卷99「崔日用傳」). 그는 또 이융기에게 진언하여 "위후를 주살하는 거행이 빨리 이루어지기를 바라며, 그들이 생각지도 못할 때 습격해야지 만약 조금이라도 지체된다면 혹시 변란이 일어날까 두렵습니다(『舊唐書』卷99「崔日用傳」)"라고 말하고 빨리 손을 쓰도록 재촉하였다. 최일용은 말재주가 뛰어나고 민감하며 기회를 봐서 전화위복시킬 수 있는 사람이었다(『新唐書』卷121「崔日用傳」). 그는 궁정 투쟁의 형세를 잘 감찰하고, 형세에 따라 자기가 가야 할 바를 결정하는 사람이었다. 그의 입장이 변화한 것은 위씨 집단의 붕당이 분리될 것을 예고하여 주는 것과 같았다.

위후는 상왕과 태평공주에 대해서 힘을 다해 방어하면서 털끝만치도 그들을 풀어주지 않았다. 상왕과 태평공주, 이융기의 집은 실제로 이미 많은 군사들에게 포위되어 엄밀한 감시를 받고 있었다. 위후는 "장차 이들을 잘라내기 위해서 잠복시키고 안과 밖의 왕래를 근절시켰다(『册府元龜』卷20 「帝王部」功業2)." 이융기는 동명관(東明觀) 도사 풍처징(馮處澄)·보창사(寶昌寺) 승려 보륜(普淪) 등을 통해 외부와의 연결을 유지할 수 있었다. 형세가 평소와 달리 긴장되자 이융기는 더 이상 기회를 기다리지 않고 즉시 정변을 일으켰다.

6월 20일 저녁, 어둠이 짙어갈 무렵, 이융기는 복장을 갈아입고 도사 풍처징의 엄호를 받으며 몰래 왕부(王府)를 떠나서, 정변의 지휘부인 금원 총감(禁苑總監) 종소경(鍾紹京)의 저택에 도착하였다. 이는 약함으로 강함을 이기고, 적은 것으로 많은 것을 이기려는 결전이었다. 이융기는 큰 지혜와 용기로 기세를 떨치고 일어났다. 이 결정적인 순간에 현종의 신변에 있던 몇몇 사람은 두려움으로 흔들리기 시작했다. 그 가운데의 하나가 종소경 이다. 그는 왕숭엽(王崇曄)의 연결로 밀모에 참여하였는데, 정변의 지휘부 는 바로 그의 집에 설치되어 있었다. 이융기가 도착하고 거사가 시작되려 하자, 그의 마음속에는 두려움이 가득하였다. 결전에 임하자 겁이 많아져 서, 이융기가 그의 관사에 들어오는 것을 막으려고 생각하였다. 종소경의 처자 허씨는 매우 대담하게 그에게 "몸을 버리고 나라를 위해 죽는 일에는 신께서 그들을 도우십니다. 또한 함께 도모하고자 진실로 정하였는데, 지 금 하지 않으려 하신다며 어찌 피할 수 있겠습니까?"라고 권하였다. 종소 경은 그제서야 굳게 다짐을 하고 나아가 이융기를 영접하였다. 이밖에 또 다른 사람은 이융기의 심복인 무사 왕모중(王毛仲)인데, 그는 정변이 일어 나기 이틀 전에 어디로 가야할지 안절부절못하다가 어디론가 숨어버렸다.

밤이 깊었다. 만기장군 갈복순(葛福順)과 이선부(李仙鳧)가 종소경의 집으 로 와서 이융기에게 명령을 내려주도록 청하였다. 이융기는 이번 정변에 대하여 이미 오래 전부터 계획을 세우고 가슴에 칼을 품고 있었다. 그의 행동 지침 가운데에서 첫 번째 공격의 대상은 현무문(玄武門)이었다. 현무문을 얻느냐 마느냐에 궁정 정변의 성공과 실패라는 관건이 달려 있었다.
당태종의 현무문 정변과, 무측천 말년의 '오왕'의 변은 모두 북문 금군을
누르고 현무문을 얻음으로써 성공을 거두게 된 것이다. 중종 때 태자 중준
이 기병을 일으킨 것은 중종이 현무문을 굳게 지켜 중준이 문에서 제지당
했기 때문에 실패하고 말았다. 이러한 역사적 경험을 현종은 마음에 깊이
새기고 있었기에 그는 정변을 일으킬 때에 그는 가장 먼저 현무문을 탈취
하려고 했다. 갈복순과 사람들은 명령을 받들고 현무문을 지키는 우림영
(羽林營)으로 들어가서 우림군(羽林軍)을 지휘하는 위선(韋璿)·위파(韋播)·고
숭(高嵩)을 참수하고, 우림영의 장병들에게 선포하였다. "위후는 선황을 독
살하고 사직을 위협하였으니, 오늘 밤 함께 위씨들을 주멸하고 키가 말안
장 이상되는 사람들은 아이들이라도 모두 참수하도록 한다. 상왕을 세워
천하를 다스리게 할 것이니 감히 두 마음을 품고 반역의 파당을 조성한다
면 삼족을 멸하는 죄로 다스릴 것이다." 우림군의 장병들은 위씨들에 대하
여 오래도록 분개하고 있었기 때문에 모두들 흔쾌히 명령을 따랐다. 현무
문과 우림군을 장악하게 되자, 정변에서의 승리는 이미 손안에 든 새와 같
았다.

　이융기는 갈복순이 보내온 위선 일당의 머리를 직접 본 후에 현무문
탈취의 성공을 확인하고, 유유구 등을 이끌고 종소경의 저택에서 출발하
여 금원(禁苑) 남문을 지나 현무문으로 진군하였다. 종소경은 도끼와 톱을
든 장정과 노예 이백 명을 거느리고 이융기의 뒤를 따랐다. 갈복순은 좌만
기(左萬騎)를 거느리고 입덕문(入德門)을 공격하였으며, 이선부는 우만기(右
萬騎)를 거느리고 백수문(白獸門)을 공격하였다. 그들이 막힌 문을 열고 들
어가니 순조롭게 진행되었다. 삼고(三鼓 : 지금의 밤 12시경)에 양군(兩軍)은 능
연각(凌煙閣) 앞에서 집결하였다. 태극전(太極殿)에서 재궁(梓宮 : 황제와 황후의
궁)을 지키던 수비대들이 무장을 하고 맞서는 사이 위후는 바삐 비기영(飛
騎營)으로 도망쳤지만, 오히려 비기군(飛騎軍)에게 잡혀 참수를 당해 그녀의

머리는 이융기에게 바쳐졌다. 안락공주·무연수(武延秀)·내장군(內將軍) 하류(賀類) 씨들도 모두 피살당했다.

상관완아도 죽임을 당했다. 문장 구사력이 빠르고 빼어난 자태를 갖추었던 그녀는 여러 번이나 궁정 투쟁의 풍랑을 잘 넘어왔지만, 이번에는 그렇지가 않았다. 결국은 강한 적수를 만났던 것이다. 이융기가 궁으로 들어서자 상관완아는 등불을 밝히고 궁인들을 이끌고 그를 영접하였다. 그리고 유제(遺制)의 초고(草稿)를 유유구에게 건네줌으로서 그녀가 일찍이 상왕을 지지하고 있었다는 것을 증명하려 하였다. 유유구는 상관완아를 위하여 이융기에게 사정해 보았지만, 이융기는 조금도 동요되지 않았다. 그는 명령을 내려 깃치 아래에서 그녀를 베도록 하였다.6) 후에 이융기는 상관완아의 시들을 모아서 문집 20권을 편찬하게 하고 장열(張說)에게 시집의 서문을 쓰게 하였다. 이융기는 비록 세간에서 이런 여인들이 정치를 주무르는 것을 용납하지는 않았으나, 그녀의 재능을 존중해주고 그녀의 시문이 세상에 널리 알려지는 것은 허락하였던 것이다.

이융기는 위후를 주살하는 데 있어서 치밀하고 신속하고 과단성 있게 행동하여 하룻밤 사이에 큰 승리를 거두었다. 그 다음날 궁궐은 평정이 되었으며, 이융기는 상왕을 뵙고 고개를 숙여 먼저 알리지 못한 죄를 사죄하였다. 상왕은 힘을 내어서 "종묘사직이 땅에 떨어지지 않음이 너의 공로이다"라고 말하였다. 이융기는 상왕을 맞아들여 입궁시키고, 어린 황제[少帝]를 보좌하였다. 그리고 같은 날, 궁문과 수도의 성문을 잠그고, 위씨(韋氏)의 친당을 수색·체포하였다. 위온(韋溫)·종초객(宗楚客)·종진경(宗晉卿)

---

6) 상관완아가 두 번씩이나 젊은 왕자들에게 쫓기게 되는 것은 항상 권력집단의 중추부 안에 있었던 중년여성으로서의 그녀의 자세에도 문제가 있었던 것으로 보아야 할 것이다. 신분을 가지고 있으면서도 소외되고 있었던 젊은 왕자들이 볼 때에는 그녀가 눈에 가시처럼 여겨졌을 것이며, 젊은 왕자들이 주도가 되어 일으킨 긴급 상황 아래에서는 그녀는 보호받지 못하는 희생양이 될 수 밖에 없었던 것이다.

·조리온(趙履溫)·위거원(韋巨源) 등은 모두 잡혀 죽임을 당했다. 최일용(崔日用)은 병사를 이끌고 경성(京城) 남쪽의 두곡(杜曲)에 모여 사는 위씨(韋氏)들을 죽였는데, 강보에 싸인 아이들도 죽임을 면할 수는 없었다.

6월 23일, 태평공주는 어린 황제를 다그쳐, 상왕에게 자리를 양보하게 하였다. 24일 상왕이 즉위하고 연호를 경운(景雲)이라고 하였다.

4. 태평공주(太平公主)를 제거하다

위후(韋后) 집단을 주멸한 후에, 이융기는 난을 평정한 공로로 평왕(平王)에 봉해졌다. 또한 지내외한구(知內外閑廐)·압좌우상만기(押左右廂萬騎)를 겸직하였으며, 금군(禁軍)과 어마(御馬)를 관장하였다. 그리고 얼마 되지 않아 전중감(殿中監)과 동중서문하3품(同中書門下三品)의 관직을 겸하였다. 그리고 예종(睿宗)이 즉위한 지 3일째 되는 날인 7월 27일, 이융기는 태자로 세워졌다.

사실 원래 태자를 세우기 위하여 이처럼 서둘 필요는 없었다. 또한 장자 계승의 원칙에 따라 태자의 자리에 당연히 송왕(宋王) 이성기(李成器)가 세워져야 했다. 그러나 이성기는 눈물을 흘리면서 단호하게 거절하였고, "국가가 안정되면 먼저 장자가 대를 이어야 하나, 국가가 위험하면 공이 있는 자가 우선적으로 올라야 합니다. 만약 이러한 도리를 어기면 온 세상이 실망하게 됩니다. 신은 죽어도 평왕(平王)의 윗자리에 앉을 수가 없습니다"라고 말하였다. 조정 대신들도 모두 이융기가 태자의 자리에 오르는 것에 찬성하였다. 이융기는 위후를 주멸하는 대업을 이끌었고, 부황(父皇)의 복위를 위해 결정적인 역할을 하였으며, 홀로 이당사직(李唐社稷)을 지탱하는 비범한 담력과 재략을 보여주었다. 그는 강대한 실력을 가지고 있어

많은 옹호를 받고 있는 인물이었다. 그가 태자가 되는 것은 필연적인 것이었기에, 총명하였던 큰형 이성기는 그와 감히 경쟁하려고 하지 않았다.

예종(睿宗)이 즉위한 초기에, 무씨(武氏)와 위씨(韋氏)로 대표되는 부패 세력의 집단이 제거되자 당의 정국은 호전되어갔다. 예종은 허주자사(許州刺史) 요원지(姚元之, 姚崇)와 낙양장사(洛陽長史) 송경(宋璟)을 재상으로 임용하였는데, 송경과 요원지가 합심하여 중종의 폐정을 개혁하고, 충신들을 이끌어, 상벌에 공정을 기하고, 정에 이끌려 행동하지 않고 기강을 바로 세우니, 당시에 정관(貞觀) 시대와 영휘(永徽) 시대의 기풍이 다시 일어나는 것 같았다. 그러나 이러한 순풍은 일년 남짓 불어오다가 다시 멈추어 버리고 말았는데, 그 원인은 태평공주였다.

무측천이 세상을 떠난 후, 태평공주는 궁정이라는 정치 무대 위에서 가장 큰 활약을 한 사람 가운데의 하나였다. 그녀는 위당(韋黨)을 주멸시키고, 예종을 옹립하는 과정에서 큰 공을 세웠기 때문에 그 지위가 갈수록 높아졌다. 태평공주는 횡포스러웠으며 뇌물을 탐내고 재물을 좋아하였는데, 대량의 재물과 부를 탈취하여 호화롭고 사치스러운 생활을 하고 있었다. "그녀의 밭은 근교의 비옥한 땅에 골고루 퍼져있었고, 또한 시장에서 만든 기물과, 오(吳)·촉(蜀)·영남(嶺南)에서 공급하여 보내는 물건들이 길가에 이어졌다. 화려하고 희귀한 보석, 음악과 수레, 이런 것이 모두 궁중과 같았다. 수백 명이 넘는 시중들은 명주옷을 입었고, 남녀 시종들은 천 명을 넘었다. 각 주(州)에서 공급한 개와 말과 완구, 특산물 등은 너무 많아서 모두 다 적을 수가 없었다(『舊唐書』 卷183 「太平公主傳」)"고 한다. 예종(睿宗)은 부와 권모술수가 넘치는 누이를 매우 존중하여 국가의 큰 정사를 언제나 그녀와 상의하였으며, "공주가 원하는 것은 들어주지 않은 적이 없었다. 재상 이하 사람들의 진퇴(進退)가 그녀의 말 한마디에 달려 있었다. 그 나머지의 그녀가 천거한 관리는 역대로 셀 수가 없었으니, 그녀를 만나러 오는 자가 장사진을 이루었다." 또한 태평공주는 권세를 농단하는 것을 낙으로 여기며 군국의 대정(大政)에 참가하여 결정하였으니, 만일 그녀를 만나지 못하게 되면 재신들은 그녀의 저택에 가서 가부만을 말할 수 있었다(『舊唐書』 卷183 「太平公主傳」). 위후를 주살할 때 태평공주는 이융기를 지지하였기 때문에 고모와 조카간의 입장은 같았다. 그러나 이융기가 태자가 된 후에도 태평공주가 조정에 참여하고 마음대로 행동하자 이융기와 대립하게 되었다. 태평공주는 이융기의 재능이 뛰어나고 지혜로우며 숙련되어, 경시할 수 없는 실력을 가지고 있음을 잘 알고 있었다. 때문에 유약한 태자로 그 자리를 바꾸어야만, 그녀의 세력과 이익이 손상 받지 않을 수 있었다. 그래서 그녀는 이융기를 공격하기 시작하여 고모와 조카간의 대립은 나날이 첨예해져갔다.

태평공주는 이융기의 신변에 자기의 이목을 고정시키고, 그의 거동을 예의 주시하였다. 그녀는 항상 예종에게 이융기의 상황을 고하여, 이융기 부자간의 관계를 이간질시키려 했으며, 이융기로 하여금 두렵고 불안하게 만들었다. 그녀는 또한 "장자가 아니면 태자의 자리에 오를 수가 없다"라는 유언비어를 퍼트리고, 당파에 연락망을 연결하여 이융기의 역량을 방해하는 세력을 모았다. 경운(景雲) 2년(711) 정월, 태평공주는 갑자기 광범문(光范門)에서 재상을 회견하고, 태자를 바꾸자는 요구를 제의하였다. 재상들은 대경실색하였고, 송경은 항언하였다. "동궁(東宮)은 천하에 큰 공을 세우셨으며 진실로 종묘사직의 주인이 되시는데, 공주는 어이하여 갑자기 이런 뜻을 가지게 되셨습니까!" 태평공주의 요구는 재상들의 항의에 부닥쳤고, 그녀와 이융기 사이의 갈등은 여기에서 이미 공개적으로 표출되었다.

태평공주가 재상들에게 태자를 바꾸자는 요구를 제시한 이유는 이융기보다 더한 성망과 실력을 얻고자 함이었다. 분명 무측천 시대 이래로 이십여 년 간 천하에는 오직 태평공주가 있을 뿐이었다. 황제인 아버지와 황후인 어머니, 그리고 친왕인 남편과 군왕인 아들을 두니 귀함과 풍성함이 이보다 높은 사람이 없었던 것이다(『舊唐書』 卷183 「太平公主傳」). 마침 제기현(諸暨縣)의 주부(主簿)로 뽑히게 된 왕거(王琚)가, "태자를 방문하고자 하여 궁중의 정원을 지나가다가 고의로 천천히 걸으며 눈을 높이 들고 바라보았다. 환관(宦官)이 전하께서 주렴 안에 계신다"고 말하자, 왕거가 "전하(殿下)는 무슨 전하, 지금은 태평공주만이 있을 뿐이야"라고 말하였다. 왕거가 이처럼 말한 것은 물론 태자와 태평공주의 투쟁을 격발시키는 뜻이기도 했지만, 그러나 그의 말이 과장된 것만은 아니다. 분명 태평공주의 성망은 이융기보다 훨씬 더 높았다. 하지만, 태평공주는 여전히 자신의 역량을 지나치게 과대평가하고 있었다. 당시의 재상은 중서령 요숭(姚崇)·황문시랑(黃門侍郞) 동중서문하3품(同中書門下三品)의 이일지(李日知)·검교이부상서(檢校吏部尙書) 동중서문하3품의 송경·중서사인참예기무(中書舍人參預機務)의 유유구(劉幽求) 그리고 막 동중서문하평장사(同中書門下平章事)에 임명된 태복경(太僕卿) 곽원진(郭元振)·중서시랑(中書侍郞) 장열(張說)이었다. 재상의 반열에 오른 관리들은 태자 이융기를 지지하였다. 태평공주의 요구가 거절되자, 그녀는 재상 대열의 개조에 노력을 기울였다.

광범문 회견 후에 재상 요숭과 송경은 태평공주가 태자를 바꾸자는 요구에 일침을 놓고 비밀리에 예종(睿宗)에게 진언하였다.

송왕(宋王)은 폐하의 원자이며, 빈왕은 고종(高宗)의 장손입니다. 태평공주는 그 사이를 연결하여, 동궁(東宮)을 불안하게 하고 있습니다. 청하옵건대 송왕(宋王)과 빈왕을 모두 자사로 보내어, 기왕(岐王)과 설왕(薛王)의 두 왕을 좌우림(左羽林)과 우우림(右羽林)에서 파하여 좌솔·우솔로 삼아 태자를 섬기게 하십시오. 태평공주와 무유기(武攸曁)는 동도(東都)에 안치하시기 바랍니다(『자치통감』 권210).

예종은 기본적으로는 요숭과 송경의 이러한 의견을 받아들였다. 그러나 말로는 "짐은 형제가 없고, 오직 누이인 태평공주만 있을 뿐인데, 어찌 멀리 동도에 두겠는가!"라고 하였다. 그래도 그는 태평공주에 대해서 골육간의 애정을 가지고 있었던 것이다. 2월 1일, 예종(睿宗)은 송왕(宋王) 이성기(李成器)를 동주자사(同州刺史)로, 빈왕(邠王) 이수례(李守禮)는 빈주자사(邠州刺史)로 임명하였다. 좌우림대장군(左羽林大將軍) 기왕(岐王) 이융범(李隆范)은 좌위솔(左衛率)로, 우우림대장군(右羽林大將軍) 설왕(薛王) 이융업(李隆業)은 우위솔(右衛率)에 임명하고, 태평공주는 포주(蒲州)에 안치하였다.

태평공주는 이러한 의논이 요숭(姚崇)과 송경에게서 나온 것을 알고는 크게 화를 내며 태자를 질책하였다. 이융기는 무서워하여 급히 상소를 올려 요숭과 송경이 자신과 고모·형제간의 관계를 이간질하니 극형에 처해달라고 청하였다. 예종(睿宗)은 요숭과 송경이 건의한 것은 완전히 태자의 지위를 옹호하고, 당 조정의 대세를 안정시키고자 한데서 출발한 것이며, 분명 이융기의 건의를 받아들일 필요가 없다는 것을 알았다. 하지만 태평공주에게 대응하기 위해서 요숭을 신주자사(申州刺史)로, 송경을 초주자사(楚州刺史)로 좌천시킬 수밖에 없었다. 태평공주는 마침내 포주(蒲州)에서 3개월 정도를 보낸 후, 5월에 이융기의 요청에 응하여, 경성(京城)으로 돌아오게 되었다. 이 풍자적 의미를 내포하고 있는 사건은 음미해 볼 필요가 있다. 태평공주는 태자를 바꾸는 것을 공개할 수 있었지만, 요숭과 송경의 건의는 황제에게 비밀리에 말할 수밖에 없었다. 태평공주가 화를 내자, 이융기는 곧 요숭과 송경에게 벌을 내리고 분명하게 경계선을 그어 자신을 보호하였다. 예종은 요숭과 송경의 건의가 옳은 것을 알았지만 그들을 경성에서 쫓아내지 않을 수 없었다. 이러한 미묘한 관계는 태평공주의 세력과 영향력이 너무 커서 이융기로서는 아직 그녀에게 감히 정면으로 맞설 수 없었음을 보여준다.

태평공주와 태자의 대립에 대하여 예종(睿宗)은 어떤 태도를 취하였을까? 한 쪽은 누이이고, 한 쪽은 아들이니, 둘 다에게 골육간의 정을 가지고 있었다. 그는 상당히 신중하게 애써 공평하게 대하지 않을 수 없었으며, 문제를 해결할 때는 두 사람의 의견을 모두 고려하였다. 모든 재상의 상소에 대해 황제는 늘 "미리 태평(太平)과는 이야기를 하였나?" 또는 "삼랑(三郎)과는 이야기하였나?"라고 물었으며, 그 후에야 일을 처리하였다. 삼랑은 태자인 이융기를 일컫는 것이다. 그러나 이렇게 첨예한 대립 앞에서 예종은 절대적으로 중도를 지킬 수가 없었고, 아무래도 아들 이융기 쪽으로 마음이 기우는 경향이 있었다. 예종과 이융기 두 사람은 오랜 세월 동안 궁정의 투쟁 속에서 기쁨과 걱정을 함께 나누면서 일심동체가 되었던 것이다. 위후를 주살하기 전에, 이융기가 먼저 고려한 것은 아버지의 안전이었으며, 그랬기에 위후가 죽은 뒤에 예종은 급히 이융기를 태자로 세웠던 것이다. 태평공주의 목적은 이융기를 태자에서 폐위시키려는 것으로, 만약 예종이 이융기에게 불만을 가지고 있었다면, 이때를 틈타 이융기를 폐위시키는 일은 결코 어려운 일이 아니었다. 그러나 예종은 그렇게 하지 않았을 뿐만 아니라 오히려 황위를 이융기에게 넘겨주려고 주동하고, 정치적으로 중요한 우세를 얻도록 하였다. 이것은 예종의 기본적인 태도가 이융기를 지지하는 것임을 표명해주는 것이었다.

예종은 이융기에게 그의 자리를 양보하는 과정에서 그의 지혜와 책략을 충분히 드러내었다. 태평공주는 스스로 너무나도 자신감에 넘쳤기 때문에, 예종이 지니고 있는 정치상에서의 성숙함을 과소평가하였고, 예종과 이융기의 관계에 대해서도 정확하게 이해하지 못하였다. 이것들은 그녀를 몰락하도록 하는 중요한 과오들을 불러왔다.

예종이 요숭과 송경의 건의를 받아들이고, 태평공주를 포주(蒲州)에 안치시키기로 결심하여, 태자의 처한 상황이 호전되려 할 때, 황제가 중신들에게 일렀다. "술자(術者)가 말하기를, 5일 안에 누군가가 군대를 동원하여 입궁할 것이라고 하니, 경들은 짐을 위해 준비를 하라." 장열(張說)이 말하였다. "이것은 필시 중상모략을 하는 사람이 동궁(東宮)을 이간질 하고자 하는 것입니다. 원컨대 폐하께서는 태자를 시켜 나라를 맡게 하십시오.

그러면 소문은 자연히 없어지게 됩니다." 요원지(姚元之)가 말하였다. "장열(張說)이 말한 바는 사직을 세우는 최상의 방법입니다." 술자가 한 말의 목적은 예종과 이융기의 관계를 떼어놓고자 도발한 것으로, 물론 태평공주의 의견에서 나온 것임이 분명하였다. 예종은 오히려 이로 말미암아 장열과 요숭의 의견을 받아들이고, 태평공주를 포주(蒲州)에 안치시킨 다음 날인 2월 초 이튿날에 태자(太子)에게 감국(監國)을 명하고, 6품 이상의 관료들의 임면과 도형(徒刑) 이하는 모두 태자가 처리하도록 하였다. 이리하여 부분적으로 권력의 인계가 실현된 것이다.

2개월 후에, 예종은 3품 이상의 대신을 소집하여, 태자에게 황위를 물려줄 것을 제의하였다. 태평공주의 당파인 전중시어사(殿中侍御史) 화봉요(和逢堯) 등은 힘을 다해 만류하였다. 황위를 전해주는 것은 비록 실현되지 않았으나, 예종은 4월 13일 "무릇 정사는 모두 태자가 처분한다. 군대에 관한 일이나 사형, 그리고 5품 이상을 제수하는 것은 모두 우선 태자와 논한 후 고하라"는 제칙을 내렸다. 이렇게 하여 다시금 부분적인 권력의 인계가 실현되었다.

경운(景雲) 3년(712) 7월[이 해 팔월에 선천(先天)으로 개원(改元)함], 서쪽 하늘에 혜성이 출현하였다. 태평공주는 술자를 시켜 황제에게 "혜성이 나타나는 것은 옛 것이 사라지고 새것이 펼쳐지며 또 옥좌와 심전성(心前星)에 변고가 있기 때문입니다. 이에 마땅히 황태자(皇太子)가 천자(天子)가 되어야 합니다"라고 말하게 하였다. 그러나 황제는 "덕을 펴고 재난을 면하겠소. 나의 마음은 이미 정해졌소"라고 말하였다. 태평공주의 마음은 술자로 하여금 별의 변화를 빌어 예종이 의심을 품게 하여, 이융기를 막으려는 것이었는데, 결국 재주를 피우려다 일을 망친 형국이 되고 말았다. 비록 태평공주와 그 당파가 힘을 다해 막았지만, 예종은 천체의 변화를 빌어 양위할 것을 현실화하기로 결정하였다. 이융기는 한번 사양하였지만 예종의 결심은 이미 굳어졌다. 그는 의미심장하게 이융기에게 말하였다. "사직이 다시 안정되고, 내가 천하를 얻은 것은 다 너의 힘이 있었기 때문이었다. 지금 옥좌에 재난이 있으며, 너에게 넘겨주면 전화위복이 될 것인데 너는 어찌 의심하느냐?" 25일, 태자에게 천자의 자리를 넘겨주도록 명하였다. 일이 이미 이렇게 되고 나니, 태평공주는 물러서서 예종이 자리를 넘겨주도록 권하는 수밖에 없었지만, 그렇다고 모든 것을 방관할 수만은 없었다. 8월 5일, 이융기가 즉위하여 현종이 되고, 선천(先天)으로 연호를 바꾸었다. 예종은 태상황(太上皇)이 되었으며, "3품 이상 관직의 제수와 큰 형사 및 행정은 상황(上皇)이 결정하고 나머지는 황제가 결정한다"고 하였다. 예종이 아직까지 권력을 가지고 있었던 것은 태평공주를 위로하기 위해서였다.

이융기가 황위에 올랐으나, 태평공주의 세력은 여전히 컸으며 2년 전 광범문(光范門)에서의 시도가 실패한 뒤부터 태평공주는 재상들에게 주의를 두기 시작했다. 선천(先天) 2년(713) 7명의 재상 가운데에서, 두회정(竇懷貞)·잠희(岑羲)·소지충(蕭至忠)·최식(崔湜) 네 명은 태평공주를 따랐고, 태평공주를 따르지 않은 사람으로는 곽원진(郭元振)·위지고(魏知古)·육상선(陸象先) 이렇게 세 명이 있었으니, 태평공주를 따르는 측근들이 재상 가운데에서 우세를 점령하고 있었다. 조정에는 문무 신하의 태반이 그녀를 따랐다. 태자소보(太子少保) 설직(薛稷)·옹주장사(雍州長史) 신흥왕(新興王) 이진(李晉)·중서사인(中書舍人) 이유(李猷)·우산기상시 가응복(賈應福)·홍노경(鴻臚卿) 당준(唐晙) 등은 모두 태평공주의 당파였다. 또한 태평공주는 아직 일부의 군사력도 장악하고 있었다. 좌우림대장군(左羽林大將軍) 상원해(常元楷)·지우우림장군(知右羽林將軍) 이자(李慈)·좌금오장군(左金吾將軍) 이흠(李欽)과 같은 장군들이 모두 그녀를 따르고 있었다. 태평공주의 세력은 상당히 강하였다. 그러나 이융기는 이미 태자에서 황제가 되어 정치상에서 우세를 점하였는데, 이는 후일 태평공주와의 싸움에서 승리할 수 있는 결정적인 첫걸음을 내디딘 것이다. 최일용(崔日用)은 이에 대해 분명하게 현종에게 말하였다.

태평공주(太平公主)는 반드시 모반할 것이니, 폐하께서 궁부에 계시다가 체포하시고자 하신다면, 이것은 아들의 도리요 신하의 도리오니, 곧 지혜와 힘이 필요할 것입니다. 지금 보좌에 오르셨는데 단 한마디 명령만 내리신다면, 누가 따르지 않겠습니까?(『舊唐書』卷99 「崔日用傳」)

이것은 바로, 현종이 태평공주를 없애는 것이 이미 명분에 맞고 타당할 뿐만 아니라 현실적으로 그럴 수 있는 유리한 자리를 차지하게 되었음을 말해준다.

현종이 즉위한 후에, 태평공주와의 대립은 날로 첨예해져 갔다. 유유구(劉幽求)와 좌우림장군(左羽林將軍) 장위(張暐)는 우림군(羽林軍)을 써서 태평공주를 주살할 계획을 세웠고, 현종도 이에 동의를 했다. 이 밀모는 일찍이 누설되어 현종은 유유구와 장위를 변주(邊州)로 폄적시킬 수밖에 없었다. 태평공주의 집단도 적극적으로 활동을 하였고, 군대의 반란을 일으켜 현종을 폐위시키고자 밀모하였다. 그들의 계획은 선천(先天) 2년 7월 초나흘, 상원해(常元楷)와 이자(李慈)가 우림군(右林軍)을 이끌고 현종이 있는 무덕전(武德殿)으로 쳐들어왔고, 재상(宰相) 두회정(竇懷貞)·소지충(蕭至忠)·잠희(岑羲) 등은 남아(南衙)에서 군사를 이끌고 맞섰다. 그러나 이 계획은 재상 위지고(魏知古)가 알고 있었기에 미리 현종에게 보고되었다. 현종은 즉시 동생 기왕(岐王) 이범(李范)·설왕(薛王) 이융업(李隆業)·병부상서(兵部尙書) 동중서문하3품(同中書門下三品) 곽원진(郭元振)·용무장군(龍武將軍) 왕모중(王毛仲)·전중소감(殿中少監) 강교(姜晈)·태복소경(太僕少傾) 이령문(李令問)·상승봉어(尙乘奉御) 왕수일(王守一)·내급사(內給事) 고력사(高力士)와 같은 심복들과 비밀리에 대책을 강구하였고, 하루 전에 먼저 거사에 착수하여 제압하기로 결정하였다.

7월 초 사흘, 현종은 왕모중(王毛仲)에게 명하여 말과 병사 삼백 명을 데리고, 무덕전(武德殿)에서 건화문(虔化門)으로 들어가게 하고, 좌우림대장군(左羽林大將軍) 상원해(常元楷)·지우우림대장군(知右羽林大將軍) 이자(李慈)를 함께 참수하였다. 태평공주의 심복인 이 두 장수를 처치하자 우림군(羽林軍)을 더욱 수월하게 제압할 수 있었고, 연이어 태평공주의 당파들을 잡아 죽였다. 재상 소지충(蕭至忠)과 잠희는 참혹하게 처단되었고, 두회정(竇懷貞)은 스스로 목을 매 죽었다. 태평공주는 산사로 도망쳐 들어갔으나, 3일 후에 밖으로 나와 집에서 사약을 받았다. 그녀의 아들 설숭간(薛崇暕)을 제외한 나머지와 당파인들 십여 명이 피살당하였다. "공주의 집에는 재화가 산처럼 쌓여 있었고, 진귀한 물건이 관부의 창고와 같았다. 마구간에는 목축하는 양과 말이 가득하였으며, 전원의 이자는 수년 간 받아도 다할 수 없는 수량이었다." 이렇듯 권력을 농단하고 재물을 탐하고, 일세를 풍미하던 공주는 명예가 땅에 떨어졌을 뿐 아니라 일신조차 구할 수 없었다.

7월 초 나흘, 예종은 태상황(太上皇)의 신분으로 선포하였다. "짐이 높은 지위에 올라 하는 일이 없으니, 지금 이후부터 군국(軍國)과 형정(刑政)의 일은 모두 황제가 처분한다(『舊唐書』卷7「睿宗紀」)." 이로부터, 현종은 비로소 황제의 모든 권력을 장악하고, 대당의 휘황찬란한 업적을 이루어나가기 시작한다.

현종의 위후 주살은 열세하에서 궐기한 싸움이었고, 태평공주의 주살은 상당한 우세 속에서 이루어졌다. 현종은 황제의 자리에 올라 위에서 아래를 제압하였으니 정치적인 우세를 차지하고 있었다. 현종은 태평공주의 밀모를 감찰하고 앞서서 손을 썼으니, 시기상의 우세도 차지하였던 셈이다. 현종은 "먼저 북군(北軍)을 점령하고, 후에 역당(逆黨)을 체포한다"는 방침을 써서, 먼저 태평공주가 우림군(羽林軍)을 제압할 수 있는 힘을 제거시켜, 군사적으로 최상의 우세를 점유하였다. 이것으로 보아, 현종은 장기간의 궁정 투쟁 속에서 단련되어 성숙해졌고, 장기적으로 역량을 쌓으며 때를 기다리는 것에 능하였다. 또한 기회가 되면 용맹하고 과감하게 승리를 쟁취하는 데에도 능숙하였다는 것을 알 수 있다.

태평공주를 주살한 것에 대해, 예종은 어떤 태도를 취했을까? 문헌을 보면, 예종이 스스로 자신의 의중을 잘 알리고 있다. 태평공주를 주살한 후, 예종의 「명명황총군국형정소(命明皇恩軍國形政詔 : 명황 당현종에게 나라의 군사, 법률, 정치 총괄을 명하는 조서)」에서 말하고 있다. "지난번 간신이 불화를 조성하고, 몰래 황궁을 범하였다. 흉악한 당파가 내부에 배치되었으며, 천자(天子)가 거처하는 곳으로 날아들었다. 짐이 창졸들을 위해 심히 근심하고 그들의 생명을 사랑하여 제거하고자 토의하였다. 황제는 이에 기왕(岐王) 이범(李范)과 설왕(薛王) 이융업(李隆業) 등의 효심을 독려하고, 의용군을 거느리고 죄인을 궁궐 아래서 죽이고, 창을 붙잡고 대로에서 소탕하며, 심히 악독하고 나쁜 자들을 포위하여 복종하지 않는 자들은 주살하였다(『唐大詔令集』 卷30)." 현종이 재위하여 칙문에서 말하기를 "태상황(太上皇)은 성스러우시고 분명하시며 널리 통하시며[聖斷宏通], 뛰어나게 모의하시고 홀로 운용하시고 짐에게 명하시어 기왕 이범과 설왕 이융업 등을 거느리고 친히 주멸하셨다. 날카로운 도끼로 지휘하니 원흉들이 모두 죽었다(『唐大詔令集』 卷2)." 사건이 일어난 후에 기록한 문헌은 비록 명백하더라도 전부 믿을 수 있는 것은 결코 아니다. 예종이 태평공주와 태자(太子)의 갈등에 대해 보였던 태도로 미루어 짐작컨대, 그는 이러한 골육상잔의 방법을 취하여 일이 해결되는 것을 원하지 않았던 것으로 보인다. 그는 힘을 다해 태평공주의 요구를 만족시키고, 동시에 황위를 태자에게 주고 조금씩 지위를 양보하였다. 이것은 태자로 하여금 황위를 잇게 하고, 지나치게 태평공주를 상해하지 않도록 하자는 뜻이었다. 그러나 이것은 단지 예종의 선량한 소망에 불과할 뿐이었으며, 그는 객관적 상황을 바꿀 방법이 없었다. 태평공주와 태자는 모두 개성과 자신감이 넘치는 사람들이었으므로 그들 사이의 갈등은 결국 무력을 통해서만이 해결될 수 있는 것이었다. 결국 쌍방은 모두 번쩍번쩍하게 칼날을 갈고 있었지만 그 결전의 시기를 예종은 몰랐을 가능성이 많다. 앞서 인용한 예종의 견해는 사건이 일어난 후에 예종이 자신의 의도를 밝힌 것으로, 예종의 이러한 변론이 있었기에 현종은 고모를 주살하고 효를 거슬렀다는 악명을 씻을 수 있었다.

예종, 그는 역사를 통하여 유약하고 무능하여 황제가 될 만한 자격이 없는 인물이라고 사람들에게 알려져 왔다. 그러나 사실은 그렇지 않다. 예종은 일생에서 황제의 자리를 세 번 내어주었는데, 그 첫 번째는 그의 모친 무측천이 스스로 여황제가 되어, 그를 황사(皇嗣)로 폄적시켰을 때이다. 두 번째는 그가 황사의 지위를 형인 여릉왕(廬陵王)에게 양보했을 때이다. 그리고 중종이 즉위했을 때, 그는 굳이 태자의 동생 황태제(皇太弟)의 지위에서 물러났다. 세 번째는 그가 황위를 아들 현종에게 주고, 자기는 태상황(太上皇)이 된 것이다. 매번 자리를 양보한 것은 모두 당시 형세의 요구에 따른 것이며, 모두 조정의 대국을 안정시키는 데 유리하게 작용했다. 예종 자신이 황위에 올라 있었음에도 황권이라는 유혹에 빠지지 않고, 개인의 진퇴를 중시하지 않는 그러한 품격은 고귀하게 여겨야 할 것이다. 예종은 성격이 소탈하여 황제가 되는 것을 귀하게 여기지 않았다. 천하를 세 번이나 양보한 사례는 중국 역대 제왕 가운데에 한 번도 없었던 일이다.

예종의 일생은 복잡한 궁정 투쟁 속을 건너온 것처럼 보인다. 매번 큰 물결은 그에게까지 파급되었다. 그러나 그는 맑은 정신으로 근면하고 신실하게 일을 처리하고, 시기와 형세를 잘 살펴서 자기가 행동해 나아가야 할 바를 잘 결정하였다. 측천이 정권을 잡은 데서 혁명의 기간까지 황실층의 변화로 말미암아, 황제는 매번 공손히 자리를 양보하였고, 이로써 결국은 화를 면하게 되었다. 예종이 순순히 자리를 양보한 것은(『舊唐書』 卷7 「睿宗紀」) 그가 유약하고 무능했기 때문이 아니라, 일종의 정치 투쟁에서의 책략으로 보아야 할 것이다. 이는 도가 사상에 그 뿌리를 두고 있었다.

예종은 도가에서 매우 깊은 영향을 받았다. 그가 즉위해 있던 기간 동안, 두 명의 딸 금선공주(金仙公主)와 옥진공주(玉眞公主)는 모두 여도사가 되었다. 그가 국가 재정의 곤궁을 이유로 만류하는 군신들의 반대를 무릅

쓰고 두 딸을 위해 규모가 큰 도관(道觀)을 짓는 토목 공사를 감행한 것을 보더라도, 도를 숭상하는 지극한 열정을 엿볼 수 있다. 후에 현종이 도를 숭상하게 된 데에는 아버지에게서 받은 영향이 중요한 원인이라고 할 수 있다. 도가는 정치 투쟁 속에서 '유약한 것으로 강한 것을 이기는 것(『老子』 第76章)'을 주장하였고, "천하는 유약한 물보다 못하고, 약한 자를 공격하는 자는 승리할 수 없다(『老子』 第76章)"고 여겼다. 도가에서 볼 때는, 사물이 유약한 자리에 있으면서 강한 것으로 바뀌지 않아야 재앙의 종말에서 벗어날 수 있다는 것이었다. 물은 비록 유연하고 약하지만, 그것은 결국 그것보다 견고하고 강한 사물의 포위를 뚫을 수 있다는 것이다. 예종이 궁중에서 자신이 얻어낸 자리를 사양하며 양보하는 방침은 도가의 '유약함으로 강함을 이기는' 도가 사상의 정수에서 취한 것이다. 그가 순순히 자리를 양보한 행동은 자신을 보존시켜 주었을 뿐만 아니라, 난관을 헤쳐가야 할 때 현종이 생존하고 투쟁하는 데 유리한 조건을 만들어 주었다. 현종이 수차례의 성공을 얻고, 결국은 대당왕조(大唐王朝)의 최고 권력을 쥐게 된 것은, 예종이 순순히 자리를 양보한 것과 뗄 수 없는 관계에 있다. 이것은 일종의 투쟁의 책략이자 수단으로 결코 쉬운 일이 아니었다. 그것은 고도의 지혜와 완강한 힘을 필요로 하는데, 예종은 바로 이러한 조건을 구비하였던 것이다. 그는 총명한 황제였다. 무측천에서 당현종에 이르는 권력장악 과정에서, 그는 독특한 방식으로 태평성세를 맞이할 기초를 닦아 창립하는 지대한 공을 세웠으니, 당연히 그에 대한 정확한 평가가 내려져야 할 것이다.

예종은 개원 4년 6월 19일 세상을 떠났는데, 향년이 공교롭게도 형인 중종과 같은 55세였다. 형제 두 명이 똑같은 해를 보냈지만 한 명은 급사하였고, 한 명은 천수를 다하였다. 이미 하나의 유람지로 개발된 교릉(橋陵)은 이 소탈한 황제에 대한 영원한 기념인 것이다.

2부

5. 개원황제와 시대를 구한 재상

현종에게 있어서, 713년은 평범한 해가 아니었다. 비록 일년 전에 그는 이미 황위에 올랐으나, 이 해 들어서 7개월 동안 태평공주 집단을 제거하고 난 후에야 비로소 진정으로 명실상부한 대당제국(大唐帝國)의 황제가 될 수 있었다. 11월, 군신들의 요청으로 현종은 존호를 더하여 개원신무황제(開元神武皇帝)라고 하였다. 이 달에 개원(開元)이라는 연호를 새로이 선포하였다.

젊은 개원 천자(天子)는 당태종(太宗)을 매우 존경하여, "중종(中宗) 시기의 정치에서 탈피하여 정관(貞觀) 시대의 관행에 따르고자 결심하였다(『隋唐嘉話』下)"고 한다. 그는 웅대한 뜻을 품고, 당 왕조의 부흥 사업에 본격적으로 나섰다. 그는 아침 일찍 일어나고 저녁 늦게 잠자리에 들며, 침식을 잊을 정도로 부지런히 일하였다. 현재 서안(西安) 부근에 있는 종남산(終南山) 누관대(樓觀臺)의 「노자현현비(老子顯見碑)」(개원 29년에 새김) 비문에 현종은 "국사를 맡은 이래, 30년 간 사경(四更)에 일어나지 않은 적이 없다"고 쓰여 있다.

『개원천보유사(開元天寶遺事)』 하권의 「금함(金函)」에는 "명황은 특히 국정에 힘을 썼으며, 간언을 따르지 않는 바가 없었다. 혹 풍자하는 상소가 있으면 도리를 헤아려 잘된 것은 황금으로 된 상자에 저장하여 놓고 날마다 오른쪽에 두고 수시로 읽었는데, 이를 게을리 한 적이 없다"고 기재되어 있다.

현종은 비록 정치에 힘을 다하였지만, 나이가 어렸기 때문에 경험이 부족하였다. 즉위한 초기에, 그에게는 조수로 삼을 만한 재능 있고 노련한 재상이 필요하였다. 태평공주를 제거한 후에 새로 임명한 재상은 중서령(中書令) 장열(張說)과 좌복야(左僕射) 유유구(劉幽求)로, 두 사람은 모두 문학에는 빼어나지만 실제 사건을 처리하는 데는 좀 부족한 점이 있었다. 현종은 여기에서 만족하지 않고, 진지하게 고려하여 요숭을 선택하기로 결심했다.

요숭은 섬주(陝州) 협석현(硤石縣)[7] 사람으로, 본명은 원숭(元崇)이고 자는 원지(元之)였는데, 현종이 즉위한 뒤에 현종의 존호로 된 '개원(開元) 신무(神武) 황제'라는 칭호와 글자가 겹치므로, 이를 피휘(避諱)하여 '원(元)'자를 생략하고, 이름인 숭(崇)으로서 호칭하였다. 신하들의 이름 글자 속에서 황제의 이름이나 존호 등에 나오는 글자를 피하여 사용하지 않는 것을 피휘라고 한다.

현종이 요숭을 기용하기로 생각한 데는 다음과 같은 이유가 있다. 첫째 요숭은 걸출한 재간을 가지고 있었기 때문이다. 그는 사람됨이 호방하여 시원시원하고, 기개와 절개를 숭상하였으며, 특출한 재주를 겸비하였다. 소년 시절에는 공부를 하지 않았지만, 장성한 후 열심히 공부하여 의봉(儀鳳) 2년(677)에 제과에 합격하여 출세하게 되었다. 그는 문학적 재주가 뛰어날 뿐 아니라 군사 지식에도 통달하여, 문무를 겸비하였다. 만세통천(萬歲通天) 원년(696) 요숭이 하관(夏官 ; 兵部) 낭중(郎中)에 임명되자, 마침 거

---

7) 지금의 하남성 삼문협(三門峽).

란(契丹)이 하북(河北)을 침범하고, 연달아 영주(營州)·기주(冀州)·유주(幽州) 등 많은 주현(州縣)을 침공하게 되었다. 그 때 변방의 긴급한 전보가 신속하게 전달되어 상황이 위급함을 알려왔다. 요숭은 "물을 베듯 적을 물리치고 하는 일마다 조리 있게 행하여", 시간에 어긋나지 않고 합당하게 처리하였다. 그의 군사적 재능은 무측천이 깊이 인정하고 있었다. 사서에서는 요숭을 두고 "관리로서의 도가 민첩하며", "변화에 대응하여 일을 잘 처리하였다"고 칭찬하였는데, 이것은 그가 업무를 처리하는 데 능숙하여 높은 실적을 올렸으며, 상황의 변화와 발전에 맞추어 시의적절하게 대응하여 좋은 결과를 얻어냈다는 것이다.

둘째로 요숭은 풍부한 경험을 가지고 있었다. 그는 일찍이 두 번이나 재상에 임명되었고, 여러 차례 지방 군정 장관을 역임하여 가는 곳마다 많은 정치적 경험을 쌓았다. 요숭의 첫번째 재상 임명은 성력(聖曆) 원년(698) 10월에, 적인걸(狄仁傑)의 추천으로 하관시랑(夏官侍郎) 동봉각란대평장사(同鳳閣鸞臺平章事)로 승진된 때부터였다. 장안(長安) 원년(701) 그는 병주(幷州) 이북으로 파견되어 각 주의 병마(兵馬)를 점검하고, 군대를 정비하고 전쟁을 준비하여 돌궐(突厥)의 침략을 막아냈다. 장안 4년(704), 그는 모친이 노쇠한 것을 이유로 사직하고 노모를 봉양할 것을 청하였는데, 그 말이 매우 애절한지라 무측천은 그를 상왕부(相王府) 장사(長史)로 임명하고 정사를 쉬게 할 수밖에 없었다. 그러나 그 달, 그는 하관상서(夏官尙書) 동봉각란대삼품(同鳳閣鸞臺三品)에 다시 임명되었다. 요숭은 "신이 상왕(相王)을 모시며 군대의 일을 맡는 것이 편리하지 못하옵니다. 신이 목숨을 잃는 것은 두렵지 않으나, 상왕에게 이로움이 되지 않을까 두렵습니다"라고 말하자, 다시 춘관(春官 ; 禮部) 상서(尙書)에 임명되었다. 무측천은 그를 깊이 신뢰하고 있었다. 중종(中宗) 시기에 요숭은 박주자사(亳州刺史)로 폄적되었고, 또 송주(宋州)·상주(常州)·월주(越州)·허주(許州)와 같은 여러 주의 자사(刺史)를 역임하였다. 예종(睿宗)은 즉위하여, 허주로부터 요숭을 소환하여 그를 병부상서(兵部尚書) 동중서문하삼품(同中書門下三品)에 임명하였으며, 또 얼마 되지 않아 중서령으로 계속 승진시켰다. 그와 재상 송경은 함께 예종이 관리들의 치적을 정화하고, 사봉관(斜封官)을 파면시키고, 중종(中宗) 시기의 각종 폐정을 바로잡도록 상호 협조하여 큰 성과를 거두었다. 그러나 오래지 않아 제왕(諸王)을 지방으로 축출시키고 태평공주를 동도(東都)에 안치하자고 건의한 것 때문에, 신주자사(申州刺史)로 폄적되었다. 한편 그는 또 서주자사(徐州刺史)와 노주자사(潞州刺史)·양주(揚州) 도독부(都督府) 장사(長史)·회남안찰사(淮南按察使)와 동주자사(同州刺史)를 역임하였다. 요숭은 그가 임직한 곳에서 "위정을 간단하고 엄숙하게 하여, 사람들과 관리들이 비를 세워 그 공을 기렸다(『舊唐書』卷96「姚崇傳」)"고 한다. 요숭의 경력은 매우 광범하였는데, 그는 중앙에서 지방·내부·변방, 정치 경제에서 군사 변방 문제에 이르기까지 풍부한 지식과 실전 경험을 모두 갖추고 있었으며, 정치상의 공로가 드높았던 경륜을 갖춘 정치가였다.

셋째, 요숭은 확고한 정치적 견해를 가지고 있었다. 무측천 시기에, 요숭은 혹리의 폭정에 대하여 매우 큰 불만을 품고 있었다. "천수(天授) 년간에 법 집행을 담당하는 옥리(獄吏)가 엄준하고 치밀하였고, 법을 시행하는 데 치우침이 없으니 풀려난 자가 많았다(『文苑英華』卷884「梁國公姚崇神道碑」)"고 한다. 당시 요숭은 경성(京城) 사형승(司刑丞)을 맡고 있었다. 신공(神功) 원년, 요숭은 무측천에게 억울한 소송 사건이 범람하는 상황을 직언하고, 수공(垂拱)년간 이래 소위 모반했다고 칭해졌던 안건은 모두 혹리(酷吏)가 무고하게 죄를 뒤집어 씌워 발생한 것이라고 지적하였다. 그는 혹리를 제거하기를 간절히 바라면서, "모든 사람이 폐하의 보호 아래에 있으며, 이제 내외 신하들 가운데에 모반하는 자가 없습니다"라고 하였다. 무측천은 요숭의 간언을 깊이 인정하고 있는 터라, 혹리 제도를 종결하도록 추진하였다. 무측천 만년에, 요숭은 춘관상서(春官尚書)에 역임하면서, 승인(僧人)들이 장이지(張易之)의 형제가 경성(京城)의 고승(高僧) 십여 인의 승적(僧

籍)을 정주(定州)에 있는 장씨 형제의 개인 사찰로 옮겨 버렸다는 고소(告訴)를 접수하였다. 요숭은 법에 의거하여 이를 멈추게 하고, 장씨 형제가 승려들을 마음대로 이동시키는 것을 금지시켰다. 장씨 형제는 재삼 이에 대해서 선처해 주도록 요구하였지만, 요숭은 허락하지 않았다. 이로 말미암아 두 장씨로부터 죄를 얻어, 영무도(靈武道) 대총관(大總管)으로 쫓겨나게 되었다. 임지로 떠나기 전에, 그는 무측천에게 재상의 자리에는 장간지(張柬之)가 가장 적합하다고 추천하면서, "다만 폐하께서 그를 급히 써주시기 바랍니다"라고 말하였다. 신룡(神龍) 원년(705) '오왕(五王)의 변'이 일어나기 전날 밤, 요숭은 영무도(靈武道)에서 경성(京城)으로 돌아왔는데, 이는 분명 군대 내부에서 일어난 반란의 결책(決策)에 참가하기 위해서였다. 무측천이 퇴위하여 상양궁(上陽宮)으로 갈 때, 왕공(王公)들은 매우 경축하였지만, 요숭은 홀로 눈물을 흘렸다. 장간지는 이를 몹시 불만스러워하면서 그날 요숭을 경성(京城)에서 축출시켜 버렸다. 후에 무(武)씨와 위(韋)씨 세력이 연합하여 '오왕'을 죽였지만, 요숭은 다행히도 화를 면할 수 있었다. 예종 시기에, 태평공주(太平公主)와 현종이 대립하고 있는 가운데에, 요숭은 현종을 옹위하였기 때문에 죄를 얻게 되었다. 요숭과 상왕 부자의 유대 관계가 시작된 것은, 그가 무측천 시대에 상왕부(相王府) 장사(長史)를 역임했던 시기로 거슬러 올라간다. 여러 차례의 중대한 궁정의 투쟁 속에 그는 상왕 부자와 정치적 견해를 같이 하였고, 정치적 입장도 일치하여 중요한 역할을 발휘할 수 있었다. 그는 위후와 태평공주를 주살하는 두 가지 일에 참여하지 아니하였으므로, 피비린내가 몸에 배이지 않았던 만큼 그가 세운 공로도 역시 적었다. 이리하여 그는 공로가 있다고 자만하다가 자멸하지 않았고, 더욱 냉정하고 객관적으로 문제들을 보게 되었다. 또한 현종도 그에게는 어떤 의혹도 품지 않았다.

넷째, 요숭이 높은 덕망을 얻고 있었기 때문이다. 개원 원년(713), 요숭은 벌써 나이 63세가 되었다. 그는 무측천·중종·예종이라는 삼대에 걸쳐서 조정에 출장입상(出將入相) 하면서 여러 차례 전공을 세웠으며 정치상의 공적도 눈이 부셨다. 그는 재능과 재력 그리고 거시적인 탁견으로 이미 아주 높은 성망을 갖추고 있었다. 이리하여, 현종은 요숭을 재상으로 삼았는데, 이러한 선택은 현종이 탁월한 혜안을 갖추고 있었기 때문이다.

현종이 요숭을 기용하던 당시에는 몇가지 곤란한 점이 있었다. 첫째로, 평소에 재상 중서령 장열이 요숭과 사이가 좋지 못하였다. 장열이 조정에서 가진 세력과 영향은 아주 컸는데, 그는 현종이 요숭을 재상으로 임명하고자 하는 뜻을 알게 되자 이를 적극적으로 반대하였다. 먼저 어사대부(御史大夫) 조언소(趙彦昭)를 시켜 요숭을 탄핵토록 하였고, 후에 전중감(殿中監) 강교(姜皎)를 시켜 요숭을 하동도(河東道) 총관(總管)으로 추천하게 하였다. 현종은 이러한 말을 듣지 아니하였다. 또 한가지로는, 경운(景雲) 2년(711), 요숭이 폄적된 사건이다. 이 중요한 관건의 시기에, 현종은 요숭을 희생시키고 자신을 보존하였다. 비록 주위 상황에 따라서 하는 수 없는 사태에 의한 것이었지만 이러한 일은 요숭에게 불쾌한 기억을 남겨줄 수 있었다. 요숭은 재상으로 출임하는 것에 대해 어떤 태도를 취하였던 것일까? 현종은 아직 이 일을 일부러 미루면서 결정하지 아니하였다. 이리하여, 요숭을 기용하기 위하여 합당한 시기와 상황이 필요하게 되었다.

10월 13일, 현종은 장안 근교의 여산(驪山) 아래에서 대규모의 군사 훈련을 조직하였다. 정병 20만과 군기들이 장안 50리에 이어졌다. 태평공주를 제거한 후, 현종은 곧바로 군사 훈련에 몸소 임하였는데, 그 의도는 분명한 것이었다. 그는 황제의 신분으로 자기가 전국 군대의 최고 통솔자임을 확인하고자 했고, 자신이 강대한 군사적 역량을 장악하고 있음을 보여주고자 했던 것이다. 이것은 동란이 마무리되어 정국이 안정되었음을 보여주고, 정적에 대한 위협과 자기의 지위를 공고히 하기 위한 매우 중요한 행동이었다. 현종이 여산을 선택하여 군사훈련에 친히 임한 데에는, 다른 사람들이 모르는 또 다른 목적이 있었다. 그것은 바로 여산에서 멀지 않은 동주(同州)에 자사(刺史)로 있는 요숭과 유익한 시간을 만들기 위해서였다.

여산에서 군사훈련에 임할 때, 현종은 군대의 모습이 정비되지 않았다는 이유로, 병부상서(兵部尙書) 동중서문하삼품(同中書門下三品) 곽원진(郭元振)을 기치(旗幟) 아래에서 참수하게 하였다. 유유구(劉幽求)·장열(張說)과 같은 대신들이 현종의 말 앞에서 무릎을 꿇고 "곽원진은 사직에 공이 크니, 죽이지 말아주십시오"라고 간언하였다. 곽원진은 그렇게 해서 죽음을 면하고, 신주(新州)로 유배를 떠났다. 현종은 그래도 군사 의례의 제정이 엄격하지 못하다는 명목으로 급사중(給事中) 겸 예의(禮儀)를 주관하던 당소(唐紹)를 참수하도록 명하였다. 사실, 현종의 본의는 곽원진을 반드시 죽이고자 했던 것이 아니었던 것처럼 진정으로 당소를 참수하고자 했던 것은 아니었다. 곽원진의 신분은 재상이었으며, 줄곧 현종을 지지해왔고 또 이전에는 태평공주를 주살하는 데 큰 공을 세웠다. 당소는 전에 중종이 남교에서의 제사에 위후가 아헌(亞獻)을 하는 것을 적극 반대했으며, 중종·예종 두 조대에 걸쳐 직언하고 간언하는 것으로 이름이 났었다. 현종이 이 두 대신에게 엄벌을 내리려는 척 했던 것은, 자기의 권위를 세우고, 그들이 공을 세운 것으로 자만하지 않도록 하기 위함이었다. 그러나 당소의 운명은 곽원진과는 달랐다. 금군장군(禁軍將軍) 이막(李邈)이 신속하게 칙명을 시행하여, 대신들이 간언을 하기도 전에 당소를 이미 참수하였던 것이다. 강경하게 조치하였다가 신하들의 건의를 받아들여 완화하여 풀어주는 연극을 하고자 했던 것인데 각본이 뜻밖에 그대로 현실이 되어버린 것이다. 현종은 이막을 관직에서 파면하였으며, 다시는 복직시키지 않도록 하였다. 곽원진과 당소 두 대신이 벌을 받게 되자 각 군대는 모두 두려움으로 그 진퇴가 비정상적이 되어 약간의 혼란이 생겼다. 단지 좌군절도(左軍節度) 설눌(薛訥)과 삭방도대총관(朔方道大總管) 해완(解琬)의 두 군대가 질서를 지켰으므로 현종의 칭찬과 장려를 받았다.

여산(驪山)에서 군사훈련에 임한 다음날, 10월 14일 현종은 위천(渭川)

에서 사냥을 하면서 동주자사(同州刺史) 요숭을 만나보았는데, 이 만남은 그가 정성을 다해 마련한 것이었다. 사냥을 하는 기회를 빌어서 요숭을 만났기 때문에 장열(張說)과 같은 사람의 방해를 피할 수 있었다. 사냥터라는 자유로운 장소에서 이루어진 만남은 젊은 황제가 상처를 입은 노대신과 함께 담화하면서 의사를 소통하는 데 도움이 되었다.

이 중요한 회견은 『자치통감(資治通鑑)』卷210 「고이(考異)」에 오긍(吳兢)의 '승평원(升平源)'을 인용한 데에서 자세하고 생동감 있게 기술되어 있다.

황제가 위하 강변에 사냥을 하러가자, 요숭이 이르러 말머리 앞에서 절을 하였다. 황제는 "경은 사냥에 대해 잘 알고 있소?"라고 물었다. 요숭은 "신은 어려서 고아가 되어 광성택(廣成澤)에서 자랐습니다. 날마다 책을 보는 것은 알지 못하고, 오로지 활을 쏘고 사냥하는 일을 하였습니다. 40세 나이가 되어서야 비로소 장경장(張憬藏)을 만났는데, 신에게 이르길 문학을 하여야 장수나 재상의 지위를 준비할 수 있는 것이라고 말하였습니다. 그이래로 분발하고 자포자기하지 않아서, 자신을 바꿀 정도로 책을 읽었습니다. 비록 지금 관직의 지위는 분에 넘쳤지만, 말을 달리면서 사냥을 하는 것은 늙었어도 잘할 수 있습니다." 이에 큰 소리를 질러 매를 부르고 개를 풀어 황제의 마음에 들게 하니 황제는 크게 기뻐하였다. 황제가 이르기를 "오랫동안 경을 보지 못하였는데 경에게 의논할 일도 있고 하니, 경이 재상들의 행렬에 끼여서 같이 따라오도록 하시오."

요숭이 뒤에서 따라오자, 황제는 말의 고삐를 오랫동안 잡고 가더니, 뒤돌아보며 말하길 "경은 어찌 뒤에서 끼어 있소?"라고 했다. 요숭이 이르길 "신의 관위가 낮으니 재상들 속에 같이 끼일 수가 없습니다." 황제가 말하길 "경을 병부상서(兵部尚書)로 동평장사(同平章事)에 명하오."

요숭은 묵묵부답이었다. 이에 황제가 뒤돌아보면서 좀 놀라는 표정이었다. 언덕위에 이르자, 황제는 재신(宰臣)들에게 잠깐 앉아서 쉬자고 지시하였다. 요숭이 머리를 조아리며 이렇게 상주하였다. "신이 재상으로 황제를 보필하라는 명을 받고도 입을 다물고 있었던 것은 신의 10가지 청을 폐하께서 들어주시기를 바라고 있기 때문입니다. 만약 이루어지지 않는다면 신은 감히 조서를 받을 수 없사옵니다." 황제가 이르길 "모두 나열하시오. 짐이 할 수만 있다면 모두 행하겠소. 그러니 가부를 정하시오."

이리하여 요원지(姚元之)가 말하였다. "무측천 시대 수공(垂拱)년간 이래로 준엄한 법률로써 천하를 얽매어 왔는데, 신이 원하건대 정치는 먼저 인의와 용서로써 행해져야 합니다. 과연 이것이 가능하겠습니까?" 황제가 이르길 "짐이 마음속 깊이 이루어지길 바라오." 요숭이 아뢰길 "조정에서는 청해(靑海)를 치다가 실패하였는데 이를 고칠 기미가 없습니다. 다시금 청하옵건대 10년 간 변방에 다시 전쟁을 일으키지 않았으면 합니다. 가능합니까?" 황제가 말하길 "알겠소." 요숭이 또 아뢰길 "무측천이 조정에 임한 이래로 내시(內侍)들의 입에서 재상의 임무가 나왔는데, 신이 원하건대 환관(宦官)들은 정치에 참여하지 않았으면 합니다. 가능합니까?" 황제가 이르길 "오래 전부터 생각하고 있었오." 또 아뢰길 "무씨 이래로 모든 외척 세력이 요직을 맡고 있어 위씨 일파·안락공주·태평공주 등이 이어서 질서를 문란하게 하였습니다. 신이 청컨대, 외척 세력에 주요 관직을 맡기지 마시고, 무릇 쓸데없는 사봉관(斜封官)·대궐관(待闕官)·원외관(員外官) 등은 모두 그만두도록 하는 게 어떻습니까?" 황제가 이르길 "짐의 뜻도 그러하오." 또 이르길 "요즈음 총애를 입은 신하들 중 망령되이 법망을 뚫는 자들이 다 황제의 은총으로 풀려나고 마는데, 신이 원하건대 법이 가까운 데서부터 시행되었으면 합니다." 황제가 이르길 "옳은 얘기요." 또 이르길 "요즈음 호가(豪家)와 외척[戚里]들이 공물을 바치며 요행을 바라고 있는데, 이것이 파급되어 공경들마저도 그렇게 하고 있고, 심지어는 싸움에 전념해야 할 방진(方鎭)에서 까지도 이렇게 하고 있습니다. 신은 원컨대 조세와 용역이나 부세 외에는 모두 그러한 것을 못하도록 막아야 합니다. 가능하겠습니까?" 황제가 이르길 "그렇게 하시오." 또 이르길 "태후는 복선사(福先寺)를 지었고, 중종은 성선사(聖善寺)를 지었고, 상황은 금선관(金仙觀)과 옥진관(玉眞觀)을 영조하느라 백만금이라는 엄청난 돈을 들였습니다. 백성들에게 미치는 영향이 크니, 사원과 도관이나 궁궐 등을 건축하지 않기 바랍니다."
황제가 이르길 "짐도 그것을 볼 때마다 마음이 불안했는데, 어찌 그리 하겠
는가." 또 이르길 "선조에서는 대신을 멸시하고, 군신 사이에 예절이 부족
하였습니다. 원컨대 폐하께선 신하들을 예로써 맞았으면 합니다. 가능합니
까?" 황제가 이르길 "당연한 일이니 어찌 안 되겠소." 또 이르길 "연흠융(燕
欽融)과 위월장(韋月將)이 충성스레 간언하다가 죄를 얻었으므로 간언하는
신하들이 끊겼습니다. 신은 원컨대 신하들이 혹시 폐하의 뜻을 거스르는
바가 있더라도 모두 꺼리는 바 없이 간언할 수 있었으면 합니다." 현종이
이르길 "짐은 그러한 점을 용서할 뿐 아니라 또한 행할 수 있소." "일찍이
전한 시대 때에 여산(呂産)·여록(呂祿) 등이 서경을 위태롭게 하였고, 마
(馬)씨·두(竇)씨 등 외척들이 동한을 어지럽게 한 바가 있었습니다. 이제
신이 원컨대 이점을 사서에 잘 기록하여 기강으로 삼아서 경계하고 나아가
만대의 법으로 삼았으면 좋겠습니다." 황제가 이르길 "이 일은 짐이 능히
실행할 수 있소." 요원지는 이에 머리를 숙이고 감사하였다. "이제 폐하의
인자스러운 정치가 시작되고 있사오니 신에게는 천년에 한번 만날 수 있을
까 말까할 정도의 날이라 할 것입니다. 신이 감히 폐하를 곁에서 보필하게
될 수 있다면 천하의 복이 깊고도 깊습니다.

이 중대한 회견은 사냥에 대한 이야기에서부터 시작하였다. 비록 이들
군신간에는 유쾌하지 않은 과거가 있었지만, 이렇게 생활의 정취가 가득
한 이야기를 하면서, 그들 사이의 가로놓인 장벽은 허물어지고 서로의 감
정을 결탁하게 되었던 것이다. 현종이 요숭을 재상에 출입하도록 부탁하
자, 요숭은 중종 이래 있어왔던 문제에 초점을 맞추어 그 유명한 '십사요
설(十事要說)'을 제의하였다. 여기에서 '십사(十事)'는 세 가지 분류로 귀납할
수 있다. 그 첫째는 정국을 안정시키는 일로, 국친·외척·재신·환관이
정치에 참여하는 것을 막고, 혹리(酷吏)의 혹정을 멈추게 하고 인정(仁政)을
베풀며, 각종 사회적 모순과 신분의 모순을 완화시키자는 것이다. 둘째는

관리의 정치를 정돈하고, 관원을 선임할 때에 황족이나 외척은 대성관(臺省官)에 임명할 수 없으며, 사봉관(斜封官)·대궐관(待闕官)·원외관(員外官)의 제도를 일률적으로 폐지시키고, 관리에 대해 상벌을 분명히 하며, 특히 가까이서 아첨하는 신하와 범법자에 대해서는 엄중히 처벌하며 결코 관용을 베풀지 않도록 하는 것이다. 또한 황제는 대신을 공경하며, 직언하고 간언하는 양호한 정치적 풍토를 제창하여야 한다는 것이다. 셋째는 국가 재정 상황을 개선시키며, 변방의 공물을 요구하지 않으며, 변방을 안정시키고, 군비의 지출을 감소시키고, 사관(寺觀)을 지어서 금전을 낭비하는 것을 금지하였다. 또 조(租)·용(庸)·부(賦)의 세 가지 이외에 일체의 지나친 세금을 거두는 일을 끊겠다는 것이다.

'십사요설(十事要說)'은 요숭이 재상으로 나아가겠다는 조건이기도 하였으며, 또한 그가 재상으로 나아간 후에 지켜 나아갈 정치 강령이기도 하였다. 요숭이 제의한 모든 사건에 대해 현종은 모두 깊이 동감하였고, 완전히 동의하였다. 젊은 황제는 계속해서 승낙하면서 요숭을 재상으로 나올 수 있도록 만들어 보려고 원하는 간절한 심정을 드러내 놓았다. 요숭은 현종이 '십사요설'을 수긍한 뒤에야 재상으로 나오는 데 동의하였다.

현종과 요숭이 결합하고 난 후, 마치 이들을 시험하기라도 하는 듯 천재지변이 끊임없이 이어졌다. 개원 원년 가을과 겨울에, 가뭄[旱災]이 심해지고 눈이나 비가 전혀 내리지 않았다. 개원 2년 춘(春) 정월, 관중(關中)에서 "사람들이 기아에 많이 시달려, 사신을 파견해 물품을 베풀어 구제하였다(『舊唐書』 卷8 「玄宗紀」上)." 큰 가뭄이 들고나면 메뚜기의 재해가 발생하기 마련이다. 개원 3년 6월에는 산동(山東)의 각 주(州)에 메뚜기[蝗蟲]의 재해가 크게 발생했다. 메뚜기는 날아올라 하늘을 뒤덮고 해를 가렸으며, 내려와서는 식물의 싹을 먹었는데 그 소리가 마치 폭풍우와도 같았다. 메뚜기들은 논밭의 식물의 싹을 눈 깜짝할 사이에 다 먹어치워 버렸다. 이 절망적인 자연 재해 앞에서 농민들은 공포와 불안에 휩싸여 속수무책으로 밭에 제단을 설치하고 분향을 하고 엎드려 절을 할 뿐 감히 잡아죽일 생각은 하지도 못하였다. 피해 상황은 백성의 생활과 사회의 안정에 심각한 영향을 주었으므로, 재난을 막고 기근을 구제하는 것이 당시 정국을 안정시키고 경제를 발전시키는 중점적인 문제로 떠올랐다.

요숭은 어사(御史)를 파견하여 메뚜기를 잡아 죽이도록 독촉하게 하자고 건의하였다. 그는 "메뚜기는 도처에 날아다니나, 밤에는 반드시 잡아 소멸시킬 수 있습니다. 밤중에 불을 설치하여, 불 옆에 구멍을 파고 메뚜기를 태우고 매장하면 근절할 수 있습니다(『舊唐書』卷96「姚崇傳」)"라고 말했다. 요숭의 건의는 조야 내외의 많은 사람들의 반대에 부닥쳤다. 매일 일을 접하여도 별 생각이 없는 '반식재상(伴食宰相)'8) 노회신도 메뚜기를 너무 많이 죽이면 화기(和氣)를 상하게 할까 무서워하여 잡아 죽이면 안 된다고 하였다. 어떤 사람은 메뚜기는 하늘의 재앙이므로 사람의 힘으로는 제거할 수 없다고 생각했다. 이러한 반대 속에서 현종은 주저하게 되었고, 이 일에 대해 다시 요숭의 의견을 구하게 되었다. 요숭은 다음과 같이 말하였다. "예전에 위(魏)나라 때에 산동(山東)에서 메뚜기가 곡식을 상하게 하였는데도 이를 없애버리고자 하지 않았기 때문에 식물의 싹과 곡식이 모조리 없어지고 사람들은 서로가 서로를 잡아먹게 되었습니다. 후진(後秦) 시대에도 메뚜기가 나타나, 낟알과 초목을 다 먹어치우고 소와 말의 털까지도 먹어 치웠습니다. 지금 산동에서는 메뚜기가 가득 넘쳐서 여전히 번식을 하고 있으니 정말 보기 드문 일입니다. 하북(河北)과 하남(河南)에는 저축한 것이 없고, 아직까지 수확을 하지 않았으니, 어찌 그들을 떠돌아다니

---

8) 무위도식으로 자리만 차지하고 있는 무능한 재상. 盧懷愼은 姚崇과 함께 재상이 되기는 했으나 도저히 그 재주가 요숭에게 미치지 못하였다. 그래서 노회신은 일이 있을 때마다 요숭에게 처리를 맡겼다. 때문에 사람들은 노회신을 반식재상이라고 불렀다.

게 하겠습니까? 이 일은 종묘사직의 안정과 위험에 연관된 것으로, 그냥 방관하면 안됩니다. 설령 다 잡지 못한다 해도, 애써 기른 것을 희생시켜서 재앙을 만들어서야 되겠습니까?" 요숭은 역사적으로 메뚜기가 해를 입혔던 참혹한 교훈을 이야기하고, 메뚜기를 죽이는 것이 사회를 안정시키고 생산을 발전시킬 수 있다는 현실적인 의의를 표출하였다. 요숭의 의견에 현종은 크게 찬동하고, 메뚜기를 멸하기로 결심하였으며 명을 내려 어사를 각 도에 파견하여 관리들에게 메뚜기를 잡아 죽이는 조직을 만들게 하였다. 그래서 이 해는 그나마 수확이 이루어졌었기에 사람들이 완전히 굶주리지는 않았다(『舊唐書』卷8「玄宗本紀」上).

개원 3년, 한겨울 동안 눈이 내리지 않았다. 가뭄의 상태는 여전히 심각하였다. 개원 4년 5월, 산동(山東) 지구에 메뚜기의 재앙이 또 발생하였다. 요숭은 다시 명령을 내려 메뚜기를 잡아죽이게 하였다. 변주자사(汴州刺史) 겸 하남채방사(河南採訪使) 예약수(倪若水)는 어사(御史)를 막고, 메뚜기를 죽이지 못하게 하였다. 그의 이유는 이러하였다. "메뚜기는 하늘의 재앙이니, 사람의 힘이 미칠 바가 아닙니다. 그렇기 때문에 마땅히 덕을 닦으면서 물러가도록 빌어야 합니다. 유총(劉聰) 때에도 그것을 잡아 죽였으나 오히려 그 피해는 더욱 더 심했습니다." 요숭은 예약수에게 다음과 같은 편지를 띄웠다. "유총은 거짓된 임금으로, 덕(德)보다는 요사스러움이 더 컸다. 오늘날의 우리 황제께서는 요사스러움보다 덕이 더 크다는 사실을 모르는가? 옛날에는 양수(良守)가 다스리면 메뚜기가 이 땅에 들어오지 않았었다. 만약 덕을 닦아서 메뚜기의 피해를 면할 수 있다면, 당신은 어째서 덕을 닦지는 않고 메뚜기가 들끓도록 놓아두시는 것이오?" 그가 힘있게 "덕으로 화를 멸해야 한다[修德滅禍]"는 예약수의 설법을 힐난하자, "메뚜기를 잡아 죽이라"는 명령에 예약수는 감히 저항하지 못하였다. 예약수의 행동으로 볼 때, 메뚜기를 죽이는 데에는 아직도 큰 장애가 있었음을 알 수 있다. 현종은 칙령을 내렸다. "금년에도 메뚜기는 여전히 번식하고 있는데 모든 관사들은 일찍이 없애버리지 않고 메뚜기가 자라는 대로 내버려두었다. 이 때문에 메뚜기들이 밭에서 자라나는 싹을 먹었다. 백성을 긍휼히 여긴다면 스스로 자기의 몸을 위하듯이 메뚜기를 없앨 수 있는 계획을 세우도록 하라. 아직도 만약 미신을 믿고 메뚜기를 처리하기를 꺼려한다면, 산동(山東)의 밭들은 모두 쓸어 없어질 것이다." 현종은 검교(檢校) 포황사(捕蝗使)로서 적광사(狄光嗣)·강관(康瓘)·경소도(敬昭道)·고창(高昌)·가언선(賈彦璿) 등을 파견하여 하남(河南)과 하북(河北) 각지를 순행하여 메뚜기를 잡도록 하였다. 또한 그들에게 명령하여, 주현(州縣)에서 메뚜기를 잡는 데 열심히 애쓰는 자와 게을리 하는 자를 자세히 살펴서 각각 이름을 적어오게 했다. 메뚜기를 잡는 성과는 현저하였다. 잡은 메뚜기가 14만 석인데, 그것을 변수에 던져 넣으니 떠내려 간 것이 헤아릴 수 없었다(『唐會要』卷44「螟蜮」). 메뚜기를 부지런히 죽였기 때문에 해마다 메뚜기의 재해는 있었지만 기근은 생기지 않았다.

메뚜기를 멸한 것은 요숭이 재상으로 근무하면서 세운 업적 가운데에서도 탁월한 것이다. 그는 뭇 의견을 배재하고 메뚜기를 멸할 것을 끝까지 주장하여 "만약 메뚜기를 죽여서 재앙이 생긴다면, 제가 그 재앙을 받기를 원합니다"라고 말하였으며, 천재에 당면하여 조금도 두려워하지 않는 정신을 몸소 실천하였다.

당시에 메뚜기를 멸하는 것은, 재난 극복[救災]의 문제였을 뿐만이 아니라, 또한 사상적인 싸움이기도 했다. 무측천 말년 이래, 사찰이 지어지고 종교(특히 불교)가 유행하였으며, 이에 따라 미신적인 사상이 범람하였다. 사람들은 여기에 얽매여 메뚜기를 죽이는 것에 반대하였다. 천재를 눈앞에 당하고서도 아무것도 할 수 없었던 것은 신의 의지에 대한 두려움과 이에 대한 굴복이었기 때문이다. 메뚜기를 멸하는 것이 성공함에 따라 미신사상이 범람하는 것을 어느 정도 막을 수가 있었다. 사람들은 천재지변과 싸워나가는 과정에서 자신의 힘을 눈으로 확인하게 되었다. 이는 사람들에게 진취적인 정신을 불러일으켰으며, 번영의 새 시대가 출현하는 데 도움을 주었다.

　요숭이 성공할 수 있었던 것은 현종이 적극적으로 지지해 주었던 점과 떼어놓고 생각할 수 없다. 『개천전신기(開天傳信記)』에는 개원 초에 산동(山東)에 메뚜기가 많아지자, 요숭이 자기를 어사로 보내어 메뚜기를 잡아 땅에 묻도록 허락해 주도록 청하였다고 한다. 그때 내부와 외부에서는 모두 그렇게 해 낼 수는 없다고 여겼다. 그러나 황제는 좌우 대신에게 "나는 현상(賢相)과 토론하여 이미 결정하였소. 메뚜기를 잡는 일에 대해서 아직까지도 감히 문제를 제기하는 자는 죽음을 면치 못할 것이오"라고 말하였다. 현종이 메뚜기를 잡는 일에 지지를 표하였다고는 하더라도, 사상적으로는 요숭과 구별이 된다. 요숭은 약간의 유물주의 사상을 지니고 있었고, 불교를 숭배하는 것을 반대하였으며, 귀신을 믿지 아니하였다. 그리고 "죽은 자는 아는 바가 없으며, 그것은 썩은 흙과도 같다"고 생각하였다. 따라서 "메뚜기를 죽이면 화기(和氣)를 상하게 하고", "메뚜기는 하늘이 내리는 재앙이니, 사람의 힘이 미칠 바가 못 된다"는 등의 말을 믿지 않고, 이런 주장에 결연히 반대하였다. 현종은 위와 같은 여러 가지 염려스러운 주장에 대해 걱정하였는데, 이러한 주장에 대한 그의 태도는 요숭과 같이 견고하지는 못하였다. 그 당시는 그가 즉위한 지 얼마 되지 않았던 때로, 정치적으로도 아직 안정되지 않았고 황위도 아직 공고해지지 않았던 상황이었다. 만약 이런 상황에서 메뚜기의 재앙이 적당한 때에 없어지지 않았다면, 농경은 그야말로 수확이 모자라게 될 것이고 식량이 공급되지 않아서 기아가 줄을 이을 것이며 사회는 요동하며 불안해 질 것이므로, 분명 그 결과는 심각하다는 것을 정치가로서 민감하게 감지하였다. 그래서 요숭이 메뚜기를 죽여야 할 이유를 진술한 후에 그가 힘을 다해서 메뚜기를 멸하는 것을 현종도 지지하여, 재난을 당하였으면서도 여전히 수확을 거둘 수가 있었다. 이것은 국가 재정을 개선하고 사회 질서를 안정시키는 데 모두 유리한 역할을 하였다.

　요숭은 개원 초년의 정치적 업적이 현저하여, 한 시대를 구하고, 한 시대의 문제를 해결할 수 있는 재상이라는 '시대를 구한 재상[求時之相]'이라는 명예를 얻게 되었다. 이 '시대를 구한 재상'은 자기의 모든 지혜와 재능을 청년이었던 개원천자(開元天子)에게 바쳤는데, 그러한 정성이 모아져서, 개원성세를 향한 건실한 첫 걸음을 내딛게 되었던 것이다.

6. 황위를 공고히 하고, 정국을 안정시키다

현종이 대당왕조(大唐王朝)에 군림하자 희망과 어려움이 더불어 나타나는 국면이 전개되었다. 개원 초기에는 해마다 천재를 당하였고, 설상가상으로 중종(中宗) 이래로부터 생겨난 정치·경제·사회 각 부분의 문제들이 시급히 해결해야만 하는 과제로 떠올랐다. 그러나 근 반세기에 걸친 무측천의 탁월한 정치로 말미암아 당왕조(唐王朝)의 농업 생산과 수공업·상업 등은 모두 크게 발전한 상태였다. 봉건 시대의 인구 증가는 경제가 번성해 가고 있다는 것을 보여주는 확실한 증거이다. 호부(戶部)의 통계에 따르면, 영휘(永徽) 3년(652) 전국에는 380만 호가 있었는데, 신룡(神龍) 원년(705), 즉 무측천 퇴임 시에는 이미 615만 호에 이르렀다. 이 사이에 "매년 평균 0.91% 가 증가하였는데, 이것은 고대 사회에서 아주 높은 성장률이라고 할 수 있다(『汪籛隋唐史論稿』, 130쪽)." 개원 초기에도 사회 경제는 지속적으로 발전할 수 있는 국면을 유지하고 있었으며, 현종이 대당왕조를 다스리기에 유리한 객관적인 형세가 만들어지기 시작했다.

현종은 이미 당왕조(唐王朝)의 최고 권력을 장악하고 권력을 이용하는 재능을 구비하고 있었으며, 탁월한 재상 요숭(姚崇)을 발탁했다. 요숭은 '십사요설(十事要說)'에서 당시에 존재하던 문제와 그 시정의 방침을 명확하게 지적하였다. 이렇게 현종은 문제를 준비하고 해결하며 곤란을 극복하면서 새로운 국면을 창조할 수 있는 기본적인 조건을 구비하고 있었다.

정치적으로, 현종이 급히 착수해야 할 일은 자신의 지위를 든든하게 하고, 정치적으로 불안한 국면을 신속하게 안정시키는 것이었다. 신룡(神龍) 원년 정월에서 선천(先天) 2년 7월까지 불과 8년이라는 기간 동안 당왕조의 조정에는 일곱 차례의 정변이 발생하였고, 네 명의 황제가 바뀌었다. 빈번한 정변과 장기간의 동요로 말미암아 궁정에는 험악한 기운이 가득하였다. 현종은 풍부한 궁정 투쟁의 경험을 통하여 황권을 위협하고 조정을 방해하는 두 가지 주요 세력이 첫째는 황친과 외척이요, 둘째는 원로공신임을 알게 되었다. 황위를 강화하고 권력을 행사하고 정국을 안정시키기 위해서는 반드시 이 두 가지 세력의 권력이 팽창하는 것을 막아야만 했다.

그러면 먼저 현종과 황실의 관계를 살펴보자.

현종은 여섯 명의 형제를 두고 있으며, 그 가운데 세 번째이다. 가장 어린 동생 수왕(隋王) 이융제(李隆悌)가 요절한 것을 제외하면, 개원 초기에 모두 경성(京城)에 살고 있었다. 큰형 송왕(宋王) 이성기(李成器)는 사람됨이 "근면하고 신실하며, 일찍이 시정(時政)에 간섭하거나 다른 사람들과 어울리지 않았으며, 현종은 특히 그를 신임하고 아꼈다(『舊唐書』卷95「睿宗諸子」)"고 한다. 둘째 신왕(申王) 이성의(李成義)는 "성격이 너그러우며, 외모는 훤칠하고 술 마시고 이야기하는 것을 좋아하였다(『舊唐書』卷95「睿宗諸子」)"고 한다. 동생 기왕(岐王) 이융범(李隆范)과 설왕(薛王) 이융업(李隆業)은 태평공주를 죽이는 일에 참여하였다. 이 밖에 빈왕(邠王) 이수례(李守禮)는 장회태자(章懷太子) 이현(李賢)의 아들로, 고종(高宗)의 장손이었다. 비록 재식(才識)은 뛰어나지 않았지만, 특별한 명분을 가지고 있었다.

현종은 적장자라는 신분을 통해 황제 자리를 계승한 것이 아니라 스스로 공을 세워서 황제 자리에 올랐다. 종법을 중시하는 그 시대에 그는 종법상으로는 그가 황제가 되기에는 명분이 약했다고 할 수 있다. 이로 말미 암아 그는 형제와 당형제의 관계를 처리하는 데 주의를 기울이게 되었다. 그는 그들에게 따뜻한 우애를 표시하면서도, 정치적으로는 엄격하게 제한 하여 '강함과 온화함' 그리고 '은혜와 위엄'을 병행하는 두 가지 원칙을 병 행하여 적용하였다.

어떤 면에서 현종은 형제간의 정에 더 힘썼던 것으로 보인다. 『자치통 감(資治通鑑)』에서는 이를 다음과 같이 생생하게 묘사하고 있다.

황제는 근세의 어떤 제왕도 따라갈 수 없을 정도로 평소 우애가 두터웠 다. 처음 즉위하자마자 황제는 기다란 베개와 커다란 이불을 만들어 형제 들과 함께 잠을 잤다. 여러 왕들은 측문에서 조알하였으며 집으로 돌아간 뒤에는 함께 연회를 즐기고, 투계(鬪鷄)와 격구(擊球)를 하였으며, 근교에 서 사냥을 즐기기도 하였다. 별장에서 유람하였고, 시중드는 환관들이 길 에 왔다갔다 하였다. 조회를 파하고 나면 여러 왕들과 함께 놀았는데, 금궁 에서는 마치 집안 사람이 예를 올리는 것처럼 절을 하고 꿇어앉았으며, 식 사를 하고 기거를 하는 것도 그들과 함께 하였다. 또 궁전 안에 장막 다섯 개를 설치해서 모든 왕들이 돌아가면서 그 안에서 거처하였는데, 때로는 시와 부를 강론하기도 하고, 술도 마시고, 바둑도 두고, 사냥도 했고, 혹은 스스로 악기를 만들기도 했는데, 이성기는 피리를 잘 불었고, 이융범은 비 파를 잘 타서 돌아가며 연주했다. 설왕(薛王) 이융업(李隆業)이 병들자 황 제는 친히 약을 달였다. 그 때 회오리바람이 심하게 불어 그만 불꽃이 황제 의 수염을 태우고 말았다. 좌우의 신하들이 황제를 구해내자, 황제는 이렇 게 말하였다. '오직 설왕이 이 약을 먹고 병이 낫기만 한다면 이까짓 수염 같은 것이야 뭐가 그리 아깝겠는가?'

송왕(宋王) 이성기(李成器) 등은 홍경방(興慶坊)의 저택을 바치며 이궁 으로 삼아줄 것을 청하였다. 황제는 조칙을 내려 이를 허락하였는데 이로 부터 홍경궁이 시작된다. 이에 이성기 등에게 각각 집을 하사하였는데, 그 집들은 궁 주위를 에워싸고 있었다. 또 궁의 서쪽과 남쪽에 각기 누각이

있었는데, 서쪽 누각을 '화악상휘지루(花萼相輝之樓)'라 이름했고, 남쪽 누
각은 '근정무본지루(勤政務本之樓)'라고 하였다. 황제가 가끔 누각에 올랐
을 때에 여러 왕들이 음악을 연주하는 것을 듣고서, 곧 누각에 올라오도록
불러서 같이 연회를 즐겼다. 가끔 황제가 왕들이 사는 거처에 거동하여 실
컷 마시고, 홍이 오르게 되면 상을 푸짐하게 주었으니, 그 은혜는 실로 크
고 넓었다.

형제에 대한 현종의 우애는 순전히 책략과 권모술수에서 나온 것만은
아니었다. 현종의 형제는 어려서부터 금궁에 유폐되어 어려움과 괴로움의
나날을 함께 하였다. 따라서 형제간에 깊은 사랑이 흐르고 있었던 것이다.
개원 29년 송왕(宋王) 이성기(李成器)가 세상을 뜨자, 현종은 비통해 하면서
우감문대장군(右監門大將軍) 고력사(高力士)를 보내 손수 쓴 서(書)를 영전에 바
치게 하였다. 그는 다음과 같이 썼다.

"이융기가 이르노라. 한 핏줄의 형제로서, 한 왕조의 존멸을 같이 하네.
비록 황제의 자리에 있지만 형제에겐 가족에 대한 예를 다하여, 형제에 대
한 정을 나타내고자 하니, 기쁜 말과 감사한 생각, 슬픔과 눈물이 함께 교
차하네. 멀게는 어려서부터 장성하기까지 나가면 함께 놀고, 공부를 하면
같이 하고, 마치 그림자처럼 함께 하면서 따르지 않은 적이 없었다(『舊唐
書』 卷95 「睿宗諸子」)."

형제간의 깊은 정은 이 글에서 넘쳐 흐르고 있다. 현종은 감정이 풍부
한 사람으로, 그가 즉위한 후에도 여전히 이러한 정은 지속적으로 돈독해
졌으며 얕아지지는 않았다.

"태액지(太液池)의 기슭에는 대나무 수십 종이 있는데, 죽순은 서로 떨
어지지 않고 오밀조밀 자라나고 있었다. 황제가 여러 왕들과 대나무 사이

를 걸을 때, 그들에게 말하였다. '인간 세상의 부자 형제는 이미 마음과 뜻
이 떨어져 있으나, 이 대나무는 조상과 근본이 떨어져 있지 아니하니, 인간
이 두 마음을 품고 헤어지려고 하는 뜻을 품었다면 이것을 보고 귀감으로
삼아야 할 것이야.' 여러 제왕들은 옳다고 하였고, 황제는 이를 대나무의
의리라는 뜻에서 '죽의(竹義)'라고 불렀다(『開元天寶遺事』 卷下 「義竹」)."

현종이 형제간의 우애에 각별히 신경 썼던 것은 '두 마음을 품어 생이
별을 하려는 뜻'을 없애기 위한 것임이 분명하였다. 현종이 이 점에 대해
서 노력한 데에 새로운 의미를 부여할 수 있을 것이다.

또 한편으로 현종은 여러 왕들의 권력을 아주 엄격히 제한하였다. 그
는 여러 왕들에게는 어떠한 권력도 하사하지 않았다. 다만 마음껏 성색(聲
色)을 즐기게 하였을 뿐 어떤 일도 맡기지 않았다. 개원 2년(714) 6월, 현종
은 송왕(宋王) 이성기(李成器)는 기주자사(岐州刺史)에, 신왕(申王) 이성의(李成義)
는 유주자사(幽州刺史)에, 분왕 이수례(李守禮)는 곽주자사(虢州刺史)를 겸하게
하였다. 7월, 또한 기왕(岐王) 이융범(李隆範)을 강주자사(降州刺史)에, 설왕(薛
王) 이융업(李隆業)은 동주자사(同州刺史)를 겸하게 하였다. 매 절기마다 두 사
람이 입조할 것을 허락했다. 왕들이 수도를 떠나 지방의 자사로 임명된 것
은, 그들이 조정에 간여하거나 사람들에게 이용당하는 것을 막기 위한 일
종의 방책이었다. 이러한 생각은 요숭으로부터 나온 것이다.

경운(景雲) 2년에 그는 태자 이융기의 지위를 다지기 위해, 여러 왕을
지방 자사로 삼자고 건의하였으나, 태평공주의 반대로 실현되지 못한 적
이 있다. 여러 왕들이 자사를 맡는 것은 "관직을 받았지만 단지 대략적인
것만 통괄하고, 그 밖의 주(州)의 업무는 모두 보필하는 관리[上佐]들에게
맡겨 처리하도록 하였다. 그 뒤에도, 여러 왕들이 도호(都護)나 도독(都督)
·자사(刺史)가 되는 경우에는 모두 이러한 규정에 준해서 처리하도록 하
였다"고 한다. 자사를 맡은 왕들은 단지 허명(虛名)만을 가졌으며, 실권은

없었던 것이다.

　현종은 엄격하게 왕들이 조정의 관리들과 왕래하는 것을 금지하였다. 그리하여 그들이 조정에서 사적인 정치 세력을 형성하지 못하도록 방지하였다. 개원 원년, 재상 장열은 현종이 요숭을 재상으로 등용함으로써 자신이 불리해질까 두려워하여, 몰래 기왕(岐王) 이융범(李隆范)을 만나서 자신을 지지해달라고 청했다. 이 일이 요숭에게 발각되었고, 요숭은 현종에게 말하였다. "기왕은 폐하께서 사랑하시는 동생이며, 장열(張說)은 폐하를 보필하는 신하로서 거마(車馬)를 타고 몰래 왕가(王家)에 드나들고 있으니 혹시나 그릇된 일을 할까 근심되고 걱정되는 바입니다." 현종은 즉시 장열을 상주자사(相州刺史)로 폄적시키고 수도에서 쫓아보냈다.

　장열은 현종과 관계가 매우 깊었으며, "현종이 태자로 있을 때, 시독(侍讀)인 저무량(褚無量)과 이야기를 하였는데 그 모습이 너무나 친밀하고 예의가 있어 보였다(『新唐書』 卷15 「張說傳」)"고 한다. 장열은 현종의 스승이라 볼 수 있다. 현종과 태평공주가 권력을 다툴 때에 장열은 굳게 현종을 지지하였고, 태평공주를 주살하기 전날 밤 장열은 동도(東都) 낙양(洛陽)에서 사람을 보내어 패도(佩刀)를 헌상하였고, 현종으로 하여금 기회가 오면 곧 판단하여 먼저 손을 쓰게 했다. 그러나 일단 현종이 장열과 기왕(岐王)이 밀모를 한 사실을 알게되자 곧바로 엄격히 처벌했던 것이다. 이 사건을 통해 현종이 이러한 문제를 특히 중시하고 있었음을 알 수 있다.

　현종은 왕들이 조정의 관리들과 왕래한 사건을 다루면서 관리에 대해서는 엄중히 처분하였지만, 왕들의 책임은 그다지 추궁하지 않았다. 기왕(岐王) 이융범(李隆范)은 "공부하기를 좋아하고, 글을 잘 쓰고 문장을 하는 선비를 애호하여, 선비라면 귀천을 가리지 않고 모두 예를 다하여 대접하였다(『舊唐書』 卷95 「睿宗諸子」)"고 한다. 특히 바깥사람들이 그와 빈번하게 왕래하였기 때문에 일어나는 사건도 상당히 많았다. 광록경(光祿卿) 부마도위(駙馬都尉) 배허기(裵虛己)는 기왕(岐王) 이융범(李隆范)과 함께 연회를 베풀며 즐길 때, 사사로이 도참(圖讖)과 위서(緯書)를 품에 간직하고 있었기 때문에 신주(新州)로 유배를 당하였으며, 공주에게는 이혼을 하라고 명령을 내렸다. 만년현위(萬年縣尉) 유정기(劉庭琦)와 대축(大祝) 장악(張諤)은 여러 번 기왕 이융범과 술을 마시고 시를 읊었는데, 유정기는 이것 때문에 아주사호(雅州司戶)로 폄적되고, 장악은 산치승(山茌丞)으로 폄적되었다. 현종은 기왕 이융범에게는 자애롭고 친절하게 대하였으며, 여전히 그런 태도를 유지하였다. 현종은 말하기를, "나의 형제들은 우애가 하늘에까지 미치니, 분명 두 마음을 품지 않는다. 다만 경쟁하는 무리들이 이에 의탁할 뿐이다. 나는 결코 왕부 세력과 결탁하고자 하는 소인배들로 말미암아 나의 형제들을 나무라지는 않을 것이다(『舊唐書』卷95「睿宗諸子」)"라고 하였다. 개원 13년(725), 현종이 병이 들었을 때, 설왕(薛王) 이융업(李隆業) 비(妃)의 동생 내직랑(內直郞) 위빈(韋賓)과 전중감(殿中監) 황보순(皇甫恂)이 사적으로 현종의 길흉에 대해 의논을 하였다가 다른 사람에 의해 고발되었다. 현종은 몽둥이[杖]로 때려서 위빈을 죽이고, 황보순을 금주자사(錦州刺史)로 좌천시켰다. 설왕 이융업과 그의 비(妃)는 모두 불안 속에서 처벌을 기다렸다. 현종은 그들을 만나, 설왕 이융업의 손을 잡으며 말하였다. "내가 만약 형제를 시기하고 막으려는 마음이 있다면, 천지신명께서 모두 벌을 내리실 것이네(『舊唐書』卷95「睿宗諸子」)." 이러한 일을 처리할 때, 현종은 조정의 관리들을 엄격하게 처리하는 동시에, 형제들에 대해서는 끝까지 신임하여 끝내 형제의 정을 지켰음을 볼 수 있다. 그는 회유하고 제압하는 양면적인 조절을 잘하면서 대처하였는데, 이것은 현종의 정치가로서의 뛰어난 점이다.

또한 현종은 외척에게도 강경한 입장을 고수하였다. 외척들이 자신들의 세력을 믿고 교만하며 다른 사람을 업신여기고 함부로 행동하면, 현종은 이들을 엄격하게 타도하여 절대 감싸주지 않았다. 한번은 황태자[瑛]의 외숙(外叔)인 조상(趙常)의 노비가 주인의 위력을 믿고 함부로 횡포를 부렸다. 이에 하남윤(河南尹) 이조은(李朝隱)은 "이를 체포하지 않으면, 다스릴 수 없습니다(『新唐書』 卷129 「李朝隱傳」)"라고 말하고, 그를 체포하여 심하게 매질하였다. 현종이 이를 알고는 이조은의 행위에 대해 크게 상을 내렸다. 개원 2년, 설왕(薛王) 이융업(李隆業)의 외숙인 왕선동(王仙童)은 백성을 침탈하여 어사(御史)의 규탄을 받았다. 설왕 이융업이 나와 왕선동을 위해 말하자, 현종은 명령을 내려 이 사건을 다시 조사하게 하였다. 재상인 요숭·노회신 등은 다시 조사한 후에, 왕선동의 죄는 명백하고 어사가 규탄한 것은 잘못이 없으니 응당 법에 의해 처분해야 한다고 아뢰었다. 현종도 이에 동의하였다. 이로부터 외척들은 방자하게 행하지 못하였다.

황후의 제부인 상의봉어(尙衣奉御) 장손흔(張孫昕)은 평소 어사대부(御史大夫) 이걸(李傑)과 사이가 좋지 않았다. 개원 4년(716) 정월, 장손흔과 그 매부 양선옥(楊仙玉)이 마을에서 이걸을 만나자 뭇매를 때렸다. 이걸은 상소를 올려 고소하여 말하기를, "신체와 머리털이 상하고 몸이 고통스러우며 조정 대신이 능욕을 당했으니, 진실로 나라에 욕을 먹인 것입니다"라고 하였다. 황제가 대노하여, 명령을 내려 조당에서 장살(杖殺)하게 하고, 백관들에게 사죄하였다. 또한 이걸에게 칙서를 내려 위로하며 "장손흔은 짐의 가까운 친척임에도 제대로 훈도하지 못하여 의관을 능멸케 하였으니, 비록 극형에 처하였다 하더라도, 이것으로는 부족하다. 경은 강한 포부로 악함을 이기고, 흉악한 인간을 개의치 말기 바란다"라고 하였다. 현종은 이러한 안건의 처리에 있어서, 특히 장손흔의 이걸 구타 사건 처리에 있어서 엄숙함과 공정함을 가하였다. 그는 장손흔을 죽이고 이설을 위로하고 격려했을 뿐 아니라 스스로를 비판하였다. 이로써 외척의 기염에 타격을 가했을 뿐만 아니라 사회와 조정의 안정에도 도움을 주었으며, 종실의 여러 왕들로 하여금 외척과 결합하여 민심이 떠나게 만드는 일을 막았다.

3현종과 공신과의 관계를 다시 말하자면 다음과 같다.

현종의 주변에는 위후와 태평공주를 주살하는 두 가지 일에 참가한 일단의 공신들이 있었는데, 그들을 '당의 원로 공신[唐元功臣]'이라 했다. 그들의 대다수는 원래 관품이 높지 않으며, 모두가 4~5품 이하의 중하급 관리였다. 왕모중(王毛仲)·이의덕(李宜德)과 같은 사람은 현종의 집에서 부리던 노비였으며, 유유구(劉幽求)는 현위(縣尉)였다. 왕거(王琚)는 현주부(縣主簿)이었고, 종소경(鍾紹京)은 원총감(苑總監)이었으며, 마사종(麻嗣宗)·갈복순(葛福順)·진현례(陳玄禮)·이선부(李仙鳧) 등은 제위(諸衛) 부병(府兵) 가운데 절충도위(折衝都尉)이거나 과의도위(果毅都尉)였다. 현종의 지위가 변함에 따라 그들도 역시 하룻밤 사이에 고급 관리로 천거되었다. 그러나 그들의 신분과 능력은 상응하지 않았다. 갑작스럽게 신분이 상승하고 요직에 올라서 중임을 맡았더라도 그들은 종종 지위를 믿고 교만하게 되었다. 개인의 욕망은 권력이 커짐에 따라 더욱 커지게 되기 마련이므로 조금이라도 자기의 뜻대로 되지 않으면 곧 불만을 품게 되었다. 만약 이러한 사람들을 제어하지 않는다면, 불안정한 요인을 만들게 되는 것이다.

현종은 공신들과도 타협하지 않았다. 왕거는 현종이 태자로 있을 때의 가까운 친구였다. 그 역시 현종이 태평공주를 주살할 때 활약했던 주요한 모사였다. 선천(先天) 2년 7월, 그는 공으로 말미암아 은청광록대부(銀青光祿大夫) 중서시랑(中書侍郞)의 직을 수여받고, 초국공(楚國公)에 봉해졌으며, 현종의 깊은 신임을 받게 되었다. 항상 금중(禁中)에 출입하며, 정치의 큰 흐름에 간여하였으므로 '내재상(內宰相)'이라는 칭호를 얻게 되었다. 11월, 어떤 사람이 현종에게 말하였다. "왕거는 거침없고 사람들을 속이고 있으므로, 그를 곁에 두면 반드시 화를 부르게 되며, 태평성세를 유지하기가 어렵습니다." 현종은 이 말에 일리가 있다고 보고,9) 곧 왕거에게 어사대부(御史大夫)를 겸하게 하고 북변제군(北邊諸軍)을 따라가게 하여, 경성(京城)에서 내보냈다. 이어 12월에는, 태평공주를 주살한 뒤부터 재상이 되기 시작

했던 장열(張說)과 유유구(劉幽求)가 동시에 파면되었다. 앞서 살펴보았듯이
장열이 파면된 것은 요숭과 불화하였으며 기왕(岐王) 이융범(李隆範)을 사적
으로 만났기 때문이다. 유유구가 파면된 것은 현종이 그와 함께라면 태평
성세를 누리기 힘들다는 생각을 가졌기 때문이다. 개원 2년(714) 윤2월,
누군가가 유유구와 종소경(鍾紹京)이 불만을 품고 원망의 말을 했다고 고발
하자, 현종은 그들 둘을 감금시키고 자미성(紫微省 ; 中書省)에서 심문하게
하였다. 유유구는 불복하자, 요숭·노회신(盧懷愼)·설눌(薛訥) 등은 현종에
게 진언을 하였다. "유유구 등은 모두 공신인데, 갑자기 직무가 한가해져
서 조금 실망하게 된 듯 합니다. 이는 인지상정으로, 공훈이 이미 크고,
베풀어주신 총애도 역시 깊었는데 하루아침에 하옥하시면, 사람들을 놀라
게 하지 않을까 두렵사옵니다." 그리고 공신을 처리하는 대책을 제의하였
는데, 그 큰 줄거리는 공신이 중용이 되지 않으면 필연적으로 마음에 불만
을 품게 된다는 것이었다. 그들은 큰 공을 세웠고, 관직과 작위도 아주
높으므로 하옥하여 죄를 처벌하는 방법을 쓴다면 사회에도 나쁜 영향을
끼치게 된다고 하였다. 현종은 이러한 건의를 듣고 유유구를 목주자사(睦
州刺史)로, 종소경을 과주자사(果州刺史)로, 왕거를 택주자사(澤州刺史)로 폄적
시켰다.

태상경(太常卿) 강교(姜皎)는, 현종이 임치왕(臨淄王)으로 있을 때 성심 성
의껏 받들었으며, 후일 태평공주를 주멸하는 일에도 참가하였다. 현종이
즉위한 후에는 은청광록대부(銀靑光祿大夫)·전중감(殿中監)에 제수되고, 초
국공(楚國公)에 봉해졌다. 그가 받은 총애는 다른 군신들과는 비할 수 없었
다. 언제라도 마음대로 궁중 안을 드나들고 후비들과도 만날 수 있었으며,
그가 받은 하사품은 셀 수 없을 정도였다. 그 아우 강회(姜晦)도 이로 말미

---

9) 혹자는 이 말을 한 사람이 원래 현종이 그렇게 생각하고 있었기에 현종의 비위에
   맞추려고 이런 말을 하였다고 보기도 한다.

암아 이부시랑(吏部侍郞)에 임명되었다. 개원 5년(717) 송경은 현종에게 진
언하여, 강교(姜皎) 형제들의 권력과 총애가 넘쳐서 사람들을 불안하게 한
다고 알렸다. 7월, 현종은 명령을 내렸다. "서한(西漢)의 여러 장군들은 권
력과 부귀로 온전하게 되지 못하였으며, 동한(東漢) 때에는 남양(南陽)에 연
고있던 사람들은 관직을 맡지 않음으로써 자기를 보존하였다. 강교는 전
원으로 귀양보내며, 산관(散官)·훈관(勳官)·봉작(封爵)은 예전 그대로 두
라." 이렇듯 그들을 아낀다는 이유로 그들의 직임을 해제시켰다.

단지 왕모중(王毛仲)과 같이 북문금군(北門禁軍)에서 공을 세운 장군들은,
개원 18년(730)에 이르러서야 처리가 되었다. 태평공주를 주살한 후, 왕모
중은 그때의 공으로 말미암아 보국대장군(輔國大將軍)·좌무위대장군(左武衛
大將軍) 검교(檢校) 내외한구(內外閑廐) 겸 지감목사(知監牧使)를 맡았으며, 곽국
공(霍國公)에 봉해졌다. 왕모중(王毛仲)은 양마(養馬) 사업에 뛰어났는데, 그
의 사람됨은 공무를 소중히 여기고 정직하며 권문세족을 피하지 않았다.
양영(兩營)의 만기(萬騎) 공신 가운데에서도 위엄과 성망이 높았으며, 세력
도 아주 컸다. 또한 갈복순(葛福順)의 집에 딸을 시집보내고, 이의덕(李宜德=
李守德)·당지문(唐地文) 등도 그에게 의지하고 있었다. 현종은 계속하여 왕
모중에게 더 큰 은총을 내렸으며, 그에게 내리는 하사품도 특별히 두터웠
다. 왕모중은 득의양양하였고, 급기야 현종이 총애하는 환관 고력사(高力
士)·양사욱(楊思勖) 같은 사람과의 대립이 깊어지게 되었다. 왕모중은 환
관들을 무시하였으며, 품직이 낮은 자에게는 마치 종을 대하듯 모욕을 주
었다. 그래서 환관들은 늘 현종의 면전에서 왕모중에 대한 험담을 늘어놓
았다. 개원 18년(730), 왕모중은 병부상서(兵部尚書)를 맡으라는 명에 만족하
지 못하고, 언짢은 기색을 공공연히 드러냈다. 고력사 등의 환관은 이 기
회를 틈타 진언하였다. "북문(北門)의 녀석들은 관이 너무 성대하여 방자함
이 한결같고, 권세 있는 자들과 결탁하니, 이를 제거하지 않으면 필히 대
환란이 일어날 것입니다(『舊唐書』 卷106 「王毛仲傳」)." 오래지 않아, 왕모중은

태원군기감(太原軍器監)에게 무기를 내어달라고 요구하였고, 이 일에 대해
태원소윤(太原少尹) 엄정지(嚴挺之)는 현종에게 상소를 올렸다. 현종은 그들
이 모반을 일으킬까 걱정하여 왕모중과 그 세력을 없애기로 마음먹었다.
현종은 갑장(甲仗)을 요구한 사건을 명목으로 사용하지 않고, "충성되지 않
고 원망을 하였다[不忠怨望]"는 이유를 신중하게 사용하여, 왕모중을 양주자
사(瀼州刺史)로 폄적시켰다. 금군장군(禁軍將軍) 갈복순(葛福順)·노룡자(盧龍
子)·당지문(唐地文)·이수덕(李守德)·왕경요(王景耀)·고광제(高廣濟) 등을 동
시에 먼 지방 주[遠州]의 별가(別駕)로 폄적시키고, 왕모중의 네 명의 아들은
모두 먼 지방 주의 참군(參軍)으로 폄적시켰다. 이리하여 그들을 모두 경성
(京城)에서 쫓아내었다. 왕모중은 영주(永州)에 이르러 목매달아 죽였다.

왕모중은 유유구·강교 등에 비해 그 처리 시간을 비교적 길게 잡았
고 배경도 역시 더 복잡하다. 그것은 왕모중이 공신으로 자만한 것 외에
도, 북문금중(北門禁中)에서 한 활동 및 환관들과의 대립과 연결되었기 때
문이다. 현종은 공신과의 관계를 처리하는 데 있어서, 일단 그들의 권세가
커진 것을 발견하면 즉시 지위를 삭탈하였다. 그 방식이 비교적 온화하였
는데, 일반적으로 하옥하여 죄를 다스릴 뿐 죽이지는 않았으며, 폄적시켜
경성(京城)을 떠나게 하는 데 그쳤다. 이러한 처리는, 현종이 군신들에게
어느 정도의 고마운 마음을 가지고 있다는 것을 보여주는 단면이다. 또한
이는 정국을 안정시키는 데에도 도움을 주었다. 그러나 왕모중이 사약을
받고 죽은 것은 모반의 사건에 연루되어 있기 때문이었다.

7. 관리의 행정을 정돈하다

　요숭은 '십사요설(十事要說)'에서, 관리들의 행정을 바로잡아야 한다고 거듭 말하였다. 이러한 의견에 대해 현종은 대폭적으로 찬성하였다. 왜냐하면 그는 관리들의 행정적인 부패가 중종(中宗) 이래로 계속 존재해왔던 고질적인 문제라는 것을 잘 알고 있었기 때문이다.

　위후(韋后)와 안락공주(安樂公主)는 자신의 세력을 넓히기 위해 고관에게 후한 봉록을 주며, 자신의 당파를 확장시키고 매관매직으로 금전을 착취하여 왔다. 당시에 30만 전을 쓰면 강등과 승진을 구별시켜주는 묵칙(墨勅)을 이용해, 중서(中書)에 관계되는 관직을 받을 수 있었다. 이러한 사봉관(斜封官)의 임명은 정상적인 경로를 거치지 않은 것으로, 임관한 사람이 적격자로서 그 자질을 갖추고 있는지 없는지 보증할 수 없었다. 사봉관을 보충하여 받아들이는 데에도 제한이 없었다. 게다가 관직에 빈 자리가 없으면 곧 원외관(員外官)에 배치되는데, 그 숫자가 수천 명에 이르렀다. "이 때 정계로 나아가는 데에는 여러 가지 경로가 있었으며, 부실한 관원이 넘쳐흘렀다. 사람들이 세 가지 처하지 말아야 할 지위는 재상(宰相)과 어사(御史), 그리고 원외관이라고 생각하였다"고 한다. 관리의 행정부패가 더할 나위 없는 지경에 이르렀던 것이다.

예종(睿宗)조 초기에, 송경은 검교(檢校) 이부상서(吏部尚書) 동중서문하3품(同中書門下三品)에 봉임되고, 이의(李義)와 노종원(盧從愿)은 이부시랑(吏部侍郎)에 봉임되었다. 요숭은 병부상서(兵部尚書) 동중서문하3품(同中書門下三品)에, 육상선(陸象先)과 노회신(盧懷愼)은 병부시랑(兵部侍郎)에 봉해졌다. 그들은 모두 청정한 태도로 관직에 임하였다. 사사로운 정을 쫓지 않았으며, 문무에 뛰어나고, 취사 선택이 공평하였다. 관원을 선발할 때에는 관원의 재능을 살펴서 관직에 임명하였다. 사봉관(斜封官)·대궐관(待闕官)·원외관(員外官) 등의 관원 수천 명을 파면시키고, 관리들의 행정 상황을 개선시켰다. 그 후 곧 태평공주가 정권을 농단하였기 때문에 요숭과 송경은 폄적당하고, 사봉관(斜封官)도 다시 기용되어 뇌물이 성행하고 관리를 임명할 때는 사사로이 처리하여 행정의 부패가 중종 때와 같았다.

예종 때부터 현종 때까지 내려온 관료들은 쓸데없이 남아돌았고 자질이 부족하여 사무 처리의 효율도 아주 낮았다. 현종은 반드시 현 관료들을 정돈하고 개조하며, 그들을 야무지고 효율적으로 변화시켜야만 모든 국가 기구가 힘있게 움직일 수 있다고 믿었다.

현종이 관리들의 행정을 정돈하고 새롭게 하기 위해서는 먼저 정직하고 숙련된 재상을 물색해야 했다. 그는 즉위 초에 반대 세력을 제거하고 요숭을 임명하여 재상의 선택에 신중을 기하는 태도를 보여주었다. 요숭은 개원 4년(716) 12월 재상에서 파면되었는데, 그 원인은 그의 두 아들 광록소경(光祿少卿) 요이(姚彛)와 종정소경(宗正少卿) 요이(姚異)가 "병객(兵客)들과 두루 통하며 선물을 지나치게 받는 바람에 그 당시의 여론에서 지탄하였기 때문이다"라고 한다.

요숭의 심복이며 주서(主書)인 조회(趙誨)가 호인(胡人)의 패물을 받은 일이 발각되자, 현종은 친히 심문하여 하옥시키고 사형을 내렸다. 요숭은 힘을 다해 선처할 방법을 구하였지만, 요숭의 이러한 태도로 말미암아 오히려 현종의 불만을 사게 되었다. 경성(京城)의 범죄인을 사면하면서도, 칙

령을 내려 조회의 이름을 특별히 거론하여 장형 100대를 치고 영남(嶺南)
으로 유배를 보내도록 명령하였다. 이렇게 되자 요숭은 불안해져서, 재상
의 자리에서 물러나겠다고 여러 번 주청하였다. 아들과 심복이 뇌물을 횡
령한 문제에 대해 요숭이 힘을 다해 두둔하는 태도를 취한 것을 볼 때,
그 자신도 역시 행정적으로 청렴하지 못하였을 가능성이 있다.

요숭은 재상직을 물러나면서, 송경이 재상직을 잇도록 추천하였다. 송
경은 형주(邢州) 남화현(南和縣 : 지금의 하북에 속함) 사람으로, "젊고 강직하며
절개가 굳으며, 박학다식하고 문학과 유학(儒學)에 뛰어났다(『舊唐書』卷96「宋
璟傳」)"고 한다.

관리로서 매우 강직하였기에 무측천도 그를 매우 중시하였다. 무측천
만년에 장이지(張易之)와 장창종(張昌宗)이 정권을 장악하였을 때, 그 위세가
극에 달하였으므로 조정의 모든 사람이 그들에게로 기울어졌음에도, 송경
은 누차 장씨 형제들을 꺾었다.

장안 3년(703), 장씨 형제는 재상 위원충(魏元忠)이 모반하였다고 모함하
고, 높은 관직과 후한 봉록을 미끼로 봉각사인(鳳閣舍人) 장열(張說)을 꾀어
거짓증언하게 하였다. 송경이 장열에게 말하길, "명의(名義)는 지극히 소중
한 것이오. 바른 사람을 모함하여 구차하게 모면하지 마시오. 이 일 때문
에 폄적당한다면 명예를 남길 수 있소. 만약 죽음을 당하게 되거든, 내가
곧 문 앞에 엎드려 구하고 장차 당신과 함께 죽을 것이오(『新唐書』卷124「宋
璟傳」)." 그가 이처럼 엄정하고 대담하게 말하는 것을 듣고 장열은 깊은 감
명을 받았다. 그래서 장열은 무측천의 면전에서 장씨 형제가 자신을 핍박
하여 위증하도록 하였다고 고발하였다.

중종 때 송경은 무삼사(武三思)의 청탁을 거절했다는 이유로, 경성(京城)
에서 쫓겨나서 항주(杭州)와 상주(相州)의 자사(刺史)를 역임하였다. 예종이
즉위하자, 송경과 요숭은 동시에 재상이 되어 예종을 보좌하였다. 현종은
당시에 태자로 있었고, 송경은 태자우서자(太子右庶子)를 겸하고 있었다. 그

는 현종을 지키려다가 태평공주에게 미움을 샀으므로 목주자사(睦州刺史)로 폄적된 적도 있었다.

요숭이 재상직에서 물러난 후, 광주도독(廣州都督)으로 있던 송경은 수도로 돌아왔다. 현종은 내시장군(內侍將軍) 양사욱(楊思勗)에게 먼저 나가서 송경을 영접하게 하였다. 송경은 속이 깊어서 사람들에게 자신의 마음속을 보이지 않았다. 그는 돌아오는 길에도 양사욱에게 말을 건네지 않았다. 양사욱은 평소에 황제의 은총을 받았는데, 돌아가서 황제에게 알리자 황제는 깊이 감탄하고 송경을 더욱 귀하게 여겼다.

송경은 재상으로서 정직하고 사사로움이 없었으며 상벌을 공평하게 하였다. 그는 마음을 다해 인재를 선발하고 재량에 따라 관직을 주었기에 관리들은 자신들의 재능을 발휘할 수 있었다. 윗사람의 안색에 개의치 아니하고 직언을 하였기 때문에, 현종은 그를 마음 깊이 존경하고 두려워하고 있었다. 현종은 어떤 때는 송경의 의견에 따르지 않을 수 밖에 없는 때도 있었다. 이러한 경우에 송경은 직언으로 간언하였으며, 곧고 바른 태도로 아첨하지 않았다. 재상으로 있는 삼 년 동안, 총체적으로 요숭이 제정한 정책을 계속해서 집행하였기 때문에 새롭게 창건한 것은 많지 않다.

사서에서 이르기를

요숭(姚崇)과 송경은 연이어 재상(宰相)이 되었는데, 요숭은 임기응변과 사무에 능하였고, 송경은 법을 지키고 바른 길을 유지하는 데 능하였다. 두 사람은 비록 그 뜻이 같지는 않았으나 마음을 함께 하여 보좌하였다. 그래서 부역을 관대하고 평탄하게 하며, 형벌을 단순하고 가벼이 하며, 백성을 부유하고 질서 있게 하였다. 당대의 현상(賢相)이라고 칭송할 수 있는 사람으로는 이전에 방현령과 두여회가 있었으며, 후에는 요숭과 송경이 있으니, 다른 재상들과 비교할 수 없을 것이다.

요숭과 송경으로부터 개원 24년(736) 11월 장구령(張九齡)이 재상에서 파면되기 전까지, 재상에 임명된 사람으로는 노회신(盧懷愼)·소정(蘇頲)·두섬(杜暹)·소숭(蕭嵩)·배광정(裴光庭)·한휴(韓休)·우문융(宇文融)·배요경(裴耀卿)·이림보(李林甫) 등이 있다. 그들은 비록 각자의 품성이나 덕성 그리고 재능과 학식의 높낮이가 서로 달랐지만, 모두 자신들만의 장점을 가지고 있었기에 한 시대의 인물로 선발되었다.

사마광은 예전에 그들을 평론하여, "현종이 즉위한 이래로 등용한 재상 가운데에서, 요숭은 형통함[通]을 중시하고, 송경은 법(法)을 중시하며, 장가정(張嘉貞)은 인사(吏部)를 중시하고, 장열(張說)은 문(文)을 중시하며, 이원굉(李元紘)·두섬(杜暹)은 검소함[儉]을 중시하고, 한휴(韓休)와 장구령(張九齡)은 곧음[直]을 중시하니, 각기 그 장점이 있었다"라고 말하였다. 『신당서(新唐書)』에서 작자는, "개원의 성세는, 보필할 사람을 구할 때마다 모두 현명한 인재를 얻었다. … 조정에는 군자가 많으니, 진실로 태평의 기초가 되었다(『新唐書』 卷127)"라고 말하였다. 이는 재상의 현명함이 태평성세의 기초가 된다는 것을 뜻한다.

현종은 재상을 선발할 때 매우 신중을 기하였다. 한편으로는 그들이 관직을 맡고 나면 대담하게 그들에게 모든 것을 맡겼다. 이렇게 볼 때, 그들을 충분히 신임하고 있었던 것이다. 현종과 요숭 사이에는 다음과 같은 유명한 고사가 있다.

요원지(姚元之, 姚崇)가 일찍이 낭리(郎吏) 벼슬의 임명에 대해 황제에게 결재해 주기를 청하였다. 황제는 들은 체 만 체 궁전의 지붕만 물끄러미 쳐다보고 있었다. 요원지는 재삼 거듭하였으나, 황제는 줄곧 응답이 없었다. 요원지는 난처해하며 물러나왔다. 조회가 끝나자 고력사가 간하였다.

"폐하께서는 새로이 모든 정사를 총괄하시면서 재상이 일을 상주할 때에는 마땅히 그 일을 들으시고 가부를 정하셔야 하는데도 어찌 한 번도 살펴보지조차 않으십니까?"

"짐은 요원지에게 업무의 모든 것을 맡겼다. 그러니 큰 일을 가지고 상주했더라면 마땅히 잘 듣고 같이 상의했을 터이나, 하찮은 낭리 벼슬을 조르면서 일일이 짐을 번거롭게 해서야 되겠는가?"

고력사가 황제의 이 말을 요원지에게 전하였더니, 요원지는 기뻐하였다. 이 이야기를 듣는 사람들은 다 황제가 군인지체(君人之體)를 잘 깨닫고 있는 점에 탄복하였다.

『신당서(新唐書)』의 작자도 역시 이 사건을 다음과 같이 높이 평가하였다. "현명한 자를 추천하고 불초한 자를 물러나게 하니 천하가 다스려졌다(『新唐書』卷124「姚崇傳」)." 현종이 "군자의 근본을 알았다"는 것은, 그가 조신(朝臣)들과의 관계를 정확하게 처리하고, 조신들을 공경해야 한다는 것을 잘 알고 있었으며, 제도를 존중하고 권력을 남용하지 않았으며, 잡다한 구체적인 사무에는 간섭하지 않았음을 보여준다. 현종의 이러한 태도는 천하를 잘 다스리는 데 도움이 되었다.

현종이 재상을 등용하는 데에는 몇 가지 특징이 있다. 첫째로 재상에 주(主)와 종(從)이 있으며, 재상의 수도 많지 않았다는 점이다. 무측천과 중종 때에는 재상이 아주 많았다. 적을 때에는 예닐곱 명에서 많을 때에는 십수 명이나 되었다. 현종이 등용한 재상은 일반적으로 두세 명이었다. 또한 그 가운데에 한 사람을 중심인물로 삼았다.

요숭이 재상이 되자, 현종은 노회신(盧懷愼)을 선발하여 함께 재상으로 삼았다. 노회신은 산동(山東)의 명문 출신이며, 진사(進士) 출신이다. 사람됨이 청렴·검소하여 자신의 재산에 마음을 쓰지 않았으며, 봉록을 받으면 친척과 친구에게 모두 나누어주었다. 그래서 노회신의 처자식은 추위와 배고픔을 겨우 면할 정도였으며, 거처하는 곳에서는 바람과 비마저도 피하기 어려웠다.

　　비록 노회신의 품격과 덕행은 훌륭하였지만, 사무 처리 능력은 좀 떨어졌다. 그는 일에 부딪치면 늘 요숭이 처리하도록 미루어버렸고, 따라서 '녹봉만 축내고 하는 일이 없는 반식재상(伴食宰相)'이라는 칭호를 가지게 되었다. 한번은 요숭이 어떤 사정 때문에 열흘간 휴가를 내었는데, 공무를 미루어 놓은 것이 너무나 많았다고 한다. 노회신은 속수무책으로 아무런 일도 처리할 수가 없었으며, 다만 현종에게 처벌을 청할 따름이었다. 현종은 그에게, "짐은 천하의 일을 요숭에게 위임하였소. 경은 그 자리에 앉아서, 덕망으로써 아랫사람들이 따르게 하기만 하면 되오"라고 말하였으니, 그의 말은 매우 사리에 밝았다고 할 수 있다.

　　말하자면, 노회신을 재상으로 임명한 것은 주로 노회신의 인품과 성망을 소중히 여겼기 때문이지, 결코 그가 일을 잘 처리하기를 바란 것이 아니었다. 어떤 사람들은 바로 현종이 바랐던 것이야말로 이렇게 노회신이 아무 일도 하지 않는 무소작위(無所作爲)였다고 한다. 그렇게 함으로써 오히려 요숭이 대담하게 천하의 일을 처리하도록 하는 데 도움이 되었다는 것이다.

　　이렇게 볼 때, 현종이 재상을 배치하는 데 상당히 많이 신경 썼다는 것을 알 수 있다. 송경과 소정이 함께 재상이 되었을 때도, 상황은 비슷하였다. "소정은 일이 닥치면 대부분 송경에게 맡도록 하였고, 송경은 매번 일을 의논하였는데, 그를 위해 소정이 도왔다"고 한다. 두 사람은 말이 없더라도 서로 마음이 통하였다. 요숭과 송경이 저명하고 현명한 재상이 된 것은, 그들 개인이 갖춘 품덕과 재능 외에도 현종이 그들을 위해 합당한 보조자를 재상으로 선발하여 주고, 또한 이들 보조적인 재상들이 정성껏 보조자로서의 역할을 수행하였던 것과 떼어놓을 수 없다.

　　두 번째는 재상의 임기가 보통 3~4년으로 길지 않았다는 점이다. 개원 초 재상이 삼 년마다 바뀌었는데, 비록 요숭과 송경이라 하더라도 이 기간을 넘길 수는 없었다(『新唐書』卷180「李德裕傳」). 재상으로 취임하는 데에는 모두 구체적인 원인이 있게 마련이다. 이러한 구체적인 원인은 재상으로 취임이 되는 이유가 되기도 하였는데, 관건은 바로 현종의 태도에 달려 있었다.

요숭은 조회(趙誨)의 사건으로 사직을 하였다. 그는 밝은 재능과 관리로서의 풍부한 경험이 있었지만, 현종의 불만을 보면서 자신을 더 이상 재상으로 쓰려고 하지 않으려는 것을 알아채고, 여러 차례 사표를 제출하였다. 조회의 사건은 현종이 재상을 바꾸려는 구실에 불과하였다. 요숭이 재상직에서 물러난 후에도 현종은 조정에 큰 일이 생겼을 때에는 항상 요숭에게 널리 의견을 구하였다. 이것 또한 요숭을 재상직에서 물리친 이유가 그를 불신하였기 때문이지는 않았다는 점을 짐작할 수 있게 해주고 있다.

현종이 재상을 자주 바꾼 것은, 기본적으로 형세의 변화와 정책의 개혁에 적응하려는 필요에 따른 조치이기도 했지만, 동시에 재상의 개인적인 세력이 지나치게 성장하는 것을 방지하려는 조치이기도 하였다. 현종이 재상에게 모든 것을 일임하였다고 하더라도 재상이 그들 마음대로 하도록 방치하였던 것은 아니었다. 재상이 크게 활약하는 것이 현종 자신이 천하를 다스리는 데 유익하게 작용하였기 때문에 재상에게 비교적 큰 권력을 부여했던 것일 뿐이다. 그러나 또한 현종은 이로 말미암아 대권이 떨어지는 것을 원하지 않았다. 이러한 신임과 불신임의 모순을 해결하는 가장 합당하고 좋은 방법은 적당한 시기에 재상을 바꾸는 것이었다.

세 번째는 붕당을 짓는 자들을 일제히 파면시키는 것이었다. 재상들 사이에, 혹은 재상과 조신(朝臣)들 사이에 종종 잘 조화되지 않아서 갈등과 분생이 발생하였다. 심한 경우에는 각각 붕당을 지어 서로를 공격하기도 하였다.

개원 15년(727), "어사대부(御史大夫) 최은보(崔隱甫)와 어사중승(御史中丞) 우문융(宇文融)은 우상(右相) 장열(張說)이 다시 등용되는 것을 두려워하여 수차 상주하여 그를 헐뜯었고 붕당을 지었는데, 황제는 그것을 싫어하였다

고 한다. 결국 2월 2일, 장열은 관직에서 물러나고, 최은보는 관복을 벗고
어머니를 모시게 되었으며, 우문융은 위주자사(魏州刺史)로 폄적되었다." 개
원 17년에는 재상 이원굉(李元紘)과 두섬(杜暹)이 불화하였다. 이원굉과 두
섬은 일을 의논할 때마다 의견이 크게 달랐는데, 결국은 다툼이 생겨서
각각 연이어 상주를 올리게 되었고, 황제는 이를 불쾌하게 여겼다. 6월
갑술(甲戌)일, 황문시랑(黃門侍郎) 동평장사(同平章事) 두섬은 형주장사(荊州長
史)로 폄적되었고, 중서시랑(中書侍郎) 동평장사(同平章事) 이원굉은 조주자사
(曹州刺史)가 되었다. 개원 21년(733) 재상 한휴(韓休)와 소숭(蕭嵩)이 불화하
였다. "한휴는 황제의 면전에서도 소숭과 쟁론하였고, 소숭의 단점을 들어
그의 체면을 깎아 내렸다. 황제는 이를 매우 싫어하였다. … 소숭은 재상
에서 좌승상(左丞相)으로 낮추어졌고, 한휴는 재상의 자리에서 공부상서(工
部尚書)로 낮추어졌다."

　조신(朝臣)들 간에 발생하는 권력 다툼과 감정적인 대립에 대해 현종은
그 죄를 묻지 않고 쌍방을 동시에 파면시키는 방법을 썼다. 이것은 붕당을
짓는 추세를 막는 데 상당히 효과적이었다.

　현종은 관리들의 행정을 정돈하고 쇄신하였을 뿐만 아니라 관리들의
선발에도 비상한 주의를 기울였다. 그는 몸소 정사를 돌보기 시작하면서,
주리정(周利貞)·배담(裴談)·장복정(張福貞) 등 13명의 혹리(酷吏)의 명단을
공포하고, 그들을 초야에 되돌려 보내어 평생동안 등용하지 말라는 칙령
을 내렸다(『新唐書』卷41「酷吏」). 개원 13년(725), 현종은 다시 칙령을 내려
아직 건재하던 혹리(酷吏) 내자순(來子珣) 등을 영남(嶺南)으로 멀리 유배 보
내고, 혹리의 자손이 관직에 출사하는 것을 금지하였다.

　혹리(酷吏)의 명단을 공포하는 것과 동시에, 개원 2년(714) 5월 현종은
영(令)을 내려 원외관(員外官)이나 시관(試官)과 검교관(檢校官)을 전부 파면시
키고, 이후로 이 세 가지의 관직은 전쟁에서의 공훈이나 별다른 은사나
특별 등용이 없는 한 이부(吏部)와 병부(兵部)가 받을 수 없도록 규정하였

다. 혹리(酷吏)를 폐지하고 필요 없는 벼슬아치들을 파면하는 것은 요숭의
「십사요설(十事要設)」에서도 제기된 것이다. 현종은 이를 신속히 실천에 옮
겨, 무측천이나 중종 시대 이후 관리의 행정에 존재하던 두 가지 큰 폐단
을 바로 잡았다. 이로써 관리들의 소질을 개선하고 관리를 엄격하게 선발
하는 데 도움이 되었다.

먼저, 관리를 선발하는 데 있어서 현종은 이를 매우 엄격히 다스렸으
며, 만약 문제가 발견되면 곧바로 해결하였다. 개원 4년(716), 사람들은 그
에게 "올해 이부(吏部)에서 선발한 인원이 너무 많습니다. 현령이라도 재능
이 없다면 하나도 간택(簡擇)할 수 없습니다"라고 하였다. 새로이 선발한
현령이 입궁하여 인사를 올리면 현종은 그들을 맞아 시험을 치르게 하였
다. 그런데 견성(郫城 : 현재 산동성 소재) 현령이었던 위제(韋濟)만이 문리(文理)
에서 1등을 하여서 예천령(醴泉令 : 현재 섬서성 소재)으로 승진하였다. 그러나
그 나머지 2백 명은 합격하지 못하여 우선 그들에게 잠시 임시직을 맡게
하였고, 그 가운데에서도 45명은 성적이 너무 나빴기 때문에 다시 집에 돌
아가서 공부를 하게 하였다. 관리 선발의 주관을 맡은 이부시랑(吏部侍郎)
노종원(盧從愿)과 이조은(李朝隱)은 이로 말미암아 모두 지방 자사로 폄적되
었다.

관리를 선임할 때 현종은 자기의 뜻과 맞지 않는 결정에 대해서도 허
심탄회하게 의견을 받아들이고, 제 때에 개정하였다. 신왕(申王) 이성의(李
成義)가 신왕부(申王府) 녹사(錄事, 從九品上, 流外官) 염초규(閻楚珪)를 참군(參軍,
從七品上)으로 삼아달라고 청하였다. 이에 현종이 금방 동의하였지만, 재상
요숭과 노회신 등은 이를 타당하지 않다고 생각하였다. 그들은 "재능을
헤아려 관직을 주는 것은 마땅히 관원에게 맡겨야 합니다. 만약 친하다는
이유로 관직을 은혜로 주고, 이러한 습관을 따르게 되면 실로 기강이 어지
럽게 됩니다"라고 말하였다. 현종은 재상들의 의견을 따랐으며, 끝내 염초
규를 참군으로 임명하지 않았다. 이로써 청탁으로 관직을 구하는 것은 더

이상 통하지 않게 되었다.

기산령(岐山令) 왕인침(王仁琛)은 현종이 임치왕으로 있던 당시의 옛 관리였으며 왕황후(王皇后)의 친척이었다. 현종은 옛날의 정을 생각하고 묵칙(墨勅)으로 5품관(五品官)을 내리도록 명하였다. 재상 송경은 관리를 임명하는 것은 마땅히 조례를 따라야 하며, 이부(吏部)에서 후보자를 심사하도록 하고, 그 사정을 헤아려 수여하여야 한다는 입장을 견지하였다. 그래서 결국 현종은 송경의 의견에 따랐고, 이미 내렸던 칙령을 거두었다. 현종은 이처럼 스스로 솔선수범하여 개원 시대의 관리 선발을 엄격히 하였다. 이에 노종원(盧從愿)과 이조은(李朝隱)·왕구(王丘)·석예(席豫) 등과 같이 사람을 잘 알아보고 임명하는 관리들이 대거 등장하였는데, 합당한 관리의 선발은 관리들의 행정을 깨끗하게 하는 선결 조건이 되었다.

관리들의 행정을 정돈할 때, 현종은 특별히 현령(縣令)과 자사(刺史)와 같은 지방장관의 선발에 주의를 기울였다. 당 전기부터 수도의 관리인 경관(京官)을 중시하고, 지방관인 외관(外官)을 경시하는 풍조가 만연하였다. 재간이 있고 학식이 있는 사람은 모두 수도에서 관리가 되기를 원했다. 그래서 수도에는 대량의 우수한 관리들이 집중되었지만, 지방관의 자질은 상대적으로 떨어졌다. 중종 시대 이래로 이러한 문제는 더욱 심각해졌다. 위사립(韋嗣立)은 이를 지적하여, "자사와 현령은 근년 이래로 경관으로 있다가 죄를 범하거나 덕망이 낮은 자로서 유배를 간 사람들이 대부분이며, 이부(吏部)에서는 관리를 선발할 때 노쇠하여 쓸 수 없는 경우에는 현령으로 충당하였습니다. 이와 같이 지방장관을 기용하였으니 지방이 어찌 잘 다스려지기를 바라겠습니까"라고 말하였다. 이러한 상황을 바꾸기 위해 현종은 반복하여 지방관의 중요성을 강조하였다.

그는 조령에서 다시 한 번 지적하기를, "백성을 기르고 사랑하는 방법은 현령에게 있다(『全唐文』 卷27 「勸獎縣令詔」)" "백성을 돌보는 관리는, 현의 장관보다 앞서는 자가 없다(『全唐文』 卷34 「賜京畿縣令勅」)" "호구가 안전하게 보전되는 것은 백성을 기르는 데 있고, 풍속을 교화하는 데는 현령보다 앞서는 자가 없는데, 사람을 아는 것은 쉽지 않으니 지방관을 선발하는 것이 매우 어렵다(『全唐文』卷34「令內外臣僚各擧縣令勅」)"라고 하였다. 지방관은 백성을 돌보는 관리로서, 지방관의 좋고 나쁨은 통치 효율의 정도와 더불어 백성의 고통과 관계있었던 것이다. 그래서 그는 7월 태평공주를 주살한 후, 여러 가지 일로 바쁜 상황임에도 불구하고 지방관의 상황을 물어보는 것을 가장 중요한 일의 하나로 삼았다.

9월 26일, 우어사대(右御史臺)를 다시 설립하여, 각 주를 감찰하였다. 10월 1일, 현종은 경기현령(京畿縣令)들을 만나보고, 해마다 기근이 들더라도 백성을 구제해야 한다고 경고하였다. 12월 13일, 도독(都督)·자사(刺史)·도호(都護)들이 임명받고 내려갈 때 황제의 면전에서 모두 고별하도록 칙령을 내리고, 측문에서 황제의 허락을 기다리도록 하였다. 현종은 부임하는 지방관을 살피는 것을 규정으로 삼아 그들을 존중하는 태도를 보여주었는데, 이는 지방의 정황을 이해하는 데도 도움이 되었다.

현종은 지방관의 자질과 덕망을 높이기 위하여, 수도를 중시하고 지방을 경시하는 풍조를 개혁하였다. 개원 2년(714) 정월 13일 영(令)을 내려, "수도의 관리 가운데에서 재능과 학식이 있는 자를 뽑아 도독과 자사에 임명하고, 도독과 자사 가운데에서 행정적 경험이 있는 사람을 경성의 관리로 임명하고, 출입을 항상 균일하게 하여 이를 영원한 규칙으로 한다"고 하여, 수도의 관리와 외지의 관리 사이에 순환적인 교대를 실행하였다. 후에는 더 나아가 다음과 같이 규정하였다. "지금부터, 삼성(三省)의 시랑(侍郎)에 자리가 비면, 먼저 자사(刺史)를 맡은 경험이 있는 사람 가운데에서 선발할 것이다. 낭관(郎官)이 보궐되면 앞서 현령(縣令)을 맡았던 사람 가운데에서 임명한다(『全唐文』卷35「重牧宰資望勅」)." 또한 "경관(京官)이 주현관(州縣官)을 맡은 적이 없으면, 대성관(臺省官)이 될 수 없다(『全唐文』卷27「整飭吏治詔」)"고 규정하였다. 지방관의 경험을 중앙의 관리가 되는 중요한 자격으로 삼았다. 이것은 모두 중앙관의 지방관 역임을 촉진하고, 지방관을 중시하는 시책이었다.

개원 8년, 재상 원건요(源乾曜)는 자발적으로 상소하여 말하기를, "삼가 신은 권세 있는 가문에서 태어난 사람으로 경성(京城)의 관직을 구하였는 데, 재식(才識)을 갖춘 훌륭한 선비들은 주로 외관에 임명되었습니다. 왕도 가 공평해야 하는데 이것은 옳지 않습니다. 신과 아들 세 명은 모두 수도 에 임명되었지만, 아들 두 명에게는 외관을 주셔서 함께 공정한 도가 조화 되기를 원하옵니다(『舊唐書』 卷98 「源乾曜傳」)"라고 하였다. 여기에는 경성의 관리로 나아가는 상당수가 권세 있는 가문의 자제라는 것이 드러난다. 현 종은 원건요의 요구를 옳다고 인정하여, 문무백관(文武百官) 가운데에 부자 형제 세 명이 함께 경성의 관리를 맡고 있는 경우에는 함께 의논하게 하여 외관으로 출임하게 하였다. 이로 말미암아 공경 자제들 가운데에서 경성 의 관리에서 외관으로 출임한 사람들이 백여 명에 이르렀으며, 지방의 정 무에도 충실하게 되었다. 또한 관료의 자제들이 중앙 기구에 몰려 있는 상황을 완화시킬 수 있었다.

개원 16년(728), 현종은 직접 조정 대신 허경선(許景先)·원광유(源光裕) ·구차(寇泚) 등 11명을 선발하여 자사에 임명하고 그들이 경성(京城)을 떠 날 때 성대한 송별 의식을 베풀어주었다. 이 자리에는 재상이나 여러 왕 들, 그리고 어사(御史) 이상의 사람들이 모두 참가하였다. 현종은 '사제주자 사이제좌우(賜諸州刺史以題座右)'라는 시를 적었다. 시에는 자사(刺史)들에게 "백성 보기를 자식같이 하고, 백성을 아끼기를 상처 돌보듯 해야 한다. 학 문을 가르치고 통론을 시험하고, 논밭 길에서는 농사를 권장해야 한다. 허무하게 명예를 구하면 일이 발생한다. 만약 편안하게 일하고 절개를 지 키면 그대들의 덕은 자연스럽게 자라나게 될 것이다. 옥사를 소송할 때는 반드시 정이 있어야 하며, 백성을 가르치는 일에는 규범을 존중해야 한다. 백성을 귀하게 여기고, 노인을 구제하며, 약한 자를 돌보고, 강한 자를 편하게 해 주어라(『全唐詩』卷3 「賜諸刺史以題座右」)"라고 하였으며, 시의 결미(結尾)에서는 "스스로 힘써 각종 명령들을 지키도록 노력하여 자신이 천하를 돌보고 있음을 알게 하라"라고 하여 그가 자사들에게 큰 희망을 걸고 있음을 드러내었다.

관리들에 대한 감찰을 강화한 것은 현종이 관리들의 행정을 개선하기 위한 중요한 시책이었다. 이리하여, 그들은 적극적으로 어사를 지지하였고, 어사대(御史臺)의 권한을 충분히 발휘하게 하였다.

어사 이걸(李傑)은 정직하게 간언하는 사람이었다. 노회신은 그에 대해 말하기를, "매우 근면하고 수고하며, 지조가 곧고 홀로 서서 공적인 일이던지 사적인 일이던지 간에 알지 못하는 바가 없으며, 때에 맞게 처리하는 재능이 있어, 모두 그를 칭송한다(『舊唐書』卷48 「盧懷愼傳」)"고 하였다. 개원 3년(715) 이걸이 경조윤(京兆尹) 최일지(崔日知)를 탐혹하며 불법을 행한다고 규탄하였으나, 오히려 최일지에게 말려들어 죄를 얻게 되었다. 시어사(侍御史) 양창(楊瑒)은 황제에게, "만약 규탄하는 데 있어 간신배들로 하여금 공갈하도록 한 것이라면 어사대를 폐지하더라도 무방할 것입니다!"라고 상주하였다. 이에 현종은 어사의 권위를 보호하려고 하는 양창의 건의를 받아들여, 이걸을 원래대로 복직시키고, 최일지를 흡현승(歙縣丞)으로 폄적시키도록 영을 내렸다. 뒷날 황후의 매부인 상의봉어(尙衣奉御) 장손흔(張孫昕)이 이걸을 구타한 사건의 처리에서도, 현종이 외척의 전횡에 대해 타격을 가하고, 또한 그가 어사를 존중하고 있음을 볼 수 있다.

어사와 현령에 대한 인사 평정을 엄격하게 하기 위하여, 현종은 특별히 「정근리치조(整釿吏治詔)」를 반포하고, "매년 10월, 각 도의 안찰사(按擦使)를 시켜 사무를 처리하는 행동 기준의 최고를 가려 1등에서 5등까지 상소문을 검사하고, 이부(吏部)의 장관(長官)으로 하여금 상세하게 살펴보게 한다(『全唐文』卷27 「整飭吏治詔」)"라고 규정하였다. 이같은 인사 평정은 관리의 임명과 승진이나 좌천의 근거가 되었다. 예를 들자면 "자사 제1등과 경관이 만약 주에서 제수 받아 바뀌지 않았다면, 자미(紫微)·황문(黃門)에서 상소문을 조사하고 상을 더한다(『全唐文』卷27 「整飭吏治詔」)"라고 하였다. 지방관들에 대한 감찰과 조사를 편리하게 하고 중앙 집권을 강화하기 위하여, 개원 21년(733), 현종은 영(令)을 내려 전국을 15개의 도로 나누고, 각 도에 채방사(採訪使)를 설치하였는데, 이는 상설적인 공무 기관이 되었다. 채방사는 육조(六條)로 불법을 검찰하고, 양 경기 지방은 중승(中丞)이 다스리게 하고, 나머지는 현명한 자사를 뽑아 다스리게 하였다. 천거되고 임명되는 상황이 아니면 바뀌지 않는다. 단지 옛 제도에 대한 변혁은 조정의 가결이 필요하고, 나머지는 실제 상황에 따라 임시적으로 적당한 조치를 취한다. 이로써 채방사가 상대적으로 안정되었을 뿐 아니라 상당히 공명성을 가진 관직이라는 것을 알 수가 있다. 채방사의 직무는 황제가 지방관을 관리하는 일을 돕는 것이다.

현종은 중앙의 기구와 관리의 감찰을 상당히 강조하였으며, 많은 제도상의 개혁을 진행하였다. 태종(太宗)의 정관(貞觀)의 제도에 따르면, 중서성(中書省)과 문하성(門下省)의 3품관(三品官)이 입조하여 상주할 때는 필히 간관(諫官)과 사관(史官)이 배석하였다. 그리하여 과실이 있을 때는 즉시 바로 잡아주는 데 편리하였다. 좋은 일과 나쁜 일은 반드시 기록하여, 각 기관은 나쁜 것을 바로 잡아 상주할 수 있었다. 또한 어사는 관원을 탄핵할 권리를 지니고 있었다. 정관 시대의 이러한 규정은 궁정 정치에 분명히 공명성과 투명성이 있었음을 보여주는 것이다.

고종과 무측천 시기에, 허경종(許敬宗)과 이의부(李義府)가 정권을 맡으면서 이러한 제도는 무너지기 시작하였다. 그리고 주사(奏事)의 관원도 장위백관(仗衛百官)이 조정에서 물러난 후, 황제의 좌우에 있는 사람을 물러가게 하고 몰래 상주하였으므로 어사와 사관(史官)들은 모두 들을 수가 없었다. 이것은 간신들의 중상모략을 돕는 꼴이 되었다.

개원 5년(717) 9월, 송경은 현종에게 정관(貞觀) 시대의 옛 제도를 회복하자고 건의하였다. 현종은 제(制)를 내려 말하기를, "지금부터 사안이 비밀스러운 일이 아니라면 반드시 모두 조정에서 보고하고, 대장(對仗)10)으로서 상주하도록 하며 사관들은 옛 제도에 의거하여 이것을 기록하라"고 명령하여 궁정 정치에 있어서 일부 제한적이나마 공명성과 투명도를 높였다. 이는 관리의 행정을 개선하는 데도 좋은 역할을 하였다.

10) 조정에서 공개적으로 상주 올리는 형식.

8. 재정 개선 시책

현종은 관리들의 행정을 바로잡음과 동시에 국가 재정을 개선할 수 있는 대책을 마련하였다. 현종이 즉위하기 1년 전인 경운(景雲) 2년(711), 우산기상시(右散騎常侍) 위지고(魏知古)가 간언을 하면서 당시의 재정 결핍 상황을 이야기하였다.

"오늘날 풍속과 교화가 쇠퇴하는 것이 날이 갈수록 심해지고 있으며, 관부의 창고는 텅 비어 있습니다. 사람들은 힘들게 고생을 하여도 해야 할 일은 끊이지 않고 관원은 날로 증가하고 있습니다. 요즈음에 여러 부서의 시관(試官)이나 원외관(員外官)·검교관(檢校官) 등의 관원은 2,000여 명에 이르는데, 태부(太府)의 면과 비단은 바닥나버렸고, 태창(太倉)의 곡물을 지급하는 것조차 어렵게 되었습니다."

이러한 상황은 태평공주가 정치에 관여할 때도 바꾸기 힘들었다. 태평공주가 주살된 후에, 현종이 원외관(員外官)·시관(試官)·검교관(檢校官)을 파면함으로써 관리들의 행정을 깨끗이 하는 데 도움을 주었고, 동시에 관리에게 주는 봉록을 감소시켜 국가 재정에 미치는 압력도 줄어들게 하였다. 국가 재정 상황을 한층 더 개선시키기 위해서, 특히 재정을 문란하게 하는 엄중한 문제를 겨냥하여 현종은 세 가지 대책을 시행하였다.

첫번째 정책으로 사치와 낭비를 금하였다. 중종·예종의 시대에 사치와 낭비가 아주 성행하였다. 황실의 귀족과 관료 귀인들은 마음껏 향락을 즐기면서 끝없는 사치와 욕망을 추구하였다. 안락공주(安樂公主)에게는 수많은 새의 깃털로 짠 백조모군(百鳥毛裙)이라는 치마가 한 벌 있었는데, 그 값이 엄청난 금액에 달했다. 치마 위에는 화훼와 조수를 수놓았는데, 그것이 마치 좁쌀같이 섬세하고도 아름다웠으며, 입체감이 풍부하여 보는 각도나 시각에 따라 색상이 다르게 보였다. 백관과 백성들도 안락공주의 백조모군을 모방하였다. 그리하여 "산림에 사는 기이한 금수를 산과 계곡에서 찾아내어 땅에는 한 마리도 남아나지 아니하였으며, 심지어 그물로 잡아죽인 것도 수를 셀 수가 없었다(『朝野僉載』 卷3)"고 기록되어 있는 것을 보면, 그 당시 사회의 사치와 낭비 풍조를 짐작할 수가 있다.

귀족들이 대량으로 소비한 돈은 원래 백성들을 약탈하고 국고에서 탈취한 재산이다. 현종은 사치와 낭비의 풍조를 근절시키기 위해 개원 2년(714) 6월, 궁내의 주옥과 비단 자수 등의 의복과 노리개를 궁전 앞에 모아서 불태워 버렸다. 이어서, 7월 10일에는 명령을 내렸다.

"군주가 타는 수레와 옷들, 그리고 금과 은으로 만든 그릇과 완구들은 마땅히 관리를 시켜서 녹이거나 깨뜨려서 국방(國防)을 위해 필요한 경비에 충당하도록 하라. 또한 주옥과 비단들은 궁전 앞에서 불살라 버려라. 후비(后妃) 이하의 모든 여자들은 누구든지 옥구슬과 비단을 몸에 착용하고 다녀서는 안 된다."

이틀 후 13일에는 또 다시 칙령을 내렸다.

"백관의 복대(服帶)와 주기(酒器), 말발걸이·재갈·말등자에 대해, 3품 이상은 옥으로, 4품은 금으로, 5품은 은으로 장식할 수 있으나, 그 나머지 신분의 경우에는 모두 착용을 금지한다. 부인의 복식은 지아비와 아들에 따르며, 원래 무늬가 화려한 비단옷은 검은색으로 염색하고, 지금부터 주옥을 사용하고 비단 자수 등으로 물건을 짜는 것을 금하며, 이것을 위반한 경우에는 장형1백대에 처하고, 이것을 만든 사람은 한 등급을 감하여 처벌한다."

이와 동시에, 양경(兩京)에 있던 직금방(織錦坊)을 철회하였다.

부유한 통치 계층들의 표상은 바로 주옥과 진귀한 보물, 비단 자수와 명주 비단 등의 고급스러운 사치성 소비품을 추구하는 것이었다. 그들은 이러한 면에 있어서 대량의 인력과 물력 그리고 재력을 소비하였다. 그러나 이러한 것은 사회 생산과 경제 발전에 조금도 이익이 되지 못하였다. 현종이 주옥과 비단 자수에 대한 무제한적인 생산과 사용을 막은 것은 사치와 소비성 풍조를 근절시키는 데 도움을 주었다.

통치 계층에서 벌어지는 낭비와 사치 풍조의 또 다른 표현 형식은 바로 후장(厚葬) 풍속이었다. 그들은 현세에서 호화롭고 사치스럽게 살려고 하였을 뿐 아니라 죽은 뒤에도 그렇게 유지되기를 희망하였다. 그래서 능원을 정성스럽고 아름답게 꾸미고, 묘혈(墓穴)은 광대하게 하고, 부장품은 풍부하게 하고, 상례(喪禮)는 엄중하게 치르고자 애썼다. 죽은 자의 자녀들 역시 자줏빛 상장(喪帳)을 사치스럽게 하는 것을 충효라고 여겼다. 이를 검소하게 하면 인색하다고 여겼기 때문에 가산을 탕진해서라도 부족한 곳이 없게 하였다. 이것은 후장의 풍조를 더욱 부채질하였다.

재상 요숭은 이러한 경향에 대해 옳지 않게 여겼다. 그는 "죽은 자는 아무것도 알지 못하며 거름과 같이 변하는데, 어찌 번거롭게 후장을 하여 가업을 상하게 하는가(『舊唐書』卷96「姚崇傳」)?"라고 생각했다. 현종은 개원

2년(714) 9월 호화스러운 장례를 금하는 〈후장을 금지하는 명령[禁厚葬制]〉을 반포하면서 후장(厚葬)은 무익하며, 그 해악이 심하다고 지적하였다. "관직에 있는 자는 품령의 고하에 따라, 절제함을 밝힌다. 부장품 등의 물건은 규격 및 길이와 크기를 정하며, 묘택에 장막을 치는 것을 절대 금한다. 문묘의 묘역은 힘써서 간소하게 하며, 무릇 장례를 치르는 도구는 금은으로 차려서는 안 되며, 만약 어기는 자가 있으면 먼저 장형 1백대로 처벌한다. 주현(州縣)의 장관이 이를 제대로 감찰하지 못한 경우에는 모두 먼 지방의 관직으로 폄적시킨다(『舊唐書』卷8「玄宗上」)."

현종이 즉위한 직후에는 사치와 낭비를 막는 일의 중요성을 분명히 알고 있었기 때문에 능히 몸소 행동에 옮길 수가 있었다. 그는 침식을 잊고 정사에 열중하며, 부지런히 정치를 하였다. 공무를 행하느라 늘 바쁘고 힘들었기 때문에, 삶의 향수를 즐기는 데에는 한계가 있었음이 분명하다. 그러나 사치와 낭비는 지배층의 본성이다. 따라서 그들이 잠시 동안은 절제할 수 있겠으나, 이러한 욕망을 근본적으로 제거한다는 것은 무리다. 환경과 조건이 맞기만 하면 이러한 욕망은 재빨리 팽창하며, 이러한 점은 현종에게도 예외는 아니었다.

개원 4년(716), 어떤 호인(胡人)이 그에게 바다로 사람을 보내어 진주 비취와 기이한 옥, 그리고 영약(靈藥)과 의술에 능한 노부인을 찾아보도록 권하였다. 현종은 감찰어사(監察御史) 양범신(楊范臣)에게 호인과 함께 바다로 가보도록 명령하였다. 양범신은, "폐하께서는 전년에 주옥과 비단을 금하시고, 다시 사용하지 못하도록 하셨는데, 지금 이를 구하고자 하는 것이 이전에 불태워버린 것과 무어 다를 것이 있사옵니까!"라고 말하였다. 양범신의 간언을 듣고, 현종은 자신의 잘못을 인정하고 자책하였다. 또한 바다로 사람을 보내려는 계획도 물론 취소하였다. 이 사건은 그가 사치와 낭비를 금하라 명하였을 때에도 속으로는 향락을 추구하려는 욕망이 있었다는 것을 보여준다. 하지만 국사를 더 중요하게 여기고 있었기에 사리사욕을 극복할 수 있었음을 알 수 있다.

홋날 사마광(司馬光)은 현종이 궁중에서 주옥과 비단을 불태워버린 일단의 사건에 대해, "명황(明皇)께서 처음에는 잘 다스리고자 하여 이처럼 스스로 각고(刻苦) 면려(勉勵)하고, 근검절약 하더니, 만년에 이르러서는 절약과 근검보다는 오히려 사치에 흘렀기 때문에 실패하였던 것이다. 심하도다. 사치에 탐닉하게 되고야 마는 것이 인간의 약점이로구나!"라고 하면서, 사치와 낭비를 억누르기 어려운 점을 크게 개탄하였다.

두 번째 정책은 승려와 비구니들을 도태시키는 일이었다. 무측천 시대 이래로 불교(佛敎)는 신속하게 발전하였다. 중종과 위후(韋后)는 모두 열정적으로 사원을 세웠으며, 승려와 여승을 사탁(私度)하였다. 그들이 건축한 불사는 숫자도 매우 많았을 뿐 아니라 규모도 장엄하였다. 그 비용은 많은 경우에 백만 전이 넘었으며 적더라도 삼만 전에서 오만 전 정도가 들었으므로 결국 수많은 비용이 든 셈이다.

불사를 건축하는 거액의 비용은 결국 백성들이 바치는 공물과 세금에서 나갔다. 신체부(辛替否)는 일찍이 중종에게 이렇게 말하였다. "천하의 재물 가운데에서 7/10에서 8/10은 절에 있으니 그 나머지를 가지고 폐하는 무엇을 소유하겠으며 백성은 무엇을 먹을 수 있겠습니까(『舊唐書』 卷101 「辛替否傳」)." 비록 이 말에 과장은 있겠으나, 그래도 불사를 건축하는 것이 국가 재정과 백성들의 생활에 심대한 영향을 미쳤다는 것을 보여준다. 이 뿐만 아니라 사원의 종교 활동에 드는 막대한 비용도 또한 백성에게서 착취한 것이다. 이러한 비용은 백성들에게 무거운 짐이 되었다.

불교가 발전하고 사원의 축조가 늘어남에 따라 승려의 인원도 엄청나게 증가하였다. 승려들은 부세와 노역에서 면제되는 특권을 누렸기 때문에 부호(富豪)와 장정(壯丁)과 간악한 자들은 여러 가지 방법으로 불사에 이름을 올리고, 머리를 삭발하고 중(僧侶)이 되어 부역을 피하였다. 황친(皇親)과 국척(國戚)과 관직에 오른 귀인들도 권세를 믿고 개인적으로 불사를 설치하고 승려로 사탁하여, 대량의 인정(人丁)과 호구(戶口)를 은밀히 점령하고 자신의 수입을 늘려나갔다. 그래서 국가에서 세금을 징수할 수 있는 대상이 빠르게 감소하였다. 그 결과 사찰의 건축이 그치지 않았고 그 비용은 수백억 전에 이르렀다. 또한 승려(僧侶)가 되는 수가 셀 수 없었고, 조용(租庸)을 면제받는 자가 수십 만으로 날이 갈수록 증가하였다. 지출만 나날이 증가하고 수입은 나날이 줄어들었다. 이러니 국가의 부고가 비지 않을 수 없었다(『舊唐書』 卷10 「睿宗傳」). 일찍이 예종 때에도 이러한 상황은 조금도 개선되지 아니하였다. 천하에는 옛날과 마찬가지로 승려와 도사가 막무가내로 증가하였다. 예종은 두 명의 딸 금선공주(金仙公主)와 옥진공주(玉眞公主)에게 도관(道觀)을 지어주기 위해 토목 사업을 일으키고, 백만 관(貫 : 1000文의 동전)에 이르는 많은 돈을 투자한 바가 있었다.

불교의 세력이 팽창하여 국가 재정과 인민의 생활을 위협하는 것을 보고, 요숭은 「십사요설(十事要說)」에서, "신이 청컨대 무릇 사관과 궁전 건축을 금지하시기 바랍니다"라는 요구를 제의하였던 것이다. 개원 2년 정월, 요숭은 현종에게 진언하여 승려를 도태시키자고 건의하였다.

> "불도징(佛圖澄)은 조(趙)나라를 지킬 수 없었고, 구마라지바[鳩摩羅什]는 진(秦)나라를 지킬 수 없었으며, 제(齊)나라의 양제(襄帝)와 양(梁)나라의 무제(武帝)도 재앙을 면할 수가 없었습니다. 그러나 다만 창생을 안락하게 하면 그것이 축복입니다. 어찌 헛되이 간인을 도용하여, 바른 법도를 어지럽게 하겠습니까."

요숭은 소박한 유물주의 사상을 지닌 사람이었다. 그는 역사에서, 후조(後趙)와 후진(後秦)의 황제가 불법(佛法)을 크게 번영시켜 사원을 크게 짓고 승려를 늘어서, 결국은 나라가 망하고 자신도 멸망하는 운명을 피할 수 없었던 것을 귀감으로 삼았다. 그리고 불교가 사람들을 미혹시킨다고 폭로하면서, 불교를 억제시키고 승려를 도태시켜야 하는 정당성을 논증하였다. 그의 이러한 주장은 매우 설득력이 있었다.

현종은 요숭의 의견에 완전히 동의하였다. 그리고 이 의견에 따라 승려를 도태시키도록 명하였다. 우선 모든 승려의 신분을 조사하였는데, 조건에 부합되지 않아 환속당한 승려가 1만 2천여 명에 이르렀다. 2월 19일, 영(令)을 내렸다. "지금 이후로 불사를 세워서는 안 되는 곳에 불사를 짓거나, 절이 오래되어 수리하는 경우에는 모두 관리들에게 증명서를 제출하여 검사를 하고 난 후에야 허가한다." 이리하여 새로 사원을 창건하는 것은 엄격히 금하였으며, 옛 사원을 수리하는 것도 엄중하게 관리하였다. 7월에 또 영을 내려 사람들이 불상을 주조하고, 불경을 쓰는 것도 금지하였다. 불교를 억압하기 위해 현종이 내린 일련의 조령은 절을 짓고 불상을 제조하는 것과 승려와 비구니의 그릇된 기풍을 막았기 때문에 국가 재정을 개선시키는 데 큰 도움이 되었다.

현종은 또한 백관들이 승려·도사와 왕래하는 것을 금지하는 「금백관여승도왕환제(禁百官與僧道往還制)」라는 지시를 내렸다. 불교 세력의 과도한 팽창으로 말미암아 국가의 재정에 영향을 끼쳤고, 정치를 불안정하게 만드는 원인이 되었다. 무측천 시대의 승려 설회의(薛懷義)와 중종과 예종 시대의 호승(胡僧) 혜범(慧范)은 모두 정치에 간여한 것으로 유명한 인물이다. 현종이 기병하여 위후(韋后)를 주멸하였을 때, 승려 보윤(普潤)이나 도사 풍처존(馮處存)과 같은 사람들도 참여하였다. 승려나 비구니와 도사가 백관과 왕래하는 가운데, 자주 터무니없이 재앙과 복을 빌기도 하여 쉽게 문제가 일어났다. 그래서 현종은 영(令)을 내려 "지금부터, 백관의 집에는 함부로 승려나 비구니를 받아들여서는 안 되며, 집안의 길흉 때문에 재계(齋戒)를 올려야 하는 경우에는 모두 주현에 설명서를 제출하여야 하며, 그 이후에 사관에서 정한 숫자에 근거하여 그 집에 가서 재계를 올리는 것을 허락한다"고 하였다. 백관과 승려나 비구니·도사가 사적으로 왕래하는 것을 금지한 것은, 불교의 세력이 팽창하는 것을 막는 데 유리하게 작용하였으며, 정치적 국면을 안정시키는 데에도 도움이 되었다.

세 번째 시책은 식봉제도(食封制度)를 개혁하는 것이었다. 당대의 식봉[食封 : 식읍(食邑)이라고도 함]에는 두 가지 종류가 있었는데, 그것은 즉 식봉과 식실봉(食實封)이다. 식봉의 홋수는 작위에 일정하게 상응하는 것으로, 구체적인 경제적 이익이나 특권이 없는 허봉(虛封)이다. 이와 반대로 식실봉은 작위와의 상관관계는 그다지 없다. 실봉을 받는 집[實封家]은 실봉호수(實封戶數)에 상응하는 물자 자원과 경제적인 특권을 얻을 수가 있다. 실봉가의 수가 많지 않으며 봉호(封戶)의 수량도 제한적일 때 국가 재정에 미치는 영향은 크지 않다. 그러나 만약 실봉가의 수가 거대하게 증가하면, 그들에게 나누어주는 국가 부세의 수량도 여기에 상응하여 증가하게 되므로 재정에 어려움을 가져오게 된다. 중종 시기에는, 실봉읍을 받는 자의 수가 넘쳐 났다. 실봉가는 당초의 20~30가(家)에서 140여 가로 증가하였으며, 실봉가에 주는 용조(庸調)의 비단[絹]은 120만 필이었는데, 재정 수입은 많으면 100만 필이거나 적으면 70만 필이었다. 그래서 국가 조세(租賦)의 태반이 사문(私門)에게 넘어갔으므로, 사문에서는 재물과 지출에 여유가 있는데 국가는 지출이 부족하게 되는(『舊唐書』卷88「韋嗣立傳」) 비정상적인 현상이 출현하였다.

현종이 즉위한 후에 연이어 정변이 일어나고 있었기 때문에, 많은 실봉가(實封家)들이 피살을 당하였다. 특별히 태평공주(太平公主)·안락공주(安樂公主)·무삼사(武三思) 등과 같이 실봉호(實封戶)가 많으며, 정(丁)의 수가 높고, 좋은 토질의 위치에 실봉을 가진 실봉가들은 정변 동안에 소멸되었다. 따라서 실봉가와 실호의 숫자가 줄었고, 실봉 문제로 인한 재정의 피해도 좀 개선되었다. 그렇다고 문제가 완전히 해결된 것은 아니었다. 중종 시대 식실봉 문제의 심각성과 실봉 제도의 폐단을 직접 목격했던 현종은 실봉 제도에 대한 개혁을 진행하였다.

우선, 현종은 봉가(封家)의 실봉호수(實封戶數)와 장정 수를 삭감시킴으로써, 그들이 국가 부세 수입에서 떼가는 몫을 감소시켰다. 정관(貞觀)년간의 규정은, "친왕(親王)의 식봉은 8백 호이며 1천 호에 이르는 것도 있게 하고, 공주(公主)는 3백 호인데 장공주(長公主 : 황제의 자매)는 3백을 더하고 어떤 때는 6백 호에 이르게 한다(『唐會要』卷90「緣封雜記」)"고 되어 있었다.

고종 때에는 패왕(沛王)・영왕(英王)・예왕(睿王)과 태평공주가 무측천의 소생이었기에, 실봉 호수는 태종이 정한 규제를 넘어섰다. 중종 당시에 식봉 수는 더욱 제한이 없어져서 상왕(相王)과 태평공주는 식실봉 홋수가 만 호에 이르렀으며, 위후(韋后)의 소생 안락공주(安樂公主)나 장녕공주(長寧公主)는 각각 식봉이 4,000호와 3,500호에 이르렀다. 신도공주(新都公主)・선성공주(宣城公主)・정안공주(定安公主)는 식봉이 각각 1,300호였다. 개원년간 초기에, 현종은 공주에게 식실봉(食實封) 오백 호만을 주었으며, 공주들은 "거마와 의복을 거의 받지 못하였다(『唐會要』卷90「緣封雜記」)." 군신들은 다시 공주에게 봉을 더하도록 청하였다. 현종은 "이 무리가 다른 사람에게 어떤 공을 세웠기에 이들에게 한꺼번에 식봉을 후하게 주겠는가, 그들에게 검소함을 알게 하려는데 안 될 것 있겠는가(『新唐書』卷46「百官一」吏部司郎中員外郎條)"라고 하며 높여주지 않았다. 개원 10년에 이르러, 공주들의 식봉은 천 호에 이르렀고, 제왕(諸王)들과 장공주(長公主)는 똑같이 이천 호를 하사받았다. 비록 태종(太宗) 시기에 비하면 증가한 것이지만 중종 시기와 비교하면 많이 감소한 것이다.

당제(唐制)에 따르면, 봉호와 봉정(封丁)의 수에도 역시 제한이 있었다. 무릇 봉호는 장정 3명 이상을 비율로 삼았으며(『唐會要』卷90「緣封雜記」), 중종 때에, 상왕과 태평공주 그리고 장녕공주와 안락공주의 봉호는 모두 장정 7명으로 제한하였다(『新唐書』卷82「十一宗諸子」). 그들이 차지한 봉호는 '자산이 많고 장정이 많거나(高資多丁)', '부호(富戶)'로, 얻은 봉물도 역시 일반 봉호보다 훨씬 많았다. 현종은 규정하기를 봉호는 3정으로 제한하여(『新

唐書』卷82「十一宗諸子」), 실봉가(實封家)가 점유하는 봉정의 수를 제한했으므로 결국 중앙 정부의 수입이 증가하게 하였다.

또한 현종은 봉물(封物)의 징수 방법과 수량을 바꾸었다. 옛 제도에 따르면 봉물 징수는 봉가를 대표하는 국읍(國邑) 관사(官司)와 중앙 정부를 대표하는 주현(州縣) 관사가 "집장(執帳)하여 그 조세를 함께 거두도록 허락하였고(『唐六典』卷3「尚書戶部」)," 봉물은 중앙 정부 재정 수지의 통계에 포함되지 못하고 직접 봉가로 유입되었다. 봉가가 봉물을 징수하는 것은 국가의 부세를 분할한 것이기도 하였지만, 또한 국가가 부세를 징수하는 권한을 분할한 것이기도 하였다. 봉가가 봉호와 봉물을 징수하도록 보낸 속리(屬吏)와 노비(奴婢)는 자주 위세를 믿고 주현을 능멸하였으며, 사기를 쳐서 봉호를 빼앗았는데, 봉호가 마땅히 납부해야 하는 봉물을 받는 것 이외에도 정해진 액수를 넘는 '이두(裏頭)' · '중물(中物)'과 같은 것을 갈취하였으므로 봉호들은 그 수탈을 견딜 수가 없었다. 봉호들의 징세가 군용물자를 징수할 때보다 심하였으며(『唐會要』卷90「緣封雜記」), 어떤 봉호들은 파산하여 도망가기도 하여 사회경제적으로 큰 문제가 되었다.

현종은 봉가가 직접 봉호에게 부세를 징수할 수 있는 권한을 없애고, 주현에서 징세한 양을 규정에 따라 봉가에게 나누어 주도록 조치하였다. 개원 년간 초기에 현종은 봉물의 수수(收受)를 양분하여 진행시켰다. 삼백 호 이상인 봉가는 그 봉물을 용(庸)과 조(調)에 따라서 수도에 들여보냈고, 경성(京城)의 태부시(太府寺)와 사방(賜坊)에서 받게 하였다. 삼백 호 이하의 봉가에서는 봉물을 주현이 징수하게 하고, 봉가는 호부(戶部)의 부(符)에 따라 주현에 와서 받게 하였다. 주현이 징수를 아직 받지 못하면, 즉시 봉가의 사람은 봉토가 있는 봉주(封州)로 가지 못하게 하였다(『唐會要』卷90「緣封雜記」). 주현에 이르러 봉물을 받은 봉가는 비록 그들이 봉가 가운데에 실봉이 비교적 적고 또한 세력이 작더라도 그들은 구례(舊例)에 따라 주현과 봉호를 여전히 침탈하였다.

천보(天寶) 6재(747)에 해당 관청에서 주청이 올라왔다. "명령에 따르면, 삼백 호 이하는 호부(戶部)에서 부(符)를 주어 주현에 가서 달라고 청하는 것으로 되어 있습니다. … 주현에 가서 달라고 청하기 때문에, 백성에게 손해가 있습니다. 삼백 호 이하가 만약 아직도 그렇게 한다면, 공사(公私) 간에 침탈을 면하지 못하오니, 원컨대 일체를 수도로 보내도록 간청합니다. 바로 이 부를 주는 것 때문에 공사(公私)가 편리하지 않고, 수탈과 손실이 여기서 비롯됩니다(『唐會要』卷90「緣封雜記」)."

그래서 삼백 호 이하의 봉가의 그 봉물도 수도에서 수령하는 것으로 바꾸었다. 이것은 봉가와 봉호 간의 직접적인 관계를 철저하게 차단하고, 봉물의 수수(收受)를 국가 부세와 재정 수지의 범위 내에 포함시키는 것이었다. 이렇게 되기까지 개원 초부터 천보 6재까지 결국 30여 년이 걸렸다.

봉물은 납세자가 납부하는 조용조(租庸調)였다. 옛 제도에 따르면, 봉물의 수령은 그 호수에 준거하여 그 조조(租調)를 받고 3등분으로 나누었는데, 그 1/3은 관에, 그 가운데에 2/3는 봉가에 납부하였다(『通典』卷31「職官」13). 또 국읍(國邑)에 거두어들이는 것은 용(庸)으로 받았다(『唐會要』卷90「食實封數」). 말하자면 봉호가 부담하는 조조의 1/3은 중앙 정부에 귀속이 되고, 2/3는 봉가에 귀속이 되며, 용은 전부가 봉가에 귀속이 된다는 것이다.

현종은 개원 11년 5월 10일 "모든 식봉가(食封家)는 각 호에 장정이 3명을 넘지 않도록 제한하되 관에 귀속시켰던 몫을 봉가에 주도록 하라"[11]라는 칙령을 내려서 봉가가 점유하고 있는 봉정(封丁)의 수를 제한하였으나, 국가가 봉호의 1/3의 조조를 징수하는 권한을 버리고 봉호가 납부하는 조용조를 전부 봉가에 귀속시켰기에, 봉물의 수량에 있어서 봉가에 대해 양보한 것이었다.

---

11) 『唐會要』卷90「緣封雜記」. 『通典』卷31「職官」13에는 칙령을 내린 시점은 개원 20년 5월이라고 기재되어 있다.

다음으로, 현종은 세습이 가능하도록 되어 있는 실봉(實封) 계승법을 수정하였다. 계승법에 따르면, "모든 식봉인(食封人)이 죽은 후에 봉물은 그 아들의 수에 따라 분류하고, 적자에게 한몫을 보태준다. 현손(玄孫)에 이르러서는 다시 분한(分限)하지 않으며, 그 봉물을 모두 적장자(嫡長子)에게 돌아가게 하고, 상법(上法)에 의거하여 나눈다(『唐會要』卷90「緣封雜記」)." 즉 봉물의 계승은 아들·손자·증손 3대가 하나의 주기였으며 현손 대에 이르면 봉물은 전부 적장 현손에게 귀속되며, "상법에 따라서 나눈다"는 것은 다시금 새로운 계승 주기를 사용한다는 것이다. 현손 대에 그 밖의 사람은 다시 식봉물을 받는 권한을 가질 수 없다는 것이다. 이러한 계승 서열 가운데에서 봉호의 총수는 감소하지 않았다. 현종은 비록 계승의 순서와 방법을 바꾸지 않았지만, 오히려 계승하는 식봉수(食封數)를 삭감시키라고 여러 차례 지시를 내렸던 것이다.

(1) "개원(開元) 4년 3월 18일, 여러 신하들이 천자(天子)의 물음에 대답하기를, 여러 지방에서 어떤 사람이 식읍을 시작하여 증손에게 이르게 되는 경우, 그 실호의 1/3을 감하게 해달라고 청하자, 그렇게 하도록 하였다(『唐會要』卷90「緣封雜記」)." 즉 이제부터 시작한 봉이 증손에게 이르는 한 계승 주기가 끝난 후, 봉물이 완전히 적장 현손에게 돌아가면, 봉호의 수량은 처음 봉의 수보다 1/3이 줄어든다는 것이다.

(2) "개원 23년 9월에 칙명을 내려 제왕 이하 식봉을 받는 자가 죽으면 당연히 자손이 계승자가 되어야 하며, 상을 당한 후에 2/10를 삭감해도 여전히 식호(食戶)의 수를 갖출 수 있다. 후사가 없으면 100일 후에 취소시킨다. 명산대전(名山大川)과 경기현(京畿縣)에는 봉(封)을 내리지 않는다(『唐會要』卷90「緣封雜記」)." 즉 식봉이 계승되기 시작할 때에 2/10를 감한다는 것이다.

(3) 천보(天寶) 4재(745), 호부(戶部)에서는 계승법에 불합리한 점이 있다고 보았다. "만약 이와 같다면, 즉 현손의 물건들은 수를 계산해 보면 적남보다 몇 배는 많고, 무거운 쪽을 기준으로 하여 가벼운 쪽을 밝히니[擧重

明輕], 이론과 실제가 통하지 않습니다. 바라건대 현손 이하에 이르면 현손의 직계에게만 내리시고, 당령(唐令)에 따라 나머지는 멈추어 주시기를 바랍니다(『唐會要』卷90「緣封雜記」)." 봉가의 적남이 다른 남자들과 식봉호(食封戶)를 나누고자 한다면, 적장 현손은 봉호 전부를 장악하게 되고, 그래서 적장 현손은 적남보다 식봉호가 많아진다. 호부(戶部)에서는 이러한 현상이 불합리하다고 보고 적장 현손이 법에 의하여 전대의 봉호를 계승하고, 그 나머지 현손들은 봉호를 세습해서는 안 될 뿐만 아니라, 계승되는 봉호를 적장자 현손에게 돌려주는 것을 멈추도록 하지 않을 수 없다고 제의했다. 이렇게 해서 적장 현손의 봉호 수량은 적남보다 적어지게 되었다.

현종의 식봉 제도에 대한 개혁은, 봉가가 봉호에게서 봉물을 징수하던 권한을 국가가 회수한 것이며, 식봉을 완전히 국가 부세 제도와 재정 수입에 납입시킨 것이다. 봉가로 하여금 다시는 직접 사회 경제 생활에 간여하는 세력으로 형성되지 못하게 한 것이다. 그가 봉가의 봉호 수와 장정 수를 삭감하고 식봉 계승법을 수정한 것은 모두 봉가가 국가의 부세 수입을 분할해서 가지는 수량을 감소시킨 것이었다. 이러한 조치는 국가 재정 상황을 개선시키는 데 유리하게 작용하였다.

식봉 제도가 변천한 역사를 본다면, 현종의 개혁은 중요한 의의를 가지고 있다. 식봉 제도는 서주부터 당대까지 이미 천여 년에 가까운 유구한 역사를 가지고 있었다. 봉건 시대 식봉 제도에는 두 차례의 변혁이 있었다.

첫 번째는 한무제가 식읍 제도를 개혁한 것이다. 그는 제후왕이 토지를 직접 점유하고 백성을 다스리는 권력을 없애버렸으며, 그들에게 의식(衣食) 조세의 특권만을 남겨주었다. 한무제 개혁의 중요한 의의는 그가 서주 이래의 식읍 제도와 토지 점유 제도의 연계를 끊었다는 데 있다. 한무제의 개혁으로써 식읍 제도가 다시는 봉건 할거 세력의 재정적 기반으로 기능하지 못하게 하였다. 이로써 봉건 전제주의의 중앙 집권을 강화하였다. 하지만 한무제의 개혁은 부족한 점도 있다. 원대(元代) 마단림(馬端臨)

은 다음과 같이 지적하고 있다.

"고대에 소위 제후는 이후의 수령(守令)이 되었는데, 한 중엽 이후로, 왕후와 수령이 정확하게 나누어지기 시작하였으며, 실제로 풍속과 다스리는 책임을 맡게 된 것은 수령이었다. 조세에 의존하여 자신들의 필요를 제공하고 토지를 계승한 것은 제후들이다. 왕과 제후들은 녹읍을 받았지만 백성들을 돌보는 책임이 없었다. 다만 조세 징수의 이익을 얻을 뿐이었다. 그래서 그들은 원망을 개의치 않고 계속 백성들을 착취했다. 봉호가 된 자들은 멀리 변방으로 징발되어 전쟁하러 가는 것을 낫다고 생각하였으니, 그만큼 백성들에게 이익이 되지 않았다(『文獻通考』 卷275 「封建考」)."

마단림(馬端臨)이 지적한 봉가의 의식(衣食) 조세의 폐단은 중종 시대에 아주 뚜렷하게 드러났다. 식봉 제도에 대한 두 번째의 대개혁은 당현종의 개혁이었다. 당대 봉가의 국가 부세 징수 특권에 대한 분할은 식봉 제도가 "국토를 나누고 천하를 공유한다"는 본래 의미에서 잔류된 흔적이라 할 수 있다. 현종의 개혁은 전 시대에 남아있던 흔적을 씻어버리고, 봉가 제도가 다시는 국가 부세 제도에 독립적으로 행사하지 못하게 한 것 이외에도 사회·정치와 경제에 대해 거대한 영향과 기능을 발휘하였다. 이것은 국가 재정을 개선시키는데 필요하였을 뿐 아니라, 더 나아가 봉건 전제주의의 중앙 집권을 강화하는 데도 매우 필요한 것이었다.

9. 토지와 호구조사[檢括田戶]

현종은 요숭(姚崇)과 송경(宋璟)의 성실한 보좌를 받으면서 7년이라는 기간 동안 자신의 지위를 공고히 하고 정국을 안정시키면서 정치와 경제 분야에 존재하던 절박한 문제들을 성공적으로 풀어나갔다. 이제 당왕조(唐王朝)에는 새로운 활기가 감돌기 시작하였다.

그러나, 당조(唐朝)가 들어서면서 현종이 즉위하기까지는 벌써 근 백년의 역사가 흘렀으며, 그 동안 사회 · 경제는 발전하고 신분 관계가 변화하여 많은 새로운 문제들이 생겨났다. 예를 들면 도호[12]의 문제가 심각해지고, 부병제(府兵制)가 파괴되었다. 이러한 문제들은 사원이 범람하고 식봉을 너무 많이 지급하는 것과 같은 종류의 폐단과 비교하여 볼 때, 더욱 심각한 역사적 · 사회적 원인을 지니고 있었으므로 이를 해결하는 데에는 많은 어려움이 따랐다.

개원 9년(721) 정월, 감찰어사(監察御史) 우문융(宇文融)은 현종에게 여러 가지 부역인 색역(色役)[13]이 거짓되게 퍼진 것과, 도호(逃戶)들을 단속하여

---

12) 일반 민호가 국가의 지배로부터 벗어나 제멋대로 타지역으로 이주하는 호구.
13) 당대 백성들이 노동하는 각종 요역의 총칭.

잡아들이는 것과, 세금을 피하고자 등록하지 않은 전답인 적외전(籍外田) 등 세 가지를 검사하자고 제의하였다. 그 핵심 문제는 도호를 단속하여 잡아들이는 것이었다. 『자치통감(資治通鑑)』에는 이 사건을 이렇게 기록하고 있다. "감찰어사(監察御史) 우문융(宇文融)이 상언하여, 천하의 호구가 도망을 가고 이동을 하여 어긋나고 거짓됨이 심하니 이를 조사하도록 청하였다." 이는 다만 호구조사만을 말했을 뿐 다른 두 가지 항목은 언급하지 않았다.

도호(逃戶)의 문제는 이미 오래된 상태였다. 일찍이 정관(貞觀) 16년(642)에, 당태종(太宗)은 천하에 칙령을 내려 떠돌아다니며 호적이 없는 자는 내년까지 호적에 기입하는 것을 마치도록 하였다. 이 때의 도호는 대다수가 수나라 말년 전쟁과 동란으로 말미암아 호적을 잃고 떠돌아다니게 된 것이다. 정국이 안정됨에 따라서, 유망민들이 고향으로 돌아오거나 타향에 정착함으로써 문제는 차츰 해결되어갔다.

그러나 고종 시기에서 무측천 시기에 경제가 번영하면서 토지 겸병이 심각해지며, 지주 정치인들의 권세가 커져가고, 전쟁이 일어나는 등의 우연성을 띤 성치적 요소로 말미암아 생겨난 부역이 많아짐에 따라, 도호 문제는 갈수록 심각해져만 갔다. 증성(證聖) 3년(695) 봉각사인(鳳閣舍人) 이교(李嶠)가 상소를 올려 말하였다. "오늘날 천하의 백성들 중에 떠돌며 흩어져 사는 사람이 비일비재합니다. 군진(軍鎭)을 위배하거나 혹은 양식을 얻기 위하여 구차히 세를 면하고자 할 때는, 도망을 가서 요역을 피해버립니다. 이같이 떠돌아다니며 먹고사는 사람들이 해가 갈수록 늘어만 가니, 왕역(王役)을 충당할 수가 없고, 호적에도 올라있지 않습니다(『唐會要』 卷85 「逃戶」)."

현종이 즉위하기 이전의 중종·예종 시대에 도호의 문제는 더욱 심각해졌으며, 위사립(韋嗣立)은 심지어, "천하의 호구는 도망한 자가 반이 넘는다(『舊唐書』 卷88 「韋嗣立傳」)"라고까지 하였다. 현종은 즉위한 후에 정국 안정과 경제 부흥에 힘을 쓰느라고 이러한 일을 돌아볼 틈이 없었다. 그런 까닭에 도호 문제는 완화될 조짐이 보이지 않았다. 개원 8·9년에 이르러, 비록 사회 경제적으로는 큰 발전이 있었지만, 정부가 통제하는 호구는 증가하지 않았다. 당시의 상황은 다음과 같다. "천하의 호적 장부가 닳아 알아보기 어려워져 사람들은 대부분 본적을 버리고 향리에서 떠돌아다니면서 살며 요역을 속이고 탈피하였는데, 호족이 약한 이들을 겸병하니 주현에서는 이를 다스릴 수가 없었다(『新唐書』卷134「宇文融傳」)." 중앙 정부의 소재지인 서경(西京) 장안과 동도(東都) 낙양(洛楊) 부근의 지방에서는 토지 겸병이 더욱 심각하였다. 뿐만 아니라 부역과 병역의 징발이 놀랍도록 각박하였다. 그리고 두 경기 지방[兩畿]의 호구 가운데에는 도망한 자가 반수였기 때문에 도호의 상황은 기타 지방과 비교해볼 때 더욱 심각하였다.

도호 문제를 심각하게 만든 원인은 매우 많다. 그 예로 가렴주구의 폭정, 부역의 중함, 식봉의 무책임한 범람, 행정의 부패 등을 들 수 있는데, 가장 중요한 원인은 토지 겸병이었다. 당대에는 전령(田令)에서 토지 매매를 제한하는 것에 대해 관대하였기 때문에, 영업전, 사전(賜田)도 매매할 수가 있었고, 설사 구분전이라 하더라도 이사를 가거나 과수원[園宅]이나 방앗간과 여관을 살 때에는 매매가 가능하였다. 이로 말미암아 봉건 지주 경제와 상품 경제의 발전은 토지 겸병 현상을 날로 격렬하게 만들었다. 토지를 얻을 수 없는 농민과, 이미 토지를 얻었으나 토지 겸병의 와중에서 토지를 잃은 농민은, 하는 수 없이 밭을 버리고 고향을 등진 채 사방으로 도망을 가서 생계를 꾸려나가야만 했다. 그들은 대부분 소작 지주 토지의 전농(佃農 : 소작농민)이 되었고, 어떤 이는 멀리 떨어진 곳에서 개황을 하여(황무지를 개척하여) 새로운 자영농이나 반자영농이 되었다. 또 어떤 사람은 도시로 흘러 들어와 농업이라는 본업을 버리고 상업과 같은 직종에 종사하게 되었다.

도호 문제가 심각해지면서 직접적으로는 국가의 재정 수입에 영향을 끼쳤다. 당 전기의 부역 제도는 국가가 대량의 자영민을 통제하고 있는 기초 위에서 생긴 조용조(租庸調) 제도였다. 조용조 제도는 '정인(丁人)'을 기본'으로 하였으며, 부역 수입량의 대소는 완전히 정부가 다스리는 호구(戶口)와 인정(人丁)의 다소로 결정이 되었다. 그러므로 호구의 증감은 당 왕조에 있어서 존폐가 걸린 대사였다. 당연히 현종은 이를 매우 중시하게 되었으며, 우문융이 도호를 단속하자는 제의를 하자 현종은 곧 그를 복전권농사(覆田勸農使)로 임명하고 이 일에 착수하도록 하였다.

우문융은 "일을 잘 처리하고, 관리로서의 재능이 있는 사람으로", 개원 초에, 이미 부평현주부(富平縣主簿)를 맡았었다. 재상 원건요(源乾曜)는 경조윤(京兆尹)으로 있으면서 그의 재능을 깊이 신임하고 그의 건의를 적극적으로 지지하였다. 우문융이 위임받은 뒤에 "장부의 기록을 검사해보니, 거짓 공훈을 받거나 도망한 장정[丁]이 너무나도 많았다(『册府元龜』卷63「帝王部」・發號令2)." 이는 문제의 심각성을 반영하면서 한편으로는, 우문융의 재능을 보여주기도 한다. 이로 말미암아 그는 현종의 인정과 신임을 얻었다.

개원 9년 2월 10일, 현종은 각주에 도망을 금하는 「과금제주도망제(科禁諸州逃亡制)」를 반포하고, 도호를 조사하는 기본 정책을 선포하였다.

여러 주에서 군(軍)을 등지고 도망한 사람은 백일 내로 자수를 허락한다. 영식(令式)에 따라 호를 정하고, 살기를 원하는 사람은 즉시 부적(簿籍)에 기입하게 하고, 부세를 내고, 영식에 맞으면 본관(本貫)과 논의하여 징수를 멈추게 한다. 만약 본관에 돌아가기를 원하지만 그 영식에 부합되지 않는 자에 대해서는 먼저 그들의 본적을 명확하게 밝히되 본적지에 사람을 파견하여 확인할 필요는 없다. 그곳의 관리에게 통지하여 가을까지 돌아가게 한다. 돌아가기를 원하는 자는 본향에서 마치는 것을 기다려 금년의 조세와 부역은 면해주도록 한다. 만약 백 호 이상이라면 각자 본관에 명하여 관을 보내어 호를 받아들이게 한다. 기한이 지나도 고발하지 않는 자는 변방의 먼 곳으로 옮겨서 그곳의 백성이 되게 한다. 식구가 따라서 도망간 자에 대해서도 이와 같이 한다. 만약 그 밖의 주현에서 관이나 민간이 그들을 경계 내에 용납하여 머물게 하거나, 일이 있어 끝나지 않은 경우에는 관에서 금령을 밝혀 천하의 밀린 세금과 대여했던 식량 및 종자와 지세는 기한 내에 징수하되, 먼저 거둔 세금에 대해 미납한 자는 개원 7년 12월 이전부터 방면하고 관에서 이를 숨기고 어기면 면제하지 않는다.

이와 동시에, 현종은 우문융(宇文融)의 건의를 받아들이고, "권농판관(勸農判官) 열 명을 배치하고, 또한 천하에 조사할 만한 토지가 있는 곳에 어사들을 머물게 하여, 호구를 불러들이게 하였다(『舊唐書』卷105「宇文融傳」)." 그리고 전국을 대상으로 대규모의 호구조사 작업을 시작하였다.

우문융이 구체적으로 주관하여 4년이나 걸린 이번 호구 단속 작업은, 대체로 두 단계로 나눌 수가 있다. 즉 개원 9년 2월부터 개원 5월까지의 검괄(檢括) 단계와 개원 12년 5월부터 12월까지의 안무(安撫) 단계이다.

검괄 단계는 또다시 진척 상황과 정책의 변화에 따라, 현종이 개원 11년 8월 10일에 분포한 칙령을 기준으로 해서 전기와 후기로 나눌 수가 있다. 전기에는 진척이 늦었고 어려움이 많았으며 방해 세력도 몹시 컸다. 양적현위(陽翟縣尉) 황보경(皇甫璟)·좌습유(左拾遺) 양상여(楊相如) 등은 모두 상소하여 호구조사[括戶]를 반대하였다. 황보경은 호구조사를 질책하며, "농번기만 벗어나면, 곧 폐단이 생기며" 오히려 "수탈이 심해진다(『唐會要』卷85「逃戶」)"고 하였다. 이러한 의견은 전기의 검괄(檢括) 작업에 존재하던 문제들을 반영해주고 있다. 후기의 상황은 호전되어, 조사 작업은 주로 11년 겨울에서 12년 봄까지 진행되었다. 이 시기는 당 정부가 호구를 규정대로 정리하고, 적장(籍帳)을 편제하는 시기였는데, 12년 5·6월까지의 기간에 찾아낸 호구 즉 괄호(括戶)는 약 80만이었다. 토지도 이와 같이 조사하고 색출하여 현저한 성과를 거두었다고 전해진다.

호구조사 단계에서 전기와 후기의 상황은 동일하지 않다. 중요한 관건은 현종이 조정하고 개혁한 단속 정책에 달려 있었는데, 중요한 것은 아래의 두 가지이다.

첫째, 도호의 거류(去留)에 대한 것이다. 「과금제주도망제(科禁諸州逃亡制 : 각 주로 도망하는 것을 금하는 규정)」에는 단속 초기의 기본 정책을 반포하고 전국 각지의 도호를 규정하였다. 그런 다음 정해진 기간 동안 상황에 따라 어떤 사람은 원적으로 돌아오게 하고 어떤 사람은 거류하게 하였다. 이때 도호의 죄적을 추궁하지 아니하고 도호의 합법적인 지위를 인정하여 주었다. 이것은 당초에 호구의 이동과 도망을 엄격하게 제한한 법령에 비하면 중요한 정책의 변화라 할 수 있다. 이것은 도호가 많아진 상황에서, 정부가 호구의 규제에 대해 어느 한도에서 방관할 수밖에 없었던 것을 반영해 준다.

그러나 「과금제주도망제(科禁諸州逃亡制)」에서는 도호의 거류에 대해서는 영식(令式)의 규정에 부합해야 한다는 점을 강조하였다. 이리하여 반드시 대량의 영식에 부합되지 않는 자가 남아서 본현으로 귀환하였는데, 이는 도호의 반항에 부딪쳐 호구조사에 큰 어려움을 안겨주었다. 단속 후기에는, 다시 도호의 거류(去留)가 영식에 부합되어야 한다고 강조하지 않았으며, 도호는 그 자리에서 호적에 기입할 수 있도록 허락하였다. 현종의 개원 11년 8월 10일의 칙령에서 선포하기를 "과거에 명령하여 도호들을 색출케 했는데, 지금 보니까 도호를 색출하는 것이 사회를 어지럽힌다. 천하는 천자의 땅이니, 모두 개인이 있고자 원하는 곳에 있게 하라. 그들이 있는 곳에 안주해서 생활하게 하라"고 하였다.

도호는 각각 그들이 원하는 대로 남아있거나 돌아가도록 하였다. 남아있기를 원하는 도호는 소재하고 있는 주현이 그들의 생활에 잘 배치되게 하고 이전처럼 돌아가도록 강조하지 않았기 때문에 번잡하지 않았다. 현종이 도호에게 현재 거주하고 있는 곳에서 호적을 기재하게 한 것은 사회 경제 발전의 객관적 형세에 부합된 것인데, 당시의 도호가 유동적인 생산의 대군으로서 경지 면적을 광대하게 하고 새로운 경제 구역 개발에 적극적인 역할을 하였기 때문이다. 따라서 현종은 도호에 대한 정책에서 긍정적인 태도를 보여주었다.

둘째, 도호의 부담에 관한 것이다. 「과금제주도망제(科禁諸州逃亡制)」의 규정에 따르면, 도호가 그 곳에 남아있기를 원한다면 영식(令式)에 근거하여 조세의 부과를 덜어주겠다고 하였다. 하지만 이것은 그들이 본관에 허명으로 기입한 것으로 말미암아 마을에서 마음대로 징수하는 폐단만을 제거했을 뿐이다. 본적으로 귀환한 자에 대해서는 비록 금년의 조세와 부역을 면하게 해준다고 말하였지만, 도호가 실제적으로 받는 이익은 크지 않았다.

검괄 후기에는 우대 조건으로 도호가 호적에 기입하도록 부추기면서, "6년 동안 조세를 면제해주지만, 관에 가벼운 세[輕稅]는 내야한다"라고 규정하였다(『舊唐書』卷105「宇文融傳」). 소위 가벼운 세라는 것은 "매 정(丁)마다 1,500전을 징수한다(『舊唐書』卷48「食貨志」)"는 것이다. 돈황 문서나 투르판 문서에서 보이는 천보 년간의 보통 물가에 따르면, 견(絹)은 한 필에 460전이고, 좁쌀은 한 석(石)에 295전으로 계산할 수 있다.[14] 매 정이 부담해야 하는 조용조(租庸調)·지세(地稅)·호세(戶稅)는 모두 1,966.5전으로, 정세(丁稅)와 비교해 볼 때 더 무거웠다. 도호가 호적에 오른 지 6년이 지나면, 국가에서는 정식으로 호를 만들고 조용조를 징수하였다. 이러한 정책을 반포한 구체적인 시간이 언제인지는 확실하게 말할 수 없다. 개원 18년(730) 배요경(裴耀卿)이 상소를 올려 천하에서 검사한 객호(客戶)는 "기한이 되어 그들에게 조용조를 거둘 때, 현지인과 같게 해야 합니다. 만약 더 우대해준다면, 이것은 무리들이 요행을 바라게 내버려두는 것이 됩니다(『唐會要』卷85「逃戶」)"라고 하였다. 이에 따르면 적에 기입한 지 6년에 규정하여 계산한다는 것은 세금을 가볍게 해주는 정책이 개원 12년에 실행되었다는 사실

---

14) 韓國磐의 『隋唐五代史論集』 중의 「唐天寶時農民生活一瞥」이나 『唐會要』卷40「定贓估」 참조.

을 증명해 준다. 이것은 후기의 단속이 순조롭게 진행된 또 다른 중요한 원인 중의 하나이다.

호구조사를 순리적으로 진행시키기 위해 현종은 개원 10년 또 두 차례의 칙령을 반포하였다. 먼저 "천하의 사관전(寺觀田)은 법을 지키고 승려와 도사의 수에 따라 계산하는 것 외에도, 모든 수납을 해야 하고, 빈곤한 사람이나 토지를 주지 못한 사람들에게 나누어 주어야 한다(『唐會要』 卷59 「祠部員外郞」)." 이어서 "내외(內外)의 관직전(官職田)을 거두어, 도망을 갔다가 돌아온 가난한 농민들에게 주어야 한다(『舊唐書』 卷8 「玄宗上」, 『唐會要』 卷92 「內外官職田」)"는 내용이었다. 이 두 칙령은 결국 온 힘을 다해 토지를 준비하여 도호를 정착시켜야 한다는 것이다. 그러나 이 두 칙령의 효과는 극히 미미하였다. 왜냐하면 일찍이 개원 초부터 온 힘을 다해 사관의 승려와 비구니와 토지 생산에 대해 대규모의 정리를 진행했고, 토지를 가난한 호에 나누어준 지 얼마 되지 않았다. 따라서 다시 이런 조치를 취했다 해도 실제 효과가 크지 않았기 때문이다. 그리고 비록 직전(職田)을 회수한다고 했지만, 개원 18년이 되면 새로이 다시 설치하였으므로(『唐會要』 卷92 「內外官職田」), 농민의 토지 문제를 해결할 수는 없었다. 현종이 사관전과 직관전(職觀田)을 도호에게 나누어주려 한 것으로 볼 때, 정부에서 지급할 수 있는 토지가 상당히 제한되어 있었음을 알 수 있다.

호구를 조사하는 것과 동시에 토지조사를 병행하였다. 즉 "편호(編戶)가 떠돌아다니는 것을 불쌍히 여기고, 대전(大田)의 많고 적음을 조사하였다(『册府元龜』 卷70 「帝王部」 務農)." 황보경(皇甫璟)은 상소를 올려 호구조사를 반대하면서 "어찌 논밭에 사람들을 모을 필요가 있겠습니까? 친히 파견하여 양을 파악하겠습니다(『唐會要』 卷85 「逃戶」)"라고 하였다. 이것으로 미루어 볼 때 은닉토지[籍外田]를 조사하고 등기하는 일이 철저히 실행되었음을 알 수 있다. 호구조사와 토지조사가 동시에 진행되었다는 것은 조사의 대상이 주로 산과 계곡으로 도망쳐서 황무지를 개척하면서 등장한 새로운

반자영농과 자영농 및 부유한 농민이었음을 설명해준다. 관료 지주와 부호들은 갖가지 특권을 향유하였기에, 그들이 몰래 차지하고 있는 소작민과 은닉토지는 조사하기 힘든 것들이었다.

개원 12년 6월, 현종은 「치권농사안무호구조(置勸農使安撫戶口詔 : 농사를 권장하는 권농사 설치를 통해 호구를 안무하는 조서)」를 반포하였다. 이 조서는 어투가 온화하며, 후반부 호구조사 정책을 긍정했을 뿐 아니라 관용적 조건으로 도호들을 대하였다. 주로 황제가 백성을 사랑하는 마음을 나타낸 것으로, 호적에 기입한 도호들을 위로하고 색출하는 검괄(檢括)이 이미 최후의 안위단계에 들어섰음을 보여준다. 사실, 검괄 단계의 업무가 도호의 거류와 토지 등기에까지 미치게 되었으므로, 부유한 악독 관리들에게 타격을 주었다. 이와 동시에 어떤 주현의 관리들은 공을 거짓으로 부풀려 총애를 얻기 위해 호구조사는 "많이 얻고자 힘을 썼으나 모두가 그 수를 거짓으로 확대한 것이었고, 실호를 객호라고 속이는 것도 있었다(『舊唐書』卷105「宇文融傳」)." 이로 말미암아 많은 문제가 나타나서 사회적인 파동을 일으킬 수 있었으므로 반드시 안위 작업을 이루어야만 했다.

현종은 조서에서 다음과 같이 선포하였다. "병부(兵部) 원외랑(員外郎) 겸 시어사(侍御史) 우문융에게 명하노니 권농사(勸農使)를 겸하고 여러 지역[郡邑]을 순찰하여 호구를 보살피도록 하라. 관료와 백성들이 있는 곳에서 상의하고, 이에 부역의 의무에 있어서 사람들에게 불편함이 있으면 치사처분(置事處分)하고 계속 보고하라(『册府元龜』卷70「帝王部」務農)." 그는 우문융에게 더욱 많은 처분권을 주어 호구조사에서 나타나는 문제들을 처리하게 하였다. 우문융은 큰 권한을 손에 쥐고 신기(神氣)가 충만하였으며 순찰하는 곳마다 이상하리만큼 일이 잘 풀렸다. 사적에는 "우문융이 말을 타고 천하를 두루 돌아다녔으며", "우문융은 가는 곳마다 반드시 늙은이와 어린아이를 소집하여 황제의 은명(恩命)을 선포하였다. 그러면 백성들은 감동하여 어떤 이는 눈물을 흘리며 그를 어버이라 부르기도 하였다(『舊唐書』卷105

「宇文融傳」"고 한다. 우문융이 반 년 동안 순찰을 나갔다가 경성으로 돌아와 업무를 보고하였다. 개원 13년 2월, 현종은 「치십도권농판관제(置十道勸農判官制)」에서 그에 대하여, "나의 백성들을 긍휼히 여기고 짐의 명령을 능히 행하였으며, 여름 초에 떠나서 한 해의 마지막이 되도록 이르는 곳마다 순찰을 하여 백만 사람을 돌아오게 하였다. 이에 제칙을 선포하는 날에는 어린아이와 늙은이가 기뻐 뛰었고, 명령을 내리기만 하면 이를 따르니 많이 사람이 눈물을 흘리며 짐의 마음에 감사를 표하고 모두들 성심 성의껏 황명(王命)을 받들었다(『舊唐書』 卷105 「宇文融傳」)"고 치하하였다. 현종은 우문융이 순찰을 한 것과 백성들이 호구조사를 지지한 것에 대하여 매우 흡족해 하였다.

현종이 토지와 호구를 검괄하는데 온 힘을 다하여 진행한 것은 균전제와 조용조 등 선조들이 만든 성문법을 유지하기 위함이었다. 그는 힘을 다해 "중종의 정치를 개혁하여 정관(貞觀) 년간의 사적을 본받으려고 하였다(『隋唐嘉話』 卷85 「逃戶」)." 이전에 개원 7년과 개원 25년 두 번에 걸쳐 새롭게 전령(田令)을 반포하고, 또한 누차 조시를 내려 토지의 매매를 제한하므로, 그가 전령의 규정을 옹호하고자 하는 결심을 표명하였다. 그러나 현종이 여기에 기울인 노력은 별 다른 성과를 거두지 못하였다. 그것은 사회 경제의 발전에 따라 균전제가 붕괴되는 객관적 발전 추세를 거스를 만한 힘이 현종에게 없었기 때문이다. 그러나 현종은 도호를 조사하고, 정부가 인구에 대한 규제를 강조하고, 정(丁)으로 근본을 삼는 조용조 제도를 옹호하는 데 있어서는 성공을 거두었다. 그 중요한 원인은 곧 현종이 당초의 전지(田地)와 호적과 관계된 율령을 판에 박은 듯이 유지하지 않고, 이미 변화해버린 사회 현실의 상황에 따라 정책을 입안하고 조정하였기 때문이다. 현종이 호구조사인 괄호(括戶)를 할 때, 도호는 현재 거주하고 있는 곳에서 호적에 올리도록 허락하였는데, 이것은 곧 과거에 "군부(軍府)의 땅에서, 호(戶)는 이동을 할 수 없으며, 관보(關輔)지역의 백성은 적관(籍貫)을 바꿀 수가 없다(『唐會要』 卷85 「逃戶」)"는 법령을 깨뜨렸기 때문이다. 도호가 호적에 이름을 올린 후에는 매 정(丁)이 매년 납부하는 세는 1,500문으로, 가히 '정세(丁稅)'라고 할 수 있었다. 물론 정세는 도호를 불러들여서 호적에 올리도록 하기 위하여 설립한 것이다. 그러나 정세 그 자체는 조용조, 지세, 호세와 병행하는 새로운 세의 징수이다. 정세는 도호에게 6년 동안 받는 것이기 때문에, 분명히 임시적인 성격을 가지고 있었다. 그러나 도호는 부단히 생겨나고 부단히 색출되었다. 다시 말해 이것은 정부의 재정적인 측면에서 보면 정세가 일종의 장기적인 세금처럼 거두어들였던 것이다. 이것의 특징은 (1) 정세로 조용조(租庸調)·지세(地稅)·호세(戶稅)를 대체하여 세금 수납의 종류를 간소화한다는 뜻을 포함하고 있다. (2) 정세는 화폐로 납부한다. 이 두 가지 특징과 후에 실행된 양세법의 특징은 서로 비슷하다. (3) 정세의 징수는 정을 근본으로 하며, 조용조법과 상통한다. 이리하여, 정세는 일종의 조용조 제도에서 양세법으로 나아가는 과도기적 성격의 새로운 세법의 의미를 지닌 것이다.

이러한 정책상의 변혁은 현종이 이미 옛 것을 지키기 위해 사회의 빠른 변화와 발전을 등한시하지 않고, 현실에서 출발하여 옛 제도와 정책에 조정과 개혁을 진행하며 새로운 형세에 적극적으로 적응하였다는 것을 설명해준다. 이것은 현종이 정치가로서의 안목과 힘을 현실로 보여준 것으로서, 태평성세의 출현에 중요한 원인이 되었다.

도호를 조사한 것은 국가의 재정 상황을 호전시키는 중요한 역할을 하였다. 정부가 더 많은 조세를 거두어들일 수 있는 호구와 토지를 장악하게 된 것은 재정 수입을 증가시키는 지름길이 되었다. 개원 14년 전국의 총 호수는 7백 7만으로 집계되는데, 색출된 80만의 객호는 총 호수의 11.3%에 해당하는 것으로 상당히 괄목할 만한 숫자이다. 우문융(宇文融)은 개원 17년(729) 여주자사(汝州刺史)로 폄적되었지만, 현종은 여전히 그가 "토지조사와 호구조사를 통해 토지와 호구를 늘이고 수운으로 변방에 양식을 쌓아놓는 등의 방법을 강구하였으니 이익됨이 많았다(『全唐文』卷22「眨宇文融汝州刺史制」)"고 생각하였다. 우문융이 폄적된 후에 나라의 쓸 것이 부족하여, 황제가 다시 그를 생각하고는 배광정(裴光庭)에게 말하여 "경들은 모두 우문융의 나쁜 점을 이야기하여 짐은 그를 쫓아냈었는데, 지금에 이르러 국가의 재정이 부족하니 장차 어찌하면 좋겠소. 경들이 어떻게 짐을 보좌할 것이오?"라고 하니, 배광정과 같은 사람은 대답을 하지 못하였다. 우문융에 대한 현종의 그리움 속에서, 이번 토지조사와 호구조사가 확실히 국가 재정의 수입을 풍부하게 하였다는 생각은 어렵지 않게 떠올랐다.

10. 군사 제도의 변혁

도호의 문제가 날로 심각해짐에 따라 당 왕조의 또 다른 중요한 제도였던 부병제(府兵制)도 무측천 시대에서부터 파괴되기 시작하였다. 그렇다면 현종은 여기에 대해 어떠한 태도와 대책을 취하였을까?

처음에는 현종도 힘을 다해 부병제를 옹호하고자 하였다. 선천(先天) 2년(713) 정월 21일, 그는 영(令)을 내렸다. "이전에는 나누어서 부위(府衛)를 건립하고 호를 계산하여 병역에 충당하여, 보편적으로 그 숫자를 채웠는데, 21세 이상이면 모병(募兵)에 들어가 61세가 되어 군대를 나오니 많은 사람이 그 수고로움을 꺼리고 숨어버렸다. 지금은 25세 이상을 모으고 50세가 되면 면제해 주도록 한다. 누차 군사 요충지인 진(鎭)에 징집된 자는, 10년이 되면 면해주도록 한다(『新唐書』卷50 「兵志」)"고 하여 복무 연한을 줄였다.[15] 개원 6년(718), 다시 절충부병(折衝府兵)은 3년에 한 번 선발하는

---

15) 『자치통감(資治通鑑)』의 기록과 『신당서(新唐書)』「병지(兵志)」의 기록이 같다. 그러나 『당회요(唐會要)』에서는 "천하의 위사(衛士)들은 25세 이상인 자들로 충당하고, 15년이 되면 보내준다. 진(鎭)에 자주 징집된 자는 10년이 되면 면제해준다"라고 하여 15년이 되어야 보내주니 40세에 병역을 면하게 된다는 말이 된다. 누구의 말이 옳은지는 알 수가 없다.

것을 6년에 한 번 선발하는 것으로 하였다. 개원 8년(720) 또다시 먼저 발표한 영을 거듭 발표하고 지적하기를, "병역은 군부(軍府)보다 중하지 아니하며, 일단 위사(衛士)가 되면 60세가 되어야 면할 수 있는데 그 연한을 단축시키고, 백성들은 이를 위하여 교체하게 하라"라고 하였다. 현종은 부병에 복역하는 연한을 제한해서 부병의 부담을 줄이고, 군병의 자원과 군대의 안정을 보증하기를 기대하였다. 그러나 이미 부병제가 붕괴하는 추세를 만회시킬 방법이 없었고, 구체적 규정상에 약간 변화가 일어났어도 그것은 마치 새 발의 피와 같이 미미한 것이므로 별다른 도움이 되지 않았다. 그래서 사서에서는 부병의 복역 기간을 줄이는 영(令)에 대하여, "말만 있었지 실행하지는 못하였다(『新唐書』卷50「兵志」)"라고 말하고 있다.

개원 10년(722) 윤5월, 병부상서(兵部尙書)・동중서문하3품(同中書門下三品) 겸 지삭방절도사(知朔方節度使) 장열(張說)이 북방에서 변방의 업무를 순시하고, 난지주(蘭池州)의 호족(胡族) 강대빈(康待賓)의 잔당(殘黨) 강원자(康愿子)의 반역을 평정하였으며, 하서(河西) 육주로 도주한 남아있는 호족 5만여 명을 허주(許州)・여주(汝州)・당주(唐州)・등주(鄧州)・선주(仙州)・예주(豫州) 등의 주에 안치하여, 황하(黃河)의 남방, 북방 천리의 지역에는 사람이 드물게끔 하였다. 장열은 8월에 장안으로 돌아와, 현종에게 두 가지의 중요한 건의를 제출하였다. 첫째 그는 변방에는 큰 전쟁과 강적이 없는데, 지금의 변방 군인의 총수는 60여만 명에 이르니 그 수가 너무 많다. 따라서 20만을 감축시켜서 그들을 밭으로 돌아와 일하게 할 수 있다고 보았다. 현종이 이에 대해 심히 회의적인 모습을 보이자 장열은 다음과 같이 말하였다.

"신이 오랫동안 변방에 있었기에, 그 사정을 잘 압니다. 장수들은 사적인 일을 경영할 뿐입니다. 만약 적을 방어하고 승리를 거두었다면 군사들을 너무 많이 써서 농사의 복무를 방해할 필요가 없습니다. 폐하께서 만약 의심이 가신다면, 신이 집안 사람 백 명으로 보증을 세우고자 합니다."

장열은 일찍이 중종 때 병부원외랑(兵部員外郞)과 시랑(侍郞)을 맡았다. 개원 초 요숭에게 쫓겨나 지방 자사로 나가, 우우림장군(右羽林將軍) 겸 검교유주도독(檢校幽州都督)으로 좌천되었다. 개원 7년(719), 검교병주대도독부장사(檢校幷州大都督府長史) 겸 천병군사(天兵軍使)가 되었다. 그는 장기간 변방의 중신을 맡았으며, 여러 번 북방 소수 민족과의 전쟁에 참가해서 변방의 형세와 군사적 역량의 배치 그리고 변방 군대에 존재하는 문제들에 대한 풍부한 경험과 깊은 이해를 갖추고 있었다. 무측천 당시 북방 변경에서 가장 강대한 적은 돌궐(突厥)의 카파간 카간[黙啜可汗 ; 뵉 초르 카간]이었다. 중종 경룡(景龍) 2년(708) 3월, 삭방도대총관(朔方道大總管) 장인원(張仁愿)이 카파간의 전군이 서쪽 트루기쉬[突騎施]를 공격하는 기회를 이용하여 사막 남쪽의 땅을 탈취하였다. 또한 황하(黃河)의 북쪽에 삼수항성(三受降城)을 건축하여16) 3백여 리를 개척하였고, 음산(陰山) 산맥의 우두조나산(牛頭朝那山)의 북쪽 일대에 봉화대 1,800여 개소를 설치하였을 뿐만 아니라 군사를 파병하여 순찰하게 하였다. 당의 군대가 유리한 지형을 점령하였기 때문에 돌궐은 산을 넘어 침범하지 못하였을 뿐만 아니라, 또한 원래 진을 수비하기 위해 있었던 병사 수만 명을 삭감할 수 있었다. 이후에, 카파간은 자기 군병의 위세를 의지하여 그 백성을 난폭하게 학대하여서, 결국은 "부락이 점점 많이 도산하였으며 점차로 쇠락해져 갔다(『通典』卷198「突厥中」)." 개원 4년(716), 카파간은 반란을 일으킨 무리와 병사에게 죽임을 당하고, 빌게 카간[毘伽可汗]이 서게 되었다. 그는 즉위 기간(開元 4~21년, 716~733년) 동안 당조(唐朝)에 대하여 화해 정책을 취하여 당과 돌궐 간에는 전쟁이 매우 적어졌

---

16) 중수항성(中受降城)은 지금 내몽고의 빠오터우[包頭]의 서쪽에 있다. 동수항성(東受降城)은 지금 투어커투어[托克托 : 후허하오터에 속한 지역]의 남쪽 북대흑하(北大黑河)의 동안에 있으며, 서쪽은 중수항성에서 300리 떨어져 있다. 서수항성(西受降城)은 항금후기조가하(杭錦后旗烏加河) 북안에 있으며, 저산구(狼山口)의 남쪽에 있고, 동쪽은 중수항성에서 380리 떨어져 있다.

다. 장열(張說)은 바로 변방의 실제 상황과 장인원(張仁愿)이 군축을 하였던 역사적 경험에 근거하여 군대를 축소하자는 건의를 제의하였던 것이다. 그가 주장을 견지하였기에 현종은 이 건의를 받아들였다.

장열(張說)은 또 다른 건의는 부병(府兵)의 병력 자원 고갈과 위사(衛士)의 이탈에 대한 것이었다. 그는 "그들을 모두 파하고, 별도로 강한 장사[强壯]를 소집하여, 숙위로 삼도록 명하고 색역(色役)을 간소화하지 말라는 조례를 만듭니다. 도망친 자들이 반드시 다투어 응모하게 될 것입니다(『舊唐書』卷97「張說傳」)"고 건의하였다. 장열의 건의는 부병의 번상[府兵番上][17]을 정지시키고, 모병(募兵)의 방법으로 수도 숙위의 문제를 해결하자는 것이었다. 왜냐하면 부병제 하에 절충부가 633개 있고, 그 분포가 심히 불공평했기 때문이었다. 관중(關中) 일대는 수도 장안의 소재지로, 투입된 절충부가 가장 많아 전국의 40% 정도를 점유하였으며, 관중에 인접한 하동(河東), 하남(河南)의 절충부도 비교적 많았다. 이러한 분포의 장점은 중앙으로 하여금 군사상 충분히 "수도를 중시하고 지방을 가볍게[居重馭輕]"할 수 있게 하였으며, "관중을 장악하여 사방에 임하게 한다(『陸宣公奏議』卷11)"는 것이다.

그러나 관중(關中)에 있는 군부의 수가 많고, 백성의 병역 부담도 아주 무거웠다. 그러니 사람들은 점차 도망을 치게 되고 세월이 오래 지나도 도망가거나 죽은 자는 보충되지 않고, 삼보(三輔)는 점차 빈약해지고, 숙위의 수를 공급할 수가 없었으며(『唐會要』卷72,「府兵」), 병원(兵源)은 점차 고갈되어 갔다. 장열은 모병(募兵)의 방법을 사용할 것을 건의하였는데, 즉 출신 내력을 불문하고 조건에만 부합되면 후한 대우를 부여하며, 병사가 되는 것을 일종의 생계를 꾸리는 직업으로 만들고, 도망한 사람들로 하여금

---

17) 절충부에는 이미 번상할 병사가 없었다.

응모하게 하자는 것이었다. 현종은 장열의 건의를 받아들이고, 이듬해 11월 26일, 상서좌승(尚書左丞) 소숭(蕭嵩)에게 명하여 수도 이북의 포주(蒲州) · 동주(同州) · 기주(岐州) · 화주(華州) 등과 같은 주장관들과 함께 장정 12만 명을 소집하여 진에 징집하는 부역을 면하게 하고 1년에 2번 수도를 숙위하게 하였는데, 이를 장종숙위(長從宿衛)라 불렀다. 개원 13년(715), 이를 확기(彍騎)라고 개칭하고, 12위(衛)로 나누고 각 위의 1만 명으로 총 12만 명이 되게 하여 6번(番)이 되게 하였다. 그 1년 동안에 교대로 2개월 동안 경성(京城)을 숙위하는 것이다. 이 후에, 변방을 지키는 임무를 행하는 것도 또한 점점 모병(募兵)으로 대체되었는데, 부병(府兵)이 모병으로 바뀌는 과정은 천보 8재에야 비로소 전체적으로 완성되었다.

현종이 부병제를 폐지시키고, 모병제(募兵制)를 행한 것은 후세에 아주 큰 영향을 끼쳤다. 『자치통감(資治通鑑)』에는 현종이 장열의 건의를 받아들이고 나서 "병(兵)과 농(農)의 나뉨은 여기서 시작되었다"라고 한 말을 기록하고 있으며, 호삼성(胡三省)은 "역사상 당의 양병(養兵)의 폐단은 장열에게서 비롯되었다고 말한다"라고 평론하였다. 확실히 이 이후에, 역대 왕조는 모두 모병제를 행하였고, 군비의 지출은 국가의 재정으로 지출해야 하는 막중한 부담이 되었다. 시간이 흘러감에 따라, 당대의 병과 농을 합한, 농사를 짓다가 군인이 되는 우병우농(寓兵于農)의 부병제가 이상적이고 아름다운 기억으로 사람들의 마음에 남게 되었다. 매번 군비가 커질 때마다 재정이 결핍되어 '양병의 폐단'이 엄중해지자, 부병(府兵)의 회복을 주장하는 건의가 자주 출현하였다.

그러면 현종이 지지한 병제(兵制) 개혁을 과연 어떻게 봐야 할 것인가? 첫째, 현종이 개혁한 부병제는 역사 발전의 필연성에 순응하였다. 그 어떤 제도도 영원히 지속될 수 없으며 발생 · 발전 · 쇠퇴 즉 흥망성쇠의 과정을 거치게 마련이다. 발생한 시대와 조건에 대해 말하자면, 그것은 존재하게 된 이유를 가지고 있으며, 그것으로 하여금 존재하게 만든 이런 특정한 역사적·사회적·경제적 조건의 변화와 소실에 따라서 계속 존재하지 못하고 반드시 소멸하고 마는 것이다.

부병제는 서위(西魏)·북주(北周)에서부터 실행되어, 당대(唐代)에 이르러 이미 1백여 년의 역사를 지니게 되었다. 이러한 병제는 토지 문제와 밀접한 연관을 가지고 있다. 부병(府兵)을 충당하는 주요한 요소는 국가가 장악한 자영농으로, 전령(田令)에 따르면 위사(衛士)들은 모두 균일하게 땅을 받을 수가 있다. 위사를 고르는 주요한 원칙은 "재력이 같으면 강한 자를 고르고, 힘이 같으면 부유한 자를 고르고, 재력과 힘이 모두 같으면 먼저 정(丁)이 많은 쪽을 고른다(『唐律疏議』 卷16 「擅興律」)"는 것인데, 이로 말미암아 위사 중에는 상당수의 중소 지주와 부유한 농민이 있었다. 위사 자신은 조조(租調)와 요역을 면할 수 있었고, 자기가 먹을 양식과 군대에서 필요한 몇몇 무기를 준비해야 했다. 부병이 전쟁에서 공훈을 세우면, 공훈에 따라 전령의 규정(規定)에 따라 받을 하사받을 수 있었다. 전령은 위사에 충당되는 농민을 위해서 토지를 많이 점유하는 법률적 근거를 제공하여, 농민이 위사가 되도록 독려하고, 공훈을 세운 것을 통해 토지의 점유를 확대하게 되었다. 무덕(武德) 년간이나 정관(貞觀) 년간에는 전령을 집행하는 상황이 비교적 좋아져서, 부병제도 이에 상응하여 날로 개선되었으며, 당이 전국을 통일한 전쟁과 주변 소수 민족에 대항하여 싸운 전쟁에서 적극적인 작용을 하였다. 그런데 고종 시기나 무측천 시기부터 "부병제는 침체되고 소멸되어 갔다(『新唐書』 卷50 「兵志」)." 이는 한편으로는 토지 겸병이 심각해진 탓에 토지를 잃은 농민이 무력하게 물자와 식량을 자기가 부담하는 갑장(甲杖)의 위사가 될 능력을 상실했기 때문이다. 또 한편으로 국가가 줄 수 있는 토지는 갈수록 줄어드는 반면, 전쟁을 통해 공을 세운 사람은 갈수록 많아졌다. 따라서 공훈에 따라 관품 계급이 받는 토지의 규정도 백지화되었다. 결국 이로 말미암아 토지를 좀 더 많이 점유하기 위해 위사로 지원하려는 사람들이 많이 줄어든 까닭이다. 그들의 수가 증가함에 따라 훈관의 사회적 지위도 떨어졌고, "몸소 역사(役使)에 종사하여야 하며 어떤 때는 몸종과도 유사하였다. 영(令)에 의하자면 공경(公卿)과 직급이 같아야 하지만, 실제로는 서리보다 하위직으로 취급받아, 이를 꺼려하는 자가 늘어나게 되어 그들이 병졸로부터 나온 것이 바로 이 때문이다(『舊唐書』卷42「職官一」)."

당대 초기에는 무(武)를 숭상하는 정신이 충만하고 기꺼이 종군하였다. 하지만 이러한 상황으로 말미암아 중소 지주들과 부잣집의 자제들은 종군을 수치스러워 하고 병역을 회피하게 되었다. 그들은 수시로 돈을 내어 가난한 백성들이 대신 병역에 복무하도록 고용하였고, 부병의 전투력은 크게 약화되었다. 부병 군대 내부의 노역과 압박이 날로 엄중해지고, 폐단도 잇달아 발생하였다. 변방 군장들은 항상 지독한 수단으로 사병을 괴롭혀서 죽게까지 했으며, 그들이 몸에 휴대한 재물을 착복하여 위사들은 도망을 가서 반항할 수밖에 없었다. 이러한 병제와 군대는 이미 회복시킬 수가 없었다. 이리하여 현종이 병제의 중대한 개혁을 진행하면서 사회는 평정을 되찾았고, 실제 그 효과가 매우 컸기 때문에, 통치 계급 내부에서도 반대하는 자가 없었다. 마치 박이 익으면 저절로 떨어지듯이, 병제의 개혁은 물이 모여서 큰 도랑이 되는 그런 시기를 만났음을 알 수 있다.

둘째, 현종이 병제와 사회 경제를 개혁하는 객관적 상황이 적절하였다. 모병제의 채용은 국가의 재정적 부담을 가중시켰다. 그러나 현종 당시에, 정부에는 이미 대량의 재산과 재물이 쌓여 있었고, 국고의 식량이나 비단·면포와 병기는 막대한 군대의 장비를 뒷바라지할 만한 능력을 보여주는 것이었다. 게다가 농민은 매우 무거운 부병(府兵)의 뒤치다꺼리를 부담할 힘이 없었다. 부병이 폐지되자 농민의 부담이 줄어들었고, 이로 말미암아 그들의 생산적 집적성과 사회 생산의 발전이 높아졌다.

셋째, 모병(募兵)을 시행하고 병·농을 구분하면 병사와 농민은 각자의 일을 전담하게 될 뿐만 아니라 군대의 소질과 농업 생산이 발전하는 데 도움이 된다. 이는 사회의 분업이 새로운 수준에 도달한다는 것을 의미하며, 사회의 진보를 보여주는 지표가 된다. 소위 부병(府兵)이 병역과 농사를 감당하기에는 한계가 있다. 사실 실제 상황을 말하자면, 병역을 감당하면서 또한 농업 생산에 방해가 되지 않게 한다는 것은 불가능한 일이었다. 만약 제도에 따르자면 수도에서 500리 떨어진 거리의 절충부(折沖府) 부병은 오번(五番 : 5회의 번상)을 맡아야 한다. 다시 말해 모든 부병이 평균 매년 수도에서 두 번을 숙위하더라도 역시 부족하다는 것으로, 매번 번기(番期)는 1개월로 매년 평균 72일인데, 이 속에 이동에 따른 날수는 포함되어 있지 않았다. 이동을 생각하여 매일 50여 리를 걷는다고 보면, 두 번의 왕복 거리에는 약 40일이 소요된다. 이를 모두 계산하면, 일 년 중에서 상번(上番)에 걸리는 시간은 근 4개월에 이르는 것이다.[18] 이외에도, 절충부(折衝府)에서 군사 훈련을 받는 것도 또한 얼마간의 시간이 걸린다. 이것은 농업 생산에 영향을 주지 않을 수가 없었으며, 소위 '삼시(三時) 농사를 하고, 한시(一時) 전쟁을 가르치는 것'은 실제로는 실행하기 어려운 것이었다. 부병제 내부에 존재하는 농업과 전쟁 사이의 모순도 이것을 파괴시킨 중요한 원인 가운데 하나이다.

　현종은 많은 공을 세운 황제였으나, 병력을 소진하고 무력을 남용하였다[窮兵黷武]는 평을 받기도 하였다. 요숭은 「십사요설(十事要說)」 중에서 "신이 다시금 청하옵건데 10년간 변방에 다시 전쟁을 일으키지 마시기 바랍니다"라는 요구를 하였다. 당시 현종은 그렇게 하겠노라고 응답을 하였지만, 이를 완전히 실행하지는 못하였다.

　개원 2년(714) 정월 병주장사(幷州長史) 겸 화융(和戎)·대무(大武) 등의 군

---

18) 谷霽光, 『府兵制度考釋』, 167쪽 참고. 곡제광(谷霽光) 선생은 500리 내에 5番의 부병(府兵)이 있어서, 매년 평균 수도를 지키는 것이 66일이라고 하였는데, 이 부분은 오히려 72일이라고 보아야 할 것이다.

주절도사(軍州節度使) 설눌(薛訥)이 거란(契丹)을 공격하고 다시 영주(營州 : 요
녕성에 속한 지역)를 설치하자고 상주하였다. 요숭과 같은 대신들은 힘을 다
해 반대를 하면서, 거란을 공격할 만한 조건이 절대 성숙되지 않았다고
보았다. 현종이 "사방의 오랑캐[四夷]를 위엄으로 복종시키고자 하였으므로
(『舊唐書』卷93「薛訥傳」)," 힘써 다수의 의견을 배제하고 설눌을 동자미황문
(同紫微黃門)으로 삼고, 그에게 군사들을 이끌고 거란을 치도록 명하자, 군
신들은 감히 반대 할 수가 없었다. 7월, 설눌은 6만 대군을 이끌고 단주(檀
州)를 나아가 난수산(灤水山) 골짜기에 이르렀다가 거란의 복병의 공격을 당
했다. "당(唐)의 군병은 대패하여 열에 아홉은 죽임을 당하였으며", 설눌은
수십의 기마병을 이끌고 포위를 뚫고 나와 가까스로 위기를 모면했다.

현종은 서북 변경의 돌궐·티베트[吐蕃]에 대해 줄곧 강경한 태도를 취
하였으며, 누차 군대를 일으켜 이들을 토벌하고자 했다. 개원 4년(716) 6월,
돌궐의 카파간 카간[黙啜可汗 ; 빅 초르 카간]이 군사를 일으켜 속부(屬部) 바야
르쿠[撥野固]를 토벌하다가 바야르쿠 사람 힐질략(頡質略)에게 죽임을 당하였
다. 힐질략은 묵철의 머리를 베어 돌궐에 출사하러 간 학령전(郝靈筌)에게
주고, 학령전으로 하여금 당의 조정[唐廷]에 헌상할 것을 청하였다. 묵철은
무측천 이래로, 늘 우환이 되어 왔는데, 학령전은 그의 머리를 얻고는 스스
로 세상에 둘도 없는 공을 세웠다고 여겼다. 그러나 재상 송경(宋璟)은 "황
제께서 무공을 좋아하여 호사가들이 다투어 사행심을 일으킬까 염려하고
상을 내려주지 않다가 이듬해 초가 되어서야 그에게 낭장(郎將)의 벼슬을 내
려주니 학령전은 통곡하다가 죽어버렸다"라고 하였다. 송경은 현종이 무
공을 좋아하는 것을 잘 알고 있었을 뿐만 아니라 또한 이에 대하여 제재를
가하였다는 것을 알 수 있다.

현종은 무공을 좋아하였다. 주관적으로 볼 때, 그는 영웅심이 강하고,
나라를 다스리는 데 온 정신을 기울였던 황제였다. 그의 성격은 강하고
호방하였으며, 말타기와 활쏘기에도 뛰어났다. 그는 군사 수단을 이용하

는 데 열중하였으며, 전쟁을 통해 국위를 넓히고 변방 문제를 해결한 것은
그의 성격과도 부합된다. 객관적으로 볼 때, 당나라는 태종(太宗)과 고종(高
宗)과 무측천의 근 100년 간의 치세 동안 인구가 증가하고 경제가 발전하
였으며, 현종 시대에는 전성기에 들어와 전쟁을 치루기에 풍부한 물질적인
조건도 구비하게 되었다. 변방의 형세로 볼 때, 고종 시기와 무측천 시기에,
당 정부와 주변 각 민족들 간에는 쉴 새 없이 전쟁이 진행되었다. 동북부
에는 해(奚)와 거란이 갈수록 강대하여, "항상 안팎을 넘나들었기에, 이름
하여 양번(兩蕃 : 두 오랑캐)이라 하였는데(『舊唐書』卷199下「北狄傳」)," 그들은
수차례 당의 영토를 침입해 왔다. 북방에서는 동돌궐(東突厥)이 부흥하여,
뵉 초르 카간이 만리의 땅을 개척하고 병사 사십여 만 명을 거느리고 늘상
내지를 침략해 왔다. 성력(聖曆) 원년(698) 돌궐 군대가 하북(河北)의 정주(定
州)와 조주(趙州)의 경내로 침입하였는데, 그들은 지나는 곳마다 매우 잔인
하게 행동하였다. 티베트는 더욱더 강대해져서, 여러 차례 서역에 출병하
여 안서(安西) 사진(四鎭)을 탈취하였으며, 토욕혼(吐谷渾)도 멸망시켰다. 무측
천이 장수(長壽) 원년(692) 내장 왕효걸(王孝傑)에게 사진(四鎭)을 수복하도록
파견하여 실크로드가 잘 통하도록 지켰지만, 서역에서 티베트는 여전히 기
세를 떨쳤다. 무측천 말년 이래로, 당정의 내부 정국은 불안하였으며 정변
도 빈발하고 제도는 부패하여 대외 정책과 군사 실력에 막대한 영향을 주
었다. 당(唐)이 주변 민족과 전쟁을 하면 드물게 승리를 거두었고 자주 패
하여, 전략상 겨우 수비의 위치를 지킬 수가 있었을 뿐이다.

　현종은 당연히 이러한 상황을 달가워하지 않았다. 그리하여 군사적인
면에서 수세에서 공세로 힘을 다해 전환하고자 하였다. 하지만 요숭과 송
경 등의 대신들이 이에 반하는 뜻을 간언하였다. 또한 나라 안에 존재하는
문제를 해결하고 군사 체제를 정비하고 작전 물자를 준비하는 데 시간이
걸렸기 때문에, 개원 전기의 대외 전쟁은 비교적 적었다. 그리하여 변경은
상대적으로 안정이 되었다. 현종은 줄곧 군대를 정비하고 전쟁을 준비하

였으며, 만약 조건만 갖추어 진다면 그는 당 정부의 수세적인 국면을 바꾸기 위하여 마음먹은 대로 대외 전쟁을 일으킬 수 있었다. 개원 후기가 되자, 변경에서의 전쟁은 날이 갈수록 늘어났다. 진인각(陳寅恪)은 현종이 서역에 대해 전쟁을 진행한 것을 분석하면서 다음과 같이 말한 적이 있다.

"현종 시대에, 화하(華夏) · 티베트 · 대식(大食) 3대 민족은 모두 강성하였다. 중국은 심장부에 있는 관롱(關隴)을 보호하기 위해, 사진(四鎭)을 견고하게 지키지 않으면 안 되었다. 그런데 사진을 지키고자 하면 또한 길지트[小勃律]를 누르고 티베트를 제어하고, 그들이 대식에게 도움을 청하는 길을 가로막지 않으면 안 되었다. 당시의 국제적 대세는 이러하였는데, 즉 당대에 서북을 개척하고 총령(蔥嶺 : 파미르고원)에 원정을 한 것은 역시 그럴 수밖에 없는 원인이 있었기 때문인데, 당시의 군주가 전쟁을 좋아함을 지적한 것은 아니다(陳寅恪, 『唐代政治史述論稿』, 137쪽)."

현종이 무공(武功)을 중시하고 주변의 각 민족들과 전쟁을 하였던 상황에 대해서는 이 다음에 언급하기로 한다. 병제의 변혁에 있어서, 현종이 능히 선조가 만든 법을 버리고 부병(府兵)을 모병(募兵)으로 바꾼 것은, 그가 무공을 중시하고, 군사적 역량을 강화시키려는 바람과 뗄 수 없는 관계이다. 현종은 군사 문제를 매우 중시하였으며, 당 왕조 국방의 군사적 역량을 강화시키기 위하여 군제를 변혁시킨 것 외에도, 그는 주변에 절도사(節度使)를 설립하고, 둔전(屯田) · 양마(養馬)에도 큰 업무를 추진하였다.

우선, 현종은 전대의 주변 방어 시설의 기초 위에, 천보 원년(742)이 되기 전에 십절도사(十節度使)를 계속 설치하여 국면을 새롭게 하고 더 나아가서는 변방의 방위 체제를 완성하였다. 이 십절도사는 동부에서 서북 · 서남을 향하여 분포되어 있고, 그 명칭은 치소(治所) · 임무 · 관할 구역 그리고 병력에 따라 구분된다.

【평로절도사(平盧節度使)】 개원 7년 평로군사(平盧軍使)가 승격하여 평로절도사(平盧節度使)가 되었다. 치소는 영주(營州, 지금의 遼寧 朝陽)이며, 평로(平盧)·노룡(盧龍) 2군(軍)과 유관수착(楡關守捉)·안동(安東) 도호부(都護府)를 통치하며, 병력은 37,500명이다. 관할 경계는 약 지금의 하북(河北) 준화(遵化)·당산(唐山) 동쪽·요령(遼寧) 대릉하(大淩河) 서쪽·부신(阜新)·조양(朝陽) 이남 지구이다.

【범양절도사(范陽節度使)】 개원 2년에 설치되었다. 치소는 유주(幽州 : 지금의 北京市 서남)이며, 경략(經略)과 위무(威武) 등의 9군을 통치하는데, 병력은 91,400명이다. 관할 경지는 대략 하북(河北) 회안(懷安)과 신성(新城)의 동쪽·무녕(撫寧)과 창려(昌黎)의 서쪽·천진(天津) 이북 지구이다.

   평로(平盧)·범양(范陽) 양진의 임무는 동북의 각 부(部), 주로 해(奚)·거란·실위(室韋)·말갈(靺鞨) 등을 방어하는 것이다.

【하동절도사(河東節度使)】 개원 8년 천병군대사(天兵軍大使)를 천병절도사(天兵節度使)로 개편하였다. 개원 18년에는 하동절도사(河東節度使)라고 부르기 시작하였다. 치소(治所)는 태원부(太原府)이며, 천병(天兵)과 대동(大同) 등의 4군과 운중수착(雲中守捉)을 통치한다. 병력은 55,000명이다. 관할 경지는 지금의 산서장성(山西長城) 이남의 중양(中陽)·필원(泌源)·좌권(左權) 이북의 지역이다.

【삭방절도사(朔方節度使)】 개원 9년에 설치되었다. 치소는 영주(靈州 : 지금의 寧夏灵武 서남)이다. 경략(經略)·위안(韋安)·정원(定遠) 3군을 통솔하고, 삼수항성(三守降城) 안북(安北)과 선우(單于) 두 도호부(都護府)를 통치한다. 병력은 64,700명이다. 관할 경지는 지금의 영하(寧夏) 회족자치구 내부와 내몽고 중서부와 지금의 몽고인민공화국과 구소련의 시베리아 남부 일대이다.

   하동(河東)·삭방 양진은 서로 모퉁이에 있었는데, 주요 임무는 북방의 돌궐족(突厥族)을 막는 것이었다.

【하서절도사(河西節度使)】 경운(景雲) 2년에 설치되었다. 치소는 양주(涼州 :

지금의 감숙 武威)이다. 적수(赤水)·태두(大斗) 등의 8군과, 장액(張掖) 등의 삼수착(三守捉)을 통치하였으며, 병력은 73,000명이다. 관할 경지는 대략 지금의 감숙 하서주랑(河西走廊)과 청해 북부 지구에 해당한다. 임무는 티베트와 돌궐의 연결을 단절하고, 그들의 공격을 막으며, 하서주랑을 지키는 것이다.

【농우절도사(隴右節度使)】 개원 원년에 설치되었다. 치소는 선주(鄯州)이다. 임조(臨洮)·하원(河源) 등 10군과 수화(綏和) 등 3곳을 지켰다. 병력은 75,000명이다. 관할 경지는 지금의 감숙성 남부와 청해호 동쪽 지역에 해당한다.

【검남절도사(劍南節度使)】 개원 7년에 설치되었다. 치소는 익주(益州 : 지금의 四川 成都)이다. 천보(天寶)·평융(平戎) 등 6군을 통치하였는데, 병력은 30,900명이다. 관할 경지는 지금의 사천(四川) 중부·귀주(貴州) 서부와 운남(雲南)의 대부분에 해당한다.

농우(隴右)·검남(劍南) 양진의 주요 임무는 티베트를 막고, 검남은 또한 서남방의 소수 민족을 안정시켜야만 했다.

【안서절도사(安西節度使)】 개원 6년에 설치되었다. 치소는 쿠차[龜玆 : 지금의 신강 위구르 자치구 庫車縣]이다. 쿠차·카라샤르[焉耆]·호탄[于闐]·카쉬가르[疏勒]의 4진을 통치하였다. 병력은 25,000명이다. 관할 경지는 서쪽으로는 지금의 아랄 해[鹹海]에 다다르고, 동쪽으로는 알타이 산맥[阿爾泰山]에 근접하며, 북쪽으로는 천산(天山)에 이르고, 남쪽으로는 곤륜산(昆侖山)과 아이금산(阿爾金山)에까지 이어진다.

【북정절도사(北庭節度使)】 선천(先天) 2년에 설치되었다. 치소는 정주(庭州 : 지금의 신강 吉木薩爾 北破城子)이다. 한가이[瀚海]·천산(天山)·하미[伊吾]의 3군을 통치하며, 관할 경지는 서쪽으로는 지금의 위해(威海)에 이르고, 북쪽으로는 발하쉬[巴爾喀什湖] 호수와 이르티쉬[額爾齊斯河] 강 상류에 다다르며, 남쪽으로는 천산에까지 이른다.

안서(安西)·북정(北庭)의 양진은 안팎으로 서로 연결되어 있는데, 주요 임무는 서역 천산 남북의 여러 지역[諸國]을 지키는 것이다.

【영남오부경략사(嶺南五府經略使)】 개원 21년에 설치되었다. 치소는 광주(廣州 : 지금의 광동성 廣州)이고, 경경(經經)·청해(清海) 2군을 통치하였으며, 병력은 15,400명이다. 관할 경지는 지금의 연산(連山)과 연강(連江)을 제외한 광동성 전체의 땅과 광서(廣西) 전부, 그리고 운남(雲南) 동남쪽에서 월남 중부 지역까지 해당한다. 임무는 해당 지역 내부의 소수 민족을 안정시키는 것이다.

절도사는 관할 구역의 최고 군사 장관으로 시작하여, 후에는 군대를 먹여 살리는 문제를 해결하고, 군대의 전투 능력을 높이는 것의 편리를 위해, 현종은 자주 그들에게 영전사(營田使)·탁지사(度支使)를 겸하도록 명하여, 둔전(屯田)·영전(營田)·군수품·양식과 같은 사무를 처리하게 하고, 심지어는 실제 권력이 있는 지방관을 감찰하는 채방처치사(採訪處置使)에 겸임시켰다. 그리하여 절도사는 비단 군대 내부의 군사·재정의 대권을 장악하였을 뿐만 아니라, 또한 점점 지방의 대권에도 침투하여 한 지구의 최고 군정(軍政) 장관으로 발전하였다. 군제의 변혁으로 말미암아, 절도사의 군대가 부병을 징집하던 것이 직업병을 고용하는 것으로 변하여서, "장군은 병사를 독점하지 않는다[將不專兵]"는 상황도 바뀌게 되었다. 이것은 군대의 전투력을 향상시키는 데 유익하였다. 왜냐하면 직업병은 복무 기간이 길어, 대다수가 모두 해당 지역에 가정을 이루고 자녀를 기르면서 대대로 군병이 되었기 때문이다. 직업병은 군사 기술 훈련이 양호하고, 방어 구역의 지형과 풍토와 물정에 익숙하였으며, 적의 상황을 잘 알고 있었다. 관병들은 장기간 같은 일을 함께 하면서 서로에 대한 이해가 깊었기 때문에 지휘하고 협동하여 전쟁을 치르기에 유리하였다. 그들은 부병(府兵)에 비해 더욱 강한 전투력이 있었다. 이러한 상황은 의심할 나위 없이 당시의 변방 형세의 요구에 부합되는 것이었다. 그러나 절도사의 권력이 팽창하고 군사적 역량이 증가하면, 분할 할거로 전개되어 중앙에 대항할 위험이 항상 도사리고 있었다.

어떤 일이 발생할 가능성이 있다고 해서 반드시 일어나는 것은 아니다. 이는 변화할 수 있는 것이 실현될 수 있는 조건을 갖추었는지 여부를 살펴봐야 할 것이다. 따라서 후에 번진(藩鎭)이 강성해진 원인을 모병제의 실행에 두는 것은 정확한 판단이라 할 수 없다. 이 둘 사이에 필연적 관계는 결코 없다.

현종은 병제를 변혁하는 동시에, 변방에 절도사를 설치하였는데, 이 두 가지 사건은 떼어놓고 본다면 당시의 형세 아래에서는 모두 필연적이고 합리적이며 유익한 것이었다. 총체적이고 거시적인 각도에서 본다면, 아마도 현종은 변방을 너무 중시하여 눈앞의 수도를 소홀히 했기에 두 가지의 중대한 실책을 범한 것으로 보인다.

첫째, 부병제의 기본 원칙 중의 하나는 바로 병력의 위치적인 면에서 중앙의 '거중어경(居重馭輕)'에 유리하며, 군사적 역량의 우세를 보호 유지할 수 있다는 것이다. 모병(募兵)으로 바꾸고 난 후, 절도사가 관할하는 군대는 총 40여 만으로, 중앙을 지키는 확기는 단지 12~13만에 지나지 않았으니, 전투력에는 차이가 있었다. "육군(六軍)의 근위병은 모두 시정배[市人]들이었는데, 부자들은 비단을 팔고, 기름진 고기와 좋은 밥을 먹었다. 힘이 센 사람들은 각저(씨름)·발하(撥河 : 물건너기)·교목(翹木 : 나무 비틀기)·철판 두드리기와 같은 놀이를 즐겼다. 그런데 안록산(安祿山)의 난이 일어나자 그들에게 모두 무기를 내줄 수가 없었다(『新唐書』 卷50 「兵志」)." 바로 군사적 역량으로 대비하여 보자면, 외중내경(外重內輕 : 지방을 중시하고 중앙을 경시)한 상태를 형성하게 되었고, 특수한 경우에 중앙에서 지방을 다스릴 만한 충분한 군사적·무력적 역량을 갖추지 못하였던 것이다.

둘째, 현종은 끊임없이 절도사의 권력을 증대시켜 주기만 하고, 이에

비해 그들을 감찰하고 다스리며 개인적인 세력의 증강을 막을 만한 대책
은 취하지 않았다. 개원 전기까지는 변방 장군의 인사이동이 비교적 빈번
하였고 문무 대신들은 변방에 나가면 장군이 되고 수도에 들어오면 재상
이 되었다. 그들은 대체로 모두 높은 문화적 소양을 갖추었고 군주에 충성
하였다. 또한 나라의 은혜에 보답하자는 생각을 가졌고, 막대한 권력을 쥐
고 있었으므로 중앙 정부와 한마음 한뜻이 되지 않을 수가 없었다. 이림보
(李林甫)는 재상이 된 후에, 자신의 지위를 견고히 하고자, 나가서는 장군이
되었고 돌아와서는 재상이 되는 '출장입상(出將入相)'의 근원을 막고자 하였
다. 그는 "문학하는 선비를 장군으로 삼으면 전쟁을 두려워하기 때문에
외국인들을 쓰는 것보다 못합니다. 뿐만 아니라 외국인들은 전쟁을 잘하
고 용기 있으며, 한족(寒族)들은 파당을 짓지 않습니다(『舊唐書』卷106「李林甫
傳」)"라고 상주하였고, 황제는 이를 옳다고 여겼다. 그래서 고선지(高仙芝)
·가서한(哥舒翰), 그리고 안록산(安祿山)과 사사명(史思明)과 같은 외국 출신
장수들이 모두 오래도록 변방의 중임을 맡게 되었으며, 모든 일을 독단적
으로 결정할 수 있게 되었다. 그들은 대부분 군인 출신으로, 문화적 수준
이 높지 않았고, 유가 사상과 봉건 도덕의 결속이 비교적 약했다. 안록산
과 같은 인물은 일단 대권을 장악하자 개인 세력을 확장하고자 하였으며,
세력이 너무 커서 지휘하기에도 힘든 지경에 이르게까지 되었다. 결국 현
종의 이 두 가지 실책은 엄청난 결과를 불러왔으며, 안사의 난의 간접적
원인이 되었다.

그 다음으로, 현종은 지속적으로 고종과 무측천 이래 변방의 둔전(屯
田) 사업을 추진하여 날로 늘어가는 군량 공급 문제를 해결하였다. 무측천
시대에, 명장 누사덕(婁師德)이 장기간 서북 변방에서 주둔하며, 둔전을 크
게 일으켰는데 그 성과가 뛰어났다. 무측천은 서(書)를 내려 이를 경하하
고 장려하며, "경이 북방의 변경을 맡고, 모든 군사적 임무를 관리하며 영
주(靈州)와 하주(夏州)로 가서 둔전을 검사하여 거두어들인 것이 이미 많아

졌고, 수도의 창고에는 곡식이 가득 쌓여 있으니, 곡식을 구입하는 비용에 대하여 걱정하지 않고 다시 곡식을 운반하는 어려움을 당하지 않아 양군(兩軍)과 북진(北鎮)의 병사들에게 모두 지급하게 되었도다(『舊唐書』卷93「類師德傳」)"라고 하였다. 곽원진(郭元振)은 대족(大足) 원년(701), 양주도독(涼州都督)·농우제군주대사(隴右諸軍州大使)를 맡은 후, 감주자사(甘州刺史) 이한통(李漢通)에게 명하여 둔전(屯田)을 개설하게 하였는데 수년 동안 해마다 풍년이 들었다. 비단 그 지방의 곡식 가격은 "저장된 곡물이 수천 섬에 이르렀기에", "명주 한 필로 십수 곡을 살 수 있었을 뿐만 아니라", 또한 "군량미가 십수 년 치만큼 쌓였다(『舊唐書』卷97「郭元振傳」)"고 한다. 이것으로 볼 때 둔전이 군량을 해결하는 데 효과적인 방법임을 알 수 있다.

현종은 변방에서 세운 공을 중시했는데, 특히 둔전(屯田)을 중시하였다. 그는 나아가 둔전의 배치와 경영 관리 체제를 조정함으로써 이를 완전히 수립하였고, 둔전 사업은 크게 발전하였다. 현종 당시 "천하의 모든 군주(軍州)가 관리하는 둔전은 992경(頃)에 이르고, 크면 50경, 작으면 20경에 이르렀다. 무릇 주둔을 하다 보면, 그 땅이 기름진 곳도 있고 척박한 곳도 있고, 그 해에 풍년이 들 수도 있고 흉년이 들 수도 있으므로, 이를 각각 3등급으로 정하였다. 무릇 둔전을 하는 곳에는 둔관(屯官)과 둔부(屯副)가 있었다(『唐六傳』卷7「屯田郎中員外郎」)." 둔관은 훈관(勳官) 5품 이상에서 무산관(武散官)으로서 변주현부(邊州縣府)나 진수(鎮戍)의 8품 이상 문무관원 가운데에서 선발하였다. 그들의 검사 기준은 주로 둔전 생산량의 정도를 살피는 것이다. 현종은 「정둔관서공조(定屯官敍功詔)」를 반포하여 "둔관의 서공(敍功)은, 그 해의 풍년과 흉년을 상하로 하여, 진수지(鎮戍地)에 경작할 수 있으면 한사람에게 10부(畝: 묘)를 나누어 주어서 공량(供糧)하게 한다. 봄이 되면 둔관에게 명하여 순행하게 하고 경작할 때를 잃으면 문책하게 한다(『全唐文』卷31)"라고 하였다.

둔전(屯田)을 하는 곳은 토질 정도의 차이에 따라 밭을 가는 소의 수를 달리 배정하였고, 생산량은 조[粟]로 계산을 하였으며, 대맥과 소맥 그리고 말린 무우 등으로는 모두 조[粟]에 준하여 용량을 환산하여 등급을 정하였다. 둔전은 엄격한 경영 관리 제도를 만들었기 때문에, 생산량도 크게 증가하였다. 천보 8재에 "천하의 둔전에서 거두는 것이 191만 3,960석이 되었고, 관내(關內)에서는 56만 3,810석, 하북(河北)은 40만 3,280석, 하동(河東)은 24만 5,880석, 하서(河西)는 26만 88석, 농우(隴右)는 44만 902석이었다(『唐六典』卷7「둔전랑중원외랑(屯田郎中員外郎)」)." 이것은 괄목할 만한 수치이다. 하동을 예로 들자면 하동절도사(河東節度使)에게는 군인 5만 5천 명이 있었는데, 한 사람이 한 달에 한 석(石)을 먹었으며(李筌,『神機制敵太白陰經』卷5「人糧馬料編」), 둔전의 생산량은 군대의 식용으로 4개월 반을 모두 공급할 수 있었다. 둔전은 변방 군량의 중요한 근원이 되었다.

한편, 현종은 다시 힘을 다해 마정(馬政)을 부흥시키고 양마(養馬) 사업을 발전시켰다. 말은 고대의 전쟁에서 매우 중요한 역할을 하였다. 당 왕조가 건립된 초기에는 기마병(騎馬兵)을 세우고 훈련하는 것을 중요시하였다. 전국의 통일 전쟁과 돌궐·티베트·해·거란 등의 주변 민족과의 전쟁에서 기마병은 주력군이 되었다. 기마병은 속도가 빠르고, 기동성이 강하고, 공격력이 강하다는 특징을 갖고 있다.

진인각(陳寅恪) 선생은 이에 대하여 구체적으로 다음과 같이 말하였다. "기마병의 기술은 원래 호인(胡人)들이 발명한 것으로, 군대에서 적의 상황을 정찰하고 진지에 쳐들어가 적을 함락시키는 두 가지에서 최대의 효용을 가지고 있으므로, 실제로 오늘날의 비행기와 탱크와 같은 두 가지 효력을 가지고 있는 것이다(陳寅恪,『金明館叢稿初編』, 269쪽)." 그래서 말의 숫자와 훈련 정도는 국력의 강약을 가늠하는 중요한 기준이 되었던 것이다.

현종이 즉위하였을 당시, 당의 양마 사업은 매우 저조하였다. 당의 초기에 관중(關中)을 평정한 후로, 돌궐의 말 2천 필과 수나라의 말 3천 필을 얻어, 농우(隴右)에서 양마 사업을 시작하였으며 태복경(太僕卿)으로 하여금 이 일을 맡도록 하고, 그 아래에 목감(牧監)과 목부(牧副)를 두었다. 말이 5천 필 이상이면 상감(上監), 3천 필 이상이면 중감(中監), 1천 필 이상이면 하감(下監)이라 하였다. 감(監)에는 승(丞)·주부(主簿)·직사(直司)·단관(團官)·목위(牧尉)·배마(排馬)·목장(牧長)·군두(群頭)·장한(掌閑)과 같이 말을 관리하는 관원과 기술 요원이 있었다. 태종은 태복경 장만세(張萬歲)를 농우감목(隴右監牧)에 명하였으며, 장만세는 그 직무에 충실하고 양마를 잘 감당하였다. 그가 열심히 양마 사업을 경영하여 정관(貞觀) 년간에서 인덕(麟德) 년간에 이르는 40년 간에 농우에서 기르는 말은 70여만 필에 달하였고, 8방(坊) 48감(監)을 설치하였다. 말의 수가 증가하여 농우에 있는 8방의 땅으로는 이들을 다 방목할 수가 없었다. 그래서 염주(鹽州)에 8감을 설치하고, 남주(嵐州)에 3감을 설치하였다. 장만세 이후에 양마 사업은 갈수록 쇠퇴해졌다. 영륭(永隆) 년간(680~861)에 하주(夏州)에서 기르는 말들은 2, 3년 이내에 18만 4,990필이 죽어갔다. "수공(垂拱) 년간 이후로 말들은 태반이 죽었다"고 한다. 개원 초기에 길렀던 말은 24만 필로, 장만세가 있던 때의 삼분의 일에 불과하였다. 개원 2년, 말의 수가 줄어들자 "태상경 유회가 허명(虛名)의 신분증으로 육호주(六胡州)에서 말을 사서, 30필을 이끄는 유격장군이 되도록 청하였다(『新唐書』 卷50「兵志」)." 현종은 이에 동의하고, 삼백도(三百都)의 허명 신분증을 주었다.

현종은 말의 중요성에 대해 잘 알고 있었다. 현종이 위후(韋后)를 주살하던 때부터, 그가 주로 의지한 군사 역량은 만기(萬騎) 부대였다. 만기는 중앙 금군(禁軍) 가운데에서 최정예 확기부대였다. 위후를 주살한 후에 그는 평왕(平王)에 봉해지고, 지내외한구(知內外閑廐) 압좌우만기(押左右萬騎)를 겸하였다. 지내외한구를 겸하였다는 것은 곧 황가의 어마(御馬) 기르는 계통을 관장하는 것이었다. 한구(閑廐)의 말들은 뛰어나서, 주로 황실을 위해 일하거나 북군(北軍)을 위해 준비가 되었으며, 한구의 말을 관장한다는 것은 곧 북군의 힘을 다스린다는 것이었다. 현종은 정변을 일으킨 뒤에 이러한 관직을 겸임하였는데, 이를 보아도 말의 중요성을 알 수가 있다. 태평 공주 집단을 주멸할 때, 현종은 "왕모중(王毛仲)으로 하여금 한구와 병사 300인을 취하게 하였기 때문에" 기병은 태평의 붕당에게 신속하게 공격을 가하여 성공을 거둘 수 있었다. 이러하니 현종을 말을 타고있는 황제라는 '마상황제(馬上皇帝)'라고 부를 수 있는 것이다.

천보 13재(754), 안록산(安祿山)의 요구에 응하여 현종은 그를 한구(閑廐)·농우군목사(隴右群牧使) 겸 지총감사(知總監事)에 임명하였으며, 국가와 황가의 두 가지 양마 계통의 대권을 전부 그에게 주었다. 안록산은 심복을 파견하여 비밀리에 전투마를 수천 필 골라서 정성스럽게 사육하였다. 이것은 그가 후일의 반란을 일으키는 밑천이 되었다. 안사의 난이 평정된 후에, 현종은 흥경궁(興慶宮)에 거하면서 3만 필의 말을 가지고 있었다. 숙종(肅宗)은 현종이 다시 재기하는 것을 두려워하여, 이보국(李輔國)을 보내어 궁중으로 말을 회수하게 하였다. 그래서 현종에게는 "결국 열 필의 말만이 남게 되었다." 현종은 이로 인하여 사정이 좋지 않다는 것을 민감하게 느끼게 되었고, 고력사(高力士)에게 "나의 아들이 이보국에게 유혹을 받고 있으니, 효를 받지 못하는구나"라고 말하였다. 현종은 그의 말을 가지고 간 것이 그의 실력을 약화시키려고 한다는 것을 알았기 때문에, 아들이 그에 대하여 의혹과 적대감을 품고 있음을 깨달았다. 이러한 사실로 미루어 볼 때 말이란 국가의 군사적 실력과 연관될 뿐만 아니라 황가의 안전과도 밀접한 관계가 있음을 알 수 있다.

현종은 태평공주 집단을 없앤 후 선천(先天) 2년 7월에 왕모중(王毛仲)을 검교내외한구(檢校內外閑廐) 겸 지감목사(知監牧使)로 임명하였다. 이로서 현종은 황가와 국가의 양대 양마계(養馬系)를 그의 심복이자 유능한 장군인 왕모중에게 모두 넘겨주었다. 이것은 그가 마정(馬政)을 중시하고 있음을 보여준다. 왕모중은 장만세(張萬歲) 이후 당대 양마 사업에 탁월한 공헌을 한 인물이다. 그는 말을 타고 활을 쏘는 데 능숙하였으며, 양마를 특별히 애호하였다. "그가 받은 큰 저택과 노예와 낙타와 말, 그리고 돈과 비단은 일일이 쓸 수 없이 많지만, 한구 근처의 집에서 잠을 자면서 그 집에 거하였다"고 하니, 이는 한구의 사업을 더 잘 경영하기 위함이었다. 왕모중은 현종의 신임과 부탁을 져버리지 아니하고 근면 성실하게 일하고 엄격하게 관리하였으며, 마정은 정돈을 거쳐 신속하게 회복되었다. 개원 13년(725)에 이르러 말은 이미 43만 필에 이르렀다. 왕모중이 바친 말들은 현종이 태산에서 봉선(封禪)을 드리는 대전(大典)에 적지 않은 광채를 더하게 되었다.

왕모중(王毛仲)이 죄로 말미암아 파면된 후에도, 현종이 양마 사업을 중시하였기 때문에 이는 계속하여 발전할 수 있었다. 현종은 삭방 군의 서수항성(西受降城)을 교역 시장으로 삼고, 매년 금은과 면직물과 견직물로 돌궐의 말과 교환할 수 있게 승인하였다. 하동(河東)·삭방(朔方)·농우(隴右)에도 감목을 설치하고 말을 기르게 하였다. 돌궐의 좋은 종마를 얻었기 때문에, 당대 말의 재질은 크게 향상되었다. 천보 13재(754)에 이르면, 농우 감목(監牧)에는 말·소·낙타·양이 총 605,600마리가 있었고, 그 중에 말은 325,700필이었다.

마정을 부흥시키기 위하여, 현종은 또한 민간의 양마업도 크게 발전시켰다. 개원 9년(721) 정월, 그는 다음과 같은 조서를 내렸다.

천하에 말을 갖고 있는 자는, 주현에서 모두 먼저 우편이나 군대의 수송 업무를 맡기도록 하고, 호의 등급을 정할 때 다시 이에 근거하여 등급을 올리게 하였다. 그래서 백성들은 고생을 두려워하여 말을 많이 키우지 않으니, 기사(騎射)의 병사들이 옛날보다 줄어들었던 것이다. 지금부터 모든 주의 백성들은 음관(陰官)이 있는지 없는지 구분을 두지 않고, 집에서 열 필 이상의 말을 기르면 역우편이나 군대의 정행 등을 면하게 해주며 호를 정하는 데에 말을 바탕으로 삼지 않도록 하노라(『新唐書』卷50「兵志」).

이 조령은 민간 양마 정책의 변화를 집중적으로 반영해주고 있다. 원래 민간 양마 사업은 발전하지 못하였는데, 이는 주현에서 우편 업무나 군대의 수송 업무를 맡길 때, 말이 있는 집에서 우선적으로 이를 먼저 부담하도록 하였기 때문이다. 호의 등급을 정할 때는 말을 자산으로 쳤기 때문에, 말을 가진 집은 호의 등급이 매우 높았고 부담도 역시 무거웠다. 또한 양마의 숫자는 "조상의 음관(蔭官)이 있는지 없는지" 제한을 받았기 때문에, 이러한 정책은 민간에서 양마가 발전하는 데 장애 요인이 되었다. 뿐만 아니라 "말을 타고 활을 쏘는 병사[騎射之士]가 옛날보다 감소하는" 원인이 되었다.

현종은 이 조령(詔令)에서 원래의 독마정책(督馬政策)에 대해 세 가지 중요한 개혁을 하였다. 첫째, 개인이 기르는 말의 수는 말을 키우는 사람이 "조상의 음관이 있는지 없는지의" 제한을 받지 않는다는 것이다. 둘째, 집에서 키우는 말이 열 필 이상이면, 역을 지키고 원정을 가는 것을 면제해주고, "만약 반드시 바쳐야 한다면, 임시로 호를 계산하여 돈을 주고 사게 하였으니" 부상으로 징용할 수는 없었던 것이다(『册府元龜』卷621「監牧」). 셋째, 호의 등급을 정할 때, 말은 자산으로 치지 않는다는 것이다. 이것은 민간 양마의 제한을 완전히 풀어준 것이다. 새로운 정책에 고무되어 민간 양마 사업은 적극적으로 동원되고 발휘될 수 있었다.

개인이 말을 기르는 것은 왕공(王公)과 백관과 부호에게 특별히 유리하였는데, 이는 그들이 권세를 빙자하여 공공의 산과 계곡을 빌어 목장으로 삼을 수 있었기 때문이다. 즉 소위 "목장을 설치하는 자는 산과 계곡에만 두는데, 그 수는 제한하지 않았기 때문(『全唐文』卷33「禁官奪百姓口分 永業田詔」)"이다. 20여 년이 지나 천보 년간이 되면, "왕후(王侯)·장상(將相)·외척(外戚)의 소·낙타·양과 말의 목장이 여러 도에 미치게 되고, 현관(縣官)의 백배에 이르니, 작위 혹은 호의 이름으로 분별하고, 자신의 말을 준비하였으며(『新唐書』卷50「兵志」)," 개인의 양마업은 전에 없는 발전을 누렸다.

　마정의 부흥을 기반으로 현종은 국가와 민간의 양마를 모두 중시하는
방침을 써서, 개원 초년에 말이 결핍하였던 상황을 바꾸어 놓는 데 있어서
현저한 성과를 거두었다. 역사는 "진·한 이래 당의 말이 가장 성하였다"
라고 하였으며, 당나라의 말은 현종 시대에 가장 성하였다. 마정이 성하여
군대에는 대량의 엄선된 말을 공급할 수 있었고, 강대한 군사력을 형성하
였으며, 실력도 갖추게 되었다. 이로 인하여 현종은 변방의 공을 세우는
소원을 이룰 수 있었다.

3부

11. 장열(張說)의 흥망성쇠[19]

'토지 및 호구조사'와 '군사 체체의 변혁'은 현종이 새로운 형세에 적응하기 위하여 힘써 추진한 두 가지 사업이다. 하지만 이 두 가지 일을 주관하였던 우문융(宇文融)과 장열(張說)은 마치 물과 기름처럼 서로 어울리지 못했는데, 그들의 대립은 현종 재위시의 정치 투쟁의 중요한 문제가 되었다. 이 두 사람은 모두 현종의 신임과 인정을 얻고 있었는데, 이들의 다툼과 현종의 태도는 한 편의 영화처럼 드라마틱한 성격을 지니고 있으므로 자세히 음미해 볼만한 가치가 있을 것이다.[20]

이 일단의 사건은 개원 9년(721)에 시작되었다. 이 해 2월 초 열흘, 현종은 우문융에게 전국의 토지와 호구를 조사하도록 명령하였다. 7개월이 지난 9월 19일에 장열은 다시 검교병주대도독부장사(檢校幷州大都督府長史)·천병군대사(天兵軍大使)에서 병부상서(兵部尚書)와 동중서문하3품(同中書門下三品)이 되었다. 현종이 장열을 기용한 데는 깊은 뜻이 있었다. 장열은 그의 심복이었을 뿐만 아니라 당시 문단의 영수(領袖)였기 때문이다. 장열의

---

19) 『舊唐書』 권97 「張說傳」.
20) 임대희, 「당 개원 년간의 우어사대와 제도 안찰사」, 『역사학보』138, 1993 참조.

자는 도제(道濟) 또는 열지(說之)라고 하며, 낙양(洛陽) 사람으로, 선조의 사적은 역사에 기록되어 있지 않다. 따라서 달리 내세울 만한 가세를 가지고 있지는 않은 것으로 보인다. 수공(垂拱) 4년((688) 사표문원과(詞標文苑科)의 고시를 응시하였는데, 무측천이 시험장에 임하였으며 고시에 참가하는 사람도 특별히 많았다. 장열은 만 명 가까운 고시자 가운데 수석을 차지하였다. 그의 문학적 재능은 무측천의 눈에 들었고, 태자교서랑(太子教書郞)의 직위를 하사받았다. 후에는 대형유서(大型類書)인 『삼교주영(三教珠英)』의 편찬에 참여하였다. 장열은 문장이 수려하고, 언행이 정밀하였으며, 이름난 문학가로서 한 시대를 풍미하였다. 현종은 반란과 반정에 현저한 성과를 거두고 난 후 그를 재상으로 임명하였다. 그 이유는 그의 덕망과 재주를 빌어 태평성세를 기리고 문치를 일으키기 위함이었다. 장열은 이를 자연스럽게 마음으로 깨닫고 이해했다. 그리하여 그가 재상으로 임명되고 난 후에는 "자신의 뛰어난 점을 잘 이용하여 문학과 유학(儒學)을 하는 선비들을 이끌어 군왕의 정치를 보좌하였다. 당시에는 태평성세가 오래 되었기 때문에 태평성세를 빛내고자 하는 데 뜻이 있었다(『舊唐書』卷97 「張說傳」)." 현종은 이미 장열을 신뢰했으며, 우문융에게도 중임을 맡겼으니, 용인정책(用人政策)에 있어서 문학파(文學)과 실무파(吏治)를 모두 중요시하는 구조를 만들어 낸 것이다.

현종 시기의 '문학파와 실무파의 분쟁'에 대한 견해는 왕전(王錢) 선생이 제시한 것이다. 왕전 선생은 "요숭이 권력을 장악하였을 때 현종을 바로잡고 도왔던 유유구(劉幽求)·장열과 같은 사람들은 모두 폄적되어 쫓겨났다. 이것의 주요한 원인은 비교적 분명한 것으로, 바로 현종의 황위를 안정시키기 위함이었다. 그러나 이러한 골자의 이면에는 요숭이 이러한 공신들과 서로 융합이 되지 않았고, 실무파와 문학파를 기용하는 데 다른 견해를 품고 있었기 때문인 것 같다. 여기에 대해 그들 자신들도 자각하지 못하였었는지, 지금에 와서도 알 길이 없다. 그러나 이러한 충돌은 역시 분명히 존재하고 있었던 것이었다(『汪籛隋唐史論稿』)"고 하였다. 왕전 선생은 적인걸(狄仁傑)과 오왕(五王)인 환언범(桓彦范)·경휘(敬暉)·장간지(張柬之)·최현위(崔玄暐)·원서기(袁恕己)와 요숭(姚崇)과 같은 사람들은 모두 행정에 뛰어났으며, 일부 사람들이 요숭과 같이 문학적인 저작으로 이름을 드날리기도 했지만, 이들이 모두 문학을 중시한 것은 아니라고 보았다. 그들은 대개 문학을 하는 선비들은 쓸모 없고 부족하다고 보았으며, 심지어는 이들을 배척하기까지 하였다.

장열의 관점은 요숭과 상반되었고, 그가 아끼고 중시한 인물들은 서견(徐堅)·위술(韋述)·하지장(賀知章)·손적(孫逖)·왕유(王維)·장구령(張九齡) 등과 같이 문사에 밝은 사람이다. 그들은 문장으로 발탁된 인물이며 또한 문학적 재능이 없는 사람들을 배척한 사람들이다. 사람을 등용하는 기준과 그 기호가 같지 않았으므로, 조정 대신들 사이에는 점점 문학파와 실무파 같은 파벌이 형성되어, 복잡한 정치적 투쟁이 발생하였다.

현종은 조정 대신들이 서로 문학파와 실무파로 나뉘어 분쟁하고 있음을 잘 알고 있었다. 그는 사람을 등용할 때 절대로 분명한 경향을 내세우지 않았다. 그가 장열을 등용한 것은 문학으로 문치를 일으키기 위함이고, 우문융을 등용한 것은 능한 실무로 토지와 호수를 검사하는 것을 다스리기 위함이었다. 그들에게 전후로 중임을 맡긴 데에는 두 개파 관원의 지위를 나란히 해보려는 의미가 다소 포함되어 있다. 그러나 우문융과 장열의 대립과 투쟁은 결코 피할 수 없었다.

우문융은 호구조사(括戶)를 맡고 있는 동안, 중앙에서 지방에 이르기까지 많은 사람들이 반대하였다. 양적현위(陽翟縣尉) 황보경(皇甫璟)은 상소를 올려 호구조사에 대해 "농사철을 벗어나면, 곧 폐해(弊害)를 입었다"며 공격하였다. 주현(州縣)의 관리들은 "반드시 수탈을 목적으로 하였기에" 백성들의 부담을 가중시켰다. 이것은 농민이 도망하는 주요 원인이 관료의 인원이 너무 많고 "그 수가 만 명을 넘어, 부고의 식량을 축내고, 백성들을

침탈하였다"는 데 있으므로, 백성들이 안심하고 살지 못하는 데 있는 것이
며, 이 문제는 토지조사와 세금으로도 해결할 수 없었다(『唐會要』卷85「逃
戶」)는 것을 말해준다. 현종이 황보경을 영주자사(盈州刺史)로 폄적시켰지
만, 호구조사를 반대하는 의견은 그치지 않았다. 개원 12년(724) 8월, 현
종은 백관들을 상서성(尙書省)에 소집하여 괄호의 득실을 토론하도록 명하
였다. 공경 이하의 사람들은 모두 우문융이 받고 있는 총애와 위세를 두려
워하여서 감히 반대 입장에 서지 못하였는데, 호부시랑(戶部侍郞) 양창(楊瑒)
만 홀로 항의하였다. 그는 "호구조사[括戶] 면세[免稅]는 거민들에게 유리하
지 않은데, 은닉토지에 대한 세금을 징수하는 것은 백성들을 어렵게 만드
니 잃는 것을 보충할 수 없습니다"라고 말하였다. 곧 그는 화주자사(華州刺
史)로 폄적되었다. 황보경이나 양창 등은 공개적인 반대파였으며, 비밀리
에 반대하는 사람들도 있었다. 우문융은 토지와 호구를 조사하여 얻어낸
공으로 해당 부서의 고과(考課)에서 상하(上下)에[21] 해당하는 성적을 받았
다. 그러나 고과를 담당하던 관리 노종원(盧從愿)은 강경하게 동의하지 않
았다. 반대파의 배후는 장열이었다. 장열은 호구조사가 "사람을 번거롭고
불편하게 하니, 수차 이를 무너뜨리기를 건의하였으며[『舊唐書』卷97「張說傳」]",
수중의 권력을 이용하여 우문융의 일을 제압하고 방해하고자 하였다. 그
러나 그는 공개적으로는 반대하지 않고 표면적으로는 우문융과 화평을 유
지하고 있었다. 이러한 투쟁 속에서 현종은 힘을 써서 우문융을 지지하였
는데, 호구조사를 반대하는 관원들을 철저히 파면하였을 뿐만 아니라 우
문융의 직책을 계속 높여주었다. 호구조사를 시작하였을 때만 하더라도
우문융은 정8품상(正八品上)의 일개 감찰어사(監察御史)에 지나지 않았지만, 4
년이 지난 후에는 정5품(正五品)의 어사중승(御史中丞) 겸 호부시랑(戶部侍郞)

---

21) 고과에서는 上上·上中·上下·中上·中中·中下·下上·下中·下下로 9등급
으로 성적을 매긴다.

이 되어 어사대의 두 번째 지위를 차지하고 있었으면서도 더하여 호부(戶部)의 2인자의 자리까지 올라갔으므로 그 관권(官權)은 막중하고 지위도 혁혁하였다.

개원 12년 겨울, 호구조사가 성공하였고 국가의 재정도 풍부해졌다. 장열이 솔선하여 태산에서 봉선(封禪)을 거행하도록 건의하자 백관들도 이어 동의하였다. 장열의 건의는 현종의 마음에 맞아 떨어졌다. 태산에 봉선을 지내는 일은 국운이 창성하고 천하가 태평하다는 증거가 되었으며, 봉선대전(封禪大典)을 거행하는 자는 당연히 태평성세의 명군(明君)이었으므로, 현종이 바라던 것도 바로 이러한 승리의 월계관이라 할 수 있다. 11월 14일, 현종은 문무백관을 이끌고 우선 낙양으로 가서, 다음해 11월 10일에는 봉선대전을 거행하노라고 선포하였다.

대전(大典)의 준비 작업은 장열의 지휘 아래에 바삐 진행되었다. 봉선의 의식을 제정하는 것은 가장 중요한 안건이었다. 현종은 장열에게 명하여, 우산기상시(右散騎常侍) 서견(徐堅)·태상소경(太常少卿) 위도(韋滔)·비서소감(秘書少監) 강자원(康子元)·국자박사(國子博士) 후행과(侯行果) 등과 예관(禮官)들이 함께 집현서원(集賢書院)에서 의주(儀註)를 짓게 했다. 주로 고종(高宗)의 봉선 의주에 따라 역대의 의례를 참조하고 취사선택하여 여기에 수정을 더하였다. 논쟁이 있는 부분은 장열로 하여금 정하게 하였다. 개원 13년(725) 3, 4월 사이에 봉선 의례가 완성되었다. 이에 현종은 매우 기뻐하여 장열과 예관학사(禮官學士)들에게 연회를 베풀었다. 그러나 장열은 봉선을 거행할 때, 돌궐이 이 기회를 타서 공격하는 것을 걱정하고 변방에 병력을 더하도록 준비하고자 병부낭중(兵部郎中) 배광정(裴光庭)을 불러 상의하였다. 배광정은 사신을 파견해 돌궐을 봉선대전에 초청하자고 건의하였다. 그 당시 주변의 소수 민족 국가들 가운데 돌궐이 가장 강대하였다. 돌궐이 온다면 오랑캐의 군장들이 모두 오게 될 것이므로, 봉선대전을 마음껏 거행할 수 있고 두 다리를 뻗고 편안하게 잠을 잘 여유도 있을 것이었다. 장열은 이

건의에 크게 찬성하였고, 현종에게 이를 실행하도록 건의하였다.

10월 11일, 현종은 백관·귀척(貴戚 : 제왕의 친척), 각 지방의 조집사(朝集使), 유생과 문사, 돌궐·거란·해(奚) 등 주변 민족의 수장과 신라·일본의 사신들을 이끌고 낙양을 떠나 태산으로 출발하였다. 봉선 대열은 의장대(儀仗隊)·위대(衛隊)·후진 공급 대열로 구성되었으며, 색색의 깃발과 음악소리가 수백 리에 이어졌다. 내외한구사(內外閑寇使) 왕모중(王毛仲)은 말 수만 필을 공급하여 사용하게 하였는데, "색깔별로 무리를 나누었기 때문에 그들을 멀리서 바라보니 마치 비단 구름처럼 보였다"고 한다. 광대한 봉선대열은 위대한 장관을 이루니 당왕조(唐王朝)의 부귀와 강성함을 보여주고도 남음이 있었다.

11월 초 엿새, 20일 정도의 여정을 거쳐서 사람과 말의 대열은 태산의 입구에 이르게 되었다. 현종은 수행관을 산 입구에 남게 하고 재상과 사예관(祠禮官 : 제사와 의례를 주관하는 관리)을 데리고 산에 올랐다. 제사를 지내기 전에 현종은 예부시랑(禮部侍郎) 하지장(賀知章)에게 전대(前代)에 옥첩(玉牒)의 내용은 왜 비밀에 붙이는지 물어보았다. 하지장은 대개 군주들은 하늘에 비밀을 가지고 구하기 때문에 다른 사람에게 알리기를 원치 않아서라고 말하였다. 이에 현종은 "짐의 이러한 거행은 모두 민생을 위하여 기도하는 것이니 조금도 숨기는 바가 없다(『舊唐書』卷23「禮議志」)"고 말하였다. 그래서 옥첩을 펴내어 군신들에게 선포하였다.[22]

10일, 현종은 태산에서 호천상제(昊天上帝)에게 제사를 지냈고, 군신들은 산 아래에서 오제(五帝) 등 여러 신(神)에게 제사를 지냈다. 제사가 끝나자 현종은 옥첩을 봉해서 제단 위에 놓아두고 쌓아둔 나무 위에 불을 붙였다.

---

22) 봉선의식에 관한 내용의 시대적인 변천에 관해서는 Howard J.Wechster의 『Offerings of Jade and Silk ; Ritual and Symbol in the Legitimation of the T'ang Dynasty』(임대희 옮김), 『비단같고 주옥같은 정치』(고즈윈, 2005)를 참조.

"불이 붙어 군신들이 만세(萬歲)를 부르니 그 소리가 온 산에 울려 퍼졌으며, 그 함성은 천지를 뒤흔들었다(『舊唐書』卷23「禮儀志」)." 다음날 현종은 사수(社首)에서 지신(地神)에게 제사를 지냈다. 이로써 봉선은 원래 정한 의주대로 순조롭게 끝이 났다.

12일, 현종은 장전(帳殿 : 황제가 출행시 머무는 장막용 행궁)에서 군신들이 조하(朝賀)하는 것을 접견하였다. 천하에 사면령을 내리고 태산의 신을 천제왕(天齊王)으로 받들었다. 현종은 태산명(泰山銘)을 찬하여 기록하였으며, 친필로 써서 산꼭대기의 석벽 위에 새겼다. 장열·원건요(源乾曜)·소이(蘇頤) 등의 대신들도 바삐 글을 지어 이 태평성세의 대전을 찬양하였다.

봉선대전의 성공은 장열이 이루었던 업적 가운데 가장 빛나는 성과였다. 이로써 그는 그의 박식한 지혜와 출중한 문채(文采)와 걸출한 재간을 펼쳐 보였다. 그러나 장열이 봉선대전을 진행하면서 적지 않은 사람에게 죄를 짓게 되었다. 규정에 따르면 현종이 태산에 오르는 데 수행해야 하는 예관은 모두 5품을 넘어야 하는데, 이때 사관(祠官)을 맡으면 관직이 오를 수 있는 좋은 기회가 되었다. 장열은 "주로 양성(兩省)의 녹사(錄事)와 주서(主書), 그리고 자기와 친한 사람으로 뽑았다(『舊唐書』卷97「張說傳」)." 장구령(張九齡)은 이런 조치에 반대하고, 장열에게 권고하여 "관직과 작위는 천하의 공적인 도구이므로, 먼저 덕망을 봐야 합니다. 공로를 참작하고 공신을 뽑는 것은 그 다음이 되어야 합니다. 만약 윗도리와 아랫도리를 바꾸어 입는다면 지적을 당하고 비방하는 말을 듣게 됩니다. 지금 태산에 올라 하늘에 제사 드릴 것인데, 이는 천 년에 한 번 있는 일입니다. 정상 경로를 거쳐 벼슬을 얻은 고급 관리들이 황제의 특별한 은총을 입지 못하고, 하급 관리들에게 관직과 작위를 올려주고 앞세운다면, 이런 조서를 반포한 후에 천하의 모든 사람들은 실망할 것입니다(『舊唐書』卷97「張說傳」)"라고 하였다. 그러나 장열은 그의 말을 듣지 않아 결국은 많은 관리들의 불만을 사게 되었다. 봉선에 참여한 사병들은 힘겹게 일하였지만 현실적인 상은 얻지 못하고 허명의 훈관(勳官)만을 받았으니 그들의 원망과 분노도 대단하였다.

우문융은 봉선대전 후에 장열에 대한 중외(中外) 백관의 불만을 이용하여 때를 놓치지 않고 공격하기 시작하였다. 장구령은 장열과 우문융의 불화를 잘 알고 있었다. 그는 그보다 앞서 장열에게 "우문융은 은혜를 입으며 말주변이 있으니 준비가 없으면 아니 될 것입니다"라고 경계하였다. 그러나 장열은 그렇지 않다고 여겼다. "이 개 같고 쥐 같은 소인배가 무슨 일을 하겠는가(『舊唐書』 卷105 「宇文融傳」)"라고 하였다. 이 말에는 우문융을 상당히 무시하는 심정이 가득 차 있다. 그는 상대방의 마음과 능력을 너무나 과소평가하였다.

우문융(宇文融)은 먼저 우회 전술을 사용하였다. 그는 현종이 이부(吏部)의 관리 선발에 대해 불공평하다고 의심하고 있으며, 이 선발은 장열에 의해 주관이 된다는 것을 잘 알고 있었다. 이에 우문융은 이부를 10개 부문으로 나누어서 선발하자[十銓典選]고 건의하였다. 이부를 신임하지 않고 있던 현종은 이러한 건의가 마음에 들었다. 곧이어 명을 내려서 소정(蘇頲)·위항(韋抗)·노종원(盧從愿)·우문융 등 열 명이 나누어서 이부의 선발을 맡게 하고, 서판(書判)을 시험한 후에 직접 현종에게 심사하게 하였으며, 이부상서(吏部尙書)와 시랑(侍郞)은 참여할 수 없게 하였다.

장열은 이를 아주 못마땅하게 여겼다. 관리 선발권이 비록 이부(吏部)에서 넘어갔지만 장열은 재상으로서의 발언권을 가지고 있었다. 그래서 우문융 등은 매번 주청할 때마다 장열에 의해 제지되었기 때문에 관리를 선발할 수 없었다. 그래서 현종도 장열에 대하여 상당한 불만을 품고 있었다. 10개 부문으로 나누어서 관리를 선발하는 방법[十銓典選]은 타당하지 않아서 일 년 동안만 시행이 되었다. 우문융은 이 사건을 이용하여 현종과 장열의 사이에 쐐기를 박았으며, 이로 말미암아 그들 사이에는 틈이 생기게 되었다.

개원 14년(726) 4월 4일, 우문융은 장열에게 정면 공격을 감행하였다. 그는 어사대부(御史大夫) 최은보(崔隱甫)와 어사중승(御史中丞) 이림보(李林甫)와 연합하여 연명(聯名)으로 "술사를 끌어들여 별점을 치고, 사사로이 사치를 일삼고 뇌물을 받았다"고 장열을 탄핵하였다.

최은보는 전에 낙양령(洛陽令)·화주자사(華州刺史)·태원부윤(太元府尹)을 역임하였으며, 사람됨이 청명하고 강직해서 가는 곳마다 정치적으로 공적을 세웠다. 현종은 그를 중용하도록 준비하였다. 그러나 장열은 그가 문(文)에 뛰어나지 않다고 무시하고 상주하여 그를 금오대장군(金吾大將軍)으로 삼고자 하고, 자기의 친구인 전중감(殿中監) 최일지(崔日知)를 어사대부(御史大夫)로 추천하였다. 현종은 여기에 동의하지 않았으며 최일지를 우어림대장군(右羽林大將軍)에 명하고, 최은보를 어사대부로 삼았다. 최은보는 이로써 그에게 불만을 품게 되었다.

이림보는 후일에 큰 명성을 얻게 된 인물이다. 그는 당고조(唐高祖) 이연(李淵)의 사촌 형제 장평왕(長平王) 이숙량(李叔良)의 증손이며, 또한 당종실(唐宗室)의 자손이라고 할 수 있다. 문음을 통하여 벼슬길에 들어섰는데 본래 학술이 부족하였지만 정치에는 밝았다. 그가 바로 우문융을 어사중승(御史中丞)으로 추천하였던 것이다. 그래서 이림보·최은보와 우문융은 모두들 함께 장열을 공격하였다.

현종은 우문융과 그들의 탄핵하는 상주를 접한 후에 크게 노하여 금오병(金吾兵)을 보내어 장열의 저택을 포위하고 칙령을 내려 시중(侍中) 원건요(源乾曜)로 하여금 형부상서(刑部尙書) 위항·대리소경(大理少卿) 호규(胡珪)와 최은보 등과 함께 장열을 어사대(御史臺)에 잡아와서 심문하게 하였다. 장열의 형인 좌서자(左庶子) 장량(張亮)이 조당에 와서 귀를 자르고 억울함을 아뢰었지만, 현종은 거들떠보지도 않았다. 심문을 통해 중서주서(中書主書) 장관(張觀)·좌위장사(左衛長史) 범요신(范堯臣)이 장열의 권력을 믿고 거짓으로 허세를 부려 뇌물을 받았다는 것이 밝혀졌다. 장열과 사탁승(私度僧) 왕경측(王慶則)이 내왕하였으며, 또한 길흉을 점친 것이 모두 사실이라고 하여 장열은 고개를 숙여 죄를 인정할 수밖에 없었고, 결국 하옥되었다. 현종은 크게 화를 낸 후에도 마음을 놓을 수가 없어서 고력사를 보내 미리 가서 살펴보도록 하였다. 고력사는 돌아와서 그가 흐트러진 머리와 초췌한 얼굴을 하고 짚풀 위에 앉아서 질그릇에 음식을 먹고 두려움에 떨며 벌을 기다리고 있다고 하였다. 장열이 괴로워한다는 것을 전해들은 현종의 마음에는 연민의 정이 일어났다. 고력사는 이 기회를 타서 현종에게 장열이 이전에 시중이었으며 국가에 공을 세운 것을 고려하여 가볍게 처리하도록 간언하였다. 4월 12일, 현종은 영(令)을 내려 장열에게 중서령(中書令)의 직무를 면제시키고, 그 나머지 관직은 예전대로 하도록 하였다. 그러나 장관(張觀)·왕경측(王慶則)은 죽임을 당하였으며, 십여 명이 이 일에 연좌되었다.

장열이 재상에서 파면된 후에도 현종은 여전히 그를 중시하였으며, 군국의 대사를 접하면 늘 사람을 보내어 그의 의견을 구하였다. 우문융·최은보 등은 장열이 다시 재기하는 것을 두려워하여 계속해서 현종의 면전에서 장열을 공격하였지만, 현종은 신물을 내며 다시는 이러한 붕당의 싸움을 허용하지 않았다. 개원 15년(727) 2월 2일, 현종은 장열을 퇴직시켜 집에서 역사를 편찬하게 하고, 최은보는 관직을 면제시키고 집에 돌아가서 모친을 봉양하도록 하였으며, 우문융은 위주자사(魏州刺史)에 임명하여 그들을 한꺼번에 중앙 정부에서 몰아내었다.

장열과 우문융 사이의 대립은 분명 문학파와 실무파의 싸움이었지만 단순히 그런 것만도 아니었다. 세세히 따셔본다면 그들이 대립하게 된 데에는 적어도 세 가지 원인이 있다.

하나는 이익에 대한 다툼이다. 사실 우문융이 감독한 호구조사는 당전기 사회체제의 도호(逃戶)에 대한 제압과 여기에 반항하는 투쟁일 뿐만 아니라, 또한 동시에 당 전기 사회체제가 대표하는 지주 계급 중의 특정 계층이나 집단이 착취 대상을 서로 차지하려는 투쟁인 것이다. 농민에 대한 착취가 농민이 부담할 수 있는 정도를 초과해버리면, 농민들은 호적을 버리고 도호가 된다. 그러나 설령 농민들이 당 전기 사회체제 안에서 도망친다 하더라도 그들은 진정한 독립과 자유를 얻을 수가 없으며, 그들 가운데 일부는 다시 새로운 통제를 받게 되고, 또 다른 일부는 "잠시 동안만 도망할 생각이었는데 곧 겸병을 당하게 되고(『册府元龜』卷70「帝王都」務農)", 결국 지주의 착취 대상이 되고 마는 것이다. 우문융의 호구조사(括戶)는 바로 정책상으로는 도호에게 혜택을 주는 것이었지만, 그들로 하여금 다시 국가의 통제를 받게 한 것이다. 곧, 그것은 사회체제의 이익을 대표하고 있었던 것이다. 비록 토지와 호구에 대한 조사가 지주들이 이미 은밀히 점유하고 있던 농호와 토지는 건드릴 수는 없었지만, 결국 그들의 세력이 무한히 커지는 것을 제한하게 되었고, 어느 정도 그들의 이익에 손해를 끼쳤기 때문에 격렬한 반대에 부딪히게 되었다.[23]

장열을 수뇌로 한 문학파는 당대에 일어난 평범한 지주들의 정치적 대변자였다. 그들의 대다수는 고귀한 신분은 아니었지만, 무측천 시대 과거시험과 같은 경로를 통하여 당 정부의 각급 정치권력을 차지하기도 하고, 심지어는 최고 통치 집단에도 들어가게 되었다. 그들은 새로운 지위를 얻은 후 합법적 혹은 비합법적, 경제적 혹은 초경제적인 수단을 통하여 탐욕스럽게 자기의 세력을 확대시켰다. 이렇게 "새로운 장원의 거택과, 작기는 해도 전원을 가지고 있던(『舊唐書』卷78「于志寧傳」)" 보통의 지주들은 많은 토지를 겸병하여 밭에서 나는 생산물을 확대시켰다. 당초 이래로부

---

23) 이 시대의 여러 가지 변화는 좀 더 광범위한 시각으로 볼 필요도 있다. 그래야만 이러한 통치체제의 파탄을 이해할 수 있을 것이다. 누노메 조후 등, 『중국의 역사(수당오대)』(임대희 옮김, 혜안)의 〈제7장 수·당전기 통치 체제의 파탄〉 부분이 참조가 될 것이다.

터 이러한 현상은 보편화되었는데, 이것은 다시 말해 당시 농민의 토지를 잠식하고 신속하게 대토지 사유제를 발전시킨 것이 주로 보통 지주들이었다는 것을 보여준다. 소위 "부호(富豪)의 집에서 모두 등록되지 않은 논을 가지고 있었으며(『舊唐書』卷135 「賈敦頤傳」)", "부호들이 토지를 겸병하여 가난한 사람들은 실업민이 되었다(『新唐書』卷51 「食貨志」)"고 하는 것은 주로 그들을 가리켜 하는 말이다.

무측천은 토지 겸병의 발전을 승인하고 제재를 가하지 않았으며, 경제적으로 '무위(無爲)의 치(治)'라는 느슨한 정책을 사용하였다. 실제로 그녀는 보통 지주들이 자기의 세력을 확대하는 것을 지지하였는데, 이것은 그녀가 정치적으로 보통 지주들을 키우려는 입장과 완전히 일치하였다. 현종의 시대에 이르러 사족(士族) 지주는 이미 완전히 쇠락하였고, 보통 지주들은 권력을 장악한 지 몇 년만에 큰 토지와 노동력을 점유하여 기득권자가 되었다. 그들은 무측천 시대의 느슨한 정책이 계속 유지되기를 기대하였다.

현종은 무측천과 서로 다른 점이 있었으니, 그는 원래 있던 전령(田令)을 유지하고자 하였으며, 토지 겸병의 추세를 막고자 하였다. 토지조사 및 호구조사와 병제의 개혁은 자영농의 토지 점유 상황과 밀접한 관계에 있었다. 부병제를 모병제로 바꾼 것은 농호의 총수 중에서 자영농이 차지하는 비중이 낮아지고, 그들이 가진 토지가 감소하는 추세에 순응하는 것이었다. 농민에 대한 제재를 가볍게 하는 것은 지주의 발전에 도움이 되었기 때문에 장열은 이를 적극적으로 추진시켰다. 토지조사 및 호구조사는 자영농이 토지를 점유하도록 하였고, 국가가 대량의 자영농의 구조와 "인정(人丁)으로 근본을 삼는" 부세 제도를 지켜주었기 때문에, 국가의 이익을 지켜주는 데에 도움이 되었으며, 지주 계급의 이익이 팽창하는 것을 막는 데 도움이 되었다. 그래서 장열은 호구조사가 사람을 귀찮고 불편하게 한다며 반대하였던 것이다. 토지조사[括戶]의 반대파였던 노종원(盧從愿)은 좋은 땅[良田] 수백 경(頃)을 점유한 '토지가 많은 부호(多翁, 『舊唐書』卷110 「盧從

願傳」'였다. 호구조사에 대한 상호 대립 속에서 현종이 국가의 이익을 지키려는 우문용을 적극적으로 지지한 것은 이해하기 어렵지가 않은 일이다.

또 다른 원인은 권력에 대한 싸움이다. 개원 11년(723), 현종의 비준을 거쳐 장열은 정사당(政事堂)을 중서문하(中書門下)로 바꾸고, 정사당의 날인을 중서문하의 날인으로 고쳤다. 또한 이방(吏房)·추기방(樞機房)·병방(兵房)·호방(戶房)·형예방(刑禮房)의 오방(五房)을 정사당(政事堂, 中書門下)의 정청(正廳)에 설치하게 한 후, 사무를 분리하여 담당하게 하였다. 이것은 재상 제도 속에서 일어난 중요한 변혁이며, 이는 재상의 권력이 집중되고 강화되었음을 보여줄 뿐만 아니라 당 초기 이래의 3성(三省) 제도가 끝났음을 보여준다.

당은 수나라의 제도를 물려받아 3성 6부 제도(三省六部制度)를 실행하였는데, 중서성(中書省)에서는 황제의 뜻을 취하고, 문하성(門下省)에서 봉박(封駁 : 왕명이 합당하지 않을 경우 돌려보내는 제도)을 하고, 상서성(尙書省)에서 집행을 하였다. 그러나 중서성과 문하성 사이에는 항상 의견이 상충되는 점이 있어서, 분쟁이 그치지 않았고, 효율성에도 영향을 끼쳤다. 당 초기 3성(三省)의 장관은 재상을 겸하였으며, 정사당(政事堂)에서 합의하는 제도를 마련하였다. 정사당은 문하성에 설치되었으며, 문하성은 재상이 정치를 의논하는 곳이었다. 사건을 의논하여 결정한 후에 중서성에서 조칙(詔勅)을 내고 문하성에서 심의하면 자연히 통과되기 쉬웠으며 상서성의 집행도 역시 순조로웠다. 홍도(弘道) 원년(683) 12월 21일, 배염(裵炎)은 시중에서 중서령이 되었으나 여전히 정사의 결정을 맡는 수석 재상으로 있었으며, 정사당이 중서성으로 옮겨졌지만 정사당은 여전히 정치를 의논하는 곳으로 남아 있었다. 장열이 정사당을 중서문하로 고친 것은 이름을 바꾼 것뿐 아니라 정사당을 정치를 의논하는 곳에서 재상의 상설업무기구로 만든 것이었으며, 또한 이를 결책(決策)과 발령(發令)의 기관에서 최고 정책 결정[決策]기관 겸 최고 행정 기구로 바꾼 것이었다. 이러한 변화는 재상이 겸직(兼職)을 하는 데서 전직(專職) 재상으로 변화하는 데 부응하는 것이었다. 당 초기 이래의 재상·시중·중서령과 상서 좌우 복야(僕射)는 정무 처리의 순서에 따라 분담하였고, 그 밖의 타관직으로 재상을 겸한 자는 회의에 참여하는 것에 불과하였다. 그래서 타관의 참지정사(參知政事)·동평장사(同平章事)들은 물론, 3성의 수장(首長)들도 모두 오전에 조당에서 정책을 의논하고, 오후에 본사(本司)에서 일을 보았는데(『通典』 卷33 「吏部尚書」), 각 공무 기관에서 재상은 겸직일 뿐이었다. 개원 년간에 이르러 정무가 복잡해지자 현종은 재상에게 더욱 의지하게 되었고, 그들에게 중요한 권력과 지위를 주었다. 개원 10년(722) 11월, 그는 재상에게 식실봉(食實封) 300호를 주도록 명하고, 또한 특별히 강조하여 식봉(食封)을 준 것은 "내가 예로 현인을 대하는 것으로서 만세의 법을 삼는다(『唐會要』 卷10 「祿封雜記」)"는 것인데, 현종은 두세 명의 재상을 등용하여, "재상의 수는 적었고 임무는 존중받기 시작하였으며, 본사로 돌아가지 않아도 되었다(『舊唐書』 卷106 「楊國忠傳」)." 재상의 직책은 겸직에서 전직으로 바뀌었으며, 정책을 결정할 뿐만 아니라 최고 행정 수뇌가 되었으며, 자기의 공무 기구와 공무 임원을 설립하였으니, 재상의 권력은 좀 더 집중되고 강화되었던 것이다. 인구가 증가하고 경제가 발전하고 정무가 복잡한 상황에서 재상의 권력이 강화되는 것은 필연적인 것이며, 행정 처리를 효율적으로 하는 데 도움이 되었다.

현종은 재상의 권력을 부단히 강화시켰을 뿐만 아니라 동시에 우문융에게 막대한 권력을 부여하였다. 그리하여 큰 일이건 작은 일이건 모든 주에서는 먼저 권농사(勸農使)에게 첩(牒: 문서)을 보내고 후에 중서성에서 심사하였고, 성사(省司)에서는 역시 우문융의 지시를 기다렸다가 그 후에 처결하였다. 현종의 이렇게 한 데에는 그 원인이 있다. 3성 6부제는 당 초기의 상황에 알맞게 건립된 것으로, 그 기구의 조직과 규모는 간단하였고, 일정한 인원으로 정원을 편성하였다. 상서성(尚書省)의 호부사(戶部司)와 같은 것은 그 직책이 "호구(戶口)와 정전(井田)의 일로 분리되어 있었으며(『舊唐書』 卷43 「戶部」)", 토공(土貢)의 수취·호적의 편제·호등(戶等)의 획정·거민의 이동·토지의 관리·부세의 조정·관세의 감면과 같은 것이었다. 정원(定員)은 낭중(朗中 : 종5품 이상) 2명, 원외랑(員外郎, 종6품 이상) 2명, 주사(主事 : 종9품 이상) 4명, 영사(令史) 15명, 서령사(書令史) 34명, 정장(亭長) 6명, 장고(掌固 : 서리) 10명으로 모두 75명이었다. 그 가운데 9품 이상의 벼슬에 오른 관원은 8명이고, 영사 이하는 모두 관원이 아닌 서리(胥吏)들이었다. 각종 인원의 수와 직무와 분업은 모두 고정되었고 바뀌지 않았다. 비록 호부사(戶部司)는 호부(戶部) 가운데 최고의 관직이지만 관리해야 할 사무가 너무 많았다. 당 초기에는 호구도 많지 않았고 경제도 불황이었으며 상황도 간단하여, 관리가 가능했다. 그러나 백여 년의 시간을 거치면서 사회 경제가 번영하여 결국 그 부담이 갈수록 무거워져 새로운 상황에 적응할 수가 없었다. 행정 제도와 정부의 기구에는 모두 개혁과 조정이라는 문제가 존재하고 있었으며, 3성 6부 24사(三省六部二十四司)는 이미 고정화되고 모델화되어 쉽게 바꿀 수가 없었다. 현종은 전국에서 토지조사와 호구조사를 시작하는 데 있어 이미 맡아야 할 일이 많은 호부사(戶部司)에게만 의지할 수는 없었으므로, 다른 사직(使職 : 지방에 일이 생겼을 때 중앙에서 임시로 파견하는 관직)을 설치하여 인재를 뽑아서 이러한 일을 맡길 수밖에 없었다. 호구조사(括戶)를 하는 데에는 어려움이 많기 때문에 우문융에게 큰 권력을 주어야만 일을 추진해 나갈 수 있었다. 사직(使職)의 출현은 사회 경제 발전이 상층의 구조에 영향을 주었음을 보여주며, 이것이 다만 우문융에 대한 현종의 신임이었다고는 볼 수 없는 것이다. 사직의 광범위한 설치는 상서 6부 외에 또 하나의 행정 체계가 출현했다고 볼 수 있다. 그래서 상서성(尚書省) 외에도 달리 또 다른 기구를 설치하여 전국의 행정 사무를 총괄하는 것이 필요하였다. 정사당(政事堂)을 중서문하에 설치한 것은 이러한 필요에 부응하기 위해서였다. 정사당을 고쳐서 중서문하(中書門下)로 바꾼 것은 3성 6부제에 대한 중대한 개혁이며, 후세에 끼친 영향도 매우 크다. 송대에서 관(官)과 직(職)을 구분한 것과 중서문하가 행정을 통솔한 것은 바로 이러한 제도가 지속적으로 변화 발전한 것이다.

현종이 우문융을 복전권농사(覆田勸農使)로 임명한 것은 상서성(尙書省)의 권력을 나누고자 함이 분명하다. 『구당서(舊唐書)』에서 "개원 년간 이전에는, 모든 일이 상서성에 귀납되었고, 개원 년간 이후에는 권력이 이동하여 다른 부분으로 옮겨졌다(『舊唐書』卷48「食貨志」)"라고 한 것은 바로 사직(使職)이 출현한 후에 권력이 다시 나누어지는 상황을 말해준다. 장열은 우문융이 사직을 충당한 후에, 정사당을 중서문하로 바꾸도록 상주하였는데, 정치 투쟁의 각도에서 고찰해 본다면 이는 우문융의 권력을 제한하려는 의도일 것이다. 우문융의 권력이 최고점에 달했을 때도 비록 상서성을 능가할 수는 있었지만 중서문하를 초월하지는 못하였다. 그래서 장열은 중서문하의 권력을 이용하여 우문융을 제압할 수 있었고, "수차례 그와 어긋나는 것을 건의하였다." 호구조사(括戶)가 끝난 후, 현종은 우문융을 어사중승(御史中丞) 겸 호부시랑(戶部侍郞)에 임명하였는데, 장열이 "우문융의 권력이 커짐을 두려워하여, 그가 건의한 바에 대해서는 대부분 배척하였다." 그와 우문융의 대립은 분명 권력 투쟁의 요인을 가지고 있었던 것이다.

또 다른 원인은 감정적인 싸움이었다. 『신당서(新唐書)』에서는 장열을 매우 숭상하면서, 그는 "기개를 중시하고, 약속한 일은 반드시 행하고, 재상이 되어서는 후진을 밀어주는 것을 좋아하였고, 군신과 친구에게 그 대의가 아주 돈독하였다(『新唐書』卷125「張說傳」)"라고 하였는데, 사실 그는 절대로 이런 사람이 아니었다. 장열이 품성에 있어서는 권력욕이 강하고 성미가 거칠고 급하며 마음이 좁아서 사람을 용납할 수 없는 결점이 있는 것은 사실이었다. 특히 그는 자기와 의견이 상반된 사람은 용납하지 못하였다. 한편 원건요(源乾曜)는 성격이 유약한 사람으로 장가정(張嘉貞)·장열과 함께 재상이 되었다. 그러나 "원건요는 감히 그들과 권력을 다투지 않았으며, 매사에 그들에게 모든 것을 양보하였다(『舊唐書』卷98「원건요전(源乾曜傳)」)." 그러나 봉선(封禪)에 대해서는 찬성하지 않았기 때문에 장열은 그에게 아주 불만이 많았다. 최면(崔沔)이라는 사람은 "모든 일을 삼가며, 한 입으로 두 말을 하지 않으며, 부모님을 섬기는데 그 효성이 돈독하였고 문학적 재능이 있었다." 장열은 그의 도덕과 문장을 아주 중시하였으며, 그를 중서시랑(中書侍郎)에 추천하였다. 최면은 무슨 일이 생기면 팔짱을 끼고 침묵을 지키는 것을 원치 않았으며 자신의 의견을 잘 발표하는 사람이었는데, 결국은 장열이 그를 용납하지 않았기 때문에 지방 자사(刺史)로 폄적되었다. 우문융은 성급하고 말이 많으며 자기 자랑하기를 좋아했다. 그는 자화자찬하며 자신이 꼭 등용되어야 할 인물이라고 생각하였다. 장열은 평소에 이러한 우문융의 사람됨을 싫어하였고, 우문융도 장열의 인격을 좋아하지 않았다. 그들의 사이는 우호적일 수 없었으며 늘 대립이 가득하였는데, 이러한 것은 그들의 성격 및 기질과도 무관하지 않다.

현종은 비록 장열과 우문융을 중앙 정부에서 함께 축출시켰지만, 일은 결코 끝나지 않았다. 그들에게는 각각의 관직에서 아직도 거쳐야 할 역정이 남아있었기 때문이다.

개원 16년(728), 우문융은 변주자사(汴州刺史)를 맡다가 수도로 돌아와서, 홍로경(鴻臚卿) 겸 호부시랑(戶部侍郎)에 출임하였는데, 그의 재정적인 능력은 현종에게 깊은 인상을 심어주었다. 다음해, 황문시랑(黃門侍郎) 겸 동중서문하평장사(同中書門下平章事)에 제수되었는데, 초에 재상의 지위에 오른 우문융은 득의만만하게 으스대면서 "내가 이 자리에 수개월만 거하면 온 세상[四海]이 평안해질 것이다"라고 하였다. 그러나 그는 재상직에 겨우 99일 동안 머물러 있었으며, 달리 내세울 만한 정책도 세우지 못하고 사건[전중시어사 이주(李宙)가 신안왕 이의(李褘)를 탄핵한 사건]에 연루되어 결국은 유배지로 향하던 중 생을 마쳤다.

장열은 개원 17년(729) 다시 상서좌승상(尙書左丞相)·집현원학사(集賢院學士)와 개부의동삼사(開府儀同三司)를 제수받았다. 그가 임명되자 현종은 "해당 부서의 장관에게 명하여 장막을 설치하고 음악을 연주하고 안에서는 음식을 내어오도록 하였으며, 황제는 한 편의 시로 그 일을 서술하였는데(『新唐書』卷125「張說傳」)", 그 대우가 무척 융숭하였다. 장열의 큰아들 장균(張均)은 중서사인(中書舍人)에 제수받았으며, 둘째아들인 장기(張垍)는 영친공주(寧親公主)와 결혼하여 부마도위(駙馬都尉)를 제수받았다. 다음해, 장열이 병에 걸리자 현종은 매일 중사(中使)를 보내어 문안하게 하고, 직접 처방을 써서 보내주었다. 사적에는 "당시의 영화와 은총 가운데 이와 비할 것이 없었다"라고 칭하고 있다. 12월, 장열이 세상을 떠났다. 현종은 그의 죽음을 오래도록 슬퍼하였으며, 광순문(光順門)에서 그의 죽음을 애도하였다. 장열을 위해 직접 신도비문(神道碑文 : 고관의 무덤 앞에 세우는 비석)을 만들고, '문정(文貞)'이라는 시호[諡號]를 직접 필사(筆賜)하였다. 장열은 일생 동안 세 번 부상하고 두 번 하락하였는데, 그 기복이 매우 컸으며 그 높낮이가 일정하지 않았다. 현종은 장열의 정사 처리에 가끔 반대하기도 했지만, 사적인 교류는 매우 깊고 두터웠다. 현종은 문학적 재능이 출중하고 상당한 명성을 향유했던 스승 장열을 매우 존중하였고 사모하였다.

12. 황실 내부의 비극

조정에서 장열과 우문융의 한판 승부가 긴박하게 연출되면서, 궁정 내부의 비극도 시작되었다.

개원 12년(724) 7월 22일, 현종은 조사를 내려 왕황후(王皇后)를 서인(庶人)으로 폐위시키고, 별실에 안치하게 하였다. 황후의 오라비인 태자소보(太子少保) 왕수일(王守一)은 담주별가(潭州別駕)로 폄적되었으며, 임지로 가는 도중 사약을 받았다. 호부상서(戶部尙書) 장가정(張嘉貞)은 왕수일과 늘 친밀한 사이였기 때문에, 역시 태주자사(台州刺史)로 폄적되었다. 궁정 내부의 이러한 중대한 변고는 조정 안팎을 뒤흔들어 놓았다. 그러나 이것은 돌발적으로 발생한 것이 아니라 오래도록 쌓여졌다가 터진 일이었다.

왕황후(王皇后)는 동주(同州) 하규(下邽) 출생으로, 출신은 그다지 훌륭하다고 할 수 없다. 그녀의 부친 왕인교(王仁皎)는 "경룡(景龍) 년간에 장수(將帥)에 봉해졌으며 감천부과의(甘泉府果毅)의 직위를 제수받았고, 좌위중랑장(左衛中郎將)으로 천거되었는데(『新唐書』 卷206 「王仁皎傳」)", 중랑장(中郎將)은 관4품하(官四品下)였다. 현종은 임치왕(臨淄王)으로 있으면서 왕씨(王氏)를 아내로 맞았다. 왕씨는 장수의 집에서 태어나 성격이 명랑하고 담력과 지혜가 뛰어났다. 그녀는 무위(武韋)의 난을 평정하는 동안에, "자주 밀모에 참

여하였고 대업을 찬성하였다"고 한다(『舊唐書』卷51「廢后王氏傳」). 선천(先天)
원년 8월, 예종(睿宗)이 현종에게 황위를 물려주고, 스스로 태상황(太上皇)이
되었다. 왕씨는 황후에 책봉되었다. 왕인교는 딸이 황후가 된 연고로 태
복경(太僕卿)의 직관에 이르렀으며, 후에는 또 공훈을 더하여 개부의동삼사
(開府儀同三司)가 되어 빈국공(邠國公)에 봉해졌으며 큰 총애를 받았다. 왕황
후(王皇后)의 쌍둥이 오빠였던 왕수일(王守一)은 현종이 임치왕으로 있을 때
부터 그와 좋은 친구였으며, 왕수일이 낮은 지위에 있을 때부터 친했다.
관직은 상승봉어(尙乘奉御)에 이르렀으며, 후에는 태평공주를 주살하는 정
변에 참가하였고, 공을 세운 연고로 전중소감(殿中少監)에 천거되었으며, 특
별히 진국공(晉國公)에 봉해졌다. 왕황후 남매와 현종은 환난을 함께 한 친
구로서, 그 우정은 오래 된 것이었다. 하지만 현종의 왕황후에 대한 애정
의 감정은 별로 없었다. 그가 임치왕으로 있을 때, 그에게는 조려비(趙麗
妃)·황보덕의(皇甫德儀)·유재인(劉才人)과 같이 총애하는 비빈들이 있었다.
그녀들은 모두 아름다운 자태와 용모로 현종의 환심을 샀다. 그러나 개원
초년에 이르러서, 후비들 가운데에서도 무혜비(武惠妃)가 점차 총애를 얻게
되었으며, 그녀의 지위는 점점 두드러지게 되었다. 심지어는 "현종은 모든
총애를 이 무혜비라는 후궁에게 쏟아 부었으며", 그녀에 대한 현종의 총애
는 다른 후비들보다 깊었다.

무혜비는 무측천의 종백부의 아들 항안왕(恒安王) 무유지(武攸止)의 딸로
서, 무유지가 세상을 뜬 후에 관례에 따라 입궁하였다. 혜비(惠妃)는 명문
출신이라고 할 수 있다. 혈연관계로 본다면, 그녀의 조부와 현종의 조모는
사촌 형제로 그녀는 현종과 내외종 팔촌이 된다. 혜비는 "어려서부터 좋은
교육을 받았으며, 어려서는 예쁘고 순하였고 커서는 현명하며, 행실은 예경
(禮經)에 합하고 언행은 사서(史書)에 부합하였다(『舊唐書』卷51「貞觀皇后武氏」).
몸이 단아하고 아름다웠을 뿐 아니라 성격도 온화하고, 총명하였다. 영리
하여 책과 예도를 깨우쳐 대가집 규수의 풍모를 듬뿍 지니고 있었다. 현종

은 이 내외종 팔촌을 매우 총애하였다. 그들은 네 아들과 세 딸을 낳았다. 큰아들 하도왕(夏悼王) 이일(李一)은 용모가 수려하고 아름다워, 현종은 그를 비할 데 없이 사랑하였지만 아깝게도 개원 5년에 요절하였다. "이때 황제의 수레는 동도에 있었으며, 성남문(城南門) 동령(東嶺)에 장사를 지내자 현종은 궁중에서 눈을 들어 바라보려 하였다(『舊唐書』卷107「夏悼王一」)"고 한다. 둘째 아들 회애왕(懷哀王) 이민(李敏)과 큰딸 상선공주(上仙公主)도 모두 요절하였다. 그래서 셋째 아들 수왕(壽王) 이모(李瑁)가 출생하자, 현종은 그 아이를 궁중에서 기르려 하지 않고 큰형인 영왕(寧王) 이헌(李憲)에게 보내어 양육을 부탁하였다. 영왕비(寧王妃) 원씨(元氏)가 그에게 직접 젖을 먹이고, "나의 아들[己子]이라 불렀다(『舊唐書』卷107「壽王瑁」)." 그는 개원 13년에 이르러서야 비로소 영왕(寧王)의 가택에서 궁중으로 돌아올 수 있었다. 수왕 이모는 현종의 18번째 아들로, 궁중에서는 '십팔랑(十八郎)'이라고 불렀다. 현종은 "그를 다른 아들과는 비교할 수 없을 정도로 사랑하였다(『舊唐書』卷107「壽王瑁」)"고 한다.

현종이 무혜비를 편애하자 왕황후(王皇后)는 불만을 품게 되었는데, 여기에는 감정적인 질투가 있음은 물론이고 무씨 가문에 대한 멸시 또한 있었다. 왕황후의 불만은 무혜비에게 모종의 희망을 가져다주었다. "무혜비는 총애를 받는데다가, 은밀히 왕후의 자리를 쟁탈하고자 하는 뜻도 가지고 있었다. 한편, 왕후는 마음이 편하지 못하였기에 때로 황제에게 불손한 말을 하였다"고 한다. 한편 무혜비는 왕황후 대신 황후의 자리를 차지하고자 하였으며, 때때로 황후를 배척하기도 하였다. 황후는 이미 그 아름다움이 퇴색한 데다 권력지향적인 성격이라 그녀에 대한 현종의 애정도 싸늘하게 식어갔다. 심중의 계략이 부족하였던 이 장수 가문의 딸은 항상 현종에게 무뚝뚝하게 말대꾸를 하였으며, 현종에게 무혜비에 대한 불만과 원한을 거친 방법으로 털어놓았다. 결국 현종은 그녀에 대해 날이 갈수록 반감을 가지게 되었다. 개원 10년 8월, 현종은 이미 그가 아끼는 신하인

비서감(秘書監) 강교(姜皎)와 상의하여, 왕황후에게 아들이 없다는 이유로 그
녀를 폐위시키고자 하였다. 그러나 입이 가벼운 강교는 이 일을 세상에
떠벌렸다. 왕황후의 매부인 사복왕(嗣濮王) 이교(李嶠)가 이 사실을 알고 현
종에게 상주를 하자 현종은 크게 노하였다. 그리고 중서문하에 명하여 조
사하도록 하였다. 중서령 장가진(張嘉貞)은 왕황후의 오빠인 왕수일과 친밀
한 관계였으므로, 당연히 강교를 놓아줄 수가 없었고 죄목을 덮어씌워 곤
장을 때린 후에 영남(嶺南)으로 유배 보낼 것을 상주하였다. 이에 현종은 제
서(制書)를 내려 강교가 "거짓으로 허튼 소리를 하고, 망령되이 궁정의 일
을 이야기하였으며"라고 하여 황후를 폐위하고자 한 일을 부인하였다. 그는
강교에게 모든 죄를 덮어씌우고 곤장을 때린 후에 흠주(欽州)로 유배 보내
도록 명하였다. 강교의 동생 이부시랑(吏部侍郞) 강회(姜晦)는 춘주사마(春州
司馬)로 축출 당하였고, 강교의 친당 중에는 이에 연루되어 유배당하거나 사
형된 자가 몇 명이나 되었다. 강교 본인은 폄적되는 도중에 여주(汝州)에 이
르러 죽었는데, 그 때 나이 약 50세였다.

　　비록 강교가 처벌을 받았지만 어쨌든 현종이 황후를 폐위시키려고 했
던 소식이 노출된 것이었기에, 왕황후는 두려움과 불안에 떨어야했다. 그
녀는 평상시에 사람들에게 후하게 대하여 궁중에서 호감을 많이 샀기 때
문에, 어느 누구도 그녀를 모함하지는 않았다. 왕수일은 여동생이 황후로
서의 지위가 견고하지 않은 중요한 원인은 아들이 없기 때문이라고 생각
하고, 만약 아들만 생긴다면 전화위복이 되어 안정될 것이라고 보았다.
그는 화상(和尙) 명오(明悟)에게 청하여 "왕비를 위해 남두(南斗)와 북두칠성
에 제사를 지내고, 벼락 맞은 나무를 잘라서 천지(天地)라는 글자와 황제의
이름을 쓰고 합쳐서 허리에 차게 하고, '이것을 차고 아들이 생겨서 측천
과 같이 되게 해주십시오'라는 주문을 외우게 하였다." 그러나 누군가가
이 사건을 고발하고 말았다. 현종은 손수 이 문제를 추궁하였고, 결국 일
은 확연히 드러나고 말았다. 드디어 황제는 왕황후를 폐위시키는 조서를

내렸다.

역사에는 사람을 놀라게 하는 이러한 일들이 곧 잘 일어난다.

약 70년 전 현종의 조부 고종도 황후를 폐위시키고, 무측천을 황후의 자리에 앉히는 조서를 내려 조정에 큰 파문을 일으켰다. 역사는 이를 왕황후를 폐위시키고 무씨를 황후로 삼은 '폐왕입무(廢王入武)' 사건이라고 칭한다.

현종은 '폐왕입무'의 사건을 다시 재현하였지만, 그가 원하는 것처럼 이루지 못하였을 뿐이다. 개원 14년, 현종은 무혜비를 황후로 삼고자 하였지만 조정 대신들이 반대하였다. 그 이유는 세 가지였다. 첫째 "무씨(武氏)는 같은 하늘 아래 살 수 없는 원수인데 어찌 국모로 삼을 수 있는가"라는 것이었다. 어떤 대신은 상소문에서 "혜비는 다시 숙부 무삼사(武三思)와 그 아비 무연수(武延秀)와 같은 자를 따라 함께 조정의 기강을 어지럽히고자 몰래 기회를 살피고 있습니다(『唐會要』 卷3「皇后」)"라 말하였다. 무혜비가 얽혀 있는 사회적 관계 속에는 악명 높은 '무씨들'이 있었고, 현종의 신변에 있는 많은 대신들은 모두 이들 여러 무씨들을 주멸하여 고위관직에 오른 사람들이었다. 그들의 기억 속에는 무씨와 위씨(韋氏)의 난이 이당왕조(李唐王朝)에 몰고 왔던 위급하고 어려운 기억들이 아직도 생생히 살아있었으며, 더불어 그들의 마음속에는 더욱 오래 전 무측천 시대의 혹리(酷吏)정치의 그늘이 완전히 떠나지 않고 있었다. 현종은 무혜비를 총애할 수 있었지만, 대신들은 한결같이 오히려 '무측천'이라는 존재가 출현하지 않을까 두려워하고 있었다. 나라를 위해서도 물론이며 또한 그들 자신들을 위해서도 그러하였다. 둘째는 "사람들이 장열(張說)이 왕후를 세운 공으로 재상이 되고자 하는 계획을 도모하고 있다"는 것이다. 이는 소문에서 나온 것인데, 아마도 장열을 원망하는 것으로 보이며, 장열이 무혜비를 지지하였다고 설명할 만한 자료는 없다. 그러나 태산 봉선을 막 마쳤을 때, 중외의 백관들은 모두 장열에게 불만을 품고 있었으며, 우문융 등은 그를 공격하여 물러나게 한 바가 있었다. 그들은 혜비를 황후로 맞이하는 것과 장열이 재상에서 물러난 것을 관련지어 생각하였는데, 이것은 무혜비에 대한 사람들의 불만을 부채질하였다. 셋째는 "태자가 혜비의 소생이 아니므로, 혜비가 다시 아들을 가지게 되어 그가 만약 자리에 오른다면 반드시 태자가 위험해진다"는 것이었다. 현종은 개원 2년 12월 28일 차남인 이사겸(李嗣謙 : 瑛)을 황태자(皇太子)로 삼았다. 장자 이사직(李嗣直 : 琮)은 유화비(劉華妃)의 소생으로, 어릴 때 야수에게 변을 당해 상처를 입었다. 얼굴이 찢어져서 본 모습을 잃어버렸으니 자연히 대통을 이을 수가 없었다. 차남 이사겸은 조려비(趙麗妃)의 소생이다. 조려비는 본래 기예인으로 뛰어난 재능과 용모를 갖추었으며 가무에 능숙하였다. 그녀는 그 당시 현종의 총애를 많이 받았고, 이로 말미암아 그녀의 아들은 태자의 자리에 앉았다. 또한 그 당시 무혜비는 아직 황후의 자리에 앉지 못하였지만, 그녀의 아들 수왕(壽王) 이모(李瑁)가 이미 총애를 받고 있었다. 무혜비가 황후가 된다면 태자의 지위는 분명히 보장할 수 없는 것이었다. 이 판단은 불행하게도 적중하였다. 무혜비가 비록 황후는 되지 못하였지만, 태자의 생명은 그녀에 의해 끝이 났다.

조신(朝臣)들이 모두 무혜비를 황후로 삼는 데 반대한다는 것을 현종은 민감하게 감지하였다. 정치가인 그는 때를 헤아려서 적당한 정도에서 포기해야만 하였다. 그는 무혜비로 말미암아 조정 안팎에 파동이 일어나는 것을 원치 않았던 것이다. 또 어떤 사람들은 당시 아직까지 무혜비를 황후로 맞이하는 여건이 무르익지 않았다고 보기도 한다. 그래서 황후를 폐위시킨 후에 무씨(武氏)를 세우지 않았다는 것이다. 그러나 혜비에 대한 그의 총애는 이것으로 식어지지 않았으며, "그녀를 황후처럼 대하도록 궁중의 예법과 질서를 규정하였다." 그러나 개원 25년 12월에 이르러 혜비는 세상을 떠났다. 그녀는 생전 황후라는 이름은 없었으나 황후와 마찬가지의 대우를 받았다.

무혜비는 정식으로 황후에 오르지는 못하였기에 자신의 희망을 아들에게 걸고 수왕(壽王) 이모(李瑁)가 태자 이영(李瑛)을 대신하여 태자가 되기를 원하였다. 그로 말미암아 태자 이영은 잠재된 위험을 분명히 느끼고 있었다. 현종에게는 모두 서른 명의 아들이 있었는데, 그 가운데 다섯째 아들 악왕(鄂王) 이요(李瑤)는 황보덕의(皇甫德儀)의 소생이었고, 여덟째 아들 광왕(光王) 이거(李琚)는 유재인(劉才人)의 소생이었다. 이 두 명의 아들은 "황자(皇子)들 가운데에서도 학문이 뛰어나고 재주와 지혜를 갖추었으며, 함께 내택에 동거하면서 서로를 사랑하고 스스럼없이 대하였다(『舊唐書』 卷107 「光王琚」)"고 한다. 광왕 이거에게는 재능과 힘이 있고 말타기와 활쏘기에 뛰어나 현종의 깊은 사랑을 받았다. 그들의 어머니 황보덕의·유재인과 태자 이영의 모친 조려비(趙麗妃)는 모두 현종이 임치왕으로 있을 때 총애를 받았던 사람들이다. 현종이 무혜비를 총애한 후에는 그녀들과의 관계도 날이 갈수록 멀어져만 갔다. 어머니가 총애를 잃게 되자 아들의 지위에도 영향이 미쳤다. 특히 태자 이영의 경우가 그러했다. 비슷한 환경 속에서, 또 나이가 비슷했던 이 세 명의 황자들의 관계는 친밀해져갔다. 무혜비는 심복을 파견하여 몰래 그들의 언행과 거동을 감시하도록 하였다. 개원 24년 11월, "태자가 이요와 이거를 내택에서 만났는데, 각자 그들의 어머니들의 직책을 잃어 원망하고 한탄하는 말을 하였다." 이 사건을 무혜비의 사위 부마도위(駙馬都尉) 양회(楊洄)가 잘 알게 되었다. 무혜비는 이로 말미암아 현종에게 가서 눈물을 흘리며 하소연하였다. "태자가 몰래 당을 결합하여 첩의 모자를 해치려고 하였으며, 또한 폐하를 질책하였습니다." 현종은 크게 노하여 재상을 불러 상의하고 태자와 악왕과 광왕을 폐위시키고자 하였다.

당시의 재상은 중서령 장구령(張九齡)·시중 배요경(裴耀卿)과 예부상서(禮部尙書) 동평장사(同平章事) 이림보(李林甫)였다. 장구령은 단호하게 반대하며 말하였다.

폐하께서 황제가 되신 지 어언 삼십 년, 태자와 제왕들은 궁중을 떠나지 않으시고, 날마다 성왕의 훈육을 받으시고 계시며, 천하의 사람들은 모두 폐하의 태평성세를 경하하며, 자손들도 번창하게 되었습니다. 지금 세 아드님은 모두 성인이 되셨는데, 폐하께서 어찌하여 일말의 근거 없는 말들로, 마음에 거슬린다 하여 폐위시키려 하십니까? 그리고 태자(太子)는 천자(天子)의 근본인 까닭에 가볍게 흔들려서는 안됩니다. 폐하께서는 반드시 이렇게 하기를 원하고 계시니, 신은 감히 조서를 받들지 못하겠사옵니다.

장구령의 말은 합리적이고 그 지적하는 언어가 날카로웠으며 태도도 명확하였다. 특히 그는 역사적으로 진헌공(晉獻公)·한무제(漢武帝)·진혜제(晉惠帝)·수문제(隋文帝)가 태자를 바꾸어, 삼세(三世)에 대란이 일어나고 경성(京城)에 유혈 폭동이 발생하여 중원이 도탄에 빠지고 천하를 잃게 된 심각한 결과들을 열거하였다. 현종은 그것을 듣고 아주 불쾌하게 생각하였으나, 어쩔 도리가 없었다. 배요경의 태도는 어떠하였는지 사적(史籍)에는 기록되어 있지 않다. 후에 그가 장구령과 당을 맺고 동시에 재상이 된 것을 볼 때 그가 태자를 폐위시키는 것에 찬성하지 않았다고 추측할 수 있다.

이림보는 현종의 면전에서 묵묵히 침묵하며 어떤 태도도 취하지 않았다. 조정을 물러난 후에 개인적으로 친한 환관에게 "이는 황가(皇家)의 일이거늘 어찌 외인(外人)에게 물으시는 것인가"라고 말하여 그가 태자의 폐위에 동의하고 있음을 나타내었다. 이림보의 이러한 태도에는 나름대로의 이유가 있었다. 그는 우문융에 의해 어사중승(御史中丞)이 된 후에, 또 형부(刑部)와 이부(吏部)의 시랑(侍郞)을 역임하였다. 이림보는 평상시에 환관과 결합하는 데 주의를 기울였고, 그들을 통해서 현종의 동정을 이해하였다. 이리하여 그가 말하고 행동하는 것이 현종의 의도와 잘 부합되어 현종의 신임을 얻게 되었다. 그는 현종이 혜비와 수왕(壽王) 이모(李瑁)를 총애하고 있는 것과 태자와의 관계가 점점 멀어지고 있음을 알게 되었다. 이리하여 환관들이 무혜비의 일을 말하는 것으로 말미암아 힘을 다하여 수왕을 보호하였다. 혜비는 자기의 아들이 태자가 되기를 바라고 있었기에 조정 대신의 지지를 얻어야 했는데, 이림보에게 심히 감격해 하면서 항상 현종의 면전에서 그의 칭찬을 하였다. 혜비는 이림보가 재상의 자리에 오를 수 있도록 비밀리에 돕고 적지 않은 힘을 썼다. 결국 그는 태자 이영(李瑛)을 폐위시키는 것에 찬성하였다. 그러나 그의 경력과 덕망은 모두 장구령과는 차이가 있었다. 장구령은 비분강개하며 태자를 폐위시키는 것을 반대하였다. 이에 비해 이림보는 감히 그 앞에서 반박하지 못하고 침묵을 지킬 뿐이었다.

태자를 폐위시키는 문제에 있어서 현종과 재상들 사이에는 의견의 일치를 보지 못하였다. 퇴조(退朝)한 후에 혜비는 비밀리에 관노 우관(牛貴)을 장구령의 처소에 보내어 이야기를 전하게 하였는데, 그는 "폐위를 시키면 반드시 흥함이 있으며, 공이 도와주신다면 오래도록 재상의 자리에 머무를 수 있습니다"라고 말하였다. 그러자 장구령은 엄하게 호통을 치고, 이 일을 현종에게 고하였다. 현종은 안색이 변하였는데, 마치 무엇인가를 깨달은 것처럼 보였다. 장구령이 강경하게 저지하였기 때문에 그가 재상직을 물러나기 전까지 태자 이영(李瑛)의 지위는 잠시나마 안정될 수 있었다.

개원 15년(737) 4월, 부마도위(駙馬都尉) 양회는 다시 태자 이영과 악왕 이요(李瑤)·광왕 이거(李琚), 그리고 태자비(太子妃)의 오라비인 부마(駙馬) 설수(薛鏽)가 몰래 결합하고 규범에 어긋난 일을 도모하였다고 고발하였다. 현종은 재상들을 만나보아 상의를 하였는데, 이 일로 장구령과 배요경은 재상직에서 물러나게 되었다. 수석 재상에는 이림보가 오르게 되었으며, 또 다른 한 명은 임명된 지 얼마 되지 않은 공부상서(工部尚書) 동중서문하평장사(同中書門下平章事) 우선객(牛仙客)이었다. 이림보는 이때도 "이것은 황가의 일이니 소신들이 참여할 바가 아닙니다"라고 하였다. 재상들이 반대를 하지 않자 현종은 임의대로 행하여 영을 내려 이영과 이요와 이거를 서인으로 폐위시키고, 설수는 양주로 유배를 보냈다. 곧 이영을 포함한 네 사람은 죽임을 당하였다. 이영의 외가 조씨(趙氏)·비(妃)의 본가 설씨(薛氏)·이요의 외가 황보씨(皇甫氏) 중에서 이에 연좌되어 폄적된 자가 십수명에 달했다. 현종은 한꺼번에 세 명의 아들을 죽였는데, 이 피비린내 나는 비극은 현종이 권력을 남용하여 사람의 목숨을 함부로 대하는 잔혹한 일면을 보여준다.[24]

태자 이영이 죽은 후, 수왕이 태자가 되는 것은 시간 문제인 것처럼 보였다. 그러나 11월과 12월 사이에 무혜비는 갑자기 병이 들었다. 그녀는 "몇 번씩 서인이 된 세 왕자들이 꿈속에서 귀신의 모습으로 나타나는 것을 보았는데, 이러한 두려움이 병이 되어버렸다. 무당이 한 달이 넘도록 기도하고 빌어보았지만 병은 낫지 않았고 심해져갔다(『舊唐書』卷107「廢太子瑛」)"고 한다. 아마도 복잡한 궁정내의 문제 속에서 정신적 부담이 너무 컸기에 심장에 부담이 가서 병으로 세상을 떴을 것이다. 현종은 비통해하였으며, 제칙을 내려 혜비를 '정순황후(貞順皇后)'로 올리고, 경릉(敬陵)에 장사를 지냈으며, 또한 그를 위하여 경성(京城) 호천관(昊天觀)의 남쪽에 묘당을 세웠다.

혜비는 세상을 떠난 후에야 결국 황후의 관을 쓰게 되었다. 그렇다면 수왕은 과연 태자의 자리에 오르게 되었을까? 만약 태자 이영을 폐위시킬 때 현종이 수왕에게 그 뜻을 밝혔다면, 이는 그가 혜비를 총애한 것 때문이니 마치 이는 태자 이영을 세울 때와 그 정황이 다르지 않았다. 그러나 지금으로서는 무혜비가 이미 세상을 떴으므로 현종은 감정적인 요인에서 벗어

24) 당현종은 중국의 역대 황제가운데, 형벌을 엄하게 집행한 대표적인 인물로 꼽힌다. 수문제나 당현종·명태조가 정장(廷杖)에서 사형에 이르지 않은 피고인을 장살(杖殺)하여 죽인 경우가 많았던 것은 유명하다.

나올 수 있었고, 정치가 특유의 냉정함으로 진지하게 태자 계위의 문제를 고려할 수 있었다. 이림보는 여러 번 수왕을 태자로 세우자고 건의하였으나, 현종은 충왕(忠王) 이여(李璵)를 세우는 것이 더 적합하다고 생각하였다.

충왕은 현종의 셋째 아들이며 양씨(楊氏)의 소생으로 초명(初名)은 사승(嗣昇)이었다. 개원 15년 정월 충왕에 봉해졌고, 준(浚)이라는 이름으로 개명하였다. 23년에는 이름을 여(璵)라고 바꾸었으며, 27년에는 소(紹)라고 바꾸었으며, 다시 형(亨)이라고 개명하였다. 충왕은 경운(景雲) 2년(711) 2월에 태어났는데, 그 때 현종은 태자로 있으면서 마침 태평공주의 위협을 받고 있었다. 사적에는 양씨가 회임하고 있을 때, "태자는 몰래 장열에게 '권력을 장악한 사람은 내가 대를 잇는 것을 원하지 않기 때문에 그 화가 이 부인에게 미칠까 두려우니 어떻게 하면 좋겠소!'라고 말하고 몰래 명령을 내려 아이를 없애는 약을 가지고 오도록 하였다. 태자는 그것을 몸에 숨기고 밀실에 들어가서 약을 달였다. 그러자 갑자기 어두워지면서 꿈속에서 신인(神人)이 솥을 뒤엎었다. 이런 것이 세 차례 거듭되자 태자는 기이하게 여기고 장열에게 이야기하였다. 장열은 '이것은 천명이므로 달리 생각하시면 안됩니다'라고 말하였다". 그래서 충왕(忠王)은 세상에 태어날 수 있었다. 이러한 고사는 분명히 이후의 사관들이 황제의 신성함을 더하기 위하여 덧붙인 것임에 틀림없다. 그 당시 태평공주는 권력을 장악했기 때문에 태자가 처한 입장은 썩 좋았던 것은 아니었다. 하지만 감히 아이를 낳을 수 없을 정도는 아니었던 것이다. 개원 2년 현종이 태자의 자리에 오를 때, 충왕은 '천명'을 지니고 있었지만 조금도 역할을 담당하지 않았으니, 그 이야기는 진실된 것이 아닐 것이다. 충왕이 태어난 후 왕황후가 그를 길렀는데 자기 친소생보다 더 잘 돌봤다. 현종이 그를 태자로 세우려고 하였을 때, 그는 이미 28세가 되어 있었다. 태자 이영을 폐위한 후, 장자 경왕(慶王) 이종(李琮)을 제외하면 그가 가장 연장자였다.

현종이 충왕을 태자의 자리에 앉히려고 한 것은 그가 "연장자이며, 어질고 효성스러우며 근면하며 또 공부를 좋아하였기" 때문이다. 수왕은 다른 아들들보다도 총애를 많이 받았지만 그것은 필경 어머니로 인한 것이 틀림없었다. 그 자신은 별다른 재능을 가지고 있지 않았으며 순서로도 열 번째에 불과하였다. 혜비가 세상을 뜨자 모든 것이 변하였다. 수왕은 태자가 될 수 있는 중요한 요인을 상실하였던 것이다. 재상 이림보의 추천도 별 효용이 없었다. 현종의 마음에는 비록 그가 조정의 대권을 이림보에게 이미 주었지만, 이 권력 있는 재상이 태자를 옹립하기를 바라지 않았다. 왜냐하면 태자와 권력 있는 재상이 결합하면 언젠가는 황위를 위협하기 때문이었다. 그러나 충왕은 몇 년이나 주목받지 못한 지위에 있었으며, 궁정이나 조정의 밖에서 사적인 세력을 만들지 않았기에 그를 다스리기가 쉬었다. 그러나 현종은 바로 이러한 요인으로 인해 충왕이 이림보로 대표되는, 수왕을 옹호하는 외조(外朝) 세력에게 받아들여지지 않을 것을 두려워하였다. 그는 계속 주저하면서 결단을 내리지 못하였는데, 이는 현종이 정치가로서의 고명함과 신중함을 몸소 보여준 것이다.

　현종이 충왕을 태자로 삼으려고 결심한 것은 결국 심복 환관 고력사의 한마디 말 때문이었다. 고력사는 현종이 태자를 임명하는 일이 "즐겁지 못하여 잠을 자고 음식을 먹어도 살이 빠지는 것"을 보고는 현종에게 권하여 이렇게 말하였다. "왜 이처럼 스스로를 힘들게 하십니까. 그러나 연장자를 세우면 누가 감히 다시 싸우려고 하겠습니까." 그러나 현종은 너무 많은 생각 때문에 골치를 썩이고 있었고, 한편 고력사는 연장자인 충왕을 태자로 앉히는 것이 가장 합당하니 아무도 반대할 수 없다고 생각하였던 것이다. 그래서 여러 말할 필요도 없이 한마디 말이 적중하여 현종을 어려움 가운데에서 이끌어내었다. 현종은 "경의 말이 옳다! 경의 말이 옳다!"라는 말을 연발하며 찬성하였고, 태자를 세우는 문제는 이렇게 해결이 되었다.

　개원 26년 6월 초3일, 충왕 이여는 정식으로 태자의 자리에 등극하였으니, 그가 바로 후일의 숙종(肅宗)이다.

13. 관중(關中)으로 곡식을 운반하고 장안(長安)에 오래 머무르다

개원 21년(733) 가을, 관중(關中) 지역에는 계속하여 비가 내렸다. 다 자란 곡식들을 수확할 방법이 없어서 그냥 썩어가게 내버려 둘 수밖에 없었다. 흉년이 들고 양식이 모자라 곡물 값이 엄청나게 뛰었기 때문에 현종은 백관을 데리고 동도(東都)에 가서 취식할 수밖에 없었다.

동도에서 취식하는 것은 당 정부가 관중 지구의 식량 부족 문제를 완화시키는 전통적인 방법이었다. 관중에 식량이 모자라는 문제는 현종의 조부인 고종 때부터 시작되어, 이당황실(李唐皇室)을 어렵게 만드는 큰 난제가 되었다. 고종은 이미 일곱 차례 낙양(洛陽)에 행차하였는데, 장안(長安)을 떠난 시간은 모두 늦겨울에서 초봄에 이르는 보릿고개의 시기이므로 분명히 식량 부족이 그 중요한 원인이었음을 알 수 있다. 때로는 황급하게 출발하여 큰 낭패를 보기도 하였다. 영순(永淳) 원년(682) 4월, "관중에 기근이 들어 쌀 한 말[斗]에 삼백 냥이나 하였기에" 황제는 동도로 행차하였다. 이때 급작스럽게 출행을 나갔기 때문에 수행하는 관리들 가운데에는 아사(餓死)하는 자가 생겨났다"고 한다. 고종은 재위 기간의 절반 가량을 낙양에서 지냈다. 고종 이후에 무측천이 집정을 하고 황제가 된 20여 년의 기간 동안에, 대족(大足) 원년(701) 10월부터 장안 3년(703) 10월 동안 장안에

서 근 3년 거주한 것을 제외하고, 그 나머지 시간은 모두 낙양에서 지냈었
다. 중종 경룡(景龍) 3년(709) 관중에 기근이 들어 쌀 한 말에 백 전(錢)이
나갔다. 산동(山東)·장강·회곡(淮谷)에서 수도로 쌀을 운반하던 소들 가
운데 열에 아홉이 쓰러졌다. 백성들은 황제에게 청하여 동도로 행차해 달
라고 부탁하였지만, 위후(韋后)의 본가가 두릉(杜陵)에 있었기 때문에 동쪽
으로 옮기는 것을 기뻐하지 않았다. 그래서 무당 팽군경(彭君卿)을 시켜 황
제에게 '올해 동쪽으로 가면 불리하다'라는 말을 하게 하였다. 후에 다시
동도 행차를 말하는 사람이 생기자 황제는 노하여 '어찌 식량을 쫓아가는
황제[逐糧天子]가 있겠는가!'라고 말하여, 이에 그만두었다고 한다. 중종은
부인을 두려워하였기 때문에 염치 불구하고 식량을 쫓아가는 황제가 있다
는 것을 부인하였지만, 사실 그의 부친 고종도 바로 식량을 쫓아간 황제였
던 것이다. 객관적으로 볼 때 동도에서 취식하는 것은 백성의 고난을 몸소
체험한다는 의미가 있었지만 사실 그다지 영예로운 일만은 아니었다. 중
종과 위후는 모두 이를 행하지 않고 강경하게 장안에 남았다. 물론 굶주리
지는 않았지만 백성들의 기아 문제는 어찌할 것인가? 그들은 이런 문제에
대해서는 생각하지도 않았다.

　현종이 즉위한 후에 그 역시 "식량을 쫓아가는 황제[逐糧天子]"가 될 수밖
에 없었다. 개원 초에 이미 동도에 가고자 준비하였으나, 그 후에 정치
형세가 안정되지 못하였기 때문에 그렇게 하지 못하였다. 개원 5년 정월,
그가 처음으로 동도로 가기 전 조정에서는 한바탕의 논쟁이 일었다. 당시
에 마침 태묘(太廟)의 가옥이 무너져서, 재상 송경(宋璟)과 소정(蘇頲) 같은 이
들은 이것이 동행(東行)을 하지 못하게 막는 하늘의 뜻이라고 보았다. 왜냐
하면 이때까지 현종이 예종(睿宗)에게 드리는 삼년제가 아직 끝나지 않았
기 때문이다. 하지만 요숭은 "폐하께서 관중의 곡식 수확 상황이 좋지 않
고, 쌀을 운반할 때 경비가 많이 들어 사람들을 위해 행차하시는 것인데
어찌 하는 일없이 고생한다고 할 수 있겠습니까? 동도의 모든 관에는 이

미 안배가 되었고 천하가 다 알고 있는데 가지 않으시면 신용을 잃게 되십니다(『舊唐書』卷96 「姚崇傳」)." 현종은 이 말을 듣고 아주 기뻐하면서 동행을 결정하였다. 현종이 동행을 결심하였던 것은 역시 경제적인 원인 때문인 것으로 보인다. 현종의 제2차 동행은 개원 10년(722) 정월로, 그는 낙양에서 1년하고도 2개월을 더 머물렀다. 제3차는 개원 12년(724) 11월로, 근 3년을 머물렀다. 제4차는 개원 19년(731)으로, 1년을 머물렀다. 제5차 동행을 하기 전에 현종은 진정 다시는 '식량을 쫓는 황제'가 될 수 없다고 여겼다. 그는 관중과 장안의 양식 문제를 해결하고자 결심하였다. 현종이 결심을 재촉하게 된 원인은 장안에서의 양식 부족 현상이 점차 더 심각해졌기 때문이다. 가뭄과 천재로 말미암아 양식이 부족해졌을 뿐 아니라, 심지어는 평상시에도 양식 공급이 어려웠다. 이것은 동도에서 취식한다고 해서 해결될 문제가 아니었다.

관중의 양식이 어려워진 원인은 자연 재해로 말미암아 생산이 감소된 것 외에도, 가장 주요한 것은 식량의 수요가 대폭 증가했기 때문이다. 식량 소비량이 증가하도록 자극한 주요한 요소는 다음과 같다.

1. 관료 인원과 기구의 확대

당초(唐初) 1백여 년 간, 중앙 정부 기구는 비교적 간단하였고, 관원의 수도 적었다. 따라서 장안의 식량 수요도 정해져 있었다. "옛적 정관(貞觀)년간과 영휘(永徽) 년간에 녹봉은 매우 적었으며, 매년 식량을 운반하는 것도 120만 석에 불과하여 사용하는 것이 쉬웠다." 무측천이 정권을 잡고 있을 때, 관직의 문을 크게 열고 "현명함과 어리석음을 가리지 않고, 선발해서 모은 사람들은 모두 받아들였다. 관리들이 부족하여 이부(吏部)에 시관(試官)을 크게 설치하고 이를 처리하게 하였다. 때문에 당시에는 '수레로 싣고 말(斗)로 잰다(많다)'는 노래가 있었다(『通典』卷15 「選舉三」)." 중종의 시대에는, 사봉관(斜封官)과 원외관(員外官) 등의 명목으로 많은 관원이 기형적으로 팽창하였다. 경룡(景龍) 년간에는, 노회신(盧懷愼)이 상소를 올려서 "지금 각 부서의 원외관은 수가 열 배가 되었으니 이전까지는 없던 일입니다"라고 하였으며, "봉록의 비용은 해마다 억만에 달했고, 정부의 창고는 다 비게 되었습니다. 황하(黃河)와 위수(河渭)에서 조운(漕運)을 아무리 많이 해도, 경사(京師)의 수요에 미치지 못합니다"라고 하였다. 여기에서 관원의 수가 증가하였기에 국고와 경사의 식량 문제가 심각해졌음을 알 수 있다. 현종 때에는 비록 사봉관과 원외관 등의 관직 수를 줄여나갔지만, 여전히 관원들의 수는 많았다. "정관(貞觀) 때, 대성내관(大省內官)에는 무릇 문무(文武) 정원이 642명뿐이었다(『通典』卷19「職官一」)"고 한다. 그런데 개원 원년 사이에 내외 문무관원은 18,805명이었고, 그 중에 수도의 관리인 내관(內官)은 2,621명이었으므로(『通典』卷19「職官一」), 수도에 있는 관원이 정관 때보다 세 배 증가했다고 말할 수 있는 것이다.

수도에 있는 관부에는 상번(上番)해서 일해야 하는 인원이 있었다. 사회 경제가 발전함에 따라 이러한 인원의 수도 크게 증가하였다. 개원 년간에 색역의 명목은 상당히 복잡하여 장한(掌閑)·막사(幕士)·악인(樂人)·잡호(雜戶)·음성인(音聲人)·방각(防閣)·서복(庶僕)·장신(杖身) 등이 있었고, 장안에서 복역하는 사람의 총수가 모자라는 형편이었다. 현종은 개원 23년 다시 칙령을 내려 "천하가 무사하여, 백성들의 요역과 공사가 감소하였다. 이에 따라 여러 관사에서 120,294명의 색역을 감한다(『唐會要』卷83「租稅上」)"라고 하였다. 감소한 숫자를 볼 때 복역한 인원의 총수가 상당하였던 것을 볼 수가 있다. 이러한 사람들의 양식은 진부가 관부에서 공급되는 것으로, 그 소비량은 참으로 놀랄 만한 것이었다.

2. 황실 귀족의 소비량 증가

현종은 황권을 안정시키기 위해 제왕이 정치에 참여하는 것을 허락하지 않았다. 그러나 생활 면에서는 그들에게 좋은 대우를 해주고 마음껏 놀고 즐기도록 해주었다. 현종에게는 자손들이 많았는데, 그들도 역시 출각시키지 않는 방법으로 십왕택(十王宅)과 백손원(百孫院)을 건립하여, 그들을 모아 함께 양육하고, 금원(禁苑) 부근에 모여서 거주하게 하였다. 십왕택에는 궁인 400명을 배치하고, 백손원에는 적어도 각각 3, 40명을 배치하였다. 현종 때의 궁빈(宮嬪)은 총 4만 명 정도였으며, 환관은 약 4천 명으로 증가하였다. 이러한 거대한 황실 귀족 집단을 유지하기 위해서, 금중(禁中)에 그들의 생활적 재원을 공급하는 전문 창고를 건립하였다.

3. 군량미 요구량의 증대

부병제를 실행할 때, 부병은 자신이 재원과 식량을 준비해야만 했다. 부병제에서 모병제로 바꾼 후, 모병에게 주는 양식은 전부 국가가 부담하여야 했고, 군량의 수요량이 크게 증가하였다. "장안과 관중에 주둔하는 군대는 주로 금군(禁軍)이었다. 무릇 소위 황제의 금군은 남과 북의 아병(衛兵)이다. 남아(南衙)는 제위병(諸衛兵)이고, 북아(北衙)는 금군이었다(『新唐書』 卷50 「兵志」)." 장열이 모병제를 실행하자고 건의한 후 남아병은 확기(彉騎)를 소집하게 되었다. "경조(京兆) 확기 66,000, 화주(華州) 6,000, 동주(同州) 9,000 … 기주(岐州) 6,000이었다(『新唐書』 卷50 「兵志」)." 장안과 관중은 모두 87,000이었다. 북어금군(北御禁軍)은 좌우우림군(左右羽林軍)과 좌우용무군(左右龍武軍)의 4군으로 약 30,000이었다(『唐會要』 卷72 「京城諸軍」). 남북아(南北衙)의 120,000 금군과 그 마필이 사용하는 양식은 전부 관부(官府)에서 공급하였다.

4. 장안과 관중 인구의 증가

인구의 증가는 양식 소비량을 증가시키는 중대한 원인이 되었다. 정관 13년(639) 장안성 안과 그 인근 현을 합한 경조부(京兆府)의 호(戶)는 207,650 호이고, 인구가 923,320명에 이르렀다. 이것이 천보 원년(742)이 되면 호가 362,925호, 인구가 1,960,188명이 되어, 호는 155,000이 증가하였고, 인구는 1,303,000명 정도가 증가하였다. 개원 21년 현종은 15도 채방사(采訪使) 를 설치하였는데, 그 중에서 경기(京畿) 채방사가 다스리는 장안성 안에는 경조부(京兆府, 京兆郡)·화주(華州, 華陰郡)·동주(同州, 馮翊郡)·상주(商州, 上洛郡)·기주(岐州, 扶風郡)·빈주(邠州, 新平郡)가 있었으며, 그 구역은 대체로 관중 지구에 해당하였다. 이 지역은 정관(貞觀) 13년에 327,505호와 1,438,359명의 인구가 있었다. 이것이 천보 원년이 되면 547,425호와 3,151,299명의 인구가 되어, 결과적으로 호는 약 220,000이 증가하였고, 인구는 2,600,000명이 증가하였다.

앞에서 들었던 원인 때문에 장안의 식량 소비량은 관중 지역에서 장안에 제공할 수 있는 식량의 수량을 갈수록 초과하게 되었다. 따라서 양식 문제는 어려워져만 갔다. 어떤 학자들은 당시 관중 지역에는 일반적으로 매년 장안에 230만 석 정도의 양식밖에 보급할 수 없었으며, 장안에는 매년 100여만 석에 달하는 식량이 부족하였다고 한다(王朝中, 「唐朝漕糧定量分析」, 『中國史硏究』 1988년 第3期).

어려워진 식량 상태의 압력 이외에도, 현종이 "취식하러 동도에 갈 수만은 없다"고 여긴 데에는 두 가지 원인이 더 있다.

하나는, 당 조정이 일관적으로 관중을 근본으로 여겼기 때문에, "나라의 수도와 황제의 업무는 본디 수도에 있어야 하며, 만국의 제후들이 황제에게 조하하는 곳은 백대(百代)가 가도록 바뀌지 않는 곳이어야 한다(『舊唐書』 卷98 「裴耀卿傳」)"라고 했던 것이다. 관중의 물자와 양식은 충분하지 못하였다. 황제와 중앙 정부는 항상 이동하였기에 정치와 군사 면에 있어서 좋지 않은 영향을 끼치게 되었다. 특히 개원 중엽부터 티베트와 돌궐이 끊임없이 침략해 와서 서북 변경에서 전쟁은 날이 갈수록 증가하였다. 개원 15년 10월, 현종은 동도에서 바삐 장안으로 돌아왔는데, 이는 9월 사이에 티베트 장군 실락라공록(悉諾邏恭祿)과 촉룡망포지(燭龍莽布支)가 과주(瓜州)를 공격하여 함락시키고, 하서절도사(河西節度使) 왕군착(王君㚟)이 위구르인 호수(護輸)에게 잡혀 죽임을 당하였기 때문이다. "하서(河西)와 농우(隴右) 지방 사람들은 모두 두려움에 떨게 되었고", 서북 변경의 형세도 긴장되어 갔다. 현종이 수도에 돌아온 지 3일 되던 날, 신안왕(信安王) 이위(李禕)를 삭방절도등부대사(朔方節度等副大使)로 임명하고, 삭방절도사(朔方節度使) 소숭(蕭嵩)을 하서절도등부대사(河西節度等副大使)로 개임(改任)하여 서북 전쟁의 지휘 부서로 삼았다. 이리하여 현종은 서북 변방의 문제를 해결하는 데 온갖 힘을 쏟게 되었고, 장안과 낙양 사이를 항상 왕래할 수 없게 되었다.

다른 하나는, 황제가 이끄는 막대한 궁정의 관료들은 자주 장안과 낙양 사이의 800리 길을 왕래하였는데, 아무리 짧게 잡아도 20여 일이 걸렸다. 게다가 보통 겨울에 행차하였는데 이는 쉬운 일이 아니었다. 길을 따라서 물자를 공급해야 하는 주와 현에서의 부담은 매우 무거웠으며, 황제와 그 수행자들도 비바람과 추위 그리고 말을 타고 일해야 하는 고통을 겪어야만 했다. 현종도 대신들에게 "짐이 친히 20여 년 간 천하를 주관해 왔는데, 이 두 곳을 왕래하는 것이 특히 어려웠다. 이러한 폐단이 있으니 짐은 관중에 오래 머물기를 원하노라(「高力士外傳」)"라고 말한 적이 있다. 현종의 나이는 이미 쉰이 넘었으므로, 이렇게 빈번한 장거리 여행에 제대로 적응할 수가 없었던 것이다.

장안의 양식 문제를 해결하기 위하여, 현종은 동도 낙양으로의 다섯 번째 행차 전에, 경조윤(京兆尹) 배요경을 만나보고 대책을 토론하였다. 배요경은 "어려서부터 총명하고 민첩하였으며 수년 간 속문(屬文)을 해석하여 어린 나이에 과거에 합격하였다(『舊唐書』卷98「裵耀卿傳」).” 그는 문학적인 재능도 풍부하였을 뿐만 아니라, 수완도 갖추고 있었다. 일찍이 상왕부 전첨(相王府典籤)과 국자주부(國子主簿)를 맡았으며, 또한 장안령(長安令)과 제주(濟州)자사·선주(宣州)자사·기주(冀州)자사 등 지방관을 역임하였다. 개원 12년(724) 그가 제주에서 부임하고 있을 때 현종의 일행을 맞게 되었다. 제주를 통과하는 길은 땅이 넓고 사람이 드물며 경제 상황도 발전하지 못하여 객관적 조건이 좋지 못하여서 접대하는 데도 여러 가지 어려움이 많았다. “이 때 황제의 큰 행렬이 십여 개의 주를 지나갔는데, 배요경이 처리를 가장 잘 하였다고 칭송하였다(『舊唐書』卷98「裵耀卿傳」)”고 한다. 그는 또한 현종에게 간언을 하면서, 이는 “백성에게 폐를 끼치는 것이니 봉선으로 치적을 천하에 고할 때가 아직 아닙니다(『新唐書』卷127「裵耀卿傳」)”라고 하여, 현종에게 깊은 인상을 심어주었다. 배요경은 지방장관으로 있으면서 백성들의 상황을 몸으로 직접 느꼈으며 백성들의 이익을 늘이고 폐단을 줄이니, 그 정책이 매우 훌륭하였다.

개원 18년(730), 배요경은 정주자사(定州刺史)가 되었으며, 장안의 모임[朝集]에 참가하였다. 이때 현종에게 상소를 올리고 관중의 식량 문제에 대한 해결책을 제의하였다. 그는 “강남의 호구는 날로 증가하고, 창고에 있는 재물은 오직 조세와 용세[租庸]에서 나오는 것이니 더욱이 군사비로 충당할 것이 없습니다. 수로와 육로가 멀어서 식량을 운반하는 것도 매우 힘이 듭니다. 비록 아무리 힘쓴다고 해도 장안에 도달했을 땐 창고에 얼마 보탤 수 없습니다(『通典』卷10「漕運」)”라고 하였다. 이 말은 국가의 창고에 양식 비축이 어려운 것과 관중에 곡식이 부족한 상황을 해결하는 방법은 조운(漕運)을 개진하여 강남의 식량을 대량으로 관중에 운반하게 하자는 것이다. 이 견해는 가장 먼저 강남 경제의 발전이 모든 당왕조 사회 경제 생활 가운데에서 갈수록 중요한 지위를 차지하고 있다는 것을 이해했다는 데 그 중요성이 있다. 이것은 당시 사회 경제의 중심부가 남쪽으로 이동하는 것과, 경제의 중심부와 사회 정치의 중심부가 분리되는 객관적인 형세에도 서로 부합되는 것이다. 그래서 배요경이 조운을 강화하자고 건의한 것은 관중의 양식 문제를 해결하는 것 뿐만 아니라 당 중앙 정권을 안정시키는 데에도 전략적인 의의를 가지고 있었다. 이러한 점은 중당(中唐)과 만당(晩唐)의 역사에서 증명되었다.

조운을 어떻게 개선하는가에 대해서 배요경은 과거 오랫동안 행하였던 시종 책임제로 운반하는 방식에서 단계별 운반 방식으로 바꾸는 데 그 관건이 달려있다고 믿었다. 강남에서 낙양까지의 조운은 뱃길이 길고 각 단계의 물의 세기가 다르기 때문에 강남의 조운 선박은 정월에서 이월에 길을 나서면 도중에 '머무르는 기일이 많고, 나가는 날은 적었기 때문에', 낙양에 도착하면 이미 겨울이 되어 버렸다. 그래서 운반비는 너무 비싸고, 식량의 손해도 엄청나게 많았다. 단계별 분단식 운수 방식은 물길을 따라 창고를 설치하고, 단계별로 나누어서 운송하자는 것이다. 즉 "물이 통하면 부근에서 운반을 해서 움직이고, 통하지 않으면 창고에 납입하여 배가 머무르지 않게 하기 때문에, 시간의 지체로 말미암아 애를 먹지 않는다(『通典』 卷10 「漕運」)."

배요경의 건의는 어떻게 되었을까? "그가 상주한 안건은 고려되지 못하였다." 『신당서(新唐書)』에 따르면, "현종은 처음에 살펴보지도 않았다"라고 한다. 이는 현종의 충분한 관심을 끌지 못한 것으로 보이지만 실제로는 그렇지가 않았다. 왜냐하면 상소하고 나서 얼마 되지 않아 배요경은 즉시 호부시랑(戶部侍郎)에 임명되어 조운을 포함한 중앙의 재정 경제를 주관하는 주요 관원이 되었다. 뿐만 아니라 현종이 관중의 양식 문제를 해결하고자 생각할 때는 배요경을 우선적으로 독대하였던 것이다. 이는 배요경의 건의를 중시하였다는 것을 보여주는 것이다. 그러나 당시에는 머리로 생각만 하고 당장 실행에 옮기지는 않았다.

배요경은 현종의 물음에 답하면서 먼저 천재를 당하거나 양식이 부족한 경우에는 백관을 이끌고 동도로 가서 취식을 해야 하고, 아니면 백성들에게 식량을 구제할 도움을 구해야 한다고 제의하였다. 이것은 모두 재난을 구하는 방법이었다. 그러나 이러한 방법은 소극적이고 임시 방편적인 대책이어서 근본적인 문제를 해결해 주지 못했다. 이어서 배요경은 장안에 식량이 모자라는 원인을 분석하면서 말하였다. "관중 지방은 땅이 협소하기 때문에 거두어들이는 곡식이 많지 않으며, 만약 수재나 한재를 당하게 되면 곧 식량이 모자라게 됩니다. 지금은 태평성세가 오래되어 국가에 쓸 것(필요한 것이)이 점차 많아졌으며, 매년 섬주(陝州)·낙주(洛州)의 조운은 이전의 수 배가 되었으나 그 지출을 댈 수가 없습니다(『舊唐書』卷98「裴耀卿傳」)"라고 하였다. 이 말은 관중에 양식이 결핍되는 것은 경지 면적이 부족하고 생산량이 적으며 수재와 한재 등의 천재와 같은 자연적인 영향이 있을 뿐만 아니라 거기에 사회 경제적인 원인, 즉 "태평성세가 오래되어 나라에 쓸 것이 점차 많아지고" 있었다는 것이다. 장안의 양식 부족을 해결할 수 있는 근본적인 대책은 조운을 개척하고, 조운의 양을 확대하는 데 있다. "만약 섬주의 운반량을 확대할 수 있다면 곡식이 수도로 들어오게 되고, 창고에는 2~3년 간 먹을 양식이 항상 가득 차게 되며, 수재나 한재를 걱정하지 않아도 되었다(『舊唐書』卷98「裴耀卿傳」)."

조운을 개혁하고 조운의 양을 넓히는 구체적인 방법에 대해서, 배요경은 그가 개원 18년에 제의한 단계별 분단식 운수 방식을 더욱 상세하게 설명하였다. 첫째는, 변수(汴水)와 황하가 만나는 하구에 창고를 설치하고, 강남(江南)의 조운 선박이 하구에 이르면 양식을 창고에 보관하고 돌아가는 것이다. 둘째는, 하구에서 황하(黃河)와 낙수(洛水)로 들어가 서쪽으로 갈 때 정부에서 자금을 대어 배를 빌려서 연이어 조운하는 것이다. 셋째는, 하구에서 섬서(陝西)의 300여 리의 황하의 물길에 이르기까지는 뱃길이 매우 위험하였고, 이 단계의 길을 '북운(北運)'이라 불렀는데, 원래는 육지로 운송하였으나 수로로 운송하도록 바꾸었다.

조운을 개혁하는 경비에 대하여 배요경은 두 가지 안을 제시하였다.

① 수정(輸丁)의 대역세로 용전(庸錢)을 징수한다. "오늘날 천하의 수정은 약 4백만이 되는데, 매 정마다 100문(文)을 내어, 섬서(陝西)와 낙양(洛陽)의 조운에 보태고, 50문은 창고를 건축하는 데 쓰며, 사농사(司農司)와 하남부섬주(河南府陜州)에 축적하였다가 그 비용을 충당한다"고 하였다.

② 전대의 옛 창고를 이용한다. 그는 "신이 일찍이 제주(濟州)·정주(定州 : 宣州가 되어야 함)·기주(冀州) 등 세 주의 자사로 있으면서, 옛 일들을 살펴보았는데, 전한(前漢) 시대는 일찍부터 관내(關內)에 수도를 세웠으며, 수나라도 역시 수도와 연하(緣河)에 오래된 창고가 있어서 국용(國用)을 항상 저장하였습니다. 만약 여기에 따라 행한다면 실제로 이로움이 많을 것입니다"라고 하였다. 이것으로 볼 때 배요경이 지방관으로 있는 동안 조운에 관심을 가지고 오랜 기간 동안 관찰하고 조사하고 생각하여, 조운 문제에 대해 뚜렷한 의견을 제시하게 되었음을 알 수 있다.

배요경의 이러한 실제적이고 분석적이며 구체적인 시책은 현종의 생각에 부합되었으며, 현종은 이를 듣고는 크게 기뻐하였다. 현종은 곧 그를 황문시랑(黃門侍郎) 동평장사(同平章事)에 임명하고, 다음해 5월 그를 시중(侍中)에 임명하였다. 곧이어 7월에는 조운을 주관하는 강회하남전운사(江淮河南轉運使)를 겸임하게 하였다. 또한 정주자사(鄭州刺史) 최희일(崔希逸)과 하남소윤(河南少尹) 소경(蕭炅)을 강회하남전운부사(江淮河南轉運副使)로 임명하였다. 우문융을 복전권농사(覆田勸農使)에 임명한 것과 마찬가지로 배요경을 전운사(轉運使)로 임명한 것도 임시적인 성격을 지니고 파견한 것이다. 하지만 배요경은 재상의 신분으로 사직을 맡았으며 원래는 상서성(尙書省) 호부탁지사(戶部度支事)가 맡았던 조운(漕運)을 관리하던 권한을 전운사(轉運使)가 전부 장악하게 된 것이었다. 따라서 그 권한과 임무가 막중하였다. 이것은 현종이 경제 문제를 갈수록 중시하고 있음을 반영해주는 예이다.

배요경은 조운을 주관한 후에 단계별 전운 방식을 실행에 옮기기 시작하였다. 그 중에서 가장 어려웠던 것은 북운(北運)을 육로에서 수로로 바꾸는 것이었다. 북운의 수운은 황하를 지나야 했으며, 황하의 물길은 험하고 유량의 변화도 심하여 이곳을 지나가는 배들은 큰 어려움을 겪었다. 삼문지주(三門砥柱)는 특히 위험하여 서한(西漢) 이래로 역대 왕조들은 여러 번 재앙을 당하였고, 이것으로 거두는 효과도 매우 적었다. "물결이 급한 것이 삼협(三峽)과 같았고 선박을 부수었기에 옛부터 큰 환란이 되었다(『水經注』卷4「河水」)"고 하여, 여기에서는 바람과 파도에 배들이 전복되기 일쑤였기 때문에 통행할 방법이 없어 보였다. 고종·무측천 시대에 북운을 개선할 방법을 세웠다. 현경(顯慶) 년간(656~661), 원서감(苑西監) 저랑(褚朗)이 6천여 명의 사람을 보내어 삼문협산(三門峽山)의 석벽을 뚫고 산을 열어, 산길을 만들어 우마차가 지나가도록 하였다. 그러나 삼문지주를 일단 육로로 바꾸는 데 성공을 거두지 못했다. 후에 대장(大匠) 양무렴(楊務廉)이 삼문산(三門山)에서 잔도(棧道)를 만들어서 소를 모는 사람들이 위에서 끈을 배에 연결하여 끌어서 배가 물여울 위를 건너가게 하였다. 그러나 잔도가 위험했기 때문에, 소를 모는 사람들은 자주 잔도의 밧줄이 끊어져서 추락하였으며 사망한 사람도 매우 많아서 역시 성공을 거둘 수가 없었다. 북운은 전부 육로 운송으로 바꾸었으며, 운송량도 제한되었고 운반비도 엄청 올랐다. 그래서 낙양에서 섬주까지 쌀을 운반하는 데에는 "쌀 두 곡(斛)을 나르기 위해서 용전(庸錢) 천 량(兩)이 드는 정도가 되었다(『新唐書』卷53「食貨志」)." 개원 2년(714), 하남윤(河南尹) 이걸(李傑)이 육운사(陸運使)가 되어 육로 운송 방법을 개혁하였으며, "함가창(含嘉倉)에서 태원창(太原倉)에 이르기까지 팔체장(八遞場)을 설치하였는데, 그 간격은 40리였다. 매년 겨울 초부터 80만 석을 운반하였는데 이후에는 100만 석이 되었다. 매번 넘겨줄 때마다 수레 800대에 실어 왔으며 전후로 나누어서 주니 두 달이면 일을 마칠 수 있게 되었고, 그 후로는 점점 양이 증가하였다(『通典』卷10「漕運」)"고 한다. 단계별 분단식 육로 운송법[陸運法]의 특징은 수레와 사람의 힘을 합리적으로 조직하여 300여 리의 육지 운반 노선을 8단계로 나누는 것으로써, 올라갔다 내려갔다 하는 것이다. 비록 운반하는 어려움을 덜게 되었지만 운반비용은 여전했다. 운반량이 아무리 늘어난다 해도 매년 최대 100만 석밖에 되지 않았다. 이런 상태이니 여전히 관중의 수요를 만족시킬 수가 없었다. 배요경이 조운을 담당하기 전에 북운은 육로 운송을 택하였으니 이걸(李傑)의 방법은 배요경에게 유익한 계시를 준 셈이었다.

북운을 육로에서 수로로 바꾼 배요경의 방법은 강을 따라서 창고를 설치하고, 등급에 따라서 전운을 하되 물이 통하면 운반을 하고, 물이 마르면 멈추는 것이었다. 그는 삼문지주의 동쪽에 집진창(集津倉)을 설치하고, 서쪽에는 염창(鹽倉)을 설치하였다. 또 삼문 북쪽에 산로(山路) 18리를 개통해, 운반하여 온 곡식이 집진창에 모인 후에는 육로로 바꾸어 삼문의 위험한 곳을 돌아갈 수 있었다. 염창으로 와서는 다시 수운으로 태원창까지 운반하고, 황하로부터 위수로 진입하여 장안까지 줄곧 운반할 수 있었다. 배요경의 노력으로 "무릇 3년이 되자, 700만 석을 운반하게 되었고, 육지 운반의 용역비 30만 민(緡)을 덜게 되었다(『舊唐書』 卷98 「裴耀卿傳」)"고 한다. 매년 장안으로 운반해 오는 곡식은 240만 석에 이르렀으며, 기본적으로 관중의 양식 부족 문제를 해결할 수 있었다.

현종은 조운의 개혁을 통하여, 당나라 정치의 중심인 장안을 날로 경제의 중심이 되어 가는 강남과 긴밀하게 연결시켜 나갔으며, 장안의 정치는 이로써 견고한 경제적인 기초 위에 세워지게 되었다. 이로써 현종도 장안에 오래도록 머물 수가 있었으며, 그의 선조들과 같이 관중에 재해를 만나면 어렵게 동도 낙양에 가서 '식량을 쫓는 황제'가 되지 않아도 되었다. 그러나 배요경이 조운의 개혁을 맡고 있는 동안 현종은 개원 22년(734)부터 장안을 떠나서 줄곧 동도 낙양에 있었다.

14. 장구령(張九齡)과 이림보(李林甫)

개원 24년(736) 10월 2일, 수도 장안에서 진도가 그리 높지 않은 지진이 발생하였다. 이는 마치 장안을 떠난 지 2년 10개월이나 된 나그네를 다시 부르는 것만 같았다. 마침 공교롭게도 바로 이 날, 현종은 내년 2월에야 장안으로 되돌아오겠다는 결정을 바꾸고 앞당겨 낙양을 떠났다. 그러나 이 길이 영원히 동도를 떠나게 되는 것이라고는 생각하지 못하였다. 개원 26년 현종은 서경과 동도를 왕래하는 길에 천여 개의 행궁을 세우라는 조서를 내리고, 두 수도 사이의 왕래를 위해 준비하였다. 하지만, 사실상 현종은 다시 동도에 가지 않았다. 관중의 식량 문제가 이미 해결되었기 때문에 현종은 다시 '식량을 쫓는 황제'가 되지 않아도 되었기 때문이다. 따라서 장안에 오랫동안 머물 수 있었다. 뿐만 아니라 그는 화청궁(華淸宮)과 장안성 교외의 원포(苑圃)에 간 것을 제외하고는 심지어 장안성에서 멀리 떠나지도 않았다.

10월 21일, 현종이 장안으로 돌아왔다. 장안으로 돌아온 지 1개월만에 그는 재상들의 인사를 크게 조정했다. 11월 27일, 시중 배요경을 상서좌승상(尙書左丞相, 僕射)에 임명하고, 중서령 장구령(張九齡)을 상서우승상(尙書右丞相)으로 삼으며 또한 지정사(知政事)의 일을 그만두게 하여, 그들을 모두 재상의 직무에서 해임시켰다. 병부상서(兵部尙書) 이림보는 중서령(中書令)을 겸하게 하고, 전중감(殿中監) 우선객(牛仙客)은 공부상서(工部尙書) 동중서문하 3품(同中書門下三品)으로 삼았다. 이로써 이림보는 대권을 16년 동안 장악하 게 되었다.

장구령의 퇴임과 이림보의 승진은 모두 우연이 아니다.

장구령은 소주(韶州) 곡강(曲江) 태생의 진사(進士) 출신으로 또한 제과(制 科)에 응하여 과거시험에 합격하였다. 장열은 그의 문학을 중하게 여기며 항상 남들에게 "후에 사인(詞人)들이 그를 우두머리라고 일컬을 것이다"라 고 말하였다. 장열은 여러 번 현종에게 그를 집현원학사(集賢院學士)로 추천 하고 고문(顧問)으로 삼게 하였다. 장열의 사후에, 장구령은 모친상이 다 마치지도 않았는데 곧 중서시랑(中書侍郞)에 새로이 임명되었으며, 또한 동 평장사(同平章事)를 겸임하였다. 다음해 4월, 중서령으로 옮겨와 조정의 주 요 관리자인 수석 재상이 되었다.

현종은 장구령의 기지와 문사와 풍도를 좋아하여, 일찍이 대신들에게 "장구령의 문장은 뛰어나서 당이 건립된 후 어떤 명공(名公)들도 그보다 못 하였다. 짐이 늘 그에게 배우지만 열에 하나를 배우지 못하니 실로 그는 문단의 최고 인물이로구나"라고 한 적이 있었다. 한 번은 아침에 조례를 할 때 장구령을 보았더니 그 기품의 단정함이 여느 백관들과는 달랐다. 현 종은 좌우 대신들에게 "짐이 매번 장구령을 보면, 정신이 번쩍 든다오(『開 元天寶遺事』)"라고 하였다. 후에 다른 사람을 등용할 때에도 항상 "풍채와 도 량이 장구령에 비길 만한가?"라고 물어보았다. 그러나 장구령이 사사건건 자기의 견해를 고집하였기 때문에 오히려 날이 갈수록 참을 수 없어졌다.

현종은 이림보를 재상의 자리에 앉히고 싶었지만 장구령은 그에게 문 학적 재능이 없음을 경시하였다. 그는 현종에게 "재상이란 나라의 안전과 위험에 관계되는 직책인데, 폐하께서 이림보를 재상감으로 여기시지만, 신 은 앞으로 그가 종묘사직에 우환이 될까 두렵습니다"라고 말하였다.

장수규(張守珪)가 유주절도사(幽州節度使)에 부임한 후, 거란을 대파하고 거란왕 굴열가돌간(屈烈可突干)의 머리를 베어 오자 동북 변방의 긴장된 형세가 급속히 완화되었다. 현종은 장수규의 재간을 마음에 들어 하면서 재상에 임명하고자 하였다. 장구령은 "재상은 하늘을 대신하여 세상을 다스리는 것이지, 공이 있는 관리에게 상을 주기 위해 있는 것이 아닙니다"라고 간언하며 현종의 의견에 동의하지 않았다. 현종은 뒤로 물러나, 몇 번이나 사정하면서 "거짓으로 이름만 주고, 실권은 주지 않겠다"고 했지만 장구령은 역시 "오로지 명목뿐이더라도 그 기관을 아무렇게나 주어서는 안 됩니다"라고 하면서 더욱 반대했다.

해(奚)와 거란을 토벌할 때, 안록산(安祿山)은 용맹함을 믿고 가볍게 나아갔다가 적들에게 크게 패배를 당하였다. 하지만 현종은 안록산의 재능을 아깝게 여기고 사형을 면하도록 해주고 관직에서 물러나 백의종군 하도록 명령하였다. 장구령은 다시금 "안록산은 군율을 어기고 군대에 피해를 입혔으니, 이는 죽음에 해당하는 죄라 할 수 있습니다. 또한 신이 그 면모를 보아하니 반역할 관상이 보이므로 죽이지 않으면 반드시 후환이 있을 것입니다"라고 단호히 맞섰다.

또한 현종이 태자 이영을 폐위시키려고 할 때에도 장구령은 현종의 귀에 거스르는 소리를 하여 그를 매우 불쾌하게 만들었다.

현종과 장구령의 군신간에는 태자를 폐위시키는 문제 외에도 군사적 공로를 장려하거나 정치적 재능이 있는 관리를 등용하는 문제에서도 충돌이 반복되었다. 변방 세력이 변화하고 사회 모순이 발전함에 따라, 현종의 주의력은 날로 변방의 사건과 현실 문제의 해결로 옮겨갔다. 비록 장구령의 의견이 번번이 현종에게 거절당한 것은 아니지만, 정치상의 문제에 있어서 공통된 견해를 보이는 횟수는 점점 줄어들었다.

이런 일이 거듭될수록 그들의 논쟁은 갈수록 격렬해졌다. 논쟁이 격해짐에 따라, 수석 재상인 중서령으로서 장구령의 권력은 날로 하락하게 되었다. 장구령은 그 문인 특유의 민감함으로 자신의 지위가 불안해짐을 깊이 느끼게 되었다. 개원 24년 여름, 그는 현종이 재상에게 흰 깃털 부채[白羽扇]를 내려주는 기회를 틈타, 「백우선부(白羽扇賦)」를 지어 현종에게 헌납하고 끝 부분에는 "가을 기운이 빠져 나오니, 마침내 성은을 광주리에 담는다네(『全唐文』卷283 張九齡「白羽扇賦」)"라고 썼다. 현종은 이것을 읽고 난 후, 칙서를 내려 "짐이 경에게 하사한 이 부채는 잠시 더위를 식히게 하는 것으로, 경이 그 아름다운 깃털로 된 부채를 이용하기를 바라는 것이지, 경이 말한 것처럼 상자에 넣어버리라는 뜻은 아니오"라고 하였다. 장구령에게 그를 버리고 등용하지 않겠다는 뜻은 없으므로 너무 많이 신경을 쓰지 말라고 하였던 것이다.

8월 5일에는 현종의 생일을 맞이하여 군신들이 모두 보경(寶鏡)을 헌납하였는데 장구령만은 유독 『천추보경록(千秋寶鏡錄)』다섯 권을 헌상하여 현종으로 하여금 역대의 흥망성쇠를 비추어보게 하였다. 현종도 역시 서(書)를 내려 칭찬하였다. 현종은 장구령이 그의 의견에 항상 반대하는 것에는 화를 내었고, 이림보에 대해서는 신임을 더해주었지만, 아직 장구령을 내치고자 하는 마음은 없었다. 그는 여전히 개원 9년 장열을 불러들임과 동시에 문학파 장열과 실무파 우문융 두 계열을 임용하여 양쪽이 대칭하는 형태를 유지하고자 하였다.

개원 24년 10월 장안으로 돌아온 후, 현종은 전에 하서(河西)에서 공훈을 세운 삭방절도사(朔方節度使) 우선객(牛仙客)을 상서(尙書)로 삼았다. 우선객은 경주(涇州) 순고(鶉觚 : 지금의 甘肅 靈台) 사람으로 처음에는 현의 낮은 서리로 있었지만, 이후에 군에서 공을 세우는 등의 재능으로 주사마(州司馬)에서 절도판관(節度判官)이 되었다. 소숭(蕭嵩)은 재상이 되자 그를 하서절도사(河西節度使)로 추천하였다. 우선객이 군에 있을 때 그는 늘 청렴하고 근면 성실하였다. 창고는 물품들로 가득 찼으며, 병기는 깨끗하고 양호하였다. 현종이 사람을 보내 조사하게 한 후 그에게 후한 상을 내리고 상서(尙

書)로 삼고자 하였지만, 장구령이 반대를 하였다. 이에 실봉(實封)을 더해주려 하자 장구령은 역시 반대를 하였다. 그러자 이림보는 이 기회를 노려 현종에게 "선객은 재상감인데 어찌 상서에 있겠습니까? 장구령은 서생이라 큰 틀을 알지 못합니다"라고 말하였다. 현종은 이 말을 듣고 매우 기뻐하면서 다음날 다시 장구령에게 우선객의 실봉을 더해주겠다고 말하였다. 하지만 장구령은 여전히 자신의 의견을 고집하였다. 현종은 크게 화를 내고 안색이 변하여 "모든 일이 경에게서 비롯된다는 말이요? 어째서 모든 일을 경에게 의지해야 한단 말이요?"라고 하고, "경은 우선객이 문벌이 없다고 그러는 것이오? 경에게는 어떤 문벌이 있소?"라고 질책하였다. 장구령은 황급히 "신은 미천하며, 우선객은 중화의 선비입니다. 그런데 폐하께서 신을 발탁하여 대각(臺閣)에서 조서를 주관하게 하셨습니다. 우선객은 하황(河湟) 일대의 낮은 관리로서 문자 조자도 모르는데, 만약 그를 크게 임용한다면 적합하지 아니할까 두렵습니다"라고 대답하였다. 그가 조정에서 물러나자 이림보는 현종에게 "재주와 식견이 있으면 되었지, 어찌 꼭 문학적 재능이 너 있어야 하겠습니까? 황제께서 사람을 쓰시고자 하시는데 어찌 아니되겠습니까(『舊唐書』卷106「李林甫傳」)?"라고 말하였다. 이림보의 이 한마디 말로 말미암아 현종은 다시 더욱 기뻐하였으며, 결국 장구령의 반대를 무시하고 11월 23일 우선객을 섬서현공(陝西縣公)에 봉하고 식봉(食封) 300호를 하사하였다. 4일 후인 27일, 우선객은 공부상서(工部尙書) 동중서문하평장사(同中書門下平章事)가 되었고, 배요경과 장구령은 동시에 재상직에서 파면되었다.

이 인사상의 변동과 개원 14년 4월에 최은보·우문융·이림보가 동시에 장열을 탄핵하여 장열을 중서령의 지위를 끌어내린 것과 서로 유사한 점이 있다. 다른 것이 있다면, 그때는 현종이 각기 그 붕당의 결과로 말미암았던 까닭에 두 파에 대해 모두 책망하면서 중용하지 않았다. 그러나 이번에는 이림보가 즉시 중서령에 임명되고, 정부의 대권을 장악하였다. 이것은 문학파(文學派)와 실무파(實務派, 吏治派)의 대신들이 장기간 대립한 결과이자, 당시 정치적 형세 발전의 필연적인 결과이기도 하였다.

소위 문학파라 함은 앞에서 말한 것처럼 진사나 그밖의 과거 출신을 가리키는 것으로, 문학에 뛰어난 선비들이다. 실무파는 행정에 익숙한 관리를 가리키는 것으로, 실제 문제의 해결 능력이 뛰어난 인재들이다. 그들 사이의 투쟁은 상당히 장기간의 과정을 거쳤다. 현종이 즉위한 후에 일어났던 요숭과 장열의 대립은 비록 황위를 안정시키는 문제를 둘러싸고 전개되었다고는 하겠지만, 여기에도 이미 문학파와 실무파간의 투쟁의 싹이 움트고 있었다. 이전에 이 두 파가 투쟁을 할 때, 대다수는 구체적인 정책이나 혹은 호구조사와 같은 정치적 시책을 둘러싸고 진행된 것이었다. 또한 황제는 여전히 두 파당을 능가하여 초연한 지위를 유지하고 있었다. 그러나 이번에는, 투쟁이 이림보와 장구령 사이에서만 진행된 것이 아니라 황제 또한 직접 한 쪽과 충돌하게 된 것이다. 투쟁의 내용은 인사 배치는 물론 등용 기준과도 관계가 있었다. 처음에는 우선객을 선발하여 등용하느냐의 여부를 두고 논쟁을 하다가, 현종은 '문벌의 유무'를 제시하였는데 이는 남북조에서 내려온 전통적인 인재 등용의 기준이었다. 이렇게 된 것은 장구령의 입을 막기 위함이었을 뿐 실제로 사람을 등용할 때는 이러한 기준을 실행하지 않았다. 장구령은 문학(文學)을 말했고, 이림보는 재식(材識)을 말했다. 사실, 막 부각되고 있었던 재능과 학식이라는 이 두 가지 기준은 본래 모순된 것이 아니었다. 그러나 장구령과 이림보는 각각 양편에 서서 자기의 주장을 고집하였던 것이다. 이것은 당시 관리들 가운데 내재된 모순을 반영해주고 있다.

장열과 장구령은 비록 문과 출신이지만 그들은 무측천 시기에 배양되어 선발된 이들이다. 그 당시에는 문학적 재능만을 갖추고 행정적 실적을 갖추지 않은 사람은 고급 관료의 대열에 오르기 어려웠다. 이로 말미암아 그들은 탁월한 문학적 재능을 갖춘 것 외에도 동시에 경세치국의 정치적

재능도 겸비하였다. 장열은 한 시대 문단의 종주였을 뿐만 아니라 나아가
서는 장군이 되고 들어와서는 재상이 되어 정치와 군사를 섭렵하고 있었
다. 장구령은 비록 총체적인 소질에 있어서는 장열과 같이 문무 양쪽 모두
에 능하지 않았지만, 나름대로의 독립적인 정치적 견해를 갖추고 있었다.
개원 시기 과거 출신 문학파 가운데에서 현종이 문치를 꾸미기 위해서,
또 장열같은 문사를 발탁하므로 말미암아 문학으로 중서사인(中書舍人)과
같은 고관에 오른 사람이 많이 있었다. 그들은 조칙을 관장하였는데, 이는
황제를 대신하여 칙령을 초안하는 것으로 문인에게 있어서 최대의 영광이
며 최고의 귀착점이 되었다. 개원 23년, 손적(孫逖)이 과거시험에서 인재를
뽑아 조정에 추천하는 것을 맡고 있었는데, 그는 "이화(李華)·소영사(蕭穎
士)·조화(趙驊)를 선발하여 과거에 급제하게 하였다. 손적은 그들을 일컬어
말하기를 '이 세 명은 조칙을 관장할 만한 사람이다'라고 하였다(『舊唐書』
卷190中「孫逖傳」)." 장구령이 태각(台閣)에 올라 조칙을 관장하였다는 것은
자신이 재상을 맡았다는 것과 동의어이다. 이런 기풍의 영향으로 일반 군
신들이 비록 문학적 재능을 갖추었다고 하더라도 "문체의 격식이나 알았
지 역사에 대해선 어두웠으며", "육경(六經)은 아직 책표지도 펼쳐보지 아
니 하였고, 삼사(三史)는 모두 벽장에 걸어둔 것과 같았다(『唐會要』卷75「帖經
條例」;『舊唐書』卷119「楊綰傳」)." 유가 경전을 학습하지 않아서 역사적 지식
도 역시 부족하였고, 정사에 대해서도 그다지 숙련되지 못하였다. 개원
중반 이후, 정사는 날이 갈수록 복잡해지고 변방은 날로 긴장되었다. 제도
는 끊임없는 조정을 필요로 하고 있었고 많은 문제들이 해결의 손길을 기
다리고 있었다. 그러나 이러한 방면의 일거리는 대다수 문학파 선비들이
그다지 원하지 않는 일이었으며 또 그들의 능력으로는 해결할 수도 없는
일이었다. 문학파 관료들이 제도적인 조정을 해결할 수 없었던 것은 그들
의 소질에 말미암는 것일 뿐만 아니라, 그들이 이미 당조의 흥성을 대표하
는 자들로서 정치와 경제적 권력의 상층부 지배 관료가 되어있었기 때문

이다. 그들은 고종·무측천 이래의 방종한 정책을 계속 실행하도록 요구하였을 뿐만 아니라 그들의 정치 경제의 이익에 손해가 되는 모든 정책과 시책을 굳게 반대하였다. 장열은 호구조사 정책을 반대하였다. 장구령은 일찍이 사주전(私鑄錢)을 금지하지 않도록 청하였다. 또한 옛 제도를 변혁하는 의미를 지닌 시책에 대해서 그들은 역시 소극적인 태도를 취하였다. 결국 개원 중반에 시작된 여러 가지 변혁을 지속시키고 이를 종합하여 규범화하는 임무는 이림보로 대표되는 실무파 관리들의 몫이 되었다.

이림보는 당종실(唐宗室)로 문음(門蔭) 출신이다. 개원 초, 연이어 태자중윤(太子中允)·태자유덕(太子諭德)이 되고, 후에는 국자사업(國子司業)이 되었다. 개원 14년 우문융이 그를 추천하여 어사중승이 되었으며, 두 사람이 힘을 합하여 중서령 장열을 파면시켰다. 바로 문학파와 실무파의 분쟁이 날로 격화된 상황에서 이림보는 그의 정치 생애를 시작한 것이다.

개원 20년 전후, 이림보는 형부시랑(刑部侍郎)에서 이부시랑(吏部侍郎)으로 옮기고(『唐僕尙丞郎表』 卷10), 재상겸 이부상서(吏部尙書) 배광정에게 협조하여 순자격(循資格)을 행하게 되었다. 당시에는 9품 이하의 관리들이 벼슬길에 오르는 것과, 각종의 길을 통해 관리의 자격을 얻은 사람이 2천여 명이나 되었다. 하지만 매년 보충해야 할 관리가 6백 명 정도였으므로 관직을 얻기란 쉬운 일이 아니었다. 벼슬길에 나선 지 이십 년이 되어도 녹봉을 받지 못하는 이가 있었다. 관직을 맡은 후에도 승진하기는 무척 어려웠고 많은 사람들은 나이가 차서 퇴임하였다. 이러한 상황에 대하여 배광정이 순자격을 통해, 각급의 관료가 임직 기한이 만기된 후에는 일정한 기간 동안 우선 재능 있는 사람이 이부에 응선하도록 하여 대부분 관직을 얻게 하고, 연수와 자격에 따라 차츰 승진이 되어가도록 상주하였다. 이것은 능력 있는 사인들을 제한하는 것이었다. 그러나 장기적으로 관직을 얻지 못한 자나 말단 계급에 있는 관리에게는 오히려 좋은 소식이었다. 이리하여 이림보는 계속 자격에 따라 등용하는 것을 행하여 자연히 광대한 중하층 계급 관리들의 지지를 얻게 되었고, 이것은 그가 후일 큰 뜻을 펼칠 수 있는 기초를 굳건히 다져주었다.

이림보는 이부시랑에 있는 동안 "매번 상소를 올릴 때마다 늘 황제의 맘에 들었고, 황제는 그것을 매우 기뻐하였다"고 한다. 현종은 그를 황문시랑(黃門侍郎)으로 승진시켰다. 개원 21년 5월, 다시 그를 예부상서(禮部尚書) 동중서문하3품(同中書門下三品)에 임명하고, 시중 배요경을 중서령 장구령과 함께 재상으로 삼았다. 이림보는 재상의 직무를 맡은 후에 동도에서 장안으로 돌아오는 결정이나 태자의 폐립 또는 특별히 군공을 장려하는 것과 실무파 관리 중용 등의 중대한 정치 문제에 대해 모두 현종을 지지하였다. 이로 말미암아 결국 현종은 장구령을 버리고 이림보를 선택하여 그로 하여금 계속 각종 제도의 변혁을 진행하게 하고 그러한 변혁이 제도적으로 뿌리를 내릴 수 있게 추진하도록 지시하였다.

이림보는 중서령을 맡은 후, "잡다한 임무를 처리하고, 기강을 증강시키고 수정하였으며(『新唐書』卷223上「李林甫傳」寧王私謁事 ;『資治通鑑』卷213 玄宗 開元21年 夏6月 癸亥條)", 현종이 재정·군사·정치·선거와 법률 제도 등의 방면에 일련의 시책을 취하도록 협조하였다.

1. 재정상에서 탁지지부(度支旨符)를 간소화하였다.

지세(地稅)·호세(戶稅) 등 새로워진 징수 방법을 법률적으로 인정하였으며 더 나아가 절납(折納 : 현물대신 화폐로 환산하여 납부) 제도를 시행하였다.

당초이래, 매년 조세의 잡지출을 위해 호부탁지사(戶部度支司)에서 지부(旨符)를 만들었다. 즉 그 당시의 징수 방법으로 주현과 여러 관청으로 보내었기 때문에 50만 장의 종이가 필요로 하였다. 모든 관리들이 이것을 베껴 쓰자니 그 일이 너무나 많았으며 그 경중이 같지 않았을 뿐만 아니라 정해진 액수도 없었다. 지방관들도 그 과정에서 매우 쉽게 농간을 부렸다.

개원 24년, 이림보는 각 도의 채방사(採訪使)와 각 주의 조집사(朝集使)와 상의한 후, 백성에게 불리한 항목과 해당 지역 토산품이 아닌 항목을 취소하자고 주청하였다. 각 주에서 매년 바쳐야 하는 물건의 수목을 장행지조(長行旨條) 5권으로 만들었다. 이렇게 상서성(尚書省)과 관련되는 부문에서는 매년 장행지조에서 액수를 규정한 바에 따르기만 하면 되기 때문에 매 주(州)마다 종이 한두 장만 있으면 되었으니, 그 수속이 크게 간소화된 것이었다. 현종은 이 건의를 받아들였다.

지세와 호세는 당초부터 징수된 것이었다. 지세는 원래 의창용(義倉用)으로 만들어진 것으로, 후에는 호(戶)의 등급에 따라 징수가 되었는데 상상호(上上戶)도 5석만 받았다. 호세는 주로 관리의 봉록과 관부(官府)의 지출에 쓰여진 것으로 아직 확정된 제정이 없었다. 토지 겸병과 지주 경제가 발전함에 따라 국가의 수입을 증가시키기 위해 개원 25년 왕공(王公) 이하는 매년 경작하는 토지에 따라 무세(畝稅)를 2승(升)으로 정하였는데, 협향(狹鄉)은 호적상에 등기된 토지에 따라 징수하고 관향(寬鄉)은 실제 경지의 토지에 따라 청묘전(青苗錢)을 징수하였다. 또 상인이나 밭이 없는 호구도 여전히 호의 등급에 따라 징수하였다(『唐六典』 卷3「尚書戶部」;『通典』卷124「輕重」). 이로 말미암아 지세의 부담이 늘어났을 뿐만 아니라 지주가 국가에 내는 지세의 수량이 증가하였다. 이에 따라 국가의 군량미 수입도 증가하였다. 이와 동시에 호에 따른 세금도 확정이 되었는데, 3년에 한 번 대세(大稅)를 내는 것은 150만 관(貫)이고, 매년 한 번 소세(小稅)를 내는 것은 모두 약 40만 관이었다. 이것으로 군국(軍國)과 전역(傳驛)과 우편 전달 등의 지출에 공급하였다. 매년 또 별세(別稅) 80만 관으로 주현관(州縣官)의 월급과 지방 정부의 지출에 공급하였다.

절납(折納) 제도는 남북조 시기에 실행되었다. 당조(唐朝)는 무측천 통치 시기에 강남에서 납포대조(納布代租)를 실행하였다. 중종 이후, 또한 의창의 곡식[粟]을 쌀[米]로 바꾸어서 수도에 납부하였는데 이를 변조(變造)라고 불렀다. 개원 25년, 관중 지구의 농업 생산량의 발전과 각 지구의 경제 발전의 상황에 따라 당 정부에서는 더 나아가 각지의 절납의 실물을 조정하고 규정하였다. 관내(關內) 각 주의 용조(庸調)나 자과(資課)[25]는 견(絹)이나 전(錢)으로 과세를 수납하고, 시가에 따라 곡식[粟]을 쌀로 바꾸어서 수도로 보내고, 거리가 멀면 현장에서 사서 저장했다가 군량미에 보태었다. 하남(河南)과 하북(河北)에는 수운이 통하지 않는 주(州)가 있었는데 조(租)를 대신하여 비단[絹]으로써 관중의 조과(調課)로 내었다. 강남의 여러 주들은 면포를 보냈다. 당초이래, 강회(江淮) 일대에 변조제도(變造制度)가 실행되었는데, 이것이 한걸음 더 나아가서 관중과 하남과 하북의 일부 주현에까지 퍼지게 되었다.

2. 군사상, 마지막으로 부병제에서 모병제의 전환을 완성시켰다.

개원 10년 장열은 병제를 개혁하자고 건의하였다. 그 당시에는 수도의 방위 부대를 부병제에서 모병제로 바꾸는 일밖에 할 수 없었다. 이림보가 재상이 된 개원 25년 5월에, 현종은 "중서문하와 모든 도의 절도사에게 명하여 각 군진(軍鎭)이 한가한지 바쁜지 상황을 헤아리고 이익과 손해를 파악하게 하고, 병방건아(兵防健兒)들의 수를 세어 일정한 군대 군사의 숫자를 정하였으며, 절도사에게 위탁하여 원래 각각의 요역을 담당하던 병사들과 객호 중에서 소집하게 하였다. 정장을 뽑아서, 건아에 충당하였으며 장기간 변방 복무를 원하는 자에게는 매년 상례(常例)에 덧붙여서 전지(田地)와 집을 제공하였고, 힘써서 넉넉히 돌아보아 구제를 받게 하였다. 매년 계절마다 현에서 중서문하에 보고하게 하고, 겨울이 되면 한꺼번에

---

25) 역(役)에 나가지 않는 대신에 내는 대납금. 호리 도시가즈(堀敏一), 「균전제와 조용조제의 전개」(김성한 옮김), 『세미나 수당오대사』(서경문화사, 2005) 참조.

황제에게 올리는 보고서를 기록하였다(『冊府元龜』卷124「帝王部」修武備)." 그리하여 변방 수병(戍兵)을 부병제에서 모병제로 바꾸기 시작하였다. 칙령의 요구에 따르면 이 일은 첫째로 각 군진(軍鎭)의 군사의 수를 확정하는 것이고, 둘째는 원래 있던 진병(鎭兵)들과 변방의 객호 가운데에서 장정을 소집하여 장기간 변방의 군사로 충당하는 것이다. 징병된 사람의 입장에서 보자면 그들 자신이 자기가 가는 곳을 결정하는 것이고, 객호의 입장에서 보자면 종군을 통하여 새로운 생계의 길을 찾게 되었다.

　일을 시작한 지 8개월도 되지 않은 개원 26년 정월, 현종은 조서를 내려 말하길, "변방의 장정병을 소집하는 것이 충족되었으므로, 이제부터는 진병(鎭兵)을 다시 변방으로 보낼 필요가 없어졌으니 내지에 있는 군사들은 돌아가도록 풀어 주라"고 하였다. 내지에서는 변방에 다시는 군사들을 보낼 필요가 없었다. 그러나 실제로는 절대 그렇지가 않았다. 그래서 두보(杜甫)는 「병거행(兵車行)」에서 "어떤 이는 15세부터 북방으로 가서 하새(河塞)를 지키다가, 40세가 되어서도 서쪽에서 둔전(屯田)을 가꾸네. 마을을 떠날 때 이장(里長)이 머리를 싸매어 주었더니, 돌아올 때 백발이 되었건만 다시 변방에서 수자리 사는구나"라고 하였던 것이다. 이 기간은 전후 몇십 년으로 개원 중후기와 천보 년간 대부분의 시간을 포함한다. 『자치통감(資治通鑑)』卷215 천보 4재에도 "옛 제도에서는, 변방에서 군 복무하는 자는 조세를 면해주고 6년 후에 교대를 하였다. 이때 변방의 장수들은 패배를 치욕스럽게 여겼으므로, 병사들이 죽더라도 중앙에 보고하지 않아 그들은 호적에서 삭제되지 않았다. 왕홍(王鉷)은 세금을 악착같이 거두어 들이는데 그 목적이 있었으므로 호적에는 있는데 사람은 없는 경우에 모두 과세를 피하기 위한 것이라고 보았다. 호적에 근거해 변방에서 6년 동안 복무한 기간을 제외하고는, 모두 조용조를 징수하였다. 이렇게 징수한 것이 30년 간 이어졌으나 민간에서는 하소연하는 자가 없었다"라고 한다. 이것은 비록 부병제의 징집 제도가 행해지던 시기의 옛 제도이지만, 왕홍은 이 제도를 이용하여 성공하였으니, 내지에서 사람들을 보내어 변방에 수자리를 서는 것이 계속 진행되고 있고, 이것이 강제적이었다는 것을 우리들에게 설명해준다. 「병거행」에서는 여기에 대해 구체적으로 설명하였다. 변방에서 수자리를 서면 6년마다 한 번 교대하며 그 조세를 면하게 해준다고 하는데, 이것과 부병으로 변방에 수자리를 서게 하는 것과 큰 차이가 없다. 다른 점이 있다면 그들이 다시는 자신들이 무기와 옷과 양식을 준비하지 않아도 되고, 국가에서 양식을 공급해준다는 것이다. 병역 제도로 말하자면 이것은 징병제가 모병제로 변한 것이고, 군인의 신분으로 말하자면 그들은 의무병이 아니라 직업병이 된 것이다. 군대의 성질이 변한 것은 물론이거니와 양식 전부를 국가의 창고에서 지출하게 되었으니 그 영향은 막대한 것이었다.

부병제는 천보 년간이 되면서, "날로 퇴락하고 파괴되었다. 죽거나 도망하는 자는 관리가 다시 보충하지 않았고, 말과 소와 무기와 양식들은 다 없어지게 되었다." 절충부(折衝府)에서는 이미 "군사가 없어서 교환할 수가 없으며", 모병제는 수도의 숙위(宿衛)와 변방의 수비부에서 점차 행해지고 있었다. 그래서 이림보는 천보 8재(749) 5월 10일, "절충부 관리들이 받는 어서(魚書)를 멈추도록 상주하였다." 비록 절충(折衝)이나 과의(果毅) 등 부병의 관리들이 아직 어느 정도의 기간 동안 정도 존재하였지만, 부병의 활동은 여기에서 끝나게 된다. 군사 제도의 개혁은 장열에서 시작되어 이림보에게서 끝났다고 말할 수 있는 것이다.

3. 법률상, 율령격식(律令格式)의 수정을 완성하였다.

율령격식의 수정을 완성시킨 것도 역시 개원 25년에 발생한 큰 사건이다. 개원 이래 제도상의 각 항의 변화가 점차로 완성되었는데, 현종은 급히 이러한 개혁들을 제도화시키고, 질서를 안정시켰다. 현종은 도성내의 죄수가 50인에 지나지 않는다는 말을 듣고 희색이 만연하였다. 대리소경(大理少卿) 서교(徐嶠)는 "올해 천하에는 사형자가 58인입니다. 이전에 대리옥원(大理獄院)에는 살기가 가득하여 새들이 찾아들지 않았지만 요즘은 까치들이 나무에 둥지를 틀고 있습니다"라고 상주하였다. 현종은 재상들이 천하를 잘 다스렸으며, 법관들이 공정하게 하였다는 공로로, 이림보를 진국공(晉國公)에 명하고, 우선객을 빈국공(邠國公)에 봉(封)하였고, 형부(刑部)와 대리관(大理官)에게 비단[絹] 2천 필을 하사하였다. 이것은 일상적인 거동이 아니었고, 현종 당시의 이상과 추구를 반영해 주고 있다. 9월, 율령격식의 수정이 완성되었다.

당조의 율령격식은 무덕(武德) 7년(624) 3월, 반포 시행된 후에, 격식(格式)이나 혹은 령·격·식(令格式)을 수정한 것을 제외하고, 율령격식을 전면적으로 수정한 것은 정관 11년(637)·영휘 2년(651)·수공 원년(685), 그리고 개원 7년(719) 4번이었다. 이번 개원 25년의 수정에는 이림보, 우선객이 공동으로 참여하여 첨삭한 것이 모두 총 7,026조로, 그 중 1,234조가 불필요한 것이었기에 모두 삭제하였다. 2,180조는 문장에 따라 더하고 제하였고, 3,594조는 예전과 변함이 없었고, 총 율(律) 12권·율소(律疏) 30권·식(式) 20권·개원신격(開元新格) 10권이 되었다. 이러한 변동은 상당히 컸으며 그들이 힘을 다해 율령격식을 사회의 변화에 적응시키고자 했음을 설명해준다.

당률은 원래 500조이고, 당령(唐令)은 원래 1,590조이었는데, 이번에 첨삭 개편된 것을 합하면 모두 3,504조가 된다. 수정 후 율(律)은 여전히 500조였고, 수정된 것은 겨우 소수 몇 조에 불과하였다. 영(令)에도 역시 큰 변화가 없었다. 첨삭된 대다수는 격(格)과 식(式)이었다. 주의를 기울일 만한 것은, 일부의 영은 이미 완전히 사회적 변화에 적응할 수가 없었다는 것이다. 예컨대 부역령(賦役令)은 이미 완전히 현실 상황을 벗어난 것이었고, 전령(田令)·궁위령(宮衛令)·군방령(軍防令) 등은, 개원 25년 수정이 완성된 영(令) 가운데에 반영되어 있지 아니하였으며, 영문(令文)의 기본은 여전히 옛 것으로 남아있었다. 이렇게 당의 율령(律令) 체계에 하나의 거대한 내재된 모순이 만들어졌고, 영문(令文)은 현실과 동떨어졌으며, 따라서 영문은 엄격하게 집행될 수 없었다. 이러한 추세는 영의 중요성을 갈수록 저하시켰고, 격식의 중요성은 갈수록 커져갔다. 당조의 영은 제도와 범위를 세우는 것으로, 각종 국가 규범을 제정한 것이라 할 수 있으며, 쉽게 변동시킬 수는 없었다. 각 부문의 사무 규정과 실행 조례가 되는 격(格)이나 식(式)은 때에 맞추어 변할 수 있었다. 영에 대해 큰 수정을 하지 않은 것은 비록 이후 제도의 변화가 여전히 지속되고 있더라도 옛 제도를 버리고, 새 제도를 건립한 행위는 여기에서 이미 일단락을 마치게 됨을 표명해 준다. 현종은 심지어 어떤 제도는 차라리 구문(具文)이 되더라도 또한 더욱 철저한 변혁이 실행되는 것을 원치 않았다.

사실상, 어떤 제도는 기본적으로 이미 완성이 되었는데, 여기에는 병역 제도와 같은 것이 있다. 예컨대 부세 제도와 같은 것은 비록 발전 추세에 있어서는 아직 계속적인 진보가 필요했다. 그러나 당시의 상황으로 보자면, 이미 지주 관료들이 받아들일 수 있는 최고 한계에 도달하였으며, 여기서 더 나아간다면, 그 수용 범위를 초월하는 것임을 알 수 있다. 그러나 원래의 조용조(租庸調) 제도는 아직 농민의 최대 수용 능력을 초과하지 않았다. 당 정부가 각 향(鄕)의 한도를 30정(丁)의 조용(租庸)으로 정했기 때문에, 농민이 도망을 가서 객호가 되거나 스스로 개간하는 등의 방식으로 조절이 필요했더라도 한동안 그다지 큰 혼란에 다다르지는 않았다. 개원·천보 년간 동안 사회는 상당히 안정되었다. 이는 현종이 위에서 서술한 방법들처럼 할 수 있었던 객관적인 기초가 되었다.

4. 정치 제도상, 집권과 분권이 모두 한층 더 발전하였다.

개원 11년 장열이 중서령이 되어 정사당(政事堂)을 중서문하(中書門下)로 바꾸어 부르고, 이방(吏房)·추기방(樞機房)·병방(兵房)·호방(戶房)·형예방(刑禮房)의 5방을 설치한 후 모든 정사를 나누어 집정하도록 주청했는데 이에 따라 재상 제도에 중대한 변화가 발생하였다. 결책권(決策權)과 행정권은 모두 중서문하에 집중되었고, 3성제(三省制)의 짜임새는 철저히 파괴되었다. 즉 수석 재상인 중서령의 지위가 더욱 제고되었던 것이다. 그러나 새로운 중추 제도는 아직 완벽하지 못했고, 여기에 전통적으로 문학파와 실무파를 병용하는 인재 등용 방식으로 말미암아 중서령은 대권을 독점하지 못하였고, 재상들이 조정을 함께 장악하는 국면은 장구령이 재위에서 물러나기까지 줄곧 변하지 않았다. 그러나 이림보가 중서령이 된 후로 재상은 두 명으로 줄었고 시중과 중서령에게 권력이 집중되었고, 특히 중서령인 이림보에게 중요한 일이 맡겨졌다. 개원 27년(739), 우선객은 병부상서 겸 시중이 되고, 이림보는 이부상서 겸 중서령이 되어 문무 직관의 선발을 총괄하였다. 문무 관리를 임면하는 대권이 동시에 재상의 수중에 집중된 것이다. 이것은 전에 없었던 일로서, 어떤 면에서 집권 현상이 전대미문의 정도에 들어서게 되었다는 것을 반영해준다.

이와는 반대로, 지방에서는 오히려 개원 22년 설치한 채방처치사(採訪處置使)에게 갈수록 큰 행정 권력을 부여하게 되었다. 채방처치사는 창고를 열어 구제 물품을 주는 개창진급(開倉賑給)과 같은 일을 자사와 상의하여 결정할 뿐만 아니라, 무슨 일을 하기 전에 황제에게 먼저 보고할 필요가 없었다. 또한 불법으로 재물을 축적한 자사에게 직무를 정지시킬 수도 있었으며 또한 사람을 보내 그 직무를 대리하게 하기도 하였다(『唐會要』卷78「採訪處置使」). 이것은 지방관에 대한 감독과 관리를 강화시키고, 또한 때에 맞추어 지방 사무를 해결할 수 있도록 하는 적극적인 의미를 지닌다.

현종이 이림보를 권력의 정점에 놓고 나자, 이림보는 자신의 권력과 지위를 확고히 하기 위하여, 현종에게 신임을 받고 있거나 재상이 될 가능성이 있는 사람을 탄압하고자 했다. 그는 현종이 태자를 의심하고 있는 마음을 이용하여 몇 차례의 큰 탄압 사건을 일으켰다. 그는 자신이 맡고 있는 대권을 강화하기 위하여 황제의 이목을 막아버리고자 상서를 올리는 사람들에게 타격을 가하였던 것이다. 간언의 직무를 맡은 간관보궐(諫官補闕) 두진(杜璡)은 상서를 올렸다가 현령으로 폄적되었다. 그는 간관들을 불러서 "오늘날 명군이 황제의 자리에 계시므로 군신들이 바쁘게 황제의 뜻에 순응하는데 어찌 많은 말이 필요하겠는가? 여러분들은 의장대의 병마를 보지 못했는가? 삼품에 해당하는 사료를 먹지만 한 번 울었다가는 곧 배척을 받는다.[26] 후회해도 무슨 소용있겠는가?"라고 하였다고 한다. 그는 재상의 위세를 크게 강화하였다. 과거에는 재상의 수종인들이 몇 명밖에 되지 않았기 때문에 마을 사람들은 그가 오갈 때 길을 비킬 필요도 없었다. 이림보가 재상이 된 후, 그의 행차를 위해 보병과 기병 1백여 명이 좌우에서 길을 지켰으며, 그 앞에서는 금오위(金吾衛)의 장수가 수백 보 떨어진 곳에서 거리를 정돈했고 길을 지나가던 공경(公卿)과 행인들은 모두 길을 비켜야만 했다.

그러나 이림보는 중서령이 된 지 16여 년이 되도록 곳곳마다 현종의 뜻에 따라 일을 하였기 때문에 현종은 그를 크게 신임하고 있었으며 "정사를 모두 이림보에게 맡겼다." 그리고 이림보는 정무를 처리하는 데 있어서 "매사에 몹시 신중하고 조리가 있었으며 기강을 다시 세웠다." 또한 "그의 행동은 모두 규정[循資格]에 따랐으므로 관직에 있는 사람들을 매우 고르게 다루어서 승진할 수 있는 문이 없었다(『舊唐書』 卷106 「李林甫傳」)"고 한다. 이림보를 「간신전(奸臣傳)」에 넣은 『신당서』마저도 "문학과 법을 익히고, 사람을 등용할 때는 아첨하는 사람을 채용하지 않고, 격령(格令)을 그대로 유

---

26) 食三品料, 一鳴斥去. 여기에서 鳴이란 글자는 "금수나 벌레들이 울다"라는 뜻도 있지만, "감정이나 주장을 밖으로 나타내고 진술한다"는 뜻도 포함되어 있다. 감히 간언을 해서는 안된다는 것을 비유한 것이다.

지였으므로 작은 강목(綱目)도 흐트러지지 않았다. 그래서 사람들은 그 권위를 두려워하였다"라고 하고 있다. 그의 사후에, 양국충(楊國忠)은 이림보가 돌궐의 아포사(阿布思)와 모반하였다고 모함하였고, 『구당서』에서는 "천하가 그를 원망하였다(『舊唐書』 卷106 「李林甫傳」)"라고 하였다. 이 기록들은 당시에 "조정과 민간에서 분노하지만 감히 말을 꺼내지 못하고, 그 권위를 두려워하였다"는 사실을 보여준다. 그러나 그의 업적으로 말미암아 확실히 높은 위엄과 덕망을 지니고 있었음을 시사하는 것이다.

결론적으로, 현종이 이림보를 중용해 조정의 대권을 맡긴 기간 동안 각종 제도는 지속적으로 조정되었다. 경제는 줄곧 발전하였고, 변방의 수비는 강화되었다. 이리하여 당왕조의 번영과 창성함은 정점에 도달하였다. 그러나 현종과 이림보는 중추 기관과 재상에 권력을 너무나 집중시켰다. 이렇게 하면 일정한 기간 동안의 효율은 올릴 수 있으나, 만약 이와 같이 조직을 맡기기에 자질이 모자라는 사람을 등용한다거나, 갑자기 변화가 발생한다면 모든 통치 기구의 효력을 잃게 될 수도 있다. 또한 간언의 통로를 막고 독단적으로 전횡하여, 당나라 초기부터 간언을 청납하고 발언의 통로를 넓히고 생각들을 모아 이익을 넓혔던 결책(決策) 기구의 제도를 바꾸었으니, 결책에 중대한 실수가 발생하는 것은 필연적인 결과였다. 후에 그들은 변방의 방어를 강화하고, 또한 변방 절도사의 권력을 끊임없이 확대시키기 위해 애초의 내중외경(內重外輕)의 군사 체계를 바꾸었으나, 이 또한 잘못된 조치로 불의의 사태를 막을 수 있는 어떤 대책도 취하지 못하였다. 이것은 통일 왕조라는 기반 아래 시한폭탄을 묻어둔 것과 다름없었다. 단지 일정한 조건이 맞는 기회에 부딪치면 이것은 곧 통일 왕조라는 큰 건물을 폭발시킬 수 있었다. 천보 시기 번영 배후에는 이러한 세 개의 거대한 위기가 잠복하고 있었고, 결국 이는 왕조를 쇠락과 멸망의 길로 이끌게 되었던 것이다.

15. 충성스러운 고력사(高力士)

현종 시대에 일어난 수많은 사건 가운데에서 태자가 폐위된 것과 이림 보가 재상으로 임명된 것은 환관 고력사와 직간접적인 관계를 맺고 있다. 고력사는 현종의 최측근에서 덕망이 높았기에 날아가는 새도 떨어트릴 만큼 그 위세가 대단했다.

고력사의 본명은 풍원일(馮元一)로 영남지방의 반주(潘州) 사람이다. 그의 부친 풍군형(馮君衡)은 반주 자사였다. 장수(長壽) 2년(692) 무측천은 사형평사(司刑評事) 만국준(萬國俊)을 파견하여 감찰어사(監察御史)를 대행하게 하고, 광주로 가서 영남(嶺南)의 유형을 당한 사람들의 모반 사건을 조사하게 하였다. 만국준은 무고한 죄를 뒤집어 씌워서 유형을 당한 수천 명을 마구잡이로 사살하였다. 풍군형도 "거짓 명의로 모함했다는 누명을 쓰고, 죄를 얻어 파면을 당하고 일가가 몰수당했다(『考古與文物』 1983年 第2期에 기재된 1981년 陝西 蒲城縣에서 출토된 「大唐故開府議同三司贈揚州大都督高公神道碑」 약칭 「高力士碑」 참고)." 겨우 열 살이 되었던 고력사는 이 사건으로 거세를 당하였다. 성력 원년(698) 영남토격사(嶺南討擊使) 이천리(李千里)는 그를 데리고 장안으로 왔고, 고력사는 궁중으로 들어가게 되었다. 무측천은 "그의 영리함과, 지혜로움, 깔끔한 용모를 칭찬하고 신변에서 시중을 들게 했다(『舊唐書』卷

184 「高力士傳」고 한다. 하지만 작은 과실로 말미암아 태형을 받고 쫓겨나서 환관 고연복(高延福)의 수양아들이 되어 성을 고씨로 고쳤다. 고연복은 무삼사(武三思) 가문의 출신으로 고력사는 늘 무삼사의 집에 드나들 수 있었다. 일 년이 지난 후, 무측천은 다시 고력사를 불러 궁중에 들어오게 하였다. 고력사는 성년이 된 후에 키가 6척 5촌(약 182cm)이 되었으며 그 용모가 준수하고, 부지런하며 치밀하게 일을 처리하여 무측천의 깊은 신임을 받았다. 그래서 그는 궁위승(宮闈丞)에 제수를 받고, 조칙의 전달을 맡았다. 중종 경룡(景龍) 년간에, 고력사는 임치왕 이융기 밑으로 들어가 마음을 다하여 그를 받들고 이융기의 심복이 되었다. 고력사는 또 다른 환관 양사욱(楊思勖)과 함께 위후와 태평공주를 주살하는 두 차례 궁정 투쟁에 참여하여 큰 공을 세웠다. 현종이 즉위한 후, 양사욱에게 우감문위장군(右監門衛將軍)이라는 직책을 내려주고, 몇 차례나 지절(持節)을 주어서 출사시켜, 장군과 병사들을 데리고 토벌하게 하였다. 양사욱은 성격이 잔인하고 포악하였으며, 군대를 거느리는데 매우 엄격하여 전쟁에서 여러 번 공을 세웠다. 고력사는 우감문위장군에 임명되었으나 현종의 곁에 있었으며, 내시성(內侍省)의 일을 주관했다. 내시성은 모두 환관으로 조성된 기구로, 황궁 안에서의 일상 생활을 위하여 일하였다. 그 우두머리는 내시(內侍)가 맡았는데 모두 네 명으로 이루어져 있었다. 그 밑으로 내상시(內常侍) 6명, 내알감(內謁監) 6명 · 내급사(內給事) 8명 · 알자(謁者) 12명 · 전인(典引) 18명 · 시백(寺伯) 2명 · 시인(寺人) 6명이 있었으며, 아래로 액정(掖廷) · 궁위(宮闈) · 해관(奚官) · 내외(內外) · 내부(內府)의 다섯 부문[局]을 설치하였다. 고력사는 궁중 환관들의 우두머리가 되었다.

　현종에 대한 고력사의 충성심은 뜨겁게 불타올랐다. 개원 말년 그는 현종에게 상서를 올려 다음과 같이 말하였다. "신은 오랑캐 나라에서 태어났으나 커서는 태평성세를 맞게 되었으니, 제가 받은 성은이 제가 살아온 삼십 여 년 동안 넘쳐흐르고 있습니다. 원컨대 이 한 몸 분골쇄신하여 정성과 충절을 다하여 성은에 보답하고자 합니다(「高力士外傳」).” 여기에서 그가 한 말은 그의 가슴 깊은 곳에서 우러나온 것으로 진심이 가득하였다. 고력사는 현종보다 한 살 많았으며, 청년 시절부터 현종의 곁을 따라 50여년 동안 그림자처럼 떨어지지 아니하였다. 오랜 접촉을 통해 고력사는 현종의 성격과 기호, 생각과 의도를 훤히 들여다 볼 수가 있었으며, 말을 하거나 행동함에 있어서 현종의 이익과 의지를 기준으로 하여 충정을 가지고 두 마음을 품지 아니하였다. 『자치통감』에서는 고력사가 성격이 온유하고 근신하며, 과실이 적었고, 형세를 잘 살펴서 행동하였으며, 감히 교만하지 않았고, 천자도 시종인 그를 신임하였으며, 사대부들도 그를 질시하지 않았다고 기록하고 있다. 「고력사묘비(高力士墓碑)」에서는 그에 대해 “중용을 지키며 치우치지 아니하였으며, 황제의 마음을 얻었으나 교만하지 아니하고, 순종하되 아첨하지 아니하고, 간언하되 황제의 기분을 상하게 하지 않았으며, 군주의 말을 전하되 법도가 있으며, 대권을 지니고 있었으나 권력을 탐하지 않았고, 가까이 있는 사람도 악의가 없었고, 멀리 있는 자들도 그에게 반감이 없었다”라고 말하고 있다. 이 평가는 실제적으로 고력사의 사람됨과 행동의 특징을 대체적으로 보여주고 있는 것이다. 그는 자신이 세운 공으로 자만하지 아니하였고, 태도가 겸손하고 온화하였으며 부지런하고 공평하게 일을 처리하였으며, 자기의 의견을 밝히고 현종의 뜻을 전달하는 데 능하였으며, 높은 지위에 처하였지만 절대로 전권을 독단하지 아니하여 황제의 신임을 받았으니, 조정의 군신들도 반감을 가지지 아니하였다. 안사의 난이 끝난 후, 고력사는 현종을 따라 장안으로 돌아왔다. 환관 이보국(李輔國)은 현종과 숙종의 부자지간의 갈등을 이용하여 상원(上元) 원년(760) 고력사를 무주(巫州)로 내쫓았다. 그러나 3년이 지나 보응(寶應) 원년(763)이 되자 고력사는 사면을 받고 돌아왔다. 8월 낭주(郞州)로 가서 개원사(開元寺) 서원(西院)에 머무르고 있던 동안 “현종이 이미 세상을 떠났다는 소식을 듣고는 북쪽을 바라보며 통곡을 하다가 피를 토하며 죽었다"고 한다(『舊唐書』卷184「高力士傳」). 우리는 여기에서 현종에 대한 그의 깊은 애정을 볼 수가 있다. 명대(明代)의 진보적 사상가였던 이지(李贄)는 고력사에 대하여 언급하면서, "진실로 충신이로다! 누가 환관에는 인재가 없다고 하였는가(李贄 『藏書』卷65「近臣傳」)!"라고 말하였다.

　현종은 고력사를 특별히 살펴보고 신임을 베풀었으며, 늘 "고력사가 있어야 잠을 자도 편안하게 잘 수 있다"라고 말하였다. 그래서 고력사는 늘 궁중에 머물러 있었으며 외출을 하는 적이 없었기에 일반인들은 그를 보기가 어려웠다. 요행히도 사람들이 그를 한 번 볼 기회가 나면 하늘에서 내려온 사람을 보듯 하였다. 현종은 고력사를 우두머리 심복으로 여기고, 자기와 외부를 연결하는 중간에 그를 두었으며, "사방에서 주서(奏書)가 올라오면 반드시 먼저 고력사에게 넘겨주고 난 뒤에 황제에게 알리게 하고, 작은 일은 그에게 결정하게 하였다(『新唐書』卷207「高力士傳」)." 고력사의 지위는 특별하였으며, 자연 그의 신분도 백 배가 상승되었다. 궁내에서 태자는 그를 '둘째형[二兄]'이라 불렀고, 제왕 공주들은 그를 '할아버지[阿翁]'라고 불렀으며, 부마(駙馬)들은 그를 '아저씨[爺]'라고 부르면서 모두들 그를 공경하였다. 조정의 밖에서는 권세에 빌붙어 이익을 취하고자 하는 문무 대신들이 분분히 그와 결합하고자 하였다. 고력사가 장안 내정방(來廷坊)에 보수사(寶壽寺)를 건설하고 큰 종을 만들자 조정의 문신과 무관들이 모두 와서 축하하였다. 그런데 종을 한 번 치려면 돈으로 백 민(緡)을 바쳐야 하는데, 어떤 이는 고력사와 결합하기 위해 스무 번이나 종을 치기도 하였다. 금오대장군(金吾大將軍) 정백헌(程伯獻)과 소부감(少府監) 풍소정(馮紹正) 등은 고력사와 의형제가 되었는데, 고력사의 모친인 맥씨(麥氏)가 세상을 떠나자 정백헌 등은 베옷을 입고 상장을 달고 효자[27]를 대신하였고, 그녀의 영전

---

27) 남자가 부모의 제사를 드릴 때 스스로를 일컫는 말.

앞에서 가슴을 치고 발을 구르며 통곡하였다. 개원 초 고력사는 여현오(呂玄晤)의 딸과 혼인을 하였고, 여현오는 곧 수도의 작은 관리에서 소경(少卿)과 자사(刺史)로 진급되었다. 여씨의 형제와 친척들도 적지 않은 빛을 보았다. 후에 여씨가 세상을 떠나자 동성(東城)에서 장사를 지냈는데 장례식이 심히도 성대하였다. 중앙과 지방에서 다투어 제례품을 바치니 큰 길에 가득 넘쳐 났으며, 집에서 묘지까지 거마(車馬)가 끊이지 않았다(『舊唐書』卷184「高力士傳」). 현종의 신임으로 말미암아 고력사의 관위는 끊임없이 치솟아 갔다. 천보 초기에는 군대장군의 지위를 더하여 우감문위대장군(右監門衛大將軍)이 되었다. 천보 7재, 표기대장군(驃騎大將軍)의 직책이 더해졌다. 안사의 난을 겪는 동안 현종을 따라 성도(成都)로 가서 제국공(齊國公)에 봉해졌다. 성도에서 장안으로 돌아와서는 개부의동삼사(開府儀同三司)의 직책이 더해졌으며, 실봉(實封) 5백 호를 하사받았다. 관직이 높아짐에 따라 재물과 부도 상당히 증가하여 그의 재물은 왕과 제후들에 비교할 수가 없었다.

고력사의 주위에 있는 모든 것은 모두 빛이 번쩍번쩍한 것들 뿐이었다. 빛나는 명성과 특수한 지위, 그리고 거액의 재물, 이러한 모든 것들은 현종이 그에게 내려준 것이었다. 현종이 만약 그를 더 이상 신임하지 않게 된다면 이것은 모두 잃어버릴 수 있는 것이었다. 만약 그가 현종에게 충성하지 않았다면 이것은 모두 얻을 수도 없는 것이었다. 그러므로 현종과 고력사 사이의 주종 관계는, 비록 고력사가 주위 여러 사람들로부터 환대를 받고 있었다고 하더라도 바뀌는 것은 아니었다.

현종은 고력사를 신임하였다. 조정 관료의 관계에 대해서도 몸소 나가서 사태를 수습하기가 불편할 때는 자주 고력사에게 대신 일을 처리하도록 하였는데, 이는 상황을 이해하고 군신들 사이의 관계에 맞추어서 조정하는데 유리하였기 때문이다. 앞에서 이미 말하였듯이, 요숭이 처음 재상이 되었을 때 낭리(郎吏)의 직위에 대한 인선(人選)을 결재해 주기를 주청하였지만, 현종이 이를 거들떠보지 않았으므로 요숭은 두려워하였다. 이 때 고력사가 현종의 의도를 전달하자 요숭은 오히려 기뻐하며 대담하게 인사를 단행하였다. 장열이 우문융과 이림보의 탄핵을 받아 하옥되자 현종은 고력사를 보내어 가서 살펴보게 하였다. 이것은 고력사로 하여금 중간에서 중재하도록 하여서 그 죄를 가볍게 처리하고자 하였던 것이다. 이는 현종과 장열 사이의 우의를 유지하기 위함이었다. 천보 후기에 이르러 가서한(哥舒翰)과 안록산의 사이에 원망의 골이 깊어져만 갔다. 이때 현종은 그들을 화해시키기 위해, 고력사를 성동(城東)에 파견하여 연회를 베풀게 하였는데, 연회석상에서 두 사람은 또 싸웠다. 안록산이 가서한을 크게 욕하자 가서한은 여기에 맞서려고 하였다. 고력사가 가서한을 바라보자 가서한은 이에 그만 멈추고는 취한 척하고 돌아갔지만 원한은 더욱 깊어져만 갔다. 천보 13재 3월, 안록산은 장안에서 범양(范陽)으로 돌아가게 되었다. 현종은 고력사를 보내어서 그를 전송하는 모임을 갖도록 하였으며 또한 안록산의 의향을 살피게 하였다. 궁으로 돌아온 후 현종은 고력사에게 "안록산이 마음을 놓았던가?"라고 물어보았더니 고력사가 "그 뜻을 보니 만족스럽지 않은 모양입니다"라고 대답하였다. 이것은 안록산이 기병하기 전 마지막으로 장안을 떠날 때의 일이다.

고력사는 비록 사람됨이 근면하고 신실하였으나 현종의 이익을 옹호하고 현종에 대한 충성에는 뛰어났으며 중대한 문제에 대해서는 정직하게 진언하고 자기의 견해를 표출하였다. 특별히 현종이 말년에 이르러 연로하고 생각이 경직되어지자 그의 면전에서 간언할 수 있는 이가 아주 적었다. 따라서 고력사의 역할은 매우 기특한 것이었다. 천보 말년, 또 한번은 현종이 고력사에게 "짐이 이제 늙었소. 조정의 일을 재상에게 맡기고 변방의 일은 여러 장군에게 맡기니, 어찌 다시 근심이 있겠소"라고 말하였는데, 여기에는 몹시 만족한 뜻이 담겨 있었다. 고력사가 대답하여 "운남(雲南)에서 많은 군사가 모조리 패배했다[喪師]는 소식을 들었고, 또한 변방 장군의 용병이 크게 많아졌다고 합니다. 폐하께서 어찌 이를 규제하지 않으십니까. 일단 재앙이 발생하면 다시 구제할 수 없으니 어찌 근심이 없다고 하겠습니까(『舊唐書』卷106「楊國忠傳」)?"라고 하였다. 고력사가 말한 '운남(雲南)에서 군사가 모조리 패배했다[喪師]'는 것은 천보 10재에 양국충이 지지하던 검남절도사(劍南節度使) 선우통(鮮于通)이 남조(南詔)에 출병을 하였는데, 노남(瀘南)에서 대패하고 8만이나 되는 전군(全軍)이 전멸한 것을 가리킨다. 천보 13재에는 검남(劍南) 유후(留后) 이밀(李宓)이 출병을 하였다가 또 대화성(臺和城) 북쪽에서 대패하고 전군이 전멸하였다. 두 번의 남조 공격에서 "20만 대군이 나갔으나 죽은 채로 땅에 내버려졌고, 수레를 가지고도 그들을 데리고 올 수 없었으며(『舊唐書』卷106「楊國忠傳」)", 대량의 징병과 막대한 군비로 말미암아 천하가 소란스러워 졌지만, 양국충은 오히려 실패의 상황을 은폐하고 현종에게 승리를 거두었다고 보고하였다. 조정과 재야의 관리들은 그의 위세가 두려워서 감히 진실된 상황을 진언하려 들지 않았다. 고력사가 "변방의 용병이 크게 성하여"라고 말한 것은, 안록산 한 사람이 평로(平盧)·범양(范陽)·하동(河東) 등 삼진(三鎭)의 절도사를 겸임하고 중병을 장악하여 세력이 높아졌으며, 마침 동북에서 병기를 수리하고 정돈하며, 말을 키우면서 전투 준비를 하는 등 거사를 준비하고 있었음을 의미한다. 운남에서의 패전과 안록산이 강성해짐에 따라 당왕조는 동란의 폭발로 수습할 수 없는 위험에 이르게 되었다. 고력사는 이러한 형세를 정확하게 인식하고 있었고, 현종에게 실제적으로 현실을 보여주며 심각한 우려를 표시하였다. 현종은 이런 사실을 전혀 모르는 것은 아니었다. 하지만 단지 아는 바가 매우 적어서, "경이 구태여 말할 필요 없소. 짐이 천천히 생각해 보겠소"라고만 말할 뿐이었다. 천보 13재 9월 가을, 연일 비가 내려서 계속되는 비로 말미암아 수재가 났으며, 관중에는 곡식이 심각하게 부족해졌다. 재상 양국충은 현종에게 재난의 상황을 보고하는 것을 금지시켰다. 그는 작황이 비교적 괜찮은 곳의 농작물을 갖고 와서 현종에게는 "비가 비록 많이 내리기는 했지만, 농작에는 해가 되지 않았습니다"라고 말하였다. 현종은 반신반의하면서 주위에 아무도 없을 때 단독으로 고력사에게 물어 보았다. 고력사는 "폐하께서 권력을 재상에게 맡기시자, 상벌에는 질서가 없어지고 음양이 질서를 잃었는데, 신이 어찌 감히 말할 수 있겠습니까?"라고 몇 마디 말을 했을 뿐이다. 그러나 이로써 재해 상황 뿐만 아니라 재상의 권력 독점과 군신들의 침묵으로 말미암아 쌓인 폐단이 이미 만회할 수 없는 상황임을 설명하였다. 현종은 이 말을 듣고 침묵을 지킬 수밖에 없었다. 현종 말년에 고력사만이 그의 귓가에서 몇 마디 진실을 말했다. 이는 마치 한 줄기 시원한 바람과도 같았지만 어찌할 도리는 없었다.

현종은 사생활에서도 역시 고력사의 협조에 의지하고 있었다. 고력사와 무씨 가문의 역사적 연원으로 볼 때, 현종이 개원 년간 무혜비를 총애한 것은 고력사가 그 사이에서 촉진 작용을 일으켰다고 말할 수 있다. 다만 직접적인 자료가 없어 증명할 수 없을 뿐이다. 무혜비가 세상을 떠난후, 현종은 새로운 배필을 물색하고자 "고력사를 시켜서 몰래 외궁을 찾아 보도록 하여 홍농(弘農) 양현염(楊玄琰)의 딸을 수왕(壽王)의 저택[壽邸]에서 얻게 되었다(「장한가전(長恨歌傳)」)"고 한다. 그녀는 바로 현종의 아들 수왕 이모(李瑁)의 배필이 될 양옥환(楊玉環)이었다. 고력사는 이렇게 현종과 양귀비의 만남에 다리를 놓는 역할을 하였다.

천보 5재 7월과 천보 9재 귀비(貴妃)가 두 번이나 과실로 말미암아 궁밖으로 나가자 현종은 음식을 먹어도 맛이 없고, 앉으나 서나 불안하기만 하였다. 이에 고력사는 그 사이에서 다리를 놓아 문제를 해결하고 양귀비를 돌아오게 하였다. 고력사가 현종의 생활에 미친 영향은 참으로 중요하였다. 그가 현종을 위해 좋은 가정 생활을 마련해 준 것은 환관으로서 마땅히 져야 했던 책임이므로 지나친 일이라고는 할 수 없다.

현종은 고력사를 신임하였고, 그에게 의지하여 각종 사무를 처리하였다. 고력사는 늘 현종의 신변에 있었으므로 현종에게 영향을 주게 되었는데, 이것이 바로 고력사가 권세를 갖게 되는 연유였다. 고력사는 내시성 (內侍省)을 맡고 있었으며, 군현(郡縣)·감군(監軍)·입번(入番)·교방(敎坊)을 관리하는 환관이 파견되는 것은 '모두 고력사의 결정'에 달려 있었다. 이 것은 그의 직권이었다. 조정 밖의 문무 대신들은 현종에게 진언을 하고자 하거나 때때로 직무상 지위의 상승이나 인사 이동을 받고자 할 때도, 고력 사가 차지하고 있는 자리로 말미암아 일정한 작용이 일어날 수도 있었다. 그러나 이러한 작용은 지나치게 과장시킬 수는 없는 것이었다. 사적에는 "이림보·안록산 등이 모두 고력사를 끌어들여 장군과 재상을 취하였다" 라고 하는데, 역사와 사실이 꼭 부합되는 것만은 아니다.

안록산의 궐기와 고력사의 사이에 어떤 관계가 없는지에 대해서는 후 에 다시 언급하기로 하겠다. 이림보가 재상이 된 데에는 고력사가 영향을 미쳤다. 시중 배광정의 부인 무씨는 무삼사의 딸이며, 이림보와 밀통하였 다. 배광정이 세상을 떠난 후 무씨는 고력사에게 이림보를 시중으로 삼아 달라고 하였다. 고력사는 이 일이 타당하지 않다는 것을 알았으며 현종의 면전에서 감히 말을 꺼낼 수가 없었다. 중서령 소숭(蕭嵩)의 추천을 통해, 현종은 한휴(韓休)를 시중으로 삼는 데 동의하였다. 조서를 발포하기 전에 고력사는 이 소식을 무씨에게 알려주었고, 이림보는 이 일을 한휴에게 일 렀다. 한휴는 이로 말미암아 이림보에게 몹시 고마워하였다. 한휴가 재상 이 된 후 이림보를 황문시랑(黃門侍郎)이 되도록 추천하였다. 이러한 임명 은 후일 이림보가 재상의 자리에 오르는 데 중요한 의미를 지닌다. 그러나 이림보에게 개원 22년 4월에 예부상서(禮部尙書)와 동중서문하3품(同中書門 下三品)의 지위를 더한 것은 무엇보다 그가 분명히 정치적 재간을 가지고 있었으며 현종의 마음에 들었기 때문이다. 상소를 올린 것이나 맡은 일을 처리하는 것이 모두 현종을 만족하게 했고, 현종은 그에게 좋은 인상을 받았다. 또한 무혜비도 "몰래 그를 도왔고" 또 이 외에도 재상 한휴도 그 를 추천해 주었다. 고력사는 단지 이림보가 한휴에게 호감을 얻도록 하는 간접적인 영향을 주었을 뿐이다. 또한 무씨에게 개인적인 정을 보여주었을 뿐, 이림보와 직접적으로 접촉하지는 않았다. 그러므로 이림보가 고력사의 힘을 빌려서 재상이 되었다고 말하는 것은 분명 실제의 상황에 부합되지 않는 것이다.

고력사는 이림보가 조정을 마음대로 휘젓고 다니는 데 대해 불만을 품고 있었다. 천보 3재 언젠가에 현종이 한담하면서 고력사에게 이르길, "짐이 장안 밖으로 나가지 않은 것이 근 10년이 되었는데, 천하가 무사하고 짐이 일이 없으니, 정사를 모두 이림보에게 맡기는 게 어떻겠소"라고 하였다. 그러자 고력사가 대답하길, "천자가 천하를 두루 순시하는 일은 고대로부터 내려온 제도이지만 잠시라도 천하의 대권을 남에게 넘겨줄 수는 없습니다. 만약 상대방의 위세가 이미 커져 버린다면 어찌 다시 되돌려 받을 수 있겠습니까?" 고력사는 현종이 대권을 완전히 이림보에게 주는 것에 대해 찬성하지 않았다. 재상의 권력이 크게 성행하여 황권에 장애가 될까 두려워하였다. 여기에는 현종이 정사에 근신하도록 권하는 뜻이 포함되어 있었다. 그러나 현종은 그 때 이림보를 신임하고 있었기에 고력사의 진언에 대해 매우 불쾌함을 보였다. 고력사는 고개를 숙여 사죄하며, "신이 미쳐서 망발을 입에 담았습니다. 이 죄는 죽어 마땅합니다"라고 말할 뿐이었다. 고력사는 본래 "간하되 죄를 범치 않는다"는 원칙을 가지고 있었지만, 이 경우에는 역시 그가 이림보에 대해서 어떤 견해를 가지고 있었음을 보여준다.

태자의 문제에 있어서 고력사와 이림보는 날카롭게 서로 대립하고 있었다. 이는 처음에 이림보가 힘을 다해 무혜비의 아들 수왕 이모를 태자로 삼자고 주장을 하였기 때문이다. 그래서 충왕 이여가 태자가 된 후에 이림보는 자기가 불리하다는 것을 느꼈으며, 새 태자가 자기에게 보복하지 않을까 두려워하였다. 현종이 충왕을 태자로 삼은 이유 가운데 하나는 충왕이 조정 바깥에 사당(私黨)을 만들지 않았기에 그를 다스리기 유리하다는 것이었다. 현종이 태자와 모순이 있는 이림보를 재상으로 계속 임용한 것은 서로를 견제시키기 위한 의도였다. 이때 현종이 태자에 대해 경계심이 있었기 때문에, 이림보는 누차 대옥(大獄)을 일으켰다. 태자비(太子妃)의 형 위견(韋堅)과 태자와 밀접한 관계가 있는 장수 황보유명(皇甫惟明)·왕충사(王忠嗣)·태자의 양제(良娣 : 태자의 첩으로 비 아래의 지위)인 두씨(寶氏)의 부친 두유린(杜有隣)·대부(大夫) 유적(柳勣) 등을 폄적시키거나 사살하여 그들 모두의 앞길을 잘라버렸다. 그 목적은 태자를 동요시키는 데 있었다. 이림보가 태자를 공격할 때, 고력사는 늘 현종의 면전에서 태자를 위해 이야기하고, 힘을 다하여 태자의 지위를 유지시키고자 하였다.

현종이 고력사에게 대하는 태도와 환관에게 대하는 태도는 일치하였다. 즉위하기 전에 궁정 투쟁 속에서, 현종이 의지한 역량은 세 부류의 사람들로 구성되어 있었다. 첫째는 그를 쫓는 문신과 무장이었다. 둘째는 그에게 충성하는 왕실 성원과 외척이었다. 셋째는 그의 신변에 있는 집노비와 환관이었다. 현종이 즉위한 후에 첫째와 둘째 부류의 사람들과 많은 집노비들, 예컨대 왕모중, 이의덕 같은 사람이 모두 공으로 고관과 후한 녹봉을 얻어서 새로운 귀족이 되었다. 이러한 공신은 비록 현종이 황위를 얻는 데 돕기는 하였으되, 현종은 그들에게 경계심을 늦추지 않았다. 늘 이런 사람들과 "함께 하면 환란을 다스리기는 쉬워도, 태평성세를 함께 하기는 어렵다"고 여겨 여러 대책으로 그들이 자기의 황위를 위협하는 일을 막았다. 그러나 환관은 출신과 지위가 비천하였고 여기에 특수한 신체적 조건을 가졌기 때문에, 황실과 공신들보다 다스리거나 이용하는 데 비교적 편리하였다. 이것이 현종이 환관을 총애하고 믿었던 이유이다.

환관의 지위와 세력은 현종 대에 와서 현저하게 올라갔다. 정관 년간에 당태종은 역사상 환관들이 정치에 간섭한 경험으로부터 교훈을 얻어 내시성(內侍省)은 3품관에 두지 않도록 규정하고, 내시성 장관은 계급 4품에 머물게 했다. 환관의 직책은 단지 황궁 안에서 심부름이나 하거나, 황족들의 잡일을 맡았을 뿐이었다. 무측천 시기에 환관의 수는 크게 증가하였다. 중종 신룡 년간에 환관의 수는 3천여 명이었고 그 가운데 7품 이상 원외관이 1천여 명이었는데, 자주 색의 옷을 입는 고품 관료는 여전히 그 수가 적었다. 현종 대에 이르러서는 "현종이 후궁들을 존중하다보니 궁내 환관들은 황제의 마음에 조금만 들었다 하면 3품(品) 장군의 지위를 하사 받을 정도로 위세 당당하였다. 현종 대에 와서 대략 품관이 황의(黃衣) 이상인 자는 3천여 명이었고, 자주색을 입는 자는 1천여 명이었다. 고력사나 양사욱과 같이 총애받는 환관으로는 여경인(黎敬仁)·임초은(林招隱)·윤봉상(尹鳳祥) 등이 있었으며, 이외에도 손육(孫六)·한장(韓莊)·양팔(楊八)·우선동(牛仙童)·유봉정(劉奉廷)·왕승은(王承恩)·장도빈(張道斌)·이대의(李大宜)·주광휘(朱光輝)·곽금(郭金)·변령성(邊令誠) 등 모두 큰 권세를 가진 환관들이 있었다. 현종은 환관에게 각종 임무를 맡기고 그들에게 각지로 나아가서 그 상황을 살피고 문제를 처리하게 하였다. 그들의 군대 감찰권은 절도사를 초월하였으며 출사하기만 하면 여러 군이 쩔쩔매게 되었다. 환관이 이른 곳에는 그곳 관리의 선물이 후하였는데, 최소한 1천 민(緡 : 1민은 1000문, 동전(1貫)에 해당)을 넘었다. 환관의 지위가 높아질수록 재산도 많아졌고 그들의 경제력 능력은 신속하게 성장하여 "궁중의 최고 저택에 머무르고, 수도 부근의 최고 토질의 밭을 하사받은 사람들 가운데 환관이 반 이상을 차지했다"고 한다(『舊唐書』卷184「高力士傳」).

현종의 총애와 신임으로 말미암아 환관은 궁정에서 나아가 정치 생활을 할 수 있게 되었으며 중요한 역할을 담당하였다. 그러나 현종이 환관에게 각종의 구체적인 임무를 맡겼지만 환관의 힘을 빌어 조정 밖의 세력을 견제하고자 하지는 않았다. 때문에 환관은 조정에 대해 일반적으로 간섭하거나 파괴하는 일은 하지 않았으며, 내조와 외조의 관계도 대체적으로 정상적이었다. 궁궐 안에서는 환관이 아직 특수한 정치적 힘을 형성하지 않았고 황권에 위협을 가하지도 않았기에, 현종은 여전히 절대적인 지배권을 장악하고 있었다. 현종과 환관의 관계는 역시 현종과 고력사의 관계와 비슷하였다. 현종은 고력사를 신임하며, 고력사는 현종에게 충성을 바쳤다. 그래서, 현종 시기에는 환관이 권력을 잡고 정치에 간섭하는 문제가 존재하지 않았다. 현종 이후, 중만당(中晚唐) 시기에 출현한 환관이 정권을 좌지우지하는 국면은 더욱더 복잡한 정치적 배경과 원인을 가지고 있었던 것으로 마땅히 별도로 논해야 할 것이다.

16. 광운담(廣運潭)에서의 성대한 모임

　천보(天寶) 2년(743) 늦봄인 3월 26일, 현종은 흥취가 가득하여 장안성의 동쪽 금원(禁苑) 안에 있는 망춘루(望春樓)에 올라갔다. 그는 광활하게 펼쳐진 광운담(廣運潭)을 대면하고, 각 군의 진귀한 특산물의 보선(寶船)을 검열하는 것을 준비하였다.

　광운담은 1년 전 위견(韋堅)이 명을 받아 조운을 장관하고 강회전운사(江淮轉運使)를 맡은 후에 만들었던 것이다. 위견은 명령을 받고 나서 장정과 공인들을 징발하여 강회(江淮)에서 장안에 이르는 운하의 전 노선에 일차 소통을 진행시키고, 동시에 산수(滻水)의 동류(東流)를 끌어서 이를 광운담과 통하게 했다. 이제 광운담은 이미 온 못에 봄물이 가득 차서 그 역사적인 시간이 다가오기만을 기다리고 있었다.

　이 검열을 위해 위견은 낙양과 개봉에서 2~3백 척의 새로운 배를 미리 마련해 두었다. 배 위에는 패를 세워 군(郡)의 이름을 명시하고 배 안에는 대미(大米)를 장만해두고 갑판에는 각 군에서 생산된 진기한 물건과 특산품을 진열해 두었다. 배들은 몇 리씩 꼬리에 꼬리를 물고 이어졌다. 뱃사람들은 모두 큰 삿갓[頭笠]을 쓰고 넓은 소매가 달린 옷을 입고 발에는 짚으로 만든 신을 신었는데, 이러한 복장은 오(吳)와 초(楚) 나라 사람들의 차림

이었다. 첫 번째 배에서는 섬현위(陝縣尉) 최성보(崔成甫)가 녹색 단삼(短衫)
과 소매가 짧은 면 옷을 입고 팔꿈치를 걷어붙이고는 이마 위에 붉은 칠을
하고 배 위에서 「득보가(得寶歌)」를 불렀다.

홍농(弘農)지방에서 상서로운 보물을 얻었다고 하는데
정말 홍농에서 상서로운 보물을 얻었는가?
광운담 안에는 배들이 시끌벅적하고,
양주(揚洲)의 동그릇 많기도 하지
삼랑(三郞)은 대전(大殿)에 앉으시어
득보가(得寶歌)를 듣고 따라 부르신다네.

홍농에서 상서로운 보물을 얻었다는 것은 작년에 섬주(陝州) 도림현(桃
林縣)에서 보부(寶符)를 얻은 일을 가리키며, 여기에서 삼랑(三郞)은 바로 현
종을 일컫는 것이다. 최성보가 소리 높여 노래를 부르자 미녀 1백 명이
화려하게 단장을 하고 모여들었다. 위견은 곧 무릎을 꿇고 각 군(郡)의 경
화(輕貨 : 작고 가벼운 귀중품류)를 바쳤다.
현종에게 드린 경화는 각지에서 바친 토공(土貢)이 아니라, 전국 각지
가운데에서도 주로 양주와 강남 각 군의 특산품이었다.

광릉군[廣陵郡, 지금의 양주(揚州)] : 면·청동거울·청동기·해산물
단양군[丹陽郡, 지금의 진강(鎭江)] : 경구(京口)의 비단 옷
진릉군[晉陵郡, 지금의 상주(常州)] : 관리의 비단자수
회계군[會稽郡, 지금의 소흥(紹興)] : 동기·비단·오릉(吳綾)·진홍색
　　　　면사
남해군[南海郡, 지금의 광주(廣州)] : 대모(玳瑁)·진주·상아·침향
예장군[豫章郡, 지금의 남창(南昌)] : 자기(磁器)와 주기(酒器)·차가마
　　　　·차솥·차그릇

선성군[宣城郡, 지금의 선주(宣州)] : 공청석(空青石) · 종이와 붓 · 황련
　　(黃連 : 連은 전지 500장)
시안군[始安郡, 지금의 계림(桂林)] : 갈초, 이무기의 쓸개, 비취
오군[吳郡, 지금의 소주(蘇州)] : 삼파(三破) 찹쌀 · 방장릉(方丈綾 : 실크)

　이들은 모두 수십 개의 군에서 바쳐진 것으로, 위에서 예를 든 것은 몇 개의 군만을 기재한 것이다. 이런 자료들로 볼 때 개원 · 천보 시대 남방 지역이 사직업(絲織業) · 토기 제조업 · 문구 제조업 · 찻잎 생산과 대외 무역의 각 방면에서 놀랍게 발전하였다는 것을 알 수 있다.

　이러한 물품은 해당 지방의 조(租) 혹은 용(庸) · 조(調)가 변시(變市)하거나 절납(折納) 등 타물품으로 대납하는 것이 가능하게 되어서 생긴 것이다. 이것은 또한 개원 25년 조용조 징납 제도 개혁의 성과를 검열하는 것이기도 하였다.

　이 독특한 물자 박람회는 전에 없이 성황리에 마쳤다. 왕공과 대신 외에도 장안의 백성이라면 모두들 보러 왔다. 곡강지(曲江池)에서 그곳을 지나가는 유람선만 보아왔던 장안 시민들은 막상 처음으로 배 위에 세워진 높고 큰 돛대를 보자마자 모두들 신기한 눈으로 쳐다보았고 그들의 눈은 놀라움으로 휘둥그레졌다.

　광운담의 성회는 사람들을 흥분하게 만들었다. 현종과 그의 신하와 백성들은 모두 축제 기분에 빠져들었다. 이번 성회는 개원 · 천보 시기의 사회 경제가 상당히 번영하였다는 것을 집중적으로 보여주는 것이며, 이는 당 제국의 번영이 이미 도래했음을 보여주었다.

　광운담의 성회가 개원 · 천보 시대의 태평성세를 특별히 보여주는 장면이라면, 사적(史籍)에 나오는 다음의 내용은 이 시대의 장엄하고 화려한 모습을 묘사한 것이라고 하겠다.

개원 13년 태산에 올라 천제에게 제사를 지낼 때, 쌀은 한 말[斗]에 13문(文), 청제(靑齊 : 산동) 일대의 곡물은 한 말에 5문이었고, 이후 천하에는 귀하다 할 물품이 없었다. 양경(兩京)의 쌀은 한 말에 20문, 밀은 32문, 견은 한 필에 210문이 되었다. 동쪽으로 송주와 변주에 이르고, 서쪽으로 기주(岐州)에 이르면 사잇길에는 점포가 줄을 이어 손님을 기다리고 있었으며 술과 음식이 풍성하였고, 모든 가게에는 나귀가 있어서 손님을 태우고 수십 리를 갔는데 이를 역려(驛驢)라고 불렀다. 남쪽으로 형(荊)·양(襄), 북쪽으로 태원(太原)·범양(范陽), 서쪽으로 촉(蜀)·천(川)·양부(涼府)에 이르면 여기에도 점포가 있어서 상인에게 잠자리를 제공하였다. 멀리 수천 리를 갈 때도 칼을 쥐고 갈 필요가 없었다(『通典』 卷7 「歷代盛衰戶口」).

개원 초, 황제는 항상 치국의 도리만을 생각하고, 폐단을 제거하여, 육칠 년이 지나지 않아 천하는 크게 다스려졌다. 황하가 푸르게 변하고 바다는 편안하며, 물건들은 창고에 가득하고 여러 나라는 편히 안정되고 주현(州縣) 백성들은 진실로 평안하여 문을 열어 놓으니 만여 리에 끊임없이 이어졌다. 황하와 황수강으로 들어온 부세들은 우장(右藏)에 가득 찼고, 동에서 들어온 하북(河北) 여러 도의 조와 용의 세금은 좌장(左藏)에 가득하였으니, 재물과 보화가 산처럼 쌓여서 셀 수가 없었다. 사방은 풍성하고 백성들은 자신의 일을 즐거워하였다. 호는 1천여 만이었으며, 쌀은 한 말[斗]에 삼 전이었다. 장정들은 무기를 알지 못하였다. 길에 떨어트린 물건이 있어도 주워가지 않았고, 먼 길을 가더라도 양식을 지니고 갈 필요가 없었다. 상서로운 물건들이 이어서 나오니 사람들이 모두 기뻐하였다. 너무나도 상서로웠고 사람들은 이를 기뻐하였다(『唐語林』 卷3).

여기에 쓴 기사가 개원 성세의 전체적이며 거시적인 묘사라 한다면, 정원(貞元) 17년(801), 회남(淮南) 절도사 두우(杜佑)가 덕종(德宗) 황제에게 바친 명저 『통전(通典)』 2백 권은 천보 년간 당 중앙 정부의 재정적 수입과 지출을 자세하게 기록하고 있다고 말할 수 있다. 재정 상황은 사회 경제를 반영하는 것이기 때문에, 두우는 대정치가의 거시적인 탁견으로 성세의 번영과 부귀를 위해 구체적이고 수량적으로 정확한 자료를 제시하고 있다. 그가 쓴 것은 다음과 같다.

천보 년간 동안에, 천하의 장부를 계산하니 호는 890여만 명이고, 그 세전은 약 200여만 관이었다.[28] 그 지세는 약 1240여만 석을 얻었는데[29] 복역하는 과정(課丁)은 820여만 명으로 그 조용조에 대해 말하면, 군·현에서 비단과 면을 내는 장정은 약 370여만 명이고, 용(庸)·조(調)로 내는 비단은 약 740여만 필이고,[30] 면(綿)은 185만여 둔(屯)으로,[31] 조(租)로 내는 곡식은 740여만 석(매 정마다 2석)을 낸다. 포(布)를 내는 군현에는 약 450여만 명의 정이 있는데, 용·조로 내는 포는 약 1035만여 단(端)이고[매정이 2단하고 1장(丈) 5척(尺)을 더 내는데, 열 명의 정이면 곧 23단이 되는 것이다] 조를 담당하는 190여만 명의 정이 있는데, 강남 군현에서는 포로 환산해서 약 570여만 단을 바친다.[32]

260여만 명의 정이 있는 강북 군현은 약 520여만 석의 곡식을 바친다. 대략 그 조용조세를 계산해 보면, 매 해 납부하는 돈·곡식·비단·면·포는 약 5220여만 단(端)·필(匹)·둔(屯)·관(貫)·석(石)이다. 각 종의 세금 가운데 자과(資課)·구박(句剝 : 세금의 일종)으로 얻은 것은 이미 포

---

28) 대략 고등(高等)이 적고, 하등(下等)이 많다. 지금은 일례(一例)를 8등으로 하며, 하등호(下等戶)부터 계산하면, 그 8등호는 세(稅)가 452전이고 9등호는 222전이다. 지금은 250전으로 평균수로 삼지만 (천보) 7재에서 14재까지 이 6·7년 사이에는, 이와 크게 혹은 다소 다르게 가감하였으나, 이것이 대략적인 숫자이고 다른 것들도 모두 이와 같다.
29) 서한의 매호는 개간한 것이 70묘에 지나지 않는데, 지금도 역시 이 숫자를 근거로 계산한다.
30) 매 정(丁)마다 두 필로 계산한다.
31) 매 정마다 3량을 내는데, 6량에 1둔으로, 두 명의 정이 합하여 1둔을 낸다.
32) 대략 8등 이하의 호(戶)로 계산을 하면, 매정이 3단 1장을 내므로, 9등은 2단 2장을 내는 것으로 지금은 통상 3단을 평균수로 삼는다.

함시키지 않았다.33) 탁지사에서 해마다 거두는 곡식을 계산하면 2500여만
석이다.34) 포·비단·면은 2,700여만 단·둔·필이고,35) 돈으로는 200여
만 관이다.36) 개원 중엽에서부터 천보 년간까지 변방에 전쟁이 많아 공을
세운 사람들이 많아져 매 해 군용이 증가했는데 그 비용으로 식량 360만
필(匹)·단(端)이 들었다.37) 기타 지출을 계산하면 210만이고,38) 군량으
로 190만 석이 든다.39) 이리하여 모두 합치면 대략 1260만이다.40) 게다가
황제가 특별히 공을 세운 이들에게 하사하는 데 지출된 것은 포함하지 않
았다.

---

33) 천보 중엽, 탁지사(度支司)의 보고에 따르면 매 해 거두는 단·필·둔·관·석은
　　약 5700여 만으로, 세금·지세·조용조를 계산해보면 5340여만 단·필·둔이고,
　　그 외 자과 및 구박으로 얻은 것이 470여 만이 된다.
34) 300만 석은 비단과 포를 환산해서 바친 것으로 양경(兩京)의 창고로 들어갔고, 300
　　만을 쌀과 콩으로 충당했는데, 황제의 식사를 주관하는 상식(尙食)과 모든 관사
　　주방의 식료로 공급되었고, 또한 수도의 경창(京倉)으로 들어갔다. 4백만은 강회
　　지역에서 쌀로 바쳤는데, 수도로 들어갔고 관료들의 녹읍과 각 기관에서 분배하는
　　식량으로 충당되었다. 5백만은 그 주에 남겨서 관료들의 식읍과 운송대 또는 식량
　　으로 충당했다. 천만은 각 도마다 군대 식량과 관료 식읍을 위해 본 주의 창고에
　　비축했다.
35) 1300만은 서경으로 들어가고, 100만은 동경으로, 1300만은 각 도의 군사들에게 하
　　사하거나 백성들의 곡식을 사들이는데 사용했고, 작은 주의 관료 식읍 및 운송·
　　전달 비용으로도 충당되었다.
36) 140만은 각 도와 주의 관료 녹봉과 역마(驛馬)를 사는데 사용했고, 60만은 각 주의
　　군량을 사는데 썼다.
37) 삭방(朔方)·하서(河西)에 각 80만, 농우(隴右)지역 100만, 이서(伊西)·북정(北
　　庭) 8만, 안서(安西) 12만, 하동(河東)절도사 및 군목사(軍牧) 각각 40만씩 충당되
　　었다.
38) 하동이 50만, 유주·검남이 각 80만이다.
39) 하동 50만, 유주·검남 각 70만.
40) 개원이전 매해 변방에 소비되는 돈은 200만 관에 불과했으나, 그 후로 경비가 계
　　속 증가하여, 여기까지 이르렀다.

이 진귀한 자료에서 두우는 당 중앙 재정 수입의 총합을 기록하였으며, 또한 수입과 가장 밀접한 관련을 갖고 있는 각 지역의 과정(課丁 : 세금을 내는 丁人)의 숫자를 기록하고 있다. 지출 부분에서 총장(總帳)을 기록하였을 뿐만 아니라 세장(細帳)도 기록하였다. 총체적인 수입과 지출 상황으로 볼 때, 세입이 5,700여만 단(端)이며, 세출은 5,400여 만이었는데, 세입에서 남는 삼백만 정도는 당연히 내고(內庫)에 납입하는 것이다(汪錢, 『汪錢 隋唐史論稿』, 60쪽). 천보 년간 이렇게 지출을 많이 하게 된 것은 거대한 수입의 기초 위에서 이루어진 것이다. 비록 군비의 지출이 5, 6배 증가하였고, 궁정의 지출과 신하에 대한 상에 제한이 없었지만, 정부 창고 속의 양식과 부고(府庫) 안의 금전과 면화도 끊임없이 증가하였으며, 들어오는 것도 그치지 않고 쓰는 것도 마르지 않는 추세를 보이고 있다. 부세 제도를 조정하는 것과 재정 제도를 개혁하는 것은 정부 재정 수입의 증가와 밀접한 관계가 있는데, 재정 수입이 부단히 증가할 수 있었던 그 근본 원인은 개원·천보 시기에 사회 경제가 크게 발전하였던데 있었던 것이다.

두보(杜甫)는 「옛날을 생각하며[憶昔]」라는 시에서 이렇게 읊고 있다

개원 시기의 나날들을 생각해보니,
작은 마을도 만가(萬家)의 집으로 가득 찼다네.
쌀에는 하얀 기름이 흐르고,
공사(公私)의 창고마다 곡식이 풍성하였다네.
구주(九州)의 도로에는 이리떼 같은 도둑이 없어,
먼길을 갈 때도 길일(吉日)을 점칠 필요가 없었다네.
제(齊)와 노(魯)의 비단을 실은 수레가 오가네.
남자는 밭을 갈고 여자는 뽕을 따니
서로 헤어질 일이 없네.

이는 시인이 예술적으로 과장한 것이 아니라 당시의 실제 상황을 구체

적으로 쓴 것이다.

개원 년간, 계속하여 인구가 증가하였다. 중종 신룡 년간(705), 호부에서 보고한 바에 따르면 호는 615만, 인구 3,714만 명이었고, 현종 개원 14년(726), 호부에서 보고한 바에 따르면 호는 706만 9천, 인구는 4,141만 9천이었다. 20년 간 정부가 장악하고 있던 호구는 근 92만호, 인구는 428만이 증가하였다. 이러한 숫자는 우문융의 호구조사 때에 말한 바 82만호와 대체로 들어맞는데, 그런 까닭에 인구가 저절로 증가하는 추세는 반영되지 않았다.

개원 14년 이후, 당 정부에서는 대규모의 호구조사(括戸)를 진행하지 않았으나, 정부가 장악한 호구는 여전히 끊임없이 증가하였다.

> 개원 14년(726) 706만 9천 호 4,141만 9천 명
> 개원 20년(732) 786만 1천 호 4,543만 1천 명
> 개원 24년(736) 801만 8천 호
> 천보 원년(742) 852만 5천 호 4,890만 9천 명
> 천보 13재(754) 906만 9천 호 5,288만 명

이는 이 시기의 인구가 신속하게 증가한 정도를 보여주는 것으로, "작은 마을도 만가의 집으로 가득 찼다네"라고 한 시구는 헛된 말이 아니다.

"공사의 창고마다 곡식이 풍성하였다네"란 시구도 구체적으로 그 수를 살펴볼 수 있다. 원결(元結)은 일찍이 개원·천보 시대에 "인가에 양식을 저축한 것은 모두 합쳐서 수년 치에 달했으며, 태창(太倉)에 쌓인 곡식은 썩어 가는 것도 수를 셀 수 없다"고 하였다. 국가 태창과 각지에 저장된 양식은 천보 8재(749), 1억만에 이르렀고, 국가의 4년 양식 수입에 달하였다. 그 중에서, 화적(和糴) 1,139,530석, 각종 양식 창고 총 12,656,620석, 정창(正倉) 42,126,184석, 의창(義倉) 총 63,177,660석, 상평창 총 4,602,220석이었다.

사람들은 더욱더 경지를 개간해 나갔다. 황무지가 많고 인구가 적은 지역에는, 지주는 잠시 도망가는 것을 멈춘 농민들로 하여금 개간을 진행하게 하였다. 토지의 겸병과 인구의 증가로 말미암아, 토지를 잃거나 땅이 적은 농민들은 호구가 많이 없는 곳으로 도망을 갔기 때문에, 통치력이 상대적으로 박약한 지역으로 가서 개간을 진행하였다. 6·70여 년 간의 노력을 통해, 강회(江淮) 지구와 남방 각지, 특별히 산지와 연해 지구의 토지가 개간되어서 새로운 거주지가 수없이 생겨났다. 이러한 토지에 대해서 통제를 강화하기 위해, 개원 24년(736), 현종은 전국을 나누어 사신을 파견하여 순찰하게 하였다.

> 떠돌아다니는 도호(逃戶)들을 여러 차례 안치시키고자 했으나, 끌고 데리고 오는 것은 장기적인 대책이 되지 못한다. 그들은 또 강회(江淮) 지방 사이의 깊은 산이나 동굴에 거주하기에 주현(州縣)에 속하지 않았으며, 요역을 하지 않는다고 스스로 말하고 있다. 어찌 우물쭈물하다가 이 지경에 이르게 되었는가. 주현은 이를 상의하여 처리하고 일시에 기록하여 상주하도록 하라(『全唐文』卷31 「遺使分巡天下詔」).

도호들을 끌고 데리고 오는 것은 별 성과를 거두지 못하였고 장기적인 대책도 되지 못하였는데, 그것은 대개 내지 대부분의 도호가 모두 부호(富豪)들의 잠정적인 소작 농민이 되었기 때문이다. 그리고 기타 농민들의 대다수는 통치력이 상대적으로 빈약한 지방으로 도망갔기 때문이다. 이 조령에서는 앞 시대의 상황을 종합하고 나서, 각급 관리들로 하여금 해결할 방안을 제출하도록 요구했다. 무측천 통치 시기에 주현을 나누고 산골을 개척하는 것이 시작되었는데, 결과적으로 개원 23~24년부터 계속해서 많은 주현이 설립되기 시작했다.

【개원 23년(753)】 (검남도) 합주(合州 : 지금의 四川 合州)는 석경현
(石鏡縣)의 남쪽과 동량현(銅梁縣)의 동쪽을 분할하여 파주현(巴州縣)을
설립. (산남도) 벽주(壁州, 지금의 四川 通江)에 태평현(太平縣)을 설치, 천
보 원년에 파동현(巴東縣)으로 바꿈.

【개원 24년(736)】 (강남도) 복주(福州)·무주(撫州) 두 개의 주의 산골
에 정주(汀州 : 지금의 복건성 長汀) 설치하여서 장정(長汀)·용암(龍巖)·
영화(寧化) 등의 현을 산골에 설치하고 이들을 소속하게 하였다. (검남도)
정주(靜州) 광평현(廣平縣)을 나누어 공주(恭州)를 설치하고 박공현(博恭
縣)·열산현(烈山縣) 두 현을 이에 소속하게 하며 광평현(廣平縣)과 함께
하였다.

【개원 25년(737)】 (강남도) 월주(越州) 무현(鄮縣)에 명주(明州 : 지금
의 浙江 寧派)를 설치하였는데 그 안에 봉화현(奉化縣)과 자계현(慈溪縣)
과 상산현(象山縣)은 모두 무현에서 나누어서 설치.

【개원 28년(740)】 (강남도) 흡주(歙州 : 지금의 安徽 흡현)에 무원현
(婺源縣)을 덧보태어 설치함.

【개원 29년(741)】 (강남도) 복주(福州)의 산골에 우계현(尤溪縣)·고
전현(占田縣)을 설치.

【천보 원년(742)】 (강남도) 지주(池州 : 지금의 安徽 貴池)의 분경현
(分涇縣)·남릉현(南陵縣)·추포현(秋浦縣) 세 현의 땅에 청양현(青陽縣)을
설치.

【천보 2년(743)】 (강남도) 악주(鄂州 : 지금의 湖北 武昌)의 산골에 당
년현(唐年縣)을 설치.

【천보 11재(752)】 (강남도) 선주(宣州 : 지금의 安徽 宣城) 경현(涇縣)
을 나누어 태평현(太平縣)을 설치.

【천보 13재(754)】 (강남도) 무주(婺州 : 지금의 浙江 金華)를 나누어
의오현(義烏縣)의 북쪽 경계에 포양현(浦陽縣)을 설치.

【지덕 2년(757)】 (강남도) 지주(池州)에 지덕현(至德縣) 설치.

유주(幽州)에 벽산현(壁山縣)을 설치하였는데 "본래 강진현(江津縣)·만수

현(萬壽縣)·파현(巴縣) 세 현의 땅은 사면이 높은 산이고 중앙은 평지였는데 널리 3백 리에 이어졌다. 천보 년간에 여러 주에서 도망한 도호들이 주로 여기에서 농사를 지었다(『元和郡縣圖志』卷33『劍南道下』)."

안사의 난 이후로도 계속 분리 설치되었는데 비록 시기가 약간 늦기는 하지만 벽산현(壁山縣)과 마찬가지로 개원·천보 년간부터 발전한 것이다.

상술한 대로 주현을 나누어 설립한 것이 완전히 기록되어 있지는 않지만 복건성(福建)·절강성(浙江)·안휘성(安徽)·호북성(湖北)·사천성(四川) 등지의 발전은 알아볼 수가 있다. 이와 동시에 강남의 소주(蘇州)·호주(湖州)·윤주(潤州)·상주(常州) 등의 주[지금의 蘇州·吳興·鎭江·常州 즉 삼오(三吳) 지구의 경제 역시 장족의 발전을 하였다. 당대 초, 매 현의 평균 호수는 4,029.83호였는데 천보 년간에는 16,875.5호로 증가하였고, 인구 밀도도 역시 km²당 60명 정도가 되었으며, 경제가 발달한 관중(關中)과 하북(河北) 지구와 마찬가지로 전국에서 인구 밀도가 가장 높은 지역 가운데 하나가 되었다. 이것은 다른 방면에서 강남 토지 개간의 정도와 생산 발전의 수준을 반영하여 준다. 바로 농업 발전의 기초 위에서 강남의 수공업은 비로소 거대한 발전을 하게 되고 보선(寶船) 위에 그만큼 풍부한 물자를 실을 수 있게 된 것이다.

인구의 증식과 경지 면적의 확대와 단위 면적당 생산량의 제고는 놀랄 만한 결과를 생산하였다. 이것은 천보 년간의 인구 평균 양식이 700근에 이르렀다는 것으로(胡戟, 『總耕三余一說起』, 『中國農史』1983-4), 이는 1982년 중국 인구의 평균 양식 수준에 해당한다(『中國統計摘要』, 中國統計出版社, 1986). 이것은 매우 위대한 성과이며, 농민들이 수천 년 동안 자연 환경을 개척하면서 부지런히 일해서 얻어낸 훌륭한 성과이다. 이것은 중국 전통사회에서 전에 없던 사례이다. 한(漢)나라의 인구나 토지를 개간한 수치는 당조(唐朝)와 상당히 근접하지만, 생산력은 당대에 비해 낮았으므로 이러한 수준에 도달할 수 없었다.

당대의 1인당 평균 양식의 증가 상황은 비록 천보 이후까지 지속될 수 있었으나 결국은 하강하였다. 그것은 1인당 평균 양식 수준을 결정하게 되는 생산력의 수준이나 경지 면적의 넓이나 인구의 수라는 세 요소가 모두 끊임없이 변동하였기 때문이다. 이 세 가지 요소가 다른 조건에 있을 때, 1인당 평균 양식 수준에 일으키는 영향도 역시 달라지기 때문이다. 경지가 인구 증가에 따라 끊임없이 넓어지는 조건에서 생산력의 발전은 중요한 것이다. 그러나 전통사회에서 생산력의 발전은 완만한 것이어서, 무(畝)마다 생산량이 몇십 근 증가하는 데에는 대체로 몇 세기가 걸리기도 한다. 이 때문에 이것은 길고 긴 과정이었다. 경작의 확대가 인구 증가 속도보다 낮은 상황에서는 생산력이 큰 폭으로 높아져야 효과가 높은 1인당 평균 양식 수준을 보존할 수 있었다. 이러한 상황은 역사적으로 자주 나타나는 것은 절대 아니었다. 경지 면적의 확대는 자연 조건 자체와 생산력 수준에서 제한을 받았다. 중국의 국토는 산이 33%를 차지하고, 고원이 26%를 차지하기 때문에, 개간할 수 있는 땅은 다른 나라와 비교해 볼 때 아주 적다고 볼 수 있다. 또한 그 가운데에서 대부분 산림이나 초지대의 토지는 생산력이 일정한 정도에 이르러야 개간이 진행될 수 있었다. 때문에 경지 면적은 그 자체의 한계를 지녔을 뿐만 아니라, 또한 매 시기마다 일정한 제한을 받았다. 그러나 1인당 평균 양식이 통치 계급의 착취 요구를 만족시켜주고, 노동자들의 최저 생활 수준을 보장시켜 주기만 한다면, 비단 생산력과 경지 면적이 불변하거나 혹은 조금 높아지게 되더라도, 인구는 신속히 증가한다. 당송 이래로 인구는 줄곧 증가세를 유지했고, 명청 시기에는 더욱 신속하게 증가하였다. 그런데도 이 기간 동안 생산력의 제고나 경지 면적의 확대에는 한계가 있었고, 따라서 인구 증가의 속도를 따라잡지 못하였다. 이리하여, 1인당 평균 양식량은 계속 떨어졌다. 전국이 해방된 1949년에 이르러, 1인당 평균 양식량은 이미 460근으로 떨어졌다(콩은 포함시키지 않음). 30여 년의 노력으로 말미암아 양식 총 생산량이 세 배 증가되었지만, 인구는 오히려 두 배 가까이 늘어났다. 따라서 1982년에 이르러서야, 1인당 평균 양식량이 다시 새로이 700근에 이르게 되었다.

당대 개원·천보 년간에 인구나 경지 또는 단위 면적당 생산량은 이런 좋은 비례를 유지하였고, 1인당 평균 양식량도 700근에 이르렀다. 사실상 당조는 그리고 그 가운데에서 특히 당현종 시기에는 가장 좋은 조건을 갖추었다고 하겠다. 공(公)·사(私) 창고의 풍부함과 개원·천보 시기 사회적 안정과 경제적 번영은 바로 이러한 풍부한 물적 기초 위에 생겨난 것이다.

지주 경제가 신속하게 발전하고 자영 농민이 대량으로 존재하는 상황에 맞게 부세 제도를 조정하였던 것은, 개원 천보 시기 경제가 지속적으로 번영하는 기본적인 조건이 되었다.

무측천 통치 시기에 토지 겸병이 날로 증가하여 현종 시기까지 지속적으로 발전하였다. 현종은 농민이 도망가는 것에 대하여 주의를 기울였으며, 지주 관료가 토지 겸병하는 것과 도망한 농민을 자기의 소작민으로 삼는 데도 역시 반감을 가지고 있었다. 그는 이러한 추세가 만연하는 것을 제지하고자 누차 명령을 내려 구분전(口分田)과 영업전(永業田)의 매매와 전당을 금했지만 이러한 조령은 구체적인 성과를 거두지 못하였다.

개원 23년 9월, 현종이 조서를 내렸다.

천하의 백성들 가운데 구분전과 영업전을 빈번히 처분하고 있는 자들이 있는데, 이에 대한 매매와 전당을 불허한다. 부호가 겸병을 하여 가난한 자가 일을 잃는다면 더욱 엄히 처분하며, 이를 철저히 금한다. 만약 위반하면, 칙률(勅律)을 위반하는 사안으로 처벌하라.

조령에서는 부호의 겸병 문제를 명확히 지적하였고, 더불어 위반자는 칙률(勅律)을 위반하는 사안으로 처벌하도록 규정하고 있다.

『당률(唐律)』「호혼률(戶婚律)」에는 다음과 같이 규정하고 있다.

무릇 구분전(口分田)을 판 경우에는 1무(畝)이면 태형(笞刑) 10대에 처하고, 20무(畝)마다 1등씩 가중하며, 죄의 최고형은 장형(杖刑) 100대이다. 그 토지[田地]는 본래 주인에게 돌려주고 토지의 대금은 몰수하고 돌려주지 않는다[財沒不追].[41] 만약 법적으로 팔 수 있는 경우에는 이 율을 적용하지 않는다.[42]

무릇 토지를 점유함에 한도를 넘은 경우에는 1무(畝)이면 태형 10대에 처하고, 10무(畝)마다 1등씩 가중한다. 장형 60대가 넘으면 20무(畝)마다 1등씩 가중하고, 죄의 최고형은 도형 1년이다.[43]

---

41) 여기에서 '재물불추(財沒不追)'란 이미 지불된 땅 값은 판 사람[賣主]이 취득한 것으로 인정하고 반환하지 않는다는 의미로도 해석할 수 있다. 그러나 이 경우 판 사람은 죄(罪)를 범하였으면서도 이미 받은 땅 값을 부당 이익으로 가질 수 있어 율문은 불합리하다. 대체로 법이란 관에서 몰수한 것으로 해석되므로 판 사람은 장형을 받고 산 사람은 재물을 상실하였기 때문에 균형을 도모한 것으로 생각할 수 있다. 이 부분에 대해서는 이미 여러 설(說)이 나오고 있는데 대체로 3가지로 나누어 볼 수 있다. ①사료를 인용함으로써, 균전제도 아래에서 토지매매는 법정 절차에 부합하는 요건의 절차를 밟아야 한다는 논증으로 이용, ②"판 토지의 땅 값은 몰수하고, 토지를 산 쪽에 돌려주지 않는다"고 해독, ③"토지를 산 쪽의 땅 값을 돌려받을 수 있는 권한을 상실하고, 토지의 권한은 판쪽이나 토지의 원래의 주인에게 보류(保留)한다"고 해독하는 경우이다.

최근에 중국의 처임각(天一閣)에서 『천성령(天聖令)』의 일부가 발견되어서, 당대의 법령의 용어에 대한 검토가 다각적으로 이루어지고 있다. 그 가운데, 여기에 나오는 "땅 값은 몰수하고 돌려주지 않는다(財沒不追, 地還本主)"에 대한 검토도 이루어지고 있다. 경우에 따라서는 몰수를 심지어 몰관(沒官)으로까지 해석하는 것은 무리라고 하겠으나 아직 누구의 수중(手中)으로 몰수하는지에 대해서는 단정하기 힘든다고도 하겠다.

42) 『당률소의』 第163條. 戶婚 14. 賣口分田.

또한 『당률(唐律)』「직제율(職制律)」에는 다음과 같이 규정하고 있다.

무릇 제서(制書)를 받아 시행함에 어긴 자는 도형2년에 처한다. 과실[失錯][44]인 경우에는 장형 100대에 처한다.

법을 어기고 구분전(口分田)과 영업전(永業田)을 매매하면 원래 「호혼률(戶婚律)」에 관련된 조문에 의하여 처리해야 하는데, 팔았을 경우에는 최고 장형 1백 대이고, 샀을 경우에는 그 양이 많은 경우에는 최고형인 도형에 처하였다. 그러나 현종은 개원 23년 칙령에서 칙령을 위반한 죄로 임시로 처벌하면서 도형 2년의 형벌을 내려 그 처벌이 크게 가중되었다. 이것은 바로 중형을 써서 이러한 경향을 막으려고 한 것이다.

개원 25년 새로 수정한 율·령·격·식을 반포할 때도 역시 새로운 전령(田令)을 반포하였다. 그러나 두우(杜佑)가 말한 바와 같이 "비록 이러한 제도가 있었지만 개원·천보 년간 이래로 법령이 이완되어 토지 겸병의 폐단은 서한(西漢) 성제(成帝)·애제(哀帝) 시기를 초과하였다(『通典』券2「田制下」)." 군주의 법령은 경제적 원리가 적용되는 일반적인 현상을 조절할 방법이 없었다. 토지 문제에 관한 율령은 모두 종이 쪽지에 쓰여진 형식적인 문구에 불과하였고, 칙률을 위반하였을 때 죄를 부과하는 것도 당연히 실행될 수 없었다. 이후, 토지 겸병은 더욱더 심해져 갔다. 현종은 천보 11재(751) 11월의 조서에서 당시 토지 겸병의 상황에 대해 전면적인 분석을 가하였다.

---

43) 『당률소의』第164條. 戶婚 15. 占田過限.

44) 失錯이란 제서의 본뜻을 잃은 것을 말한다. 『당률소의』제112조 職制 22 被制書施行違者.

들자 하니 왕공 백관(百官)과 부호의 집들은, 요즈음 장전(莊田)을 두고
도 토지를 탐하여 겸병을 자행하고 법을 두려워하지 않는다고 한다. 황무
지를 빌렸다는 명분으로 모두 숙전(熟田)을 가지게 되었는데, 이를 말미암
아 침탈한 것이다. 목장을 설치한다는 명분으로 산과 계곡을 점령하였으
며, 면적의 많고 적음에 구애받지 않았다. 구분·영업전을 가지려 하여,
법을 어기고 매매를 하고, 혹은 호적을 바꾸거나 혹은 전첩(典貼)을 운운하
여 백성들이 편안하게 거처할 곳이 없어지니, 어떤 이들은 토지를 잃고 객
호가 되어 지주의 전호(佃戶)가 되는데, 거주하는 사람의 생업을 탈취하게
되는 것이니, 실로 떠돌아 다닐 수 밖에 없는 분위기를 만들게 되는 것이
다. 멀리 떨어진 곳이나 가까운 곳이 모두 이와 같고, 이러한 폐습이 오래
되었으므로 개정하지 않으면, 폐단이 깊어질 줄로 고려된다(『册府元龜』卷
495「邦計部」田制).

이 조령 중에, 현종은 먼저 지주와 관료와 귀족들이 토지를 '탐하여
겸병을 자행하고 법을 두려워하지 않는다'는 사실을 지적하였다. 또한 이
러한 상황은 '멀리 떨어진 곳이나 가까운 곳이 모두 이와 같고, 이러한
폐습이 오래 되었으므로', 오래 전부터 보편적인 현상이 되어버린 것을 지
적하였다. 무측천이래 조령에서 시종 '농민들이 도망을 갔으며', '조세가
무척 감소하였다'는 등의 말로써 토지 겸병을 은폐하고 있었지만, 결국 이
러한 사실은 철저히 드러나게 되었다.

현종은 조령에서 당시 토지 겸병을 몇 가지 양식으로 개괄하였다. 첫
째는 황무지를 개간한다는 구실로 농민들이 오랫동안 갈아왔던 좋은 밭을
탈취하는 것이고, 둘째는 목장을 설치한다는 이름으로 산과 계곡의 크고
좋은 밭을 찍거나 점령하는 것이다. 셋째는 저당을 잡는 방식으로 농민들
의 토지를 싸게 구입하거나 빼앗는 방법이다. 넷째는 농민들이 도망간 기
회를 타서 농민의 생업을 파괴하거나 혹은 매매의 형식을 사용하여 농민
의 토지를 점령하는 것이다.

조령에서는 또한 농민들이 토지를 겸병 당한 후에 그들이 나갈 수 있는 출로를 지적하였는데, 그것은 바로 지주로 하여금 특히 객호를 정비하여 농사를 짓게 하는 것, 곧 지주의 전호(佃戶 : 소작농가)가 되게 하는 것이다.

토지 겸병과 특히 객호를 정비하여 농사를 짓게 하는 것에 대하여 현종은 "정리하고 개혁하지 않으면 폐단이 더욱 심해진다"라고 말은 하면서도 이를 정리하고 개혁하려는 구체적인 대책은 언급하지 않았는데 현종의 현명함은 바로 억지로 간여하지 않는다는 데에 있었다.

당대의 전호(佃戶)는 한나라와 위나라 이래의 전객(佃客)·부곡(部曲)과는 다르다. 신분상 그들은 '양민'이지 '천민'이 아니다. 어떠한 구실을 대더라도 그들을 죽일 수 없으며, 또한 어떠한 명목으로도 그들을 매매하거나 하사할 수 없다. 지조(地租)로 보자면, 주로 실물을 납부하였으며 무상으로 노역하는 것을 포함해서 지주를 위해 전쟁을 하는 경우도 상대적으로 감소하였다. 농업 생산에 있어서 일반적으로 지주는 전호를 재조직하거나 전반적으로 노동을 재배치하지 않았으며, 생산에 대해서 간여하거나 감독하는 일도 줄어들었다.

전호(佃戶)는 대부분 도호들이 지주에 의해 "은밀히 받아들여지면서" 생겨났다. 그래서 그들은 '객호(客戶)'라고도 불렸다. 그들은 주현(州縣)의 호적에 얹어지지 않았으며 국가의 납세와 부역에도 응하지 않았다. 그래서 국가적인 차원에서 보자면 그들은 지주의 감추어진 사적 예속인이었다.

전호(佃戶)는 지주에게 "곡식을 빌리고 밭에 있는 오막살이에 빌붙어"[45] 살아야 했다. 말하자면 그들은 지주에게 토지를 빌려서 경작해야 했을 뿐만 아니라, 또한 지주에게 집과 종자와 양식을 빌려야 했다. 그래서 경제적으로도 지주의 고리대에 단단히 묶여 있었다. 그들은 비록 남북조 시대

---

45) 『陸宣公翰苑集』권22, 「均節賦稅恤百姓第6條」.

의 부곡(部曲)이나 전객(佃客)과는 달리 신분이 세습되지는 않았지만, 이것은 단지 지주가 농민을 다스리는 형식이 변화한 것일 뿐이다. 과거 지주들은 부곡과 전객들에게 공공연하게 인신 노역을 시켰지만, 당대의 지주들은 저당과 고리대로써 대대로 농민을 속박하였다. 농민들은 종자와 양식을 빌려도 "빌린 것을 다 써버리기 때문에 늘 이를 충당하지 못하여 근심하였다." 결국은 매년 돈을 꾸어도 해마다 이를 청산하지 못하였고, 결국 조상 대대로 지주의 노역살이를 하게 되었다. 돈황에서 발견된 당대의 차용증에는 돈을 빌린 사람의 이름뿐만 아니라 동시에 그의 부인과 자녀의 이름이 쓰여 있다. 이것은 곧 남편이 세상을 떠나면 처자가 갚고, 부모가 세상을 떠나면 자녀가 갚아야 했음을 말해준다. 그 대(代)에 농민이 갚지 못하면, 곧 대를 이어 지주의 노역살이를 해야했다.

하지만 지주는 그들의 "감추어진" 객호에게 우선 최저 한도의 생활 조건과 생산 조건을 보장해 주어야만 지속적으로 그들을 부릴 수 있었다. 동시에 전호(佃戶)는 일반적으로 국가에 호구를 신고하지 않기 때문에 국가의 부역을 부담할 필요가 없었다. 이리하여 그들은 일반 자영농보다 안정된 생산 조건을 가지고 있었다. 또한 지주는 주로 농민에게서 실물을 징수할 뿐 경작에 대해 상대적으로 간섭하는 경우가 적었기 때문에 농민은 비교적 자유롭게 자신의 노동 시간을 조정하고 자신의 생산 활동을 마련할 수 있었다. 이러한 조건하에서 농민은 토지에 대한 투자와 노동 시간을 증가시키고 생산 기술을 개선하는 등의 방식으로 자기의 생산을 발전시켰다. 또한 지세와 종자와 식량에 힘을 쓰는 것 외에도, 일부의 잉여 생산물을 생산하여 자신의 경제를 확대하는 데 사용하였다. 이것은 생산력의 발전에 가능성을 제공하였다. 이렇게 토지의 겸병과 토지의 집중에 따라 발전한 전호제(佃戶制)는 생산력의 발전에 도움을 주었다.

토지의 집중이 생산력의 발전에 끼친 영향은 농업에만 국한되지 않는다. 토지의 집중으로 말미암아 재산과 부의 축적이 가능해졌다. 또한 이에 따라 사회적 분업이 확대되는 데 필요한 조건을 제공하였다. 농민이 생산해낸 재부(財富)가 지조(地租)로써 지주의 손에 들어가게 되면, 지주들은 이 재물의 전부를 직접 소비할 수는 없었다. 그들은 양식과 각종 물자를 시장에 투입하여 화폐와 바꾸었으며, 동시에 시장으로부터 그들이 원하는 각종 생활 필수품과 사치품을 구입하였다. 이렇게 하여 양적으로 상당한 상품량을 제공하게 되었고, 또한 더 많은 사람들이 경제 작물의 재배에 종사하고, 수공업이나 각종 상업과 운수업에 종사하게 되었으며, 대량의 원료와 광대한 시장을 제공하게 되었다. 이에 따라 수공업과 상업이 신속히 발전할 수가 있었다. 이러한 기초 위에 개원·천보 시기의 사회 경제는 전대미문의 번영을 이루었다.

자영농의 경제는 개원·천보 년간의 경제적인 면에서 중요한 작용을 하였다. 비록 토지 겸병이 날이 갈수록 심해져서 자영농이 농민 호구의 총수에서 그 비중은 줄어들었지만, 정부가 호구를 규제하려는 노력을 계속 늘여 갔으므로, 그들이 실제 호구 가운데에서 65% 내지 70%를 차지했던 것을 볼 때, 천보 년간에 이르러서도 자영농은 대량으로 존재하였던 것을 알 수 있다.

농민의 토지 점유는 자연히 생산 발전에 유리한 조건이 되었다. 또한 개원 년간의 부세 제도와 부병제가 개혁된 후에, 농민의 부역 부담도 비교적 안정되었고, 농민들은 안심하고 생산에 종사할 수가 있었다. 천보 년간 국가가 징수하였던 식량과 견포 가운데 상당 부분은 그들이 생산해 낸 것이었다.

자영농이 상당수 존재함으로서 국가는 견고하고 안정된 재정적 기초를 마련하게 되었을 뿐만 아니라, 또한 지주 경제가 정상적으로 발전하도록 보증해주었다. 자영농은 부세의 주요 납세자였기 때문에, 국가는 지주의 감추어진 객호, 즉 전호에 대해 방임적인 태도를 취하게 되었다. 지주는 무거운 부세 부담을 군이 전호에게 전가시켰던 것은 아니었으므로, 지주의 토지를 빌려서 경작하는 농민도 역시 적극적으로 자기의 생산을 발전시킬 수가 있었다.

농민과 소작농[佃農]·자영농은 개원·천보 년간의 태평성세를 만들어낸 창조자들이었다.

17. 성당(盛唐)의 기상

개원·천보 시대는 당대뿐 아니라 모든 중국 전통사회 경제 발전의 전성 시기 가운데 하나이다. 경제가 발전하고 사회가 안정됨에 따라 문화가 번영하게 되었다. 문화의 번영을 촉진한 것은 여러 가지 요인이 있다. 그 가운데에서 통치자가 문화를 중시하고 창도하였다는 것이 중요한 요인으로 꼽힌다. 개원 시대의 문화는 방대하므로 전문적인 저작으로 논술될 필요가 있다. 그러나 여기에서는 다만 현종 개인의 문화에 대한 흥미와 더불어서 이로 말미암아 이 시대에 더하여진 문화의 찬란한 광채들을 말하려 한다.

1. 현자를 존중하고 학문을 숭상하였다[尊賢尙文]

현종은 어려서부터 우수한 교육을 받아왔다. 그가 태자로 있을 때, 문단의 영수인 장열과 당시의 저명한 학자 저무량(褚無量)이 그의 시독(侍讀)이 되었다. 저무량은 항주(杭州) 염관현(鹽官縣)사람으로 명경과(明經科) 출신이다. 집안은 가난하였지만 열심히 공부를 하여, 매우 해박한 지식을 갖추었으며 특히 『삼례(三禮)』와 『사기(史記)』에 정통하였다.

　　현종은 즉위한 후에 바쁜 정사 처리가 겹친 긴장된 날들 속에서도, 여전히 공부하기를 좋아하였고 시간을 아껴서 독서를 하였다. 그는 공부를 하는 것과 나라를 다스리는 것은 일치한다고 생각하여, "짐은 정무를 보는 틈틈이 항상 사적(史籍)을 읽으면서 정사에 관련된 도리를 확실히 마음에 새겨둔다(『舊唐書』 卷8 「玄宗上」)"라고 말하였다. 당시 장열은 이미 외지로 나아가서 지방관을 맡고 있었기 때문에 현종은 공부를 할 때 가르침을 받거나 의문이 생기는 문제에 대해 토론하기 쉽도록 광록경(光祿卿) 마회소(馬懷素)를 청하여 저무량과 함께 같이 시독을 맡게 하였다.

　　마회소는 윤주(潤州) 단도현(丹徒縣) 사람으로 유년 시절에는 집안이 빈곤하였다. 뼈를 깎는 고통 속에서도 열심히 공부하여 경서와 사서를 두루 읽었으며 문학적 재능까지도 두루 갖추게 되었다. 무측천 시대에는 진사에 급제하였고 다시 제과(制科)에 응시하여 문학 우섬과(優贍科)에 올랐다. 일찍이 현위(縣尉)·감찰어사(監察御史)·예부(禮部) 원외랑(員外郎)·호부시랑(戶部侍郎) 등의 관직을 역임하였다. 관리로서 청렴결백하였으며, 공평함과 너그러움으로 정사를 처리하였다. "비록 관직을 맡고 있더라도 학문에 충실하여 손에서 책을 놓지 않았고, 겸손하고 신실하였으며, 현종에게 특별한 예우를 받았다(『舊唐書』 卷102 「馬懷素傳」)."

　　저무량과 마회소 두 사람은 당시에 덕망이 높은 박식한 선비로서, 현종은 그들에게 예를 갖추어 대하였으며, 그들을 매우 존경하여 그들이 가마를 타고 입궁하도록 하였으며 궁중에서는 말을 타도록 허락하였다. 저무량은 나이가 많았으므로 현종은 특별히 그를 위해서는 가볍고 끌기 편한 수레를 만들어 주었다. 그들이 시독으로서 궁중에 들어갈 때면 현종은 늘 친절하게 맞아들였고 제자의 예를 갖추었다. 그들이 정치의 득과 실을 지적하면 현종은 마음을 비우고 귀를 기울여 가능한 한 모든 것을 받아들였다.

　　훌륭한 스승의 지도 아래에 각고의 노력으로 공부한 끝에 현종은 심후한 문화적 수양을 갖추게 되었으니 『신당서(新唐書)』「예문지(藝文志)」에는 현종이 저작한 다음과 같은 책들을 기재하고 있다.

> 현종주역대연론(玄宗周易大衍論) 3권(卷)
>
> 어간정예기월령(御刊定禮記月令) 1권 [집현원학사(集賢院學士) 이림보(李林甫)·진희열(陳希烈)·서안정(徐安貞)·직학사(直學士) 유광겸(劉光謙)·제광예(齊光乂)·육선경(陸善經)·수찬관(修撰官) 사현안(史玄晏)·대제관(待制官) 양영찬(梁令瓚) 등이 주해(注解)하였다].
>
> 현종금풍악(玄宗金風樂) 1권
>
> 금상효경제지(今上孝經制旨) 1권 현종(玄宗)
>
> 현종(玄宗) 개원문자음의(開元文字音義) 30권
>
> 현종운영(玄宗韻英) 5권 [천보(天寶) 14재 찬(撰), 조부집현원사부제도채방사전포천하(詔付集賢院寫付諸道採訪使傳布天下)]
>
> 명황제조록(明皇制詔錄) 1권
>
> 현종주도덕경(玄宗注道德經) 2권 [8권에 소(疏)를 붙임]
>
> 현종주금강반야경(玄宗注金剛般若經) 1권
>
> 개원어집계자서(開元御集誡子書) 1권
>
> 현종개원광제방(玄宗開元廣濟方) 5권

이 책들은 비록 전부 현종의 손에서 나온 것은 아니지만, 이 목록에서 현종의 흥미와 지식이 매우 광범위하였음을 알 수가 있다.

현종은 문학에 아주 재능이 있었다. 그는 시가를 좋아하여 스스로 시가를 짓기도 하였으며 지금 전해지는 작품으로는 60여 수가 있다. 당시(唐詩) 300수(首) 중에 들어간 유일한 당대 제왕의 시편은 바로 현종의 「경로제공자이탄지(經魯祭孔子而嘆之)」이다.

현종의 시가는 비록 당시(唐詩)에서 진품으로 꼽히지는 않지만, 그 기

개가 범상치 않고 공력이 많이 들어간 작품이다. 현종은 그의 조상인 태종
·고종·무측천과 마찬가지로 시가를 애호하였을 뿐 아니라 힘을 다해서
제창하였다.

　당대의 과거 제도 가운데 진사과에서는 먼저 책론(策論)만을 시험하였
다. 고종 조로(調露) 2년(680)에는 시험 과목에 경서와 잡문을 더하였는데,
잡문은 바로 과거를 보는 이들이 잘 알고 있는 잠(箴)·표(表)·명(銘)·부
(賦)와 같은 것이었다. 진사를 채용할 때는 여전히 정치적 책략을 위주로
하였다. 개원 년간, 현종은 문치를 주장하고 문학과 잡문을 제창하여 점차
과거를 시(詩)와 부(賦)를 짓는 방식으로 바꾸어 나갔다. 한 시대의 문단의
종주였던 장열이 중서령이 되자, 문학을 하는 선비가 진사에 급제하는 경
우가 증가하였다. 개원 11년에서 21년에 이르기까지 최호(崔顥)·조영(祖咏)
·저광희(儲光羲)·최국보(崔國輔)·기모잠(綦母潜)·왕창령(王昌齡)·상진(常
進)·하란진명(賀蘭進明)·왕유(王維)·설거(薛据)·유장경(劉長卿)·원덕수(元
德秀) 등이 급제하였다. 문학을 하는 선비가 전체 관료 가운데 비록 큰 비
중을 차지한 것은 아니지만, 한 시기에 이렇게 많은 시인이 급제한 것은
전대미문의 일이었다. 개원·천보 년간에 이르러 잡문은 시부(詩賦)를 전
적으로 사용하기 시작하였고 점차적으로 진사 채용의 주요한 기준이 되었
다. 시가를 짓는 것이 지식인들의 출세와 연결되기 시작하였고, 그들이
벼슬길에 들어설 수 있는 조건이 되었다. 이는 필연적으로 사람들은 시가
의 창작을 중시하도록 고무시켰고, 대중성이 있는 시를 짓고 읊도록 만들
어서, 문학을 중시하는 사회적 풍조를 만들었다. 당대의 제왕이 시가를
중시하고 창도한 것은 당시를 빈영시킨 주요한 원인의 하나였다. 바로 호
진형(胡震亨)이 "당대에는 시를 읊는 일이 성행했는데, 그 도의 원류는 바로
여기에 있다. 당태종은 뛰어나시고 아름다운 중에 나시어 글이 선조들의
문체보다 아름다웠다. 현종은 예술계를 겸하고 풍도에 통하심이 시대의
격에 아름다우셨다. … 조야에서는 존경하고 따랐으며 노래와 시를 익히

고 점점 널리 하니 상하가 모두 좋아하여 풍속이 변하였다(『唐音癸言』卷27 「叢談三」)"라고 말한 바가 이와 같다.

당시는 당대에 고도로 발달한 문화의 결정체이며 중국 시가 발전 가운데 초월할 수 없는 높은 봉우리이다. 뿐만 아니라 개원 천보의 시가, 소위 말하는 성당(盛唐)의 시가는 당시가 발전하는 동안에 가장 눈부시게 광채를 빛내던 시대의 시였다. 개원 시기의 시단에 찬란하게 빛난 별들로는 이백(李白)·두보(杜甫)·왕유(王維)·왕창령(王昌齡)·고적(高適)·잠참(岑參)·맹호연(孟浩然) 등의 천고의 세월에 빛나는 많은 시인들이 있었으니, 그들의 뛰어난 재능은 사방으로 넘쳐나고 정채로운 문장과 다채로운 작품은 웅장하고도 중후한 성당의 기상을 구축하였다. 성당 시가의 거대한 성취는 시가가 자체적으로 발전한 성과이다. 육조(六朝)의 시가는 이미 율시의 형성에 기초를 놓았는데, 양대(梁代)와 진대(陳代)의 시가들은 아름다웠다. 그러나 맥이 없으며 갈고 다듬기만 한 이 시들의 결점은, 초당(初唐) 시인인 왕발(王勃)·양경(楊烱)·노조린(盧照隣)·낙빈왕(駱賓王) 등 '사걸(四傑)'의 노력에 의해 깨끗이 제거되었다. 더욱이 진자앙(陳子昂)이 시풍을 개혁하자는 목소리를 드높여서, 당시(唐詩)는 성숙으로 향하게 되었고, 이론과 실천에 있어서 모두 중요한 작용을 하였다. 당시는 1백 년의 발전을 거쳐 옥같이 빛나는 면모를 드러내었다. 그러나 성당 시기의 거대한 성취는 동시에 이 시대의 풍요로운 사회 경제와 풍부한 사회 생활에 뿌리를 두고 있으며, 당연히 이 시대 최고 통치자인 현종과도 밀접한 관계를 맺고 있는 것이었다.

현종은 시인들과 빈번하게 교류하였는데, 그는 훌륭한 재능을 가진 시인을 매우 소중히 여기고 존중하였다. 그는 자신의 주위에 많은 문인 학사와 저명한 시인인 오균(吳筠)·이백(李白)·최국보(崔國輔)·기모잠(綦母潛) 등을 잇달아서 집현원(集賢院)이나 한림원(翰林院)에서 조서 기초를 담당케 했다. 현종은 정무를 보다가 시간이 나면 늘 그들과 시가를 서로 주고받으며 함께 노닐거나, 시와 문을 평하며 여기에서 이긴 자를 장려하고 중용하기도 하였다. 천보 초년에 현종은 온천궁(溫泉宮)에 이르면 조원각(朝元閣)에 올라 시를 지으며 군신들과 화답하였다. 현종은 시문의 문채로 이름이 난 검교(檢校) 예부상서(禮部尙書) 석예(席豫)가 지은 것이 가장 훌륭하다고 여기고 그를 찬양하여 "그대가 쓴 것을 보니 참으로 시인의 우두머리요, 작자들 가운데 면류관이로다(『舊唐書』卷190中「席豫傳」)"고 하였다.

현종은 저명한 시인들을 항상 불러와서 만나보았다. 천보 원년(742)에 도사 오균(吳筠)의 추천으로 대시인 이백(李白)을 궁중으로 불러들였다. 현종은 "수레에서 내려와서 그를 맞이하는데, 마치 기호(綺皓 ; 綺里季)를 만난 것 같이 하였다. 또한 매우 빛나고 아름다운 칠보상에 음식을 대접하고 황제의 손으로 직접 숟가락을 들고 음식을 먹여주었다. 현종이 일컫기를 그대는 벼슬을 하지 않은 백성으로 그 이름이 짐에게까지 알려졌소. 만약 평소에 도의를 말하지 않았다면 어찌 여기에 이르렀겠소(李陽水,『草堂集序』)." 이백에게 한림공봉(翰林供奉)이라는 관직을 수여하여 그의 신변에 머물러 있게 하였다. 현종은 자신을 굽히고 열렬하고 공손하게 이 벼슬도 없는 시인을 맞이하여 간절히 재능을 사랑하는 대가의 풍채와 도량을 표출하였다. 뛰어난 재능과 원대한 계략을 갖춘 황제와, 꿋꿋하면서 구속받지 않는 시인의 이러한 낭만적인 만남을 통해 "고력사가 이백의 신발을 벗기다"와 "취초퇴만(醉草退蠻 : 술에 취한 후 조서를 작성하여 남조의 사신을 물리쳤다)" 등의 유명한 고사가 만들어졌다. 하지만 현종은 이백의 시적 재능을 좋아하였을 뿐, 그의 다른 능력은 좋아하지 않았다. 현종은 이백을 종묘에 쓰일 만한 그릇이라고 여기지 않고 다만 문학 방면의 시종(侍從)으로 보았는데, 이는 이백이 추구하던 포부와는 현격한 차이가 있었다.

여도사 이계란(李季蘭)은 이름이 야(冶)인데, 생전에는 자(字)로만 불리었다. 자태가 매우 아름답고 천성이 총명한데다가 거문고를 잘 탔으며, 특히 율시에 능통하여 항상 육우(陸羽)・교연(皎然)・유장경(劉長卿) 등과 교제하며 한 시대에 이름을 드날렸다. "천보 년간에 현종은 그녀의 시적 재능을 듣고 궁에 불러들여 한 달 남짓 궁에 머물게 하였다. 특별한 대우를 해주고, 후하게 하사품을 내리고 산으로 보내었다(『唐才子傳』卷3)"고 한다. 현종은 시인과 교류하면서, 때로는 황제의 위엄을 벗어던지고 농후한 인정미와 문인적인 기질을 드러내었다. 서안정(徐安貞)은 문장에 능통할 뿐만 아니라, 시를 잘 지었는데 특히 오언시(五言詩)에 뛰어나 현종은 그를 높이 평가하였다. 개원 년간에 중서사인(中書舍人)으로 집현원(集賢院) 학사(學士)가 되었으며 "황제는 모든 문장과 조서를 적으면 서안정에게 그 초고(草稿)를 보여주었다. 그는 현종으로부터 깊은 보살핌을 받았다(『舊唐書』卷190中「徐安貞傳」)." 여기에서 초고를 보여주었다는 것은 서안정에게 자신의 초고를 보여주고 의견을 제시하게 하여 서로 절차탁마하였다는 뜻이다. 천보 3재 비서감(秘書監) 하지장(賀知章)이 병이 들어서 사직을 청하고 고향 회계(會稽)로 돌아갔다. 하지장의 호는 '사명광객(四明狂客)'이었는데, 그는 이전에 황태자(皇太子) 이형(李亨)의 시독을 맡았으며 당시의 저명한 시인이자 서법가(書法家)였다. 그는 도교를 독실하게 믿었으며 성품이 거침없고 담소를 좋아하여 당시의 현인들은 모두 그를 우러러보았다(『舊唐書』卷190中「賀知章傳」). 현종은 그의 요청을 허락하고 그 아들 전설랑(典設郎) 하증(賀曾)을 회계사마(會稽司馬)로 임명하여 가까이에서 봉양하게 하였다. "조(詔)를 내려, 하지장에게 경호(鏡湖 : 지금의 鑑湖)와 섬계(剡溪) 일대에 토지를 주어서, 그곳에서 어부와 나무꾼과 더불어 생활할 수 있도록 해주라(『당재자전』권3)"고 하였다. 정월 5일 하지장이 수도를 떠나는 날, 현종은 황태자 이하 백관에게 명하여 전송하게 하고 자신이 손수 지은 「도하지장귀사명(道賀知章歸四明)」이라는 시를 내려 깊은 석별의 정을 전하였다.

영화를 누리는 인재가 도에 들어서길 희망하니 보낼 수밖에 없네. 마침내 벼슬을 그만두고자 비녀를 뽑았네.
어찌 인재를 아까워하지 않을까만은 기쁘게 도교에 입문하고자 하니 그

높고 숭고한 마음이여.

인간 세상에서는 중요한 요직을 얻었고, 별천지에서는 가슴을 펼 수 있다네.

오로지 청문에서 송별연을 열 뿐인데, 모든 관료들도 심히 석별을 아쉬워한다네.

이 시문 속에는 깊은 석별의 정이 배어나오고 있다. 현종이 하지장(賀知章)에게 대하였던 예우와 관심은 아주 융숭하고 세심한 것이었다.

명사 정건(鄭虔)은 거문고와 술과 문장과 시 읊는 것을 좋아하고, 산수화와 서법에 능하였다. 일찍이 당시의 사건을 모아 80여 편의 책을 저술하였는데 어떤 사람이 "사사로이 국사를 편찬하였다"는 죄명으로 그를 고발하여 정건은 10년 간 폄적되었다. "그가 수도로 돌아왔을 때 현종은 그의 재능을 아껴서 그를 곁에 두고자 하였으나, 시킬 일이 없었으므로 그를 위해 다시 광문관(廣文館)을 설치하고, 정건(鄭虔)을 박사(博士)로 삼았다(『新唐書』卷202「鄭虔傳」)." 광문관(廣文館)과 광문박사(廣文博士)는 모두 현종이 정건 한 사람을 위하여 특별히 설치한 것이었다. 정건은 예전에 그가 직접 쓴 시화를 현종에게 헌상하였는데, 현종은 그의 시화 뒤에 친필로 '정건삼절(鄭虔三絶)'이라고 씀과 아울러 그를 저작랑(著作郎)에 임명하였다.

그러나 현종이 만난 모든 시인들을 우대한 것은 아니었다. 맹호연(孟浩然)은 오랜 기간 녹문산(鹿門山)에서 은거하다가 마흔 살이 되자 수도 장안에 오게 되었다. 예전에 태학(太學)에서 시를 지어 그 자리에 있는 사람들을 모두 탄복시켰는데 장구령·왕유(王維)와 같은 대시인들이 모두 그를 추종하였다. 한번은 왕유가 궁내의 대조(待詔)에 맹호연을 개인적으로 초청하여 시사(詩詞)를 의논하였는데 그 대화가 한참 절정에 이르렀을 때 현종이 와서 맹호연은 탁자 아래로 숨었고, 왕유는 사실대로 말씀을 드렸다. 황제는 기뻐하며 "짐이 듣건데 그 사람은 아직 만나보지 못한 사람인데

어찌 두려워 숨었는고?"라고 말하며 맹호연을 나오게 하였다. 황제가 그
의 시를 청하자 맹호연은 재배를 하고 시를 읊었는데 "재주가 밝지 않아
황제께서 버리셨네[不才明主棄]"라는 구절에 이르자, 황제는 "그대는 벼슬 자
리를 구하지도 않았고 짐 또한 그대를 내버린 적이 없는데 어찌하여 나를
모함하는가?"라고 말하면서 그를 내쫓아 버렸다(『新唐書』 卷203 「孟浩然傳」).
이런 흥미로운 이야기 속에서 현종이 맹호연을 보았을 때 기뻐한 것에서
그가 현명한 선비를 아끼는 마음을 읽을 수 있다. 하지만 후에 "재주가
밝지 않아 황제께서 버리셨네"라는 시구 때문에 뛰어난 재능을 가진 시인
을 쫓아낸 것에서는 그에게 너그러운 도량이 부족하였던 점도 엿볼 수가
있다.

　　당대 또 한 명의 위대한 시인인 두보도 현종이 매우 인정하고 아꼈던
사람이다. 천보 13재 2월 현종이 태청궁(太淸宮)에서 태묘(太廟)에 제사를
드릴 때 일찍이 두보가 부(賦) 3편을 지은 적이 있다. 황제는 그를 기이하
게 여기고 집현원에서 기다리게 하고, 승상(丞相)에게 명하여 문장 실력을
시험해 보게 하였다. 하서위(河西尉)의 관직을 수여하였는데 제수 받지 않
았다. 그래서 우위솔부(右衛率府) 주조참군(冑曹參軍)으로 바꾸어주었다(『新唐
書』 卷201 「杜甫傳」). 당시에 권력을 잡은 재상은 양국충이었는데 그는 문장
의 우열을 판별하는 능력을 가지고 있지 않았을 뿐만 아니라 문장의 우열
로 작자를 임용할 줄도 몰랐다. 두보는 8품하(八品下)의 군수품을 관리하는
낮은 관리가 되었다. 이 때 당나라는 위기에 처해 있었고 현종은 그가 아
끼던 시인들을 돌볼 겨를이 없어졌다. 당대의 가장 위대한 두 명의 시인
이백과 두보는 현종과 만난 적이 있었다는 것은 정도는 다르지만 우연은
아니다. 이 시기에는 시적인 분위기가 충만해서 황제는 시인들과 이처럼
교류했던 것이다. 현종은 문학을 애호하였으며, 또한 도서를 정리하고 전
적(典籍)을 편찬하고 창도하는데 열중하였다. 개원 5년 시독(侍讀) 마회소(馬
懷素)는 비서성의 도서가 유실되고 난잡하게 된 것을 감안하여 현종에게

새로 도서 목록을 편정할 것을 건의하였다. 비서성의 도서는 오래 전부터
유실되었는데, 수나라 말년의 동란으로부터 당초에 이르기까지 도서 전적
이 없어진 것은 심각한 문제가 되었다. "수대에는 가칙전(嘉則殿)에 30만
권의 책이 있었고 무덕 초에는 8만 권의 책이 있었는데 중복되거나 뒤섞
여 버렸다(『신당서』 권57 「예문지」)." 손실도 이미 많았다. 무덕(武德) 5년(622)
왕세충의 난을 평정한 후, 낙양에서 수대의 도서 팔천여 권을 얻어 태부경
(太府卿) 송준귀(宋遵貴)가 장안까지 운반하는 책임을 맡아서 배로 삼문지주
(三門砥柱)에 이르렀는데 "풍랑으로 많은 책이 떠내려가고 남은 것은 열에
하나 둘 정도도 미치지 못하였으며 목록도 적셔졌거나 남아있지 않았으
며, 있더라도 잔결이 생겨났다(『隋書』 卷32 「經籍志」)." 영고덕분(令狐德棻)의
건의 아래, 당고조(唐高祖)는 일찍이 산실된 도서를 비싼 가격으로 구입하
여 모으게 하고 전문적으로 보충·기록하는 직원을 두었다. 정관(貞觀)
2년(628) 당태종은 비서감(秘書監) 위징(魏徵)에게 궁중의 전적을 정리하도록
명령하였다. 위징 등이 『수서(隋書)』 「경적지(經籍志)」를 편찬할 때 경(經)·
서(書)·자(子)·집(集) 4부의 도서분류법을 창립하여 당대 비서성은 경적
도서의 사무를 맡아보았으며 성안에 있던 도서는 이 4부 분류에 의해 보
관되었다. 당태종 때, 도서 전적 사업이 일어나기 시작한 셈이었다. 그러
나 고종 현경(顯慶) 이후부터, 궁중의 도서 관리는 날이 갈수록 혼란해지고
산실되는 정도도 심각해졌다. 그리하여 마회소(馬懷素)가 건의하였다. "남
제(南齊) 이전의 고서들은 왕검이 편찬한 『칠지(七志)』에 이미 기록되었고,
그 수 또한 많습니다. 『수서(隋書)』에서 기록한 바는 상세하지 못한 것도
있고 어떤 고서는 최근에 발견되었는데 빠뜨린 것이 많고 편집되지도 않
았으며, 어떤 것은 요즘 사람들이 전하였는데, 조리는 없지만 모두 기록해
놓은 것도 있습니다. 만약 지금 편찬하지 않으면, 분별할 수 없게 됩니다.
바라건대 근인(近人)이 만든 목록 가운데 과거에 빠뜨린 것들도 모두 검색
해서, 왕검(王儉) 『칠지』의 방법을 이어서 기록하여 창고에 수장하길 원합

니다(『구당서』권102, 「마회소전」)"라고 건의하였다. 마회소의 건의의 요점은 왕검의 『칠지』와 『수서』 「경적지」 등 전대 목록학 저작의 기초 위에서 그 잘못된 것을 교정하고 모자라는 부분을 보충하여 근래 새로 출현한 고적을 널리 찾고 새로이 완비된 도서목록을 편집하는 것이었다. 현종은 마회소의 건의를 받아들여 국자박사 윤지장(尹知章) 등에게 명하여 마회소를 도와 도서 목록을 편찬하게 하였다.

　이 일에 대하여 『자치통감(資治通鑑)』은 비서감(秘書監) 마회소가 올린 주(奏)에 대해 다음과 같이 기록하고 있다. "성중(省中)에 많은 책들이 어지러이 흩어지고 착오가 생긴 것도 많아서, 먼저 학술 인사 스무 명을 뽑아 정리하고 보충하게 하여야 한다고 주청하자, 그에 따르도록 하였다. 그래서 잃어버린 책을 찾아내고 관리를 선발하여 필사하게 하였고, 국자박사(國子博士) 윤지장(尹知章)이나 상천위(桑泉尉) 위술(韋述) 등 20명으로 하여금 같이 교정보도록 하였으며, 좌산기상시(左散騎常侍) 저무량을 파견하여, 건원전(乾元殿) 앞에서 여러 책을 편집 교정하게 하였다." 『자치통감』에서 기록한 내용은 결코 정확하다고 볼 수 없다. 실제로 저무량은 일찍이 "내고(內庫)의 오래된 책을, 고종 때부터 궁중에 보관하였으며, 점차 없어지는 것이 생기자 책을 필사하고 간행하도록 주청하여 경적의 길을 넓혔던 것이다(『舊唐書』卷102 「褚無量傳」)." 현종은 이에 저무량을 파견하고, 노손(盧巽)·육거태(陸去泰)·왕택종(王擇從)·서초벽(徐楚璧) 등을 조수로 삼았다. 동도(東都) 건원전(乾元殿) 앞에 책꽂이를 설치하고 순서대로 배열하여 천하의 특별한 책들을 널리 모으고, 교정하여 빠진 것을 보충하게 하였다. 몇 년이 지나지 않아 처음으로 성과가 보였다. 사부(四部)에 충분히 비축되니 현종이 매우 기뻐하였다. 그는 공경대부(公卿大夫) 이하의 신하들을 건원전에 들게 하여 책을 편찬하는 상황을 참관하게 하였다.

　그래서 마회소는 도서목록 편찬을 주관하였고 저무량은 전적을 교정하고 보완하는 것을 주관하여 그 임무가 달랐으며 그들에게는 각각 자신이 맡은 업무 분야가 있었던 것이다. 『구당서』「원행충전(元行沖傳)」에는 "먼저 비서감 마회소가 학자들을 모으고, 왕검(王儉) 『칠지』의 속편을 편찬하여, 『금서칠지(今書七志)』라 했다. 좌산기상시 저무량이 여정전(麗正殿)에서 사부서(四部書)를 정정하여 기록하였다. 일이 끝나기 전에 마회소와 저무량은 타계하였으므로, 원행충(元行沖)에게 이 직책을 모두 대신해서 행하도록 지시하였다"고 한다. 마회소가 개원 6년 7월에 별세하자 원행충이 그의 일을 이어 받았다. 원행충의 학식은 마회소보다 못하였지만 그의 조직 능력은 마회소보다 뛰어났다. 그의 주관 하에서 인력을 새롭게 조직하여 은천유(殷踐猷)와 왕협(王悏)으로 하여금 갑부(甲部, 經部)를 편찬하게 하고, 위술(韋述)과 여흠(余欽)으로 하여금 을부(乙部, 史部)를 편찬하게 하고, 무경(毋煚)과 유언직(劉彦直)으로 하여금 병부(丙部, 子部)를 편찬하게 하고, 왕만(王灣)과 유중구(劉仲丘)로 하여금 정부(丁部, 集部)를 편찬하게 하였다. 또한 원행충이 무경·위술·여흠 세 사람을 통솔하여 모두 완성하였다. 개원 8년 정월, 『군서사록(群書四錄)』 200권을 편성하여, 48,169권의 책을 수록하였는데 대형 목록학 저작이었지만, 안타깝게도 지금은 이미 산실되어 버렸다. 개원 6년 현종이 동도에서 장안으로 돌아왔으므로 저무량의 편찬 작업을 낙양 건원전(乾元殿)에서 장안의 여정전(麗正殿)으로 옮겨오도록 하였다. 개원 8년 저무량이 세상을 떠났다. 그는 임종 때 여정전에서 책을 다 쓰지 못한 것이 여한이라는 말을 남겼다. 그의 작업은 역시 원행충이 잇게 되었다.

개원 11년 7월 원행충이 나이가 많아서 사직하자 현종은 중서령 장열에게 여정원(麗正院) 수서직(修書職)을 맡겼는데 이것으로 볼 때 현종이 얼마나 여정원의 작업을 중시하였는지 알 수 있다. 장열은 여정원 작업을 주관한 후에 문학하는 선비들을 널리 모았으며, 비서감 서견(徐堅)·태상박사 하지장(賀知章)·감찰어사(監察御史) 조동희(趙冬曦) 등의 저명한 문사(文士)들로 하여금 책을 편찬하거나 시강(侍講)을 맡아보게 하였는데, 이들은 그 활

동이 매우 활발하였던 사람들이다. 현종도 그들을 매우 특별하게 대우하였
다. 중서사인(中書舍人) 육견(陸堅)46)은 "이러한 사람들이 국가에 아무런 보탬
이 되지 못하고 비용을 마음대로 낭비한다고 보고 상소를 올려 이것을 모
두 그만두게 하기를 원하였다. 그러자 장열은 '자고로 제왕은 국가가 무사
하면 궁실을 숭배하고 성색(聲色)을 넓혔습니다. 지금 천자(天子)가 홀로 예
로써 문학하는 유생을 불러 전적을 발휘하니 그 이익됨이 크고, 그 손해되
는 바가 작습니다. 육견은 어찌 그에 이르지 못한다고 말하는지요'라고 하
였다." 장열은 현종이 현인을 존중하고 문을 숭상하는 의도를 잘 이해하고
있었는데 이것은 문치를 부흥시키고, 태평성세를 만들고 빛내는 넓은 기
개라고 하였던 것이다. 그래서 장열과 육견의 서로 다른 관점 가운데에서,
현종은 장열을 중시하고 육견을 소홀히 대하였던 것이다.

도서 전적을 정리 편집할 때 현종은 특히 『대당육전(大唐六典)』과 『대당
개원례(大唐開元禮)』를 편찬하는 일을 중시하였다. 이 두 책은 현종이 남긴
위대한 두 걸작이 되었다.

개원 10년 현종은 조서 위에 육조(六條)를 썼는데 이것은 곧 "이(吏)·
교(教)·예(禮)·정(政)·형(刑), 사전(事典)으로, 비슷한 것끼리 편찬하고 기
록하여 가져오게 하였다(陳振孫, 『書錄解題』 6)." 그리고 『당육전(唐六典)』을
고치고 편찬하는 임무를 여정서원(麗正書院)에 넘겨주었다. 현종은 내용이
풍부하고 조리가 정연하며 총체적인 당대의 전장제도(典章制度)의 대서(大
書)를 편찬하고자 하였다. 장열이 서원(書院)을 주관한 후에, 이 일을 그의
조수인 서견(徐堅)에게 위탁하여 처리하게 하였다. 서견은 박학한 선비로
문장의 저술에는 뛰어났지만, 『당육전』을 저술하는 일에는 속수무책이었
다. "1년 남짓 고민하다가 사람들에게 말하였다. 내가 재능이 없는 선비이

---

46) 『舊唐書』 卷97 「張說傳」에서는 서견(徐堅)이라 했는데, 잘못 기록한 것이다. 여기
서는 자치통감의 기록을 따르기로 한다.

면서도 관직에 올라 이미 일곱 번이나 서적을 고쳤지만 믿을 만한 기준을 만들어 낼 수 있었으므로 그다지 어렵지는 않았다. 오로지 『당육전』은 여러 해 동안 궁리해 보았지만 어찌해야할지 방침을 정할 바를 알지 못하겠다(『新唐書』 卷132 「韋述傳」)." 『당육전』을 만드는 것이 어려웠던 이유는 내용이 광대하고 복잡하여 문장의 격식을 정하기가 힘이 들어서 내용과 형식이 서로 어울리게 할 수 있는 일관된 방법을 쉽게 찾을 수 없었기 때문이다. 뒷날, 직학사(直學士) 위술(韋述)은 『주례(周禮)』「육관(六官)」을 본받아 현행 관직을 서술하게 하고, 율령격식(律令格式)의 내용을 관계되는 직관의 아래에 묶고, 그 관직에 따른 연혁의 변화를 주(注) 안에 서술하자는 제의를 하였다. 이러한 방법은 비부(比附)를 강행하고 마치 작은 신발에 맞추려고 발뒤꿈치를 깎아서 억지로 끼워 맞추려는 듯한 느낌이 있지만, 어쨌든 붓을 댈 수 있는 방법을 찾게 된 것이었다. 『당육전』은 장열·소숭(蕭嵩)·장구령·위술(韋述) 등 네 명이 앞뒤로 책임을 맡아서 편찬을 총괄하였으며, 서견·위술 등 열 몇 명이 집필하여, 10여 년의 노력을 거쳐서 개원 26년에 완성되었는데 모두 30여 권으로 이루어졌다(일설에는 개원 27년 2월이라고도 한다. 『唐會要』 卷36 「修撰」, 『册府元龜』 卷607 「撰集」에 보임). 책이 완성되었을 때, 마침 이림보가 재상이 되어 관례에 따라 그가 보고하게 되었다. 『당육전』이 만들어 진 뒤에 당대에서는 그것을 사용하였는지, 법전의 성질을 갖추었는지 여부에 대해서 학술계에서는 지금껏 논쟁을 계속하고 있는데 여기에서는 상세하게 이야기하지 않기로 하겠다.[47] 이와 관계된 역사 자료로서 가령 『당회요(唐會要)』 등에 기재된 상황으로 보면, 『당육전』은 당 후기에 전장(典章) 제도를 토론할 때 이미 광범위하게 인용이 되었으며, 실

---

47) 당육전은 김택민, 『역주 당육전(상·중·하)』(신서원, 2003·2005·2008)으로 번역되어 있다. 매우 공들여 만든 이 역주는 앞으로 제도사를 연구할 때 기본서가 될 것이다. 김택민씨가 쓴 「해제」 부분도 큰 도움이 될 것이다.

제적인 문제를 처리하는 중요한 근거가 되었다. 『당육전』에서는 당대의 많은 영(令)·격(格)·식(式)을 기록하였는데, 당대 관제의 기원과 변화에 대하여 상세하고도 비교적 명확하게 서술이 되어있어 당대 정치·경제의 각 방면의 문제를 연구하는데 매우 높은 사료적 가치를 가지고 있다.

개원 14년 통사사인(通事舍人) 왕암(王喦)이 상소를 하여 『예기(禮記)』를 개편하고 적당하지 못한 부분을 삭제하고 새로운 내용을 첨가하도록 청하였다. 현종은 집현원 학사들로 하여금 상세하게 의논하도록 명하였다. 장열은 『예기』는 경전이므로 고치는 것은 옳지 못하다고 여겼으나 『예기』의 의주(儀注)는 정관·현경 년간에 일찍이 두 차례 개정된 바가 있었다. 장열은 "먼저 것과 나중 것은 자못 달리 된 바가 있으나, 그 사이에 혹 절충하지 않은 것이 있으니, 학사 등에게 맡겨서 고금(古今)을 토론하여, 수정하도록 하여야 합니다"라고 말하였다. 현종은 장열의 말에 일리가 있다고 여겨서, 집현원학사 우산기상시(右散騎常侍) 서견(徐堅) 등에게 명하여 새로운 의주를 쓰게 하였다. 이 책을 집필하는 데는 수년이 걸렸으며, 소숭이 집현원학사가 되었을 때 기거사인(起居舍人) 왕중구(王仲丘)에 의해 완성되어 『대당개원례(大唐開元禮)』라 명하였으니 모두 150권으로 개원 20년 9월에 해당 부서에서 사용하도록 반포하였다. 훗날 두우(杜佑)가 『통전(通典)』을 편찬하였을 때, 예전(禮典) 부분은 모두 100권이었는데, 그 가운데 뒷부분 35권은 『대당개원례』에서 발췌하여 완성되었다.

현종은 문인 학사들을 매우 공경하고 중시하였으며 이들이 치국에 중요한 힘이 된다고 생각하였다. 개원 13년 4월 태산 봉선대전의 준비 작업이 마침 한창 진행되고 있을 때, 현종은 동도 낙양에서 중서문하(中書門下)와 예관학사(禮官學士)들과 함께 집선전(集仙殿)에서 연회를 베풀었다. 연회석에서 현종은 다음과 같이 말하였다. "신선은 허(虛)에 근거하여 말을 하므로 짐은 이를 택할 수 없소. 현명한 사람은 군자를 도와 국가를 다스리는 인재이므로 짐이 오늘 그대들과 함께 연회를 베푸는 것이니 이곳 이름

을 집현전이라고 바꾸어야 하겠소." 이 글자 한 자를 바꾼 것은 현종이
현명한 사람을 존중하고 현명한 사람을 예로 대하는 열의를 몸으로 나타
낸 것이었다. 현종은 또한 여정서원(麗正書院)을 집현전서원(集賢殿書院)으로
바꾸도록 명하고, 서원의 편제를 확충하고, 서원의 관원에 있어서 5품 이
상을 학사(學士)로 삼고, 6품 이상을 직학사(直學士)로 삼고, 재상 장열을 지원
사(知院事)로 삼고, 우산기상시(右散騎常侍) 서견(徐堅)을 부지원사(副知院事)로 삼
았다. 현종은 장열을 대학사(大學士)로 임명하고자 하였으나 장열은 유생(儒
生)은 학문을 우선으로 하여 서열을 정하는 것이지, 관벌의 고위를 기준으
로 삼아선 안 된다며 사양하고 대학사의 칭호를 받지 않았다.

현종은 문인 학사들과 시를 짓고 주고받으며, 그들에 의지하여 도서를
정리하고 전적을 편찬하고 문치를 크게 일으켰다. 그리고 여기에 그치지
않고 정치적인 면에서도 이들을 매우 중시하고 의지하였다. 당초 이래로
문인 학사는 항상 황제의 요청에 따라서 궁중에 들어와 국가 기밀을 다루
는 정무에 참여하였다. 당태종은 일찍이 "천하의 어질고 훌륭한 문학 선비
들을 정선하여" "조정의 잘못을 듣고 내전(內殿)에서 문의(文義)를 강론하게
하였으며 정사를 의논하였고, 때로는 밤이 되어서야 마쳤다(『唐會要』 卷64,
「宏文館」)." 그들은 분명히 브레인이거나 자문의 역할을 담당하였으나 이것
이 항상 명예스러운 것 만은 아니었다.

고종·무측천 때 유의지(劉懿之)·유위지(劉禕之) 형제와 주사무(周思茂)
·원만경(元萬頃)·범리빙(范履氷) 등의 저명한 문사들은 항상 궁중에 거하
였고, 그들은 무측천의 뜻을 받들었을 뿐만 아니라, 『열녀전(烈女傳)』·『신
궤(臣軌)』·『백료신계(百僚新戒)』·『악서(樂書)』 등을 저작했다. 그들은 조정
에서 결정하기 어려운 문제를 토론할 때도 비밀리에 참여했는데, 황제는
그들을 이용하여 재상 권력을 견제하는 정치 세력으로 삼았다. 그들은 단
순히 참모와 자문의 역할을 했을 뿐 아니라 황제를 도와 재상권을 견제할
만한 정치적 역량을 갖추고 있었다. 그들은 항상 북문(北門)에서 황제의

지시를 기다렸기에 당시의 사람들은 그들을 북문학사(北門學士)라고 불렀다. 그러나 그들에게 전문적인 기구를 설립해주지는 않았다.

현종의 신변에는 또 장열·위견·장구령·서안정(徐安貞)·장기(張垍) 등과 같은 문인 학사들이 있었는데, 현종은 정식으로 그들에게 '한림대조(翰林待詔)' 혹은 '한림공봉(翰林供奉)' 등의 명의를 내리고, 그들에게 문장에 대한 업무와 사방에서 오는 표문(表文)과 소(疏)에 대한 회답을 보내는 일을 맡게 하였다. "개원 26년 한림공봉(翰林供奉)을 학사(學士)로 바꾸고, 따로 학사원(學士院)을 두어 내명(內命)을 맡게 하였는데, 장상(將相)을 임명하거나 해임하고 군대를 동원하여 정벌을 호령하는 데에는 모두 백마(白麻)를 이용하였다(『新唐書』卷46「百官志」)." 원래 조칙(詔勅)을 기초하는 권한은 중서성에 있었는데, 한림학사가 나타난 후에는 오로지 내명을 주관하게 되었고, 이에 조서(詔書)는 내제(內制)와 외제(外制)로 나누어지게 되었다. 한림학사가 저술한 것은 직접 금중(禁中)으로부터 나온 것으로 '내제'라고 불렸고, 중서사인(中書舍人) 혹은 다른 부서의 지제고(知制誥)가 저술한 바는 외조(外朝)에서 나온 것으로 '외제(外制)'라고 불렸다. 현종 시대에 한림학사의 직책은 주로 조칙을 기초함으로써 고문 역할을 맡은 것이었는데 그 권한이 지나치게 크다고는 할 수 없었다. 그러나 한림원은 황제의 조서를 기초하는 데 협조하는 전문 기구의 출현이라고 볼 수 있고, 이는 부분적으로 과거 황제의 의향에 따라서 중서성에서 조서를 기초하던 옛 제도에 변화를 주었다. 현종이 한편으로는 재상의 권한을 강화시키면서 한편으로는 황제의 권한 또한 한층 강화시켰던 것이다. 필요한 사안에 따라서 관리를 임시로 파견하여 직무를 맡게 하는 사직(使職)이 출현한 것은 황제가 실질적으로 행정 사무에 관여하는 권한을 키웠음을 나타내게 되었다. 한림원의 출현은 곧 황제가 정책 결정에 관여하는 권력이 강화되었음을 보여준다. 이것은 당 후기의 중앙 정치 구조에 매우 중요한 영향을 끼쳤다.

2. 음악과 무용을 제창하다.48)

현종의 음악에 대한 천부적인 자질은 문학에 대한 재능보다 깊고도
뛰어났다. 그는 음률에 정통하였고 작곡도 할 수 있었으며 호금·비파·
피리·갈고(羯鼓 : 북)와 같은 각종 악기들도 연주할 수 있었는데, 특히 갈
고에 능하였다. 갈고는 일반적으로 나무 받침 위에 가로로 눕혀 놓고 두
개의 막대기로 두드리는 것으로 '양장고(兩杖鼓)'라고도 하였다. 쿠차[龜慈]
악대의 특성을 지닌 악기의 하나로 그 소리는 멈출 때도 급하여 일반 음악
과 매우 다른데, 악대 가운데에서 지휘하는 역할을 하였다. 아마 현종은
갈고로 악대를 지휘하고 훈련하였기 때문에 갈고를 치는 솜씨가 좋았을
것이다. 음악가 화노(花奴)는 유명한 갈고 연주가였는데, "어전의 갈고 소
리가 봄날의 가슴을 비추는데, 화노의 손은 아직 공교하지 못함을 깨닫네
(南卓,「羯鼓錄」)"라는 시구로 볼 때, 화노의 북치는 솜씨가 오히려 현종보다
도 못함을 알 수 있다.

현종이 음악과 춤을 특별히 애호하고 널리 제창한 것은 개원 천보 시
기에 춤과 음악의 예술이 급속히 발전하여 거대한 성과를 거두게 되는 중
요한 원인 가운데 하나이다. "음악과 춤으로 말하자면, 중국 전통 시대의
역사상 당대에서 가장 번성하였다고 말할 수 있다(毆陽予倩,『唐代舞蹈』)." 수,
당대의 황제들은 대다수가 음악과 춤을 매우 중요시하였다. "수문제(隨文
帝)는 사인(士人) 가문의 출생으로, 예악을 크게 일으키고 황제 자리에 즉위
하자마자 태상경(太常卿) 우홍(牛弘)과 제주(祭酒) 신언지(辛彦之)에게 명하여
아악(雅樂)을 증수(增修)하게 하였다(『舊唐書』 권28,「음악」)." 남북 양방의 악무
(樂舞)를 융화하고 정리하고 수정하여 '십부악(十部樂)'을 만들었는데, 이는

48) 여기에서는 오조(吳釗)와 유현승(劉玄升)의 『中國音樂史略』, 구양여천(毆陽予倩)
의 『唐代舞蹈』, 양음유(楊蔭瀏)의 『中國古代音樂史略』(上冊) 등을 참고하였다.

'국기(國伎)'·'청상기(淸商伎)'·'천축기(天竺伎)'·'고려기(高麗伎)'·'쿠차(龜慈伎)'·'안국기(安國伎)'·'문강기(文康伎)'로 이루어져 있다. 수 양제(煬帝)는 다재다능한 황제로 큰 일을 벌이고 공을 세우길 좋아하였으며, 역시 음악과 무도를 좋아하였다. 그의 주창으로 음악과 춤은 더욱 발전하였다. 그는 '칠부악(七部樂)'에 '카쉬가르[疏勒]악'·'강국악(康國樂)'의 부분을 더하고, '국기(國伎)'를 '서량악(西凉樂)'으로, '문강기(文康伎)'를 '예필(禮畢)'로 고쳐서 구부악(九部樂)을 발전시켰다. 각 부의 음악에는 많은 악곡과 춤이 포함되어 있다. 수 양제는 음악 기구와 음악 전문가들의 대오를 세우고 강화하였다. 대업(大業) 2년(606), "태상경 배온(裴蘊)은 수 양제에게 아첨하기 위해, 천하의 주(周)·제(齊)·양(梁)·진(陳)의 악가(樂家)의 자제들을 모두 악호로 삼고, 그 6품(六品) 이하에서 서인(庶人)까지 음악에 뛰어난 자는 모두 태상에 속하도록 주청하였다." 태상(太常)에 박사(博士)와 제자(弟子)들을 두어 기예를 전수받게 하니 악인(樂人)이 3만여 명에 이르렀다. 수 양제는 일찍이 낙양 단문(端門) 밖에 갖가지 곡예를 벌이도록 했는데, 밤이 다 지나가도록 극장의 행렬은 8리에 이어지고 연출에 참가한 예인도 만 팔천여 명에 이르러 그 규모가 그야말로 성대하였다.

당왕조(唐王朝)가 건립된 후에 수대에 있던 예인들을 모두 받아들여서 음악과 춤은 한층 더 발전하였다. 중국 고대의 음악은 역대로 아악(雅樂)과 속악(俗樂)으로 구별되어 있었다. 아악은 묘당에 제사지내거나 조정에서 대전(大典)이 거행될 때 연주되는 음악이고, 연악(燕樂) 혹은 연악(宴樂)이라고도 하는 속악(俗樂)은 연회에서 즐거움을 제공하고 감상하는 악무(樂舞)이다. 당태종은 아악을 중시하여 일찍이 저명한 아악 전문가 조효손(祖孝孫)에게 명하여 아악을 수정하게 하였다. 조효손은 "진(陳)과 양(梁)의 옛날 음악은 오(吳)와 초(楚)의 음악을 잡용하였고, 주(周)와 제(齊)의 옛날 음악은 오랑캐의 기예가 많이 섞여 있으니 이에 옛 고음(古音)을 헤아려 대당아악을 만들어야 한다(『舊唐書』 卷28 「音樂一」)"고 생각하였다. 정관 년간에 새로이 많은 악무(樂舞) 즉, '경운악(景雲樂)'·'경선악(慶善樂)'·'파진악(破陣樂)'·'승천악(承天樂)' 등과 같은 것이 창작되었는데, 그 가운데에서 이세민의 무공 업적을 칭송한 '진왕파진악(秦王破陣樂)'이 가장 널리 알려졌다. '파진악'은 원래 이세민이 전쟁에서 사용하던 음악이었는데, 그는 이처럼 위풍당당하고 웅장하며 사람의 마음을 흥분시키는 악곡을 좋아하였다. 그 후 위징(魏徵)·우세남(虞世南)·이백약(李百藥)에게 가사를 개작하도록 명하여 '칠덕무(七德舞)'라고 개명하여 가곡을 배합하고 춤을 첨가하였다. 120명의 사람이 갑옷을 입고 창을 들고 춤을 추는데, 나아갔다 물러가고 찌르기도 하는 것이 마치 전법과 흡사하였다. 모든 악무(樂舞)는 기세가 웅장하여 사람을 매우 감동시켰다. 정관(貞觀) 16년 태종은 당악을 10부로 정하였는데, '연악(燕樂)'·'청악(清樂)'·'서량악(西凉樂)'·'천축악(天竺樂)'·'고려악(高麗樂)'·'쿠차(龜慈)'·'안국악(安國樂)'·'카쉬가르[疏勒]악(樂)'·'강국악(康國樂)'·'고창악(高昌樂)'이 포함되어있다. '연악'과 '청악'이 한족의 전통 무악인 것을 제외하면 그 나머지는 모두 주변 소수 민족과 외국의 악무(樂舞)이다. 당나라는 당시 세계에서 가장 강성하고 번영하였던 나라로 당의 통치자는 정치에 있어 자신감이 충만하였으며, 중국과 외국과의 관계 및 민족 관계를 처리하는 데 모두 진보적이고, 평등한 정책을 사용하였다. 당태종은 "자고로 모두들 중화를 귀하게 여기고, 오랑캐를 천하게 여겼는데, 짐은 오로지 이 모두를 하나같이 사랑하고 있소. 이 부락들은 모두 짐을 부모와 같이 의지하고 있소"라고 말하였다. 그의 이러한 훌륭한 사상적 지도 아래에서 문화·예술·종교에 대하여 모두 수용하는 방침을 써서, 동·서방 국가와 주변 여러 민족의 음악과 춤을 광범위하게 흡수하여 참고한 것이 당의 악무를 번영시킨 주요한 원인이라고 하겠다.

　　현종의 당 악무에 대한 공헌은, 먼저 그가 연악(燕樂, 俗樂)을 제창하여 활발하고 쾌활한 연악을 크게 발전시켜서 악무와 생활의 관계를 더욱 밀접하게 한 데에 있다. 연악이 발전한 객관적인 원인은 현종 시대의 사회

·경제적 번영에 둘 수 있는데, 재화가 풍부하여 사회 각 계층의 생활이 모두 안정되어 풍요로워졌으며, 통치 계급 또한 대량의 재물과 부를 축적하여 성색을 마음껏 즐길 수가 있었고, 온 사회가 융성하고 발전하는 모습을 띠게 되었다.

연악의 발전을 촉진시키고 이에 부응하기 위하여, 현종은 음악 기관을 조정하고 이를 충실하게 만들었다. "태상사(太常司)는 예악을 주관하고 있으므로, 민간의 잡기에 관여해서는 안 된다"는 이유를 들어서 연악의 관리를 태부시(太府寺) 대악서(大樂署)에서 교방(敎坊)으로 귀속시켰다. 교방은 원래 음악을 관리하고 교육하던 기관이었다. 무덕(武德) 년간 내교방(內敎坊)을 두어 태상시(太常寺)로 관할을 귀속시키기 시작하였다. 현종은 내교방 외에도 다른 4개의 교방을 증설하였는데, 두 개는 장안에 두고 두 개는 낙양에 두었다. 장안에 있는 두 개의 교방 가운데에 하나는 연정방(延政坊)에 설치하고 좌교방(左敎坊)이라고 불렀는데 춤에 뛰어났으며, 하나는 광택방(光宅坊)에 설치하여 우교방(右敎坊)이라고 불렀는데 노래에 뛰어났다. 낙양에 있는 두 개의 교방은 모두 명의방(明義坊)에 설치하였다. 내외의 교방은 모두 현종이 환관을 파견하여 관리하게 하였는데, 궁정에 직속하게 하고 태상시 관할에 귀속시키지 않았다.

현종은 또한 세 군데의 이원(梨園)을 설치하였다. 하나는 장안의 궁중에 있고, 다른 하나는 장안 태상시 안에 있어, 태상이원(太常梨園)이라 이름하였고, 또 하나는 낙양에 있는 태상시로 이원신원(梨園新院)이라고 불렀다. 이원은 법곡(法曲)을 전문적으로 익히는 기구인데 당대에는 여러 단계의 곡으로 조성된 대형 가무곡을 '대곡(大曲)'이라고 불렀다. 그 가운데에서 곡조가 비교적 우아하고 한족(漢族)의 청악(淸樂) 계통에 접근한 것을 '법곡'이라고 하였다. 법곡은 작곡·성악·악기와 춤에서 모두 고도의 기술을 필요로 한다. 궁중의 이원은 현종이 몸소 지도하였다. "현종은 음률을 알뿐 아니라 법곡을 매우 좋아하여 좌부기(坐部伎) 제자 3백 명을 선발하여 이원에서 가르쳤다. 소리에 잘못이 있으면 황제는 반드시 이를 잡아내어 바로 잡았으므로 이들을 황제의 이원제자(梨園弟子)라고 불렀다(『新唐書』 卷22 「禮樂12」)." 현종은 또한 수백 명의 궁녀를 선발하여 의춘원(宜春院)에서 살게 하며 그가 훈련을 시켰는데, 이 궁녀들을 또한 황제의 이원제자라고 불렀다. 궁중의 이원에는 소부음성(小部音聲)을 부설하고 15세 이하의 아이들 30명으로 구성하였다. 궁중 이원에는 당시 기예의 가장 최고봉인 음악과 춤의 인재들이 집중되어 있었고, 현종은 그들의 작곡과 지휘 및 연출을 담당하였는데, 이는 황제가 직접 이끌어가는 가무단이었던 것이다.

현종은 당초의 '십부악(十部樂)'을 한층 더 개량하였다. 그는 연출 방식의 차이에 따라 '입부기(立部技)'와 '좌부기(坐部技)'로 구분하였는데 당상에 앉아 연주하는 것을 좌부기라고 불렀다. 여기에는 '팔부악(八部樂)' 즉, '안악(安樂)'·'태평악(太平樂)'·'파진악(破陣樂)'·'경선악(慶善樂)'·'대정악(大定樂)'·'상원악(上元樂)'·'성수악(聖壽樂)'·'광성악(光聖樂)' 등이 포함된다. 당(堂) 아래에 서서 연주하는 것을 '입부기'라 부르는데, 육부악(六部樂) 즉 '연악(宴樂)'·'장수악(長壽樂)'·'천수악(天授樂)'·'조가만세악(鳥歌萬歲樂)'·'용지악(龍池樂)'과 '소파진악(小破陣樂)' 등이 이에 포함된다. 좌부기·입부기라는 두 가지 기예는 수대(隋代)의 '구부악(九部樂)'이나 정관(貞觀)의 '십부악'이 국명이나 지명으로 악부를 나눈 것과는 달리 곡명으로 악부를 나누었는데, 이로써 한족을 주체로 하는 음악이 이미 외래 음악과 주변의 여러 민족 음악들과 함께 한층 더 융화되었음을 알 수 있다. 중외(中外)의 여러 민족 음악의 교류와 융합 속에서 현종은 중요한 역할을 하였는데, 그는 일찍이 「도강법곡여호부신성힙주(道綱法曲與胡部新聲合奏)」(『新唐書』 卷22 「禮樂十二」)이라는 조령을 일부러 반포하였다. 그가 창작한 악곡 가운데는 대량의 인도 음악과 서량(西涼) 음악·구자 음악 등 외래 음악 성분이 흡수되어 있었다.

현종은 작곡과 편무에 능하여 새로운 악무를 적지 않게 개편하고, 창작하는 일을 주관하였다. 그리하여 당악의 내용을 풍부하게 하였다. 현종이 주재하여 개편한 악무에는 '파진악(破陣樂)'·'상원악(上元樂)'·'성수악(聖壽樂)' 등이 있다. 태종 때 창작된 '진왕파진악(秦王破陣樂)'은 당 궁정의 보존 작품으로 항상 연주되고 바뀌지 않았다. 고종 현경(顯慶) 원년(656)에는 '신공파진악(神功破陣樂)'이라고 개명하고 춤추는 인원을 120명에서 64명으로 삭감시켰다. 현종은 또한 '파진악'을 개편하여, 금갑옷을 입고 춤을 추는 사람 4명만을 사용하였다. 출연 인원은 적었지만 공연은 더욱 활발해지기 시작하였다. 그 내용은 여전히 전투를 나타낸 것이어서 '소파진악(小破陣樂)'이라고 이름하였다. 현종은 수백 명의 궁녀를 사용하여 '파진악'을 공연하였는데 연출 효과가 뛰어났기에, 태상시에서 전문적으로 이것을 공연하는 사람들도 이들보다 못하였다. '상원무(上元舞)'는 고종 때 창작된 것으로 무용가 180명이 오색 구름옷을 입고 춤을 추었는데, 도교적인 색채가 풍부하여서 교묘(郊廟)의 제사에 자주 사용되었다. 현종은 이 춤을 오락적인 악무로 개편하고 궁녀를 시켜 공연하게 하였다. '성수악'은 무측천 때 창작된 자무(字舞)로 140명이 출연하였다. 매번 대형의 변화가 생길 때마다 하나의 글자를 만들어서 "성은(聖恩)이 영원하시니, 그 도가 백 왕을 평안케 하시네, 황제는 만세수 하시고, 그 보좌는 더욱 창대하겠네[聖超千古, 道泰百王, 皇帝萬年, 寶祚彌昌(『舊唐書』卷29「音樂二」)]"라는 모두 열여섯 글자를 이루었다. 현종은 이 자무(字舞)를 개편하여 "몸을 돌려 옷을 바꾸어 입는" 등의 무도 기교를 첨가하였다. 모든 무용 의상에는 아름다운 꽃송이를 수놓았는데, 겉에는 단삼 저고리 하나를 입고 다음 단계의 춤을 출 때 교묘하게 몸을 돌려 단삼을 벗어 던지면 갑자기 수놓은 옷이 나타나서 사람들의 이목을 새롭고 놀랍게 하였다. 개편된 '성수악'은 더욱 화려하고 아름다워서 사람들을 감동시켰다.

현종이 새로이 창작한 악무(樂舞)로는 '광성악(光聖樂)'·'용지악(龍池樂)'·'예상우의곡(霓裳羽衣曲)'이 있다. '광성악(光聖樂)'은 80명이 새모양의 관을 쓰고 오색빛 옷을 입고 춤을 추는 것이다. 주제는 현종이 위후의 무리를 평정시킨 공적을 찬송하는 것이다. 현종은 임치왕으로 있을 때 홍경리(興慶里)에 살았었는데 집안에 갑자기 샘이 솟아올라 큰 저수지가 만들어졌다. 그 위에는 제왕의 기운이 왕성하였다. 현종이 즉위한 후에 이 저수지를 '용지(龍池)' 혹은 '홍경지(興慶池)'라고 불렀는데 이것을 기념하여 '용지악'을 썼다. 이것은 열두 명이 연꽃 화관을 쓰고 손에는 연꽃을 들고 춤을 추는 것으로, 전하는 바에 따르면 춤이 지극히 아름다워 사람들을 감동시켰다고 한다. 현종이 창작한 악무 가운데 가장 유명한 것은 '예상우의곡'으로 양귀비의 춤과 백거이의 칭송에 의해 이 작품은 영원히 이름을 남기게 되었다. '예상우의곡'의 창작 동기는 신비한 전설에 있다. 도사 나공원(羅公遠)이 중추절 밤에 현종을 모시고 월궁(月宮)을 찾아갔는데, 선녀 수백 명이 흰 비단에 무지갯빛 치마를 입고 뜰에서 춤추는 것을 보았다. 음악이 매우 아름다워서 그 정교함을 비길 데가 없었다. 그 곡명은 '예상우의(霓裳羽衣)'로 현종은 이 곡의 절반을 암기하고 있었다. 궁전으로 돌아온 뒤에 마침 서량(西涼) 절도사 양경술(楊敬述)이 그를 만나서 '바라문곡(婆羅門曲)'을 설명하니 음률이 월궁에서의 선악(仙樂)과 맞아 떨어졌다. 현종은 암기하고 있던 선악보(仙樂譜)를 산서(散序)로 삼고 양경술이 이야기한 곡을 합쳐서 '예상우의곡'으로 개편하였다고 한다. 또 하나의 전설로 현종이 삼향역(三鄕驛)에 올라 여아산(女兒山)을 바라보고 깊이 느끼는 바가 있어서 지었다고도 전해진다. 유우석(劉禹錫)의 시에서는 "개원 천자(天子)는 만사에 만족하시고, 당시의 광경을 소중히 여기셨다. 삼향길에서 선산(仙山)을 바라보고 돌아와 '예상우의곡'을 지으셨도다[『全唐詩』卷356 劉禹錫]"라고 하였다. 현종이 월궁(月宮)에서 노닐었다는 전설은 환상적인 색채를 띠고 있어서 그다지 믿을 만하지는 못하지만, 이는 이 곡의 창작 과정을 반영해 준다. 현종은 작품을 구상할 때 '바라문곡'의 음악적인 소재와 곡조를 흡수하였고, 그 곡이 신선의 음악처럼 아름다웠다. 또 이 곡의 창작 동기로서 다음과 같은 전설이 있다. 현종이 구름과 안개가 자욱한 여아산(女兒山)을 멀리 바라보니[49] 생각이 끊임없이 떠올랐다. 그는 인생의 유한함을 한탄하며 신선의 영원함을 동경하여 창작의 충동이 생겼다고 하는데, 이것이 더욱 사실적이다.

『예상우의곡』은 오래 전에 유실되었다. 지금 전해지는 송대 강기(姜夔)의 『예상중서제일(霓裳中序第一)』은 그 모습이 완전히 다르다. 다행히 백거이(白居易)의 『예상우의무가(霓裳羽衣舞歌)』[50] 시 가운데 이 무용의 음악과 복식·동작·리듬·형태에 대한 것이 모두 상세하게 묘사되어 있어서 그 대략적인 모습을 알 수가 있다.

『예상우의곡』은 전곡이 36편(編, 段 단락)이며 산서(散序, 6編),[51] 중서(中序, 18編), 곡파(曲破, 12編)의 세 부분으로 이루어져 있다. 출연자는 선녀로 분장을 하는데 "무대의 무희들의 얼굴빛은 마치 옥과 같이 아름답고, 그들이 입은 옷은 세속의 것이 아니네. 무지갯빛 옷자락에 노을 무늬의 어깨덧옷, 사뿐한 걸음마다 머리에 쓴 관이 하늘거리고, 촘촘한 구슬과 겹겹의 허리 패옥이 서로 부딪히면서 쟁그랑 쟁그랑 소리를 울렸다." 반주를 하는 악기로는 경(磬)·소(簫)·쟁(箏)·적(笛)과 같은 것이 있는데, 먼저 산서를 시작하면 "경·소·쟁·적 등의 소리가 점차 서로 어우러지면서, 치고 부르고 두드리고 피리를 부는 소리들이 구불구불 연이어 울려 퍼진다. 산서 육주(六奏)가 연주될 때는 아직 춤을 추지 않고, 양대(陽臺 : 남녀가 쾌락을 즐기던 장소)에 머문 구름도 노곤하여 날아갈 줄 모르네." 산서는 음악으로만 되어 있으며 춤은 없다. 중서에 들어간 후에는 노래와 춤이 나오는데 "중서가 시작되면서 박자가 들어가는데, 가을 대나무가 갈라지는 듯하며 봄

---

49) '여아산'은 당대 하남부(河南府) 복창현[福昌縣 : 지금의 의양현(宜陽縣)] 남낙하(南洛河)의 남안(南岸)이다.

50) 『전당시』 권440.

51) 산서(散序)라는 것은 당대의 연악대전(燕樂大典)의 시작 부분을 가리킨다. 현대음악의 서곡(序曲) 부분과 같은 효과를 가진다. 기악의 독주나 윤주(輪奏) 혹은 합주(合奏) 형식으로 이루어지나, 노래나 춤은 없다.

날에 얼음이 깨어지는 것만 같네. 둥실둥실 떠다니며 빙글빙글 도는 모습은 가벼운 눈발이 날리는 것 같고, 아름다운 자태는 용이 꿈틀거리며 빠르게 지나가는 것 같네. 작은 손을 드리우니 버들가지처럼 힘이 없고, 비스듬히 옷자락을 끌어당길 때에는 마치 구름이 일어나려 하는 듯 하네. 미녀들의 몸놀림은 그리 크지 않으나 옷소매가 위아래로 흩날리며 바람을 일으키니 정취가 가득 하네! 선녀 상원(上元)은 쪽진 머리를 가리키며 악록(萼緑)을 부르고, 왕모(王母)는 옷소매를 흔들며 비경(飛瓊)과 이별하네." 곡이 끝날 때 쯤 모든 악기가 합주에 들어가면 "여러 가지 소리를 빠른 박자로 12번을 연주하는데, 진주가 튀어 오르고 옥이 굴러가니 얼마나 아름다운 소리인가! 빙빙 돌며 나르던 새가 춤이 끝나자 날개를 추스르고, 울음 울던 학도 노래가 끝나자 길게 한 번 울음 운다." 모든 악무와 음악은 너무나도 아름다우며, 선율은 때로는 완만하다가 때로는 급해지며, 춤을 추는 무희들의 아름다움은 사람들의 마음을 설레게 했다.

『예상우의곡』은 예술적 성취가 높은 당대의 악무이자, 현종이 아끼던 작품이다. 양귀비가 처음 입궁하여 "현종을 배알한 날에 예상우의를 연주하게 하고 양귀비를 맞아들였다(陳鴻, 『長恨歌詩』)"고 한다. 그리고 그 후 양귀비는 궁중에서 항상 현종을 위하여 이 춤을 추었다.

> 부드럽고 느린 노래와 춤은 관현악 반주와 썩 잘 어울리고,
> 황제께서는 온종일 보아도 물리지가 않다네.
> 그러나 어양(漁陽)의 북소리 대지를 뒤흔드니,
> 『예상우의곡(霓裳羽衣曲)』을 중단시킬 수밖에 없었다네.
>
> 白居易의 「장한가(長恨歌)」

현종과 양귀비의 사랑과, 그들의 운명, 그리고 대당 왕조의 흥망성쇠는 이 춤과 연관이 있는 듯 하다.

현종이 음악과 무도를 애호하고 제창하였기에 당시의 시대적 풍조도 악무를 중시하게 되었다. 궁정 안에 있는 수만 명의 악공을 제외하고도 왕공 귀족의 가문에서도 보편적으로 자신들의 무악단(舞樂團)이 있었다. 당초에는 이미 지방의 부(府)나 현에 '현내성음(縣內聲音)'이 있었으며, 현종은 부현(府縣)의 '아전악(衙前樂)'을 정돈하고 확충하였다. 매번 정월 대보름이나 중추절과 같은 명절이 되면 궁중에서는 연회를 베풀고 민간에서는 경사가 벌어져 모두들 악무를 공연하여 즐거운 분위기가 가득했다.

현종은 또한 대규모 악무 경연 대회를 조직하였다. 개원 23년 정월 현종은 낙양 황궁 오봉루(五鳳樓)에서 연회를 베풀고 300리 내에 있는 자사와 현령에게 각각 음악단을 이끌고 누각 아래에 모이게 하여 교대로 공연을 하고 승부를 가렸다. 회주(懷州 : 지금의 河南 沁陽) 자사는 화려한 채색옷을 입은 악공 수백 명을 마차에 태워서 데리고 왔는데, 마차를 끄는 소에 장식을 하였으며 표범이나 무소의 모양을 하고 있었다. 노산(魯山 : 지금의 河南 魯山) 현령 원덕수(元德秀)는 몇 명의 악공만 파견하고 그가 직접 쓴 가곡 「우위(于蔿)」를 공연하였다. 회주의 악대는 너무나 사치스러워서 현종의 비평을 받았으며 자사는 폄적되었다. 그러나 원덕수는 청렴했을 뿐만 아니라, 창작과 악공의 연주가 모두 뛰어나서 표창을 받았다. 대회는 사흘간 계속 진행되었는데 아주 떠들썩하였다. "보는 이들이 소란스러워서 음악이 연주되지 못할 정도였다." 어쩔 수 없이 엄격하게 법을 집행하기로 유명한 하남부승(河南府丞) 엄안지(嚴安之)가 나타나 질서를 유지하고 대회를 정상적으로 진행시켰다.

현종 시기에 있었던 것으로 기록된 또 한번의 군중적인 음악 가무 대회는 천보 2년에 있었던 '광운담(廣運潭) 성회(盛會)'인데 그것도 매우 장관을 이루었다. 사회 각 계층의 사람들이 모두 음악과 춤을 좋아하였으며, 악무(樂舞)에는 성대한 전문 악무단(樂舞團)이 있었을 뿐 아니라, 많은 군중들이 있어서, 현종 시대에 악무는 번영의 길에 접어들었고, 모든 사회 분위기도 활발하고 명랑한 모습을 띠게 되었다.

  3. 삼교(三教 : 세 가지 종교)를 병용하였다.

  유학과 불교와 도교는 모두 중국 전통 문화를 구성한 유기적인 성분으로 '3교(三敎)'라고도 불린다. 정치상에서 이들은 모두 전통 정치를 유지하는 역할을 하였다. 3교는 각각 나름대로 발전한 역사를 가지고 있으며 그들 사이에는 다른 점과 같은 점이 있고, 대립과 투쟁도 있었으며, 연합과 융합의 과정을 거치기도 하였다. 당대 황제들 대다수는 유·불·도 3교를 병용하였지만 어떤 때는 한 종교에 편중하기도 하였다. 대체적으로 역대 조정은 모두 유교를 숭상하였기에 불교와 도교를 자주 차별하지 않을 수 없었다. 당고조 이연은 자신의 가문을 높이기 위하여 자신이 노자(老子) 이담(李聃)과 같은 가문이며, 자칭하기를 "짐의 본계는 주하(柱下 : 즉 노자)에 근원을 두고 있다(『唐大詔令集』 卷113)"라고 하여 노자를 시조로 삼았다. 그러므로 당연히 도교를 불교 위에 놓았던 것이다. 태종은 조령을 내려 "지금 이후로, 음식을 시주하는 것과 행법(行法)을 하는 것에서부터 칭호에 이르기까지 도사와 여도사(女冠)는 모두 승려와 비구니의 앞에 둔다(『唐大詔令集』 卷13)"라고 하였다. 고종은 불교와 도교의 선후에 대하여 절충하는 방법을 사용하였다. 그는 상원(上元) 원년(674)에 조서를 내려서 "공적인 면과 사적인 면에서 음식을 시주하거나 집회를 하는 곳에서, 도사와 여도사는 동쪽에, 승려와 비구니는 서쪽에 두어 앞뒤를 가리지 않게 한다"라고 하여, 불교와 도교의 지위를 평행선상에 놓았다. 무측천이 이당(李唐)을 무주(武周)로 바꾸는 과정에서 승려들이 힘을 보탰으므로, 동위국사(東魏國寺)의 승려 법명(法明) 등은 『대운경소(大雲經疏)』 4권을 편찬하여 헌납하였다. 『대운경(大雲經)』은 원래 흑하여주(黑河女主)의 사건52)을 담고 있었는데, 설회의(薛懷義)와 승려 법명 등이 바친 『대운경』에서는 무측천은 미륵불의 화신으로 마땅히 그녀가 "이 세계의 군주[閻浮提主]가53) 되어야 한다"고 하였다. 그래서 『대운경』은 무측천이 황제가 되는 신성한 근거를 제공하게 되었다. 무측천은 황제가 된 후, 천수(天授) 2년(691) 4월에 "불교를 도법(道法) 위에 놓고, 승려를 도사와 여관(女冠)의 앞에 위치하도록 명하였다(『舊唐書』 卷6 「武則天本紀」)." 또한 각 주마다 대운사(大雲寺)를 설치하도록 명령하였으며, 대운사는 곧 안서(安西)와 카쉬가르[疏勒] 등 멀리 떨어진 지방에까지 두루 건설되었다. 무측천이 집권하였을 때에 사원을 널리 건설하고, 출가를 장려하는 등 불법을 크게 일으켰으므로, 불교는 신속한 발전 속에서 도교보다 앞선 자리를 차지하게 되었다. 중종 재위 시에도, 불교는 여전히 앞선 지위를 차지하였다. 예종(睿宗) 때에 이르러 도교가 고개를 들기 시작하였으며, 예종은 그의 부친 고종과 마찬가지로 불교와 도교를 평형되도록 위치를 잡아 놓았다. 그러나 구체적인 형식에 있어서는 약간의 차이가 있었다. 경운(景雲) 2년(711)에는, "이제부터 매번 모임이 있을 때면 승려와 도사와 여관들은 나란히 행진하게 하고, 선후를 가리지 않고 열을 지어 가게 하라(『大唐詔令集』 卷113)"고 규정하였다. 현종 때에는 도교가 불교를 앞지르기 시작하였다. 현종이 3교에 대하여 가진 기본적인 태도는 유교(儒敎)를 존중하고, 도교를 숭상하며, 불교를 억누르지 않는다는 것이었다.

그렇다면 먼저 유가(儒家) 존중에 관하여 알아보자.

유가 학설에서 높이 부르짖는 군주를 군주답게 하고, 신하를 신하답게 하고, 부친을 부친답게 하고, 아들을 아들답게 해야 한다는 전통적 등급의 관념과, 충효와 의를 지키는 논리와 도덕 관념은 전통적 통치를 유지하는

---

52) 대운경에 여자가 주인이 된다는 징조가 있음. 남인도에 해당하는 작은 나라에 공주가 왕위를 이은 사건.

53) 閻浮라는 것은 須彌山 밖에 있는 큰 나무를 가리킨다. 閻浮界는 '이 세상'을 가리킨다. 閻浮提는 贍州를 일컫는데, 須彌山 남쪽에 있는 大洲를 가리킨다. 이것이 '우리들이 사는 곳', '人向界'를 가리키게 되었고, 印度를 가리키는 의미를 갖게 되었다.

가장 유력한 사상적 무기가 되었다. 그래서 서한 이래로 모두 유학을 전통 사상으로 삼아서 더욱 창도(唱導)하게 되었다. 현종은 유학의 교화 작용에 대하여 깊이 알고 있었다. 개원 19년 티베트에서 온 사자가 당정에 이르러서, 금성공주(金城公主)의 이름으로 『모시(毛詩)』·『춘추(春秋)』·『예기(禮記)』 등의 유가 경전을 얻고자하여 조정의 신하들 사이에는 한바탕 논쟁이 벌어졌다. 비서정자(秘書正字) 우휴열(于休烈)은 상소를 올려 티베트에게 유가 경전을 주는 것에 대하여 반대하고, 우민정책(愚民政策)을 주장하였다. 그는 "지금 이 책을 주게 되면, 그들이 용병의 권모술수를 알게되어 더욱 많은 변란이 생기게 되므로, 이는 중국의 이익이 되지 않습니다"라고 말하였다. 현종은 재상들로 하여금 그의 이러한 의견을 토론하게 하였다. 시중 배광정과 같은 사람들은 "시경과 서경을 주면, 그들이 점차로 덕망과 교화를 연마하게 됩니다. 우휴열과 같은 무리들은 책에는 권모술수와 변란과 같은 말만이 있는 줄 알지, 신(信)·예(禮)·의(義)와 같은 것이 모두 책에서 나온 것임을 모르고 있습니다"라고 하였다. 현종은 재상들의 의견에 동의하고 시경과 서경[詩書]을 티베트에 주었다. 개원 27년, 현종이 공자(孔子)에게 문선왕(文宣王)이라는 시호를 주는 조서에서 "정치와 교화를 아름답게 하고, 풍속을 변화시켰으며, 군주를 군주답게 하고, 신하를 신하답게 하고, 부친을 부친답게 대하며, 아들을 아들답게 하여, 사람들에게 지금까지 이를 이어 받게 하였다(『당회요』 권35)"라는 공자의 학설에 대한 평가는, 유학이 백성을 바로 잡고 풍속을 교화하며 봉건 윤리도덕을 공고하게 하는 역할을 높이 찬양한 것이다.

현종이 유학을 존숭한 것은 유가의 시조인 공자의 지위를 높인 것에서 잘 드러나고 있다. 건봉(乾封) 원년(666) 정월, 고종은 태산에서 봉선(封禪) 제사를 지낸 후에, 곡부(曲阜)에 가서 공자에게 제사를 지내고 '태사(太師)'라는 직함을 하사하였다. 무측천은 천수 원년(690)에 공자를 융도공(融道公)에 봉하였으며, 현종은 개원 13년 태산에서 봉선 제사를 지낸 뒤에 곡부에 가서 공자에게 제사를 지냈다. 개원 27년 8월 공자에게 문선왕의 시호를 내리고, 서경(西京)의 국자감(國子監)과 천하의 각 주의 부학(府學) 안에 있는 공자의 상을 모두 남쪽으로 향하여 앉게 하도록 명하고, 안회(顔回)·민자건(閔子騫)·염백우(冉伯牛)·중궁(仲弓)·염유(冉有)·자로(子路)·재아(宰我)·단목자공(端木子貢)·자유(子游)·복자하(卜子夏) 등 공자의 제자 십철(十哲)을 동서로 마주보고 앉게 하고, 모두 공후(公侯)에 봉하였다. 서경(西京)과 연주(兗州)의 옛 집에 있는 공자의 상은 궁내에서 만든 곤룡포와 면류관의 복장을 보내어서 이를 입혔다. 당 시기를 통틀어, 현종이 공자에게 대하였던 예우가 가장 높은 것이었다.

현종은 유학을 교육시키고 보급하는 일을 매우 중요하게 여겼다. 그 자신도 황태자 시절부터 공자에게 제사를 지냈으며, 아울러 태자의 시독(侍讀)인 저명한 유학자(儒學者) 저무량(褚無量)에게 『효경』과 『예기』를 강론하게 하였다. 저무량은 "각각의 생각을 따라 뜻을 세우고, 박학하고 변설에 능하여, 보고 듣는 이들을 탄복하게 하였다(『舊唐書』 卷102 「褚無量傳」)." 개원 6년, 황태자 이영(李瑛)과 담왕(郯王) 이사직(李嗣直) 등 다섯 명이 거의 열 살이 가까워졌는데도 취학(就學) 하지 않았다. 저무량이 『논어』와 『효경』을 각각 다섯 권씩 필사하여 바치자, 현종은 "나는 무량(無量)의 뜻이 무량(無量)함을 알게 되었다(『구당서』 권102, 「저무량전」)"라고 말하였다. 현종은 유학으로 황실의 자제를 교육시키는 중요성을 깊이 깨닫고, 국자박사(國子博士) 희항통(郗恒通)과 곽겸광(郭謙光)·좌습유(左拾遺) 반무조(潘無祚) 등 학식이 깊고 넓으며 덕행이 고상한 학자를 뽑아서, 태자 및 담왕 등 황실 자제의 시독으로 삼았다. 다음 해, 태자를 국자감에 불러 치주지례(齒胄之禮)[54]를 취하게 하고, 저무량에게 등단하여 유가 경전을 해석하게 하여, 조정의

---

54) 입학 후 공경자제와 마찬가지로 나이에 따라 배열하는 의례.

문무백관(文武百官)들이 모두 참석하여 경청하게 되었다.

현종은 황태자의 입학을 위하여 융성한 행사를 베풀었는데, 이는 그가 학교 교육에 대해 중시했음을 말해준다. 당대의 학교 교육 제도는 비교적 잘 갖추어진 것이었다. 중앙 교육 기구는 주로 국자감(國子監)이었는데 문하성(門下省)의 홍문관(弘門館)이나 동궁(東宮)의 숭문관(崇文館)과 개원 시기 설치된 숭현관(崇玄館) 등은 모두 국가가 경영하는 학교였다. 국자감이 이끄는 관학으로는 국자학(國子學)·태학(太學)·사문관(四門館)·율학(律學)·서학(書學)·산학(算學)이 있었다. 율(律)·서(書)·산(算)은 법률이나, 문자의 훈고, 산술 등의 전문 인재를 배양하는 학교였으며, 국자학·태학·사문관의 학생들은 유가 경전을 연구하였다. "가르침을 받는 경서로는 『주역(周易)』·『상서(尚書)』·『주례(周禮)』·『의례(儀禮)』·『예기(禮記)』·『모시(毛詩)』·『춘추좌씨전(春秋左氏傳)』·『공양전(公羊傳)』·『곡량전(穀梁傳)』이 있었는데 여기에서 각 한 가지를 연구하고, 『효경(孝經)』과 『논어(論語)』는 모두 익혔다(『舊唐書』卷44 「職官」3)." 각 주나 현에도 모두 학교가 있어서 유가 경전의 학습을 주된 교육 내용으로 삼았는데, 각계 각층의 학교에서 서로 다른 조건의 학생들을 불러 모았다. 국자학은 3품 이상의 귀족 자제를 모으고, 태학에서는 5품 이상의 고관 자제를 모았으며, 사문관에서는 일반 관료 자제와 재능 있는 평민 자제를 모았다. 국가가 설립한 각계 각층의 학교는 문화 지식을 전수하는 임무를 수행하였을 뿐만 아니라, 유가 사상을 교육시키고 관료를 지망하는 예비자를 훈련하는 곳이 되었다.

개원 21년 현종은 칙서를 내려 "백성들이 사학(私學)을 세우는 것을 허락하고", 중앙과 주현(州縣)의 관학 이외에도 개인이 학교를 운영하는 것을 허락하였다. 5년 뒤, 즉 개원 26년 정월에 현종은 다시 칙서를 내려 "옛날 향(鄕)에는 서(序 : 지방학교)가 있었고, 당(党)에는 서당(塾)을 만들어, 유학(儒學)을 넓히고 배우는 무리를 이끌어 민속을 교화할 수 있기에 이에 모두가 따랐다. 이에 천하의 모든 주(州)·현(縣)이나 각 향(鄕)에 학교를 설립하고, 우수한 자질의 교사들을 택해서 교육을 하게 하라(『당회요』권35, 「학교」)"라고 하였다. 현종은 모든 향리에 학교를 운영하게 하였는데 이는 곧 학교 교육을 사회의 가장 밑바닥까지 보급하기 위함이었다. 교육의 보급은 바로 "유가를 넓히고" "민간의 습속을 이루는" 것이었다.

현종은 특히 『효경(孝經)』을 중시하였다. 개원 10년 6월 2일 현종은 자신이 직접 주석을 달고 해석한 『효경』을 온 나라와 국자학에 나누어주었다. 천보 2년 5월 2일 현종은 새로 해석한 『효경』을 온 천하에 반포하였다. 천보 3재 12월 칙령에 "지금 이후부터 온 천하의 모든 가정에는 『효경』을 한 권씩 지니고 충실히 익히며, 학교에서는 이를 더욱 전수하고, 주현의 수장은 이 업무를 힘써 권유하도록 하라(『당회요』권3, 「경적」)"고 하였다. 현종은 『효경』의 서문을 짓고 풀이하였으며 또한 직접 이를 써서 비석에 새기었는데, 이 비는 지금까지 서안의 비림(碑林)에 보전되어 있다. 이것이 바로 유명한 '석대효경비(石臺孝經碑)'이다. 현종이 이처럼 '효경'을 중시한 것은 그가 당의 중앙 정부가 불안정한 것은 주로 황실의 부자·형제의 대립에서부터 문제가 발생하게 됨을 깊이 깨달았기 때문이다. 그래서 그는 유가 사상을 이용하여 효도를 크게 강조하고 사람과 사람간의 관계를 조절하고 자신의 지위를 보전하고 존비 장유를 공고하게 하여 각기 그 지위의 사회질서를 안정시키고자 하였다.

전반적으로 당대에 유학(儒學)을 존숭한 것은 독특한 특징이 있는데, 이는 양한(兩漢) 시대와도 다르고, 송명(宋明)대와도 구분이 된다. 당대의 사람들은 실용적인 것에 힘쓰는 분위기가 농후하였으며, 이론적인 색채는 비교적 옅었다. 당대에는 동중서(董仲舒)·이정(二程)·주희(朱熹)와 같은 유학의 대스승도 나오지 않았고, '천인감응(天人感應)'·'성삼품(性三品)' 등과 같은 깊은 유학적 이론도 크게 논의되지 않았다. 그러나 『효경』과 같이 세상을 다스리고 백성을 안정시키는 실용적인 전적의 경우에는 이를 매우 중시하였다. 현종이 유학을 존중하였던 것은 주로 사회적 이익의 효과에 착안한 것이었다.

이번에는 도교 숭배에 대해 언급하기로 하겠다.

현종이 도교를 숭상한 것은 역사상 널리 알려진 일이다. 그는 도교의 지위를 불교보다 앞에 놓았다. 현종이 노자(老子)에게 더하여 준 존호는 '대성조고상대도금궐현원천황대제(大聖祖高上大道金闕玄元天皇大帝)'라고 하여 공자의 '문선왕'이란 봉호(封號)보다 상당히 높다. 노자가 황제라고 칭해진 이상 노자에게 제사를 지내는 현원묘(玄元廟)도 궁(宮)으로 승격되었다. 노자의 뒷사람인 장자(莊子)·문자(文子)·열자(列子)·경상자(庚桑子) 등을 모두 '사진인(四眞人)'에 봉하고 그 저작물은 자서(子書)에 넣지 않고, '경(經)'이라고 부르게 하였다. 개원 25년 현종은 영을 내려 현학박사(玄學博士)를 설치하게 하였고, 과거시험 속에 처음으로 도거(道擧)를 포함시켰는데 그 시험방식은 명경거(明經擧)에 의거하였다. 현종은 또한 중앙에 숭현학(崇玄學)을 설립하고, 박사(博士)와 조교(助敎) 각각 한 명과 학생 백 명을 두어 도학 이론을 연구하고, 도학 인재를 양성하는 곳으로 삼았다. 그 후 양경(兩京)에 있는 숭현학을 숭현관(崇玄館)으로 바꾸고 박사를 학사(學士)로 바꾸었다. 현종은 도학에 대하여 자못 깊은 연구를 하였으며, 그 스스로가 언급하기를 "일찍이 정무를 보고 겨를이 나면 항상 『도덕경(道德經)』·『문자(文子)』·『열자(列子)』·『장자(莊子)』 등의 책을 읽었다"고 하였다. 개원 23년 현종은 직접 『도덕경』을 주석하여 천하에 반포하고, 아울러 천하에 있는 서인들의 집에는 매 호마다 반드시 『도덕경』을 한 부씩 갖추게 하였다. 현종은 또한 도사를 예로써 존중하였으며, 등자양(鄧紫陽)·사마승정(司馬承禎)·조법사(趙法師)·설계창(薛季昌)과 같은 저명한 도사들은 모두 그의 친한 손님이 되었다. 현종이 도사들에게 지어준 시가도 많이 있다. 현종은 이렇게 도사들과 교제를 하면서, 신선과 불로장생의 약을 만드는 것 외에, 치국의 도에 관해서도 적지 않게 이야기하였으며, 법사(法士) 섭법선(葉法善)이 죽은 뒤에 월주(越州) 도독(都督)의 벼슬을 내려주는 조문에서 이렇게 썼다. "짐이 정무를 보고 난 틈에 누차 도를 물으면, 그대는 나라를 다스리는 법을 여러 번 솔직하게 아뢰어 주었다. 일을 도모함에 은밀히 풍자하니, 일에 도움됨이 많았다(『舊唐書』 卷191 「葉法善傳」)." 천보 년간부터는 현종의 도에 대한 숭상은 더욱 간절하여져서 매년 교외에서 제사 의식을 거행하게 되었는데, 첫날에는 태청궁(太淸宮)에서 노자를 참배하였다. 다음 날, 태묘(太廟)에서 제를 모셔서 이당왕실의 역대 조상에게 제사지내고, 그 다음 날에는 남교(南郊)에서 천지에 아울러 제사를 지냈다.

현종이 도를 숭상한 데에는 주관적인 것과 객관적인 것의 양면적인 원인이 있다. 현종의 부친 예종은 정치의 투쟁 속에서 도가(道家)의 주장을 성공적으로 사용하였으므로 도교를 숭상하였는데, 이는 현종에게도 분명히 영향을 미쳤을 것이다. 현종의 성격은 호방하고 낙천적이고 적극적이며, 다정다감하고 다재다능하였다. 그는 황제의 몸으로 무한한 권력을 쥐고 있었으며, 성세(盛世)에 태어났기에 국력은 부강하고 천하는 태평하며 창고에는 곡식이 가득히 차 있었으니, 인간이 누릴 수 있는 것은 모두 누릴 수 있었다. 도교가 주장하는 금과 옥으로 변하게 하는 것, 상서로운 부적을 이용하여 보통 물을 주문을 통해 영험한 물로 변하게 하는 등 기묘한 도법, 득도한 자들이 인간 세상을 초월한 신선의 경지에 이르는 것과, 무병장수하는 것은 그에게 강렬한 자극과 유혹이 되었다.

객관적으로 볼 때, 현종이 도를 숭상한 것은 정치적 투쟁의 필요에서였다. 본래 무측천이 당을 바꾸어서 무주(武周)를 세웠을 때에는 노자(老子)의 '현원황제(玄元皇帝)'라는 칭호를 없애고 불교를 도교 위에 놓았다. 당시의 특별한 정치 환경 하에서 불교와 도교 사이의 서열은 이씨(李氏) 집단과 무씨(武氏) 집단의 투쟁을 반영하였다. 현종이 이당(李唐)을 일으키고 무주 말년의 폐정을 개혁하고 싶었지만, 그렇다고 직접 그의 할머니 무측천을 책문할 수는 없었다. 오랜 세월 동안 이씨와 무씨 양가에 얽힌 혈연과 친족 관계는 이당과 무주의 정치 관계를 기이하고도 복잡하게 서로 뒤엉키게 하였으므로 조금만 부주의하여도 곧 잘못을 불러일으킬 수 있었다. 이러한 상황에서 현종은 "도교를 숭상한다"는 기치를 선택하여 정치적으로 무주를 청산하고자 하는 모종의 계획을 숨겼는데, 이것은 그의 고명한 정치 투쟁 방식이었던 것이다. 다른 한편으로는 무주 말년 이래로 오랫동안 거쳐온 동란의 사회를 치료하는데 대하여, 현종은 도가 사상이 효과적인 방안이라고 생각하였다. 그는 다음과 같이 묘사하였다.

나의 열조 현원황제는, 크고 성스러운 덕을 받으시고, 지극한 도의 정미함을 익히시어, 오천문(五千文 ;『老子』)을 지으셨다. 이로써 시대의 폐단을 바로잡으시고, 국가를 다스리게 된 것이다. … 짐이, 각 가정마다 이 책을 익히도록 명하노니, 그렇게 되면 사람들은 향방을 알게 되고, 정치에는 잘못이 없어질 것이다(『全唐文』卷31,「命兩京諸路各置玄元皇帝廟詔」).

그는 더욱 간단명료하게 『도덕경』의 요지를 지적하였다.

그 요지는 자신을 다스리고 나라를 다스리는 것에 있다. 나라를 다스린다는 것은 아부하고 공을 내세우는 풍조를 근절하고 자연에 순응하는 무위(無爲)를 교리로 삼는 것이다. 그래서 도덕경에서 이르길 "'도(道)'란 영원히 자연에 순응하는 것인데 이것이 모든 것을 이루는 것이다." 제후와 왕들이 이 도를 지키면 만물이 스스로 성장할 것이다. 도가 있는 군자가 무위를 하면 백성들은 스스로 발전하고, 간섭하지 않아도 백성들이 자연스럽게 부유해질 것이다. 군자가 조용히 잘 다스리면 백성들은 정도를 걷게 된다. 내가 만약 탐욕하지 않으면 백성들은 자연스럽게 검소하게 된다. 자신을 다스리는데 있어서 사욕을 제거하고 마음을 비우는 것을 의무로 삼는다. 고로 도덕경에서 이르길 "탐심이 없으면 '도'의 정수를 볼 수 있다" 또 이르길 "탐욕의 구멍을 막고 탐욕의 문을 닫고, 칼끝을 드러내지 않고 분쟁을 제거하고, 게다가 유약함과 정숙함을 지켜야 한다." 고로 도덕경에서 이르길 "부드러움은 딱딱함을 이기고 약함은 강함을 이긴다"고 했다. 또 이르길 "담대해야 하지만 또한 겸손함을 지켜야 한다." 이것이 핵심 내용이다. 이외에도 또한 도덕경에 고명한 생각이 있는데 "계속적으로 이를 생각해야 하며, 의무감을 가지고 행해야 하는데, 앉아서 명상하다 내 자신을 잃게 되니 심오하고도 오묘하구나. 내가 깨달은 것을 말로 표현하기가 어렵구나 (『全唐文』 권41, 「道德經疏釋題詞」)."

현종의 말에 따르면, 도가 학설의 중요성은 몸을 다스리고 나라를 다스리는 것으로, 이것의 핵심은 '무위(無爲)'[55]로, "무위이지만 되지 않는 것이 없다"는 데에 있다는 것이었다. 이는 현종이 도가적인 치국의 요점을 잘 알고 있음을 보여준다.

개원 2년 정월에 현종은 다음과 같이 말하였다. "청정하면 어지럽지 않고, 어지럽지 않으면 화평하게 되고, 화평하면 다투지 않고, 다투지 않으면 부끄러움을 알게 된다. 아껴서 재정을 쓰고 백성들에게 편안한 생활을 누리게 하고, 번거로움을 제거하고 일을 간단하고 쉽게 하면, 당연히 농부들은 밭으로 돌아가게 되고, 베를 짜는 사람은 베를 짜는 일에 힘쓰게 되어, 이에 부유해지고 교육이 이루어지면, 이에 능히 이룰 수 있게 된다 (『唐大詔令集』 卷100, 「簡京官爲都督刺史詔」)." 그래서 개원 전기, 난리를 다스리는 이러한 대책과 정책, 가령 욕심을 절제하고 사치를 중단하고, 근본을 중히 여기며 농업에 힘쓰고, 가혹함을 없애며 관대한 정치를 행하고 백성과 더불어 휴식하게 하였는데, 이는 모두 도가의 청정(淸淨)·무위(無爲) 사상의 영향 아래에서 실시된 것이라고 말할 수 있다. 이러한 정책은 훌륭한 효과를 거두었으며 개원 성세의 기초를 놓았다.

노자를 대표로 하는 도가 사상 학파와, 신선의 방술과 단약을 만드는

---

55) 자연에 맡겨서 작위를 행하지 않는 도가적인 태도나 정치 사상.

것으로 특징지을 수 있는 도교는 서로 구별되는 것도 있고, 서로 융합되는 것도 있어서, 이들을 분리하여 보기란 매우 어렵다. 현종이 도교를 숭상한 것은 도가의 치국하고 세상을 구하는 사상에 대하여 존중하며 이를 이용하였을 뿐만 아니라, 도교와 신선 단약에 대한 지향과 추구와도 관련이 있다. 전자는 합당하게 운용이 되어서 사회와 국가에 유익한 영향을 미쳤기에 '숭도(崇道)'라고 불린다. 후자는 지나치게 추구된다면 큰 부작용을 가져올 수 있었기 때문에 '영도(佞道)'라고 이름하였다. 현종에게는 숭도에서 영도로 바뀌어 가는 과정이 있었는데, 현종의 '영도'는 다음 장에서 다시 요점을 이야기하도록 하겠다.

이번에는 현종이 불교를 억압하지 않은 점에 대하여 이야기해 보자.

개원 초년 현종은 명을 내려 승려들을 감소시키고, 불사의 건축을 제한하고, 불상을 만들거나 불경을 쓰는 것도 금지시켰다. 이러한 억불 정책은 무측천 말년 이래로 불교 세력이 지나치게 팽창하여 정치와 경제적인 면에서 이당왕실을 위협하고 국가의 이익을 좀 먹는다는 특정한 상황 속에서 실시한 것이었다. 현종이 정권을 장악하고 있던 기간의 전면적인 상황을 보면, 도교의 지위는 불교의 상부에 위치하고 있었다. 그러나 현종은 불교를 억압하지는 않았다. 현종은 불법에 대하여도 자못 깊이 연구하였다.

개원 24년 어주(御注) 『도덕경』을 반포한 후에 『어주금강반야경(御注金剛般若經)』을 천하에 반포하였다. 장구령과 같은 대신들이 축하의 표를 올리자 현종은 조서를 내려 답하기를 "불교가 흥성하기를 바라는 승려들이 굳이 청하여, 불교가 흥해지기를 바랐는데 나름대로 깨달은 바가 있어, 이 금강에 대해 또다시 주해(註解)를 달았도다. 지금 이를 반포하기를 청하니 이에 사람들의 마음에 만족하지 못할까 두려워하노라(『全唐文』卷30「答張九齡等賀御注〈金剛經〉手詔」)"라고 하였다. 현종이 자주 불경을 읽고 연구하여, 황제가 직접 주석을 단 『금강경(金剛經)』을 반포한 것은, 승도들의 요구에 대한 응답이었으며 불교를 흥성하는 데 대하여 지지를 표시하였다는 것을 알 수 있다. 사실상 개원 초기에 현종이 아주 단시간동안 억불 정책을 실시한 것을 제외하면 결코 불교의 발전을 제한하지 않았다. 개원 26년(738) 일찍이 사면을 내려 전국의 여러 군에 용흥사(龍興寺)와 개원사(開元寺)라는 두 계통의 사찰을 세웠다. 다음 해 천하의 승려와 비구니들에게 국가의 기일이 되면 용흥사에 가서 분향을 하고 예배하며, 천추절(千秋節)에는 개원사(開元寺)에서 생일을 축하하도록 지시를 내렸다.

승려와 도사들 가운데 현종은 승려에 대한 차별 대우를 특별히 하지 않았으며 항상 동일하게 대하였다. 개원 27년 정월, 하남(河南) 채방사(採訪使)이며 변주(汴州) 자사 제한(齊澣)의 주청으로 현종은 승려와 비구니·도사와 여관 가운데 죄를 범하는 이가 있으면 교법에 의하여 처리할 것을 비준하였는데, 그 내용은 "현관(縣官)은 제멋대로 행동하는 승려·비구니·도사·여관에게 벌을 내릴 수 없었던 바, 만약 법을 어기거나 월권행사를 하는 이가 있으면 법에 따라 벌을 내려주기 바란다(『唐會要』卷50「尊崇道教」)"는 내용이었다. 천보 3재 여름 4월, 현종은 양경(兩京)에 명을 내려 천하에 있는 주에는 모두 관에서 제공하는 금과 구리로 주조한 천존과 불상 각 한 개를 개원관(開元館)과 개원사(開元寺)에 보내게 하였는데 이러한 문제를 처리하는데 있어서 현종은 불교와 도교를 수평선상에 놓았다.

개원 시기에 불교 속에 밀종(密宗)이 전입되어, 극도로 발전하였다. 이 기간에는 인도로부터 선무외(善無畏)·금강지(金剛智)와 불공(不空) 세 명의 범승이 연이어 왔는데, 이들이 바로 불교 역사에 있어 저명한 '개원삼대사(開元三大士)'로서 중국의 밀교는 바로 이들에 의하여 개창된 것이다.

선무외(善無畏, 637~735)는 일찍이 나란타(那爛陀)사에서 밀교를 공부하였다. 개원 4년에 장안으로 와서 현종의 깊은 예우를 받고 '교주(教主)'로 칭송받았으며, 장안과 낙양에 있는 두 곳의 사원에 거주하면서 일행의 도움을 받아 많은 밀교 경전을 번역하였다. 그 중『대비로자나성불신변가지경(大毗盧遮那成佛神變加持經)』(7권)이 그 유명한『대일경(大日經)』으로, 이는 밀종

의 가장 중요한 경전이다. 선무외는 죽은 뒤에는 홍로경(鴻臚卿)으로 추증
되었다. 금강지(金剛智, 669~741)는 개원 8년 장안에 와서 많은 밀교 경전을
번역하였다. 금강지가 죽은 후 현종은 '국사(國師)'라는 칭호를 내렸다. 불
공(不空, 705~774)은 어려서 아버지를 따라 중국에 왔고 15세가 되어 금강지
를 스승으로 모시고 밀교를 배우며 경전 해석을 도왔다. 일찍이 개원 25
년 오인도(五印度)와 사자국(스리랑카)에 가서 몰래 숨겨놓았던 범본(梵本)을
찾아 천보 5재(746)에 중국으로 돌아왔다. 현종은 불공을 홍로시(鴻臚寺)에
머물도록 청하고 더욱 예를 갖추어 직접 불공으로부터 '오부관정법(五部灌頂
法)'을 받았다. 불공은 일생 동안 밀교 경전을 모두 110부 143권을 번역하
였다(圜照, 『貞觀釋敎錄』卷11). 그는 나십(羅什)·진체(眞諦)·현장(玄奘)과 함께
중국 불교 사상 '사대역사(四大譯士)'로 불려진다.

　　개원 년간에 밀종이 전래되어 발전한 것은 현종의 지지와 관계가 있
다. 현종은 밀종에 대해 흥미를 가졌는데, 주로 밀종과 불교의 기타 파별
이 다르기 때문이었다. 그것은 절제하지 않는 것과 호색적인 특징이 있었
다. 전통적 불교는 금욕적이며, 여색을 가까이 하지 않았고, 각종 수행을
강조했는데, 밀종은 공개적으로 "여러 중생들에게 갖가지 성욕에 따라 환
희를 얻게 하라(『大日經』卷5, 「大正藏」卷18)"고 공언하였다. 또한 여성은 "밀
법을 수련하고 공부하는데[修學密法]" 필수적 조건이며, 없어서는 안 되는
반려자라고 보고 있었다. 이로 말미암아 불모(佛母)·명비(明妃)·환희금강
(歡喜金剛) 등과 같이 각종 '천녀(天女)'들이 서로 다른 이름으로 존재하였다.
이렇게 현세의 향락을 추구하고 정과 성색을 따르는 불교의 종파는 봉건
통치 계급의 필요로 받아들여져서 그들에게 교만하고 음탕하며 안일한 생
활에 신성한 겉옷을 입혀 주었기 때문에 그들의 호의를 얻을 수 있었다.

4부

18. 납비(納妃) · 영도(佞道) · 환락

　　개원 25년 현종은 여러 방해 세력들을 제거하면서 개혁을 진행하고 있었다. 그해 4월, 현종은 태자 이영(李瑛)을 폐위시키고 한꺼번에 세 명의 아들을 죽였다. 그해 말에는 현종이 총애하던 무혜비도 세상을 떠났다. 현종은 심정이 매우 불편하였다. 개원 26년 6월, 충왕 이여(李璵)를 태자로 세우고 나자 현종의 고민이 비로소 해소되었다. 이 때 각종 제도에 대한 조정도 이미 종점을 향해 다가가고 있었다. 제도 조정과 변방 정돈을 통해, 조정의 경제적·군사적 역량이 증가하였고 정치적으로도 안정된 시기에 접어들었다. 사회 경제도 또한 지속적으로 발전하였다. 이림보는 중서령을 맡은 후 크고 작은 일을 독점하였을 뿐만 아니라, 곳곳마다 현종의 뜻에 부합되게 일하였다. 정무에 있어서 현종은 예전처럼 마음을 졸일 필요가 없었다.

　　정신이 풀어지고 나자 현종의 마음속에 공허함과 적막함이 몰려 왔다. 무혜비가 죽은 후 그는 후궁에서 줄곧 마음에 드는 반려자를 찾지 못하고 있었는데, 바로 이 때 양옥환이 현종의 삶 속으로 살포시 날아 들어왔다.

　　양옥환의 아버지는 양현염(楊玄琰)으로 촉주(蜀州) 사호참군(司戶參軍)을 지냈으며, 숙부 양현교(楊玄璬)는 당시 하남부(河南府) 사조참군(士曹參軍)을 지내고 있었는데 그들은 7품의 관리에 불과했다. 하지만, 그녀의 가문은 빛나는 역사를 가지고 있었다. 무측천의 모친 양씨가 같은 성씨 출신이었던 것이다. 그래서 양옥환은 개원 23년 현종과 무혜비의 소생 수왕 이모(李瑁)의 왕비로 간택되었다. 양옥환은 용모가 아리따웠을 뿐만 아니라 가무에 뛰어나고 음률에 정통했으며 비파를 잘 탔다. 고력사는 현종의 대상을 여기저기에서 물색하다가, 수왕부(壽王府)에서 그녀를 발견한 후 적합한 인물이라 여기고 그녀를 궁중으로 불러들였다. 이 때가 대강 개원 28년 10월, 현종이 여산(驪山) 온천으로 갔을 때였다.

다음해, 정월 초이틀은 현종의 생모인 예종(睿宗) 소의(昭議) 두후(竇后)의 기일(忌日)이었다. 양옥환은 태후(太后)의 명복을 빌어준다는 명목으로 여도사가 되기를 자청하였다. 현종이 궁으로 돌아와 「탁수왕비위여도사칙(度壽王妃爲女道士勅)」을 내리고, 수왕 이모(李瑁)와 양옥환의 혼인 관계를 해제하였다. 이후, 양옥환은 궁중의 태진관(太眞觀)에 거주하면서 호를 태진(太眞)이라 하고 공개적으로 현종의 애인이 되었다.

개원 23년 양옥환이 수왕비(壽王妃)로 간택되었을 때 그녀의 나이는 17세였고, 수왕 이모도 18, 19세에 지나지 않았다. 이 때 그녀는 아직 이성에 대한 감정이 안정되지 못한 상태였다. 그리고 18~19세였던 수왕도 그녀에게 부드러운 마음과 자상함을 많이 베풀 줄 몰랐다. 그런데 개원 28년 현종이 그녀를 만났을 때 그녀는 이미 22세의 요염하고 아름다운 아가씨로 성장해 있었다. 백거이(白居易)가 「장한가(長恨歌)」에서 읊기를 "양씨 집에 딸이 있었는데 비로소 장성하여"라고 한 것은 이 당시 양옥환의 연령적 특징을 힙딩하게 묘사한 것이다. 그리고 이러한 나이에는 애정에 대한 욕구가 더욱 강렬하기 마련이다. 수왕 이모 또한 그녀의 이러한 욕구를 만족시켜 줄 수 있었겠지만, 사적에 기록이 되어 있지 않기 때문에 함부로 추측할 수는 없겠다. 나이 50세가 지나 총애하던 비가 죽은 지 몇 년이 지나고 대신들과의 관계도 나날이 소원해지던 현종은 오히려 그녀에게 색

다른 사랑과 관심을 가질 수 있었다. 양태진(楊太眞)의 아름다운 풍모와 재능과 매력 이외에도 이는 두 사람의 결합에 중요한 기초가 되었던 것이다.

당나라 사람 진홍(陳鴻)56)은 『장한가전(長恨歌傳)』에서 다음과 같이 적고 있다. "양태진이 입궁한 후 현종과 함께 하여, 길을 나서면 같은 수레를 타고 쉬게 되면 방을 같이 하고 술자리에도 오로지 그녀만이 자리를 함께 하였으며 잠자리에도 그녀만이 독차지하게 되었다. 비록 세 사람의 부인·아홉 사람의 빈(嬪)·스물일곱 사람의 세부(世婦)·여든 한 사람의 어처(御妻), 그리고 후궁의 재녀(才女)들·악대(樂隊)의 기녀(妓女)들이 무수히 있기는 하였지만, 현종의 마음을 사로잡는 사람은 하나도 없었다.57) 이때부터 궁중의 비빈들 가운데에는 다시금 황제의 총애를 받은 자가 없었다. 양귀비만이 총애를 독차지하게 된 것은 다만 그녀의 용모와 자태가 특별히 아름다워서 그렇게 된 것이 아니다. 그녀는 지혜롭고 총명하여 능수능란한 언변으로 사람의 기분을 맞추는 데 있어서 형용할 수 없는 힘을 가지고 있었기 때문이었다." 이상은 비록 소설이기는 하지만 『구당서(舊唐書)』 「후비전(后妃傳)」에서도 다음과 같이 말하고 있다. "얼마 안되어 양귀비는

---

56) 陳鴻, 당의 문학가. 자는 대량(大亮). 정원(貞元) 21년(805)에 진사가 되었는데, 사학에 뛰어나서 7년에 걸쳐 『대통기(大統記)』 卷30을 완성하였으나 지금은 서문만이 보존되어 있다. 원화 원년(806) 12월에 그는 백거이, 왕질부(王質夫)와 함께 노닐다가 선유사(仙游寺)에 이르렀다. 그 때에 당현종과 양귀비에 관한 이야기를 듣고 느낀 바가 있었는데, 왕질부가 백거이에게 시 짓기를 요청하자 백거이는 〈長恨歌〉를 지었다. 시가 완성되자 진홍에게 전기를 지으라고 종용하여 이로 말미암아 『長恨歌傳』이 완성되었다. 전기와 시는 함께 후세에 전해졌다

57) 당나라 때의 후비 제도에 따르면 황후 밑에 귀비(貴妃)·숙비(淑妃)·덕비(德妃)·현비(賢妃)가 있었으나 이것은 개원 초년에 혜비(惠妃)·여비(麗妃)·화비(華妃)의 3비로 고쳐서 이것을 삼부인이라 하였고, 소의·소용·소원·수의·수용·수원·충의·충용·충원이 구빈(九嬪)이며, 첩여·미인·재인이 각각 9명으로 모두 27세부(世婦)이며, 보림·어녀·채녀가 각각 27명이나 이것이 모두 81어처(御妻)이다.

혜비와 같은 예우를 받았다. 태진은 자태가 아름답고 풍만하고 농염하였다. 또한, 가무에 능하고 음률에 정통하였다. 지혜롭고 사람의 마음을 잘 헤아려보았다. 양귀비가 움직일 때마다 황제의 시선을 이끌었으며 황제의 마음을 움직였다. 궁중에서는 '낭자(娘子)'라고 불렀지만 그녀에게 대한 예우는 황후를 대하는 것과 같았다"라고 기록한 것을 보면 진홍이 말한 것이 사실에 기초한 것으로 문학가의 과대평가가 아닌 것을 알 수 있다.

태진이 입궁한 지 얼마 되지 않은 개원 29년 초여름, 현종이 꿈을 꾸고 자신이 꾼 꿈을 선포하였다. "꿈속에서 현원황제(玄元皇帝 ; 老子)가 나타나서 '나의 초상이 경성 서남쪽 백여 리 떨어진 곳에 있으니 네가 사람을 보내 그것을 구하여 오면 나는 너를 홍경궁(興慶宮)에서 만나겠다'라고 말하였다." 현종은 사람을 보내 찾아보게 하고, 그것을 주질(盩厔 : 지금의 섬서성 周至)의 누관(樓觀)의 산간에서 찾아내어 홍경궁(興慶宮)에 영치하였다. 5월에는 또 관계 기관에 명하여 현원의 진짜 모습을 그리게 하여 각 주의 개원관(開元觀)에 보내어 이를 모셔두게 하였다. 또한 그곳의 도사와 여관(女冠)들이 모두 위엄 있는 의식과 법을 갖추어 이를 맞도록 하고, 도사들에게 7일 밤낮을 제계하고 도를 행하도록 하였다. 누가 현원황제의 초상을 누관의 산간에 놓아두었는지는 고증해 볼 수 없다. 그러나 현종이 꿈에서 현원황제를 보았다는 것은 충분히 가능성이 있다. 현종은 황당한 이 꿈을 현실로 옮기고자 이를 천하에 선포하였다. 이것은 그의 마음이 도를 숭상하는 '숭도(崇道)'에서 바르지 못한 '영도(佞道)'로 전환하였음을 반영해준다. 전에 이미 말했듯이 현종은 젊어서 도를 숭상하였으며, 도가 사상을 통치이론으로 삼았다. 개원 9년, 현종은 사자를 파견하여 천태산(天台山) 도사 사마승정(司馬承禎)을 경성으로 불러오게 하여 직접 법록(法錄)을 받았다. 그는 비록 신선과 같은 일에 대해 흥취를 느꼈지만 『구당서(舊唐書)』 「장과전(張果傳)」에는 "현종이 처음 즉위하여, 직접 도와 신선 방약의 일을 친히 헤아려보고는 그 변화 막측함을 듣고 의심하였다"라고 말하고 있다.

그는 상식적인 범위를 초월한 일과 불가사의한 일에 대해서는 믿으려 하지 않았다. 그러나 그의 사상은 끊임없이 변화하였다.

　개원 22년(734), 그는 항산(恒山)을 자주 왕래하던 도사 장과(張果)를 동도 낙양으로 맞아들였다. 장과는 기공이나 인체의 특이한 기능 및 연단으로 누적되는 화학적 지식이나 환상적인 술법과 마술을 사용하여 현종의 면전에서 여러 가지 신기하고 영험스러운 모습을 연출해 보여주었다. 현종은 그의 도술을 다방면으로 검증해 보았지만 결점을 찾지 못했기에 믿어 의심치 않을 수 없었다. 이로 말미암아 그는 확실히 신선을 믿게 되었다. 그러나 그 당시 해결을 기다리는 문제들이 산적해 있어서 이 일에 심취할 여가가 없었다.

　개원 말년 특별히 양태진이 입궁하면서부터 현종은 삶에 대한 즐거움을 다시 맛보았고, 무혜비의 죽음과 태자의 폐위로 인한 심리적인 위축에서 벗어날 수 있게 되었다. 아직은 적지 않은 문제가 남아있었지만 각 분야에 대한 조정을 통해 개원에는 태평성세가 찾아왔다. 이 사실은 현종으로 하여금 앞날에 대한 충만한 동경을 가지게 만들어 주었다. 이리하여 그의 마음속에는 신선에 관한 열망이 다시 뜨겁게 불타올랐다. 개원 28년(739) 현종은 섭법선(葉法善)을 위해서 적은 「섭존사비명병서(葉尊師碑銘幷序)」에서, 섭법선의 각종 신기한 일을 자세히 열거하였다. "물 속으로 자맥질해 들어가고, 불이 타는 방으로 나는 듯이 걸어가고, 배를 갈라 창자를 씻고도 약이 필요없이 회복되고, 창자를 가르고 갈비를 떼어낸 후 부적을 집어넣자 다시 생기고, 독을 먹어도 아무렇지 않고, 귀신을 부르면 곧 귀신이 도착하고, 또한 그들을 서 있게 하였다. 여러 귀신을 꾸짖고 쫓아보내는 것이 마치 노예를 부리는 것과도 같으니, 온 천하가 그를 칭송하였다. 그러나 천만번 변화한다 해도 이는 선조(先朝)의 총애이다(『전당문』권41)" 현종은 개원 초년에 심히 의심하였던 현상들을 전부 진실로 받아들이게 되었다.

현종은 개원시대에 태평성세가 출현한 것은 일종의 신기한 힘이 존재하기에 가능했다고 느꼈다. 또한 이러한 신기한 힘이 그에게 새로운 공적과 행복을 가져다주리라고 믿게 되었다. 그는 자연스럽게 이런 신기한 힘을 당의 조상인 현원황제(玄元皇帝)와 연결하기 시작하였고, 이런 기상천외한 현상들로 말미암아 옛 선조들[老朝宗]과 직접적인 관계를 맺을 수 있기를 바랐다. 또한 그는 경건하고 성스러운 마음으로 선조를 경배하였으며 자주 명상에 잠겼다. 개원 29년 4월 1일 새벽, 사경에 침상에서 일어나 예를 갖추어 현원(玄元)을 알현한 후 곧 단좌하고 마음을 가다듬고 있었다. 그의 모습은 마치 조는 것 같이 보였다. 바로 이 때, 현원황제가 그를 꿈속에서 대면하고 그에게 "너는 경사로움이 만세에 흐르는 시대를 맞아, 순조로움이 무궁하리로다(『册府元龜』 卷54 「皇帝部」 尚黃老二)"라고 말해주었다. 현원황제의 말은 만세의 행복과 나라의 번영을 보증하여 주는 것과 다름 없었다. 현종은 이 일을 경하하는 재상들에게 수조(手詔)를 내려 "꿈은 바른 것이며, 신과 통하였다고 이른다. 지극히 성스러운 모습만 생각하였더니 과연 성응(誠應)이 있었다(『册府元龜』 卷54 「皇帝部」 尚黃老二)"라고 하였다. 현종은 낮에는 명상하고 밤에는 꿈을 꾸었다. 현종의 이런 작은 정성이 조상을 감동시켜서 결국 현종이 조상의 신과 통하게 되었으며 조상을 직접 만나고자 하는 염원이 이루어졌다고 말할 수 있다. 조상이 즐거우면 후손도 즐거운 법이었다.

꿈에서 현원황제가 현몽하는 일은 계속 되었다. 천보(天寶) 원년 정월 진왕부참군(陳王府參軍) 전동수(田同秀)가 황제에게 고하였다. "현원황제가 단봉문(丹鳳門)의 공중에 나타나서서 말씀하시기를 '내가 영부(靈符)를 보관해 두었으니 이것은 윤희(尹喜)의 고택에 있느니라'고 하셨습니다." 윤희는 주(周)나라의 함곡관(函谷關)의 현령이었다. 현종이 사람을 보내었더니 과연 함곡관 윤희대(尹喜臺)의 서쪽에서 130보 되는 곳에서 누구인지는 확실하지 않지만 전동수 일파가 묻었을 가능성이 큰 영부(靈符)가 나타났다. 군신들이 축하를 표하고 황제는 조서로 답하면서 한바탕 소란을 피웠다. 또 현종은 영을 내려 현원황제를 위하여 새로운 묘당을 건설하고 장자(莊子)에게 남화진인(南華眞人)이라는 호를 내리고 그의 저서를 남화진경(南華眞經)이라고 하였다. 천보 2년에는 현원황제를 추대하여 대성조현원황제(大聖祖玄元皇帝)라고 하였다. 천보 3재 3월에는 또 두 수도와 천하의 각 군에 있는 개원관(開原館)에 금동으로 천존(天尊)을 주조하였는데, 이것이 바로 현원황제의 상이었다. 현종도 이에 더욱 더 연단(煉丹)과 예배에 심취하게 되었다. 그는 줄곧 매일 사경에 일어나 대동전(大同殿)에 가서 현원황제상에서 분향을 드리고 예배를 하였으며, 도사들과 환관들로 하여금 천하의 명산에 연단을 하는 곳을 세우고, 궁내에는 도단(道壇)을 설립하게 하였다.

천보 4재(745) 정월 초 6일, 현종이 내도장(內道場)에서 "백성을 위해 기도를 하여 복을 빌어주고", 자신이 직접 적은 '황소문(黃素文)'을 책상 위에 두었다. 그런데 갑자기 한바탕 바람이 불어와 '노란 연기[黃素]'가 천천히 피어오르더니 갑자기 자취도 없이 사라졌다. 한없이 넓은 창천으로 신속히 사라지는 노란 연기를 주시하면서 현종의 마음은 대단히 흡족했다. 그리고 귓가에는 "성수연장(聖壽延長 : 성황의 수명이 연장되리라)"이라는 하늘로부터 들려오는 소리를 생각해 내었다. 몇 년 간의 추구가 헛되지 않고 현실로 이루어져, 오래 살고자 하는 염원이 하늘의 보증을 얻게 된 것이다. 60세 고령 황제인 현종에게 있어서 그 의미는 매우 특별하였다. 개원 29년에 그가 꿈속에서 얻고자 했던 것은 오직 "경사가 만세에 흐르며, 순조로움이 무궁한 것"이었는데 이는 국가와 자손 후대에 관한 것이었다. 그러다가 천보 4재에 홀연 중에 들린 것은 "성수연장"이었다. 그래도 아직은 그가 나라의 업을 더욱 크게 세우고자 하려는 뜻이 있음을 알 수 있다. 그러나 "성수연장"이라는 말로 볼 때, 현종이 향락을 즐기는 데에 더 중요한 가치를 두고 있었음을 부인할 수는 없다.

8월 5일은 현종의 생일이다. 개원 17년 현종은 이미 이날 군신들을 모아 홍경궁(興慶宮) 화악루(花萼樓) 아래에서 연회를 베풀었다. 백관들은 표 (表)를 올려 매년 8월 5일을 천추절(千秋節)로 삼도록 청하였다. 이후에는 매년마다 경하를 올려야 했다. 그러나 『자치통감』과 같은 사적을 살펴보 면, 개원 24년(736) 천추절에 군신들이 보경(寶鏡)을 헌납한 뒤로는 특별한 경축 행사가 없었던 것으로 보인다. 그런데 천보 4재 그가 60세의 생일을 지낸 후 그는 특이한 행동을 하였다. 8월 17일 양태진을 귀비(貴妃)로 책봉 한 것이다. 두 사람은 5년 간 동거를 한 후에 결국 정식 부부가 되었다. 이것은 60세의 생일을 경축하는 의미 외에도 삶에 대한 충만한 열정과 앞날에 대한 충만한 희망 그리고 무병장수에 대한 확신을 표현한 것이기 도 하였다. 천보 3재, 현종이 고력사에게 "짐이 장안을 나서지 않은지 근 10년이 되고 천하가 태평하여 짐은 이제 편안히 지내려고 한다. 이에 모 든 정사를 이림보에게 맡기고자 한다"고 말하였다. 그리고 천보 4재 이후 이를 실행했다. 이림보는 전면적으로 각종의 정무 처리를 맡기 시작하였 다.58) 이후에, 현종은 몇 가지 중요한 일을 논의한 것을 제외하고는 더 많은 시간을 유락활동에 보내었다.

사실 양태진이 입궁한 후 현종의 유락 활동은 눈에 띄게 늘어났다. 겨 울에는 온천에 가고 봄에는 교외에서 춘계(春禊)를 즐겼으며 궁중에서도 각 종의 유락 활동을 즐겼다.

겨울의 온천

지금의 서안 부근 임동(臨潼)의 여산(驪山) 온천은 한(漢) · 위(魏) 이래로

---

58) 천보4재 이후에 대외적으로 여러 가지 사안에서 제대로 처리되지 못 하는 경우가 많이 생긴다. 현대의학의 설명을 빌리자면, 이 무렵부터 현종이 "치매"가 시작된 것으로 볼 수 있다. 그 자신에게 거슬리는 이야기는 듣지 않으려고 하고, 허황한 이야기를 자주 하게 되고, 남을 의심하여 정상적인 판단을 하지 못 하는 경우가 자주 일어나는데, 이러한 경우들이 치매증상으로 볼 수도 있기 때문이다.

사악한 역병과 질병을 치료할 수가 있고 풍한(風寒)을 없앨 수가 있다고 여겨졌다(『大唐六典』 卷19 「溫湯傳」)고 한다. 정관 18년(644), 당태종이 장작대장(將作大匠) 염입덕(閻立德)에게 수나라 이궁(離宮)의 기반 위에 궁전을 짓도록 하였는데 어탕(御湯)은 이름하여 탕천궁(湯泉宮)이라 하였다.

현종은 즉위한 후, 동도(東都)로 가는 일이 없으면 거의 해마다 한 번 온천에 갔는데 그 시기는 겨울 10월에서 12월 사이이거나 혹은 정월과 2월 사이였다. 현종은 온천에서 즉흥시를 지은 적이 있다.

> 금계 나무 궁전이 산으로 이어지고,
> 난초 향기 탕에는 자연의 온천수가 샘솟네.
> 숨겨진 벼랑은 아름다운 색을 띄고,
> 온천 계곡은 하염없이 물을 흘려 내보내고
> 온천물 쌓여서 사악함을 없애니,
> 공덕이 이로 하여금 올바르게 기르고 바로잡는 데에 있다네.
> 하고 싶은 말은 수 없이 많지만
> 이와 함께 더불어 번영함이 이어지기를 기대하노라.

이 시의 서문에서 현종은 "이 온천을 일컬어 병을 고치는 온천이라고 한다. 그런데 어찌 나만 홀로 이 복을 누릴 것인가. 만백성과 함께 할까 하노라. 여가를 내어 순회하며 노닐다가 나의 뜻을 말하노라(『全唐詩』 卷3 「明皇帝」)"고 하였다. 그는 온천이 사악함을 없애고 공을 기르고 바로잡는 효용이 있으므로, 황제로서 혼자만 그 복을 향수하는 것이 아니라 많은 백성들과 더불어 함께 하기를 원한다고 말하고 있다. "무릇 왕공(王公) 이하에서 서인(庶人)에 이르기까지 온천(溫泉)의 관실(館室)에는 차등이 있어, 그 귀천을 구별하여 뛰어넘는 것을 금한다"59)고 하는데 당대 제왕은 백성들과 즐거움을 함께 하고, 군신들과 기쁨을 함께 하는데 주의를 기울였다는 것을 알 수 있다. 온천의 이러한 제도와 시설은 '여러 백성과 함께 한다'는 원칙을 실현한 것이었다. 그러나 얼마나 많은 서민들이 이러한 복을 함께 누릴 수 있었는지는 알 수 없는 일이다.

개원 11년 현종은 탕천궁(湯泉宮)을 온천궁(溫泉宮)으로 개명하였다. 12년에는 동도(東都)로 갔다. 15년 겨울 10월 장안으로 돌아온 후, 곧 12월에 다시 온천궁으로 갔다. 이후에도 여전히 해마다 한 번씩 갔으며, 그 시기는 주로 12월이었다. 매번 왕복 기간은 반 달을 넘기지 않았고, 목적은 역시 주로 몸을 씻고 신체를 건강하게 하는 데 있었다.

양태진이 입궁한 후 상황은 급변하였다. 개원 28년과 29년에는 정월과 10월 각각 한 번씩 온천에 갔다. 그리고 한 번 가면 즐거움에 빠져 돌아올 줄 몰랐다. 천보 2년에는 10월 13일 가서 11월 20일까지 장안으로 돌아오지 아니하여 총 38일을 지냈다. 천보 3재에는 정월에 간 뒤에 30일을 보내고, 10월에 간 뒤에 또 35일을 보내었다. 천보 4재 10월부터 12월까지 온 겨울을 모조리 여산 온천에서 보내었다.

원래 수나라와 당나라의 황제들은 무미건조한 궁성 안에서 살아야 한다는 전통이 있었다. 수 문제(文帝)는 인수궁(仁壽宮)을 건설하였고, 수 양제(煬帝)는 동도 낙양을 축조하면서 동시에 서원(西苑)을 지었다. 당나라 초기에는 경제적으로 어려움을 가지고 있었지만 태종(太宗)은 옥화궁(玉華宮)과 구성궁(九成宮)이라는 두 개의 이궁(離宮)을 건설하고 여름에 피서하면서 공무를 집행하는 하궁(夏宮)으로 삼았다. 고종 때에는 장안성(長安城) 외 동북 방에 광대한 규모의 대명궁(大明宮)을 건설하였다. 현종 때에는 흥경궁을 건설하였다.

예전에 현종은 피서에 대해 그다지 큰 관심이 없었기 때문에 매번 온

---

59) 김택민, 『역주 당육전(中)』 권19 「溫泉湯監丞條」(신서원, 2005, 626쪽).

천궁에 가기는 했지만 결코 자주 머물지는 않았다. 그래서 온천궁에 있는 일체의 시설은 황제가 임시로 행차하려는 요구에 따라 마련되었다. 그러나 이제는 현종과 양태진이 한번 가면 이삼 개월이 걸리므로 이곳에서 많은 정무를 처리해야 했고, 원래 있던 시설들은 그 수요를 만족시키기에 턱없이 부족하였다. 그래서 천보 3재 12월에 신풍현(新豊縣)과 만년현(萬年縣)의 땅을 나누어 온천궁 밑에 회창현(會昌縣)을 설치하였다. 천보 5재 때는, 방관(房琯)에게 명하여 온천궁을 증축하고 또한 정부 각 부문의 관아(衙署)도 새로 건설하게 하였다. 천보 6재 때는, 기본적인 증축 공사가 완성되어 화청궁(華淸宮)으로 개명하였으며, 또한 각 정부 관아의 소재지에 회창성(會昌城)을 건축하고 화청궁과 함께 하나의 기관으로 연결하였다. 이렇게 화청궁은 행락을 즐기는 이궁(離宮 : 행궁)이 되었을 뿐만 아니라, 또한 명실상부한 동궁(冬宮)이 되었다.

그 후 현종과 양귀비는 모두 화청궁에서 겨울을 지냈다. 그리고 매년 10월이 되면 왕공(王公)·백관(百官)·황자(皇子)·황손(皇孫)들도 모두 그들을 따라 갔다. 화청궁의 옆에는 십왕원(十王院)과 백손원(百孫院)이 있어서 현종의 여러 아들과 손자들이 거주하였으며, 백관들도 모두 저택을 가지고 있었다. 양귀비의 세 자매인 한국부인(韓國夫人)·괵국부인(虢國夫人)·진국부인(秦國夫人)도 현종을 따라 화청궁에 가서 양국충(楊國忠)의 저택에서 먼저 만났다. 마차와 시종들이 거리마다 가득하였고, 자수를 놓은 비단과 주옥을 두른 그들의 화려한 모습은 사람들의 이목을 사로잡았다. 집마다 각각 한 가지 같은 색깔의 옷으로 서로를 구분하였으며, 다섯 집이 한 무리가 되었기 때문에 마치 운면(雲錦)처럼 찬란하게 빛났다. 현종과 양귀비의 의장(儀仗)은 더욱 말할 필요도 없다. 온통 떠들썩하여 마치 장안이 화청궁(華淸宮)으로 옮겨온 것만 같았다.

봄의 춘계(春禊)

장안성 동쪽 금원(禁苑)의 망춘루(望春樓)는 산수(滻水)를 접하고 있고, 해마다 봄이 오면 온갖 꽃들이 피어 만발하고 아름다운 나비가 춤추듯 날아다니며 꾀꼬리들이 노래를 하였다. 중종(中宗)은 낙양에서 장안으로 돌아온 후 곧 이곳을 봄놀이 장소로 삼았다. 현종도 즉위한 후에 여기에서 춘계를 즐겼다.

춘계(春禊)란 오래된 민간 풍속으로, 봄에 물가에서 제사(祭祀)를 거행하며 상서롭지 못한 것을 제거하는 일이다. 동진(東晉)의 왕희지(王羲之)는 「난정서(蘭亭序)」에서 "영화(永和) 9년 계축(癸丑)년 늦봄 초, 회계산(會稽山) 북쪽의 난정(蘭亭)에서 만나 청명절 연회를 수행하노라"라고 하였다. 여기에 기재된 것이 당시 명사들이 지낸 최초의 춘계였는데, 사람들이 모여서 유락을 즐긴다는 뜻이 포함되어 있었다. 개원・천보 시대에는 봄날에 교외에서 놀고먹고 마시는 일종의 연회 활동으로 변하였다. 왕유(王維)가 춘계를 보고 지은 세 수의 시에 따르면, 춘계가 열린 위치와 참가한 인원도 계속 변화하는 것을 알 수 있다. 한 번은 흥경궁(興慶宮)의 용지(龍池)에서 열렸는데, 이 때는 태자와 왕들이 참가하였기 때문에 기본적으로 황실 가정의 모임이 되었다. 또 한 번은 망춘정(望春亭)에서 열렸다. "금빛 담비 위에 앉아, 열을 지은 상공들, 맑은 노랫소리 울려 퍼지는 가운데 석양이 지는데, 춘풍을 향해 교태롭게 춤을 추네"라는 시구로 보아 참가자들 중에 현종 이외에도 왕공 대신들이 있었음을 알 수가 있다. 군신들은 아름답게 장식한 배 위에 앉아 좋은 술을 마시고 맑은 노래 소리와 아름다운 춤을 감상하면서, 황혼이 질 때까지 즐겼다. 천보 원년에는 위치를 곡강(曲江)으로 바꾸었다. 궁중에 있는 사람들이 유락에 참가하는 것을 즐겼기에 참가한 사람들은 더욱 많아졌고 현종은 이곳에 군신들도 초청하였다. 비록 이러한 교외에서의 연회의 수가 감소하기는 했지만 그치지는 않았다. 3월 3일 또 다시 흥경궁(興慶宮)의 근정루(勤政樓)에 군신들을 초청하고, 홍이 무

르익자 몇 곡의 음악을 연주하여 흥을 돋구어주었다. 교외의 물가에 가서
도 황친과 귀척들에게 연회를 벌여주었다.

두보(杜甫)는 「여인행(麗人行)」에서 양귀비의 두 자매와 재상 양국충이
즐겼던 3월 3일 봄놀이 연회 정경을 묘사하고 있다.

삼월 삼일 날씨가 맑은데,
장안(長安) 물가에는 미인도 많네.
요염한 자태 우아하여 정숙하고도 순진한데,
곱게 빛나는 살결에 균형 잡힌 몸매.
수놓은 비단이 늦봄을 비추는데,
금빛 공작 은빛 기린으로 자수(刺繡) 놓은 것이 눈 부시네.
머리에는 무엇이 있을까?
흔들리는 비취 족두리가 귀밑머리를 덮었구나.
등 뒤에는 무엇이 있나?
치마허리 덮은 진주가 잘 어울리는도다.
후비들이 묵는 교방에 거하는 양귀비 자매는
대국의 호칭 곽국부인 진국부인을 받았도다.
붉은 낙타 등을 비취빛 솥에서 꺼내고,
수정 쟁반에는 생선안주가 놓였네.
배불러 물소(뼈) 젓가락은 오래도록 대지도 않는데,
방울칼만 공허로이 고기를 저미네.
내시는 먼지 날리지 않게 말을 달리고,
대궐 주방은 끊임없이 맛난 음식을 나르네.
피리와 북의 애달픈 노래는 귀신을 감동시키고,
손님과 시종들은 번번이 상좌로 몰려드는데.
느지막이 말을 타고 몹시 거드름을 피우며,
높은 데서 내려 비단방으로 들어가시네.
버들꽃 눈 내리듯 하얀 꽃이 덮이고,

　　푸른 새는 날아가서 붉은 수건을 무는데.

　　손을 델 만큼 큰 세도이니 가까이 하지 말고,

　　승상의 진노를 피해야 하겠네.

　3월 3일의 날씨는 청량하였다. 귀부인들은 금은으로 공작과 기린을 수 놓은 비단옷을 입고 머리에는 비취로 만든 머릿수건을 쓰고, 곡강에 도착하였다. 양씨 자매의 운막(雲幕)에서는 호화로운 연회가 베풀어지고 있었다. 피리 소리와 북소리가 울려 퍼지자 식탁 위에는 비취빛 솥에서 꺼내온 붉은 낙타혹이 나타나고, 수정 접시에는 막 익힌 신선한 고기가 놓여진다. 내빈들은 모두들 중요한 고위관직에 앉아있던 사람들이다. 이때 느릿느릿한 걸음으로 걸어나온 사람은 날아가는 새도 떨어트릴 수 있는 권세를 가진 양국충이었다. 이 시에는 현종과 양귀비는 나오지 않는다. 그러나 대당의 황제가 처제들의 연회를 잊었을 리가 없다. 그는 어주(御廚 : 궁중의 요리사)에게 지시하여 여러 가지 맛있는 음식과 고기들을 보내주었다.

　여기서 기타 유락 활동에 대해서 하나하나 언급하지 않기로 한다.

19. 재상 양국충(楊國忠)

부국강병(富國强兵)은 역대 통치자들이 추구해왔던 공통적인 목표이다. 당초 정관 시대의 군신들은 일찍이 "군비(軍備)의 강성함[甲兵强盛]"과 "창고[府庫]의 풍성함"이라는 표현으로 수나라의 강성함을 찬미하였다.

천보 2년 현종은 망춘루에서 광운담(廣運潭)의 보선(寶船)을 검열하며 남방의 물자가 수도로 운반되는 광경을 구경하였는데, 현종에게 있어서 그것은 즐거운 일이 아닐 수 없었다. 그러나 병제의 개혁으로 변방의 군인들에게 내려주는 의복이 천만 필로 증가하게 되었는데, 이것은 500만 명이 부담하는 1년 치의 용조(庸調)에 상당하는 것이었다. 이밖에도 기타 용도에 쓰이는 지출과 궁정에서의 지출도 끊임없이 증가하였다. 현종에게는 많은 자손이 있었는데 이들은 모두 조정에서 양육되었다. 14명의 젊은 왕자들이 거주하는 십왕원(十王院)과 황손이 거주하는 백손원(百孫院)에서 일하는 궁인은 8천 명에 달했다. 궁중에는 유성고(維城庫)를 설립하고 왕들이 쓸 것을 전문적으로 공급하였다(『舊唐書』 卷107 「玄宗諸子」 瓊王璡傳). 그러므로 변경의 방어와 군사적인 업무 외에도 현종은 국가 재정에 계속적인 주의를 기울였다. 그래서 무릇 재무처리를 잘한, 양신긍(楊愼矜)·위견(韋堅)·왕홍(王鉷)·양국충(楊國忠 ; 楊釗)과 같은 이는 모두 특별한 신임을 받았다.

원래 당조(唐朝)의 제도에 따르면, 재부(財賦)의 일은 호부(戶部)가 맡았으며 국가 재화 및 양식의 출납과 저장은 태부시(太府寺)와 사농시(司農寺)가 맡았다. 호부는 4개의 관청으로 나누어지는데, 호부사(戶部司)는 호구 ·토지·부세 감면 등의 행정에 관련되는 업무를 책임지고, 탁지사(度支司)는 재정 수지 및 물자 운반 등의 행정을 담당하고, 금부사(金部司)는 전국 창고에 있는 돈과 비단 등의 출납하는 일을 책임지며, 창부사(倉部司)는 전국의 창고에 저장하거나 출납하는 행정을 담당했다.

호구조사나 조운을 위하여 권농사(勸農使)·전운사(轉運使) 등의 사직(使職)이 설치되기는 하였지만, 개원 말년에 이르기까지 호부의 각 관청에서 담당 직무를 수행하였다. 양신긍(楊愼矜)은 개원 26년부터 천보 5재(738~746)까지 감찰어사(監察御史)·어사중승(御史中丞)·지태부출납(知太部出納)을 맡았다. "여러 주에서 납품하는 물건 가운데에는 물에 잠겨서 손상되거나 파괴된 것이나 질량이 떨어진 것이 있었다. 양신긍은 명을 내려 모두 본래의 주(州)에서 돈으로 계산하여 경화(輕貨)를 사게 하였다. 주현(州縣)이 조를 징수하니 세월마다 끊어지지 않았다(『舊唐書』 卷105 「楊愼矜傳」)." 지태부출납의 직무는 기본적으로 태부시(太府寺)의 범위를 벗어나지 않았다. 왕홍(王鉷)은 개원 29년(741) 호부원외랑(戶部員外郎) 겸 시어사(侍御史)가 되었고, 천보 2년(743) 경화시화적사(京和市和糴使)가 되었다가 호부시랑(戶部侍郎)으로 천거되었는데, 그 직권은 대체적으로 호부사(戶部司)의 범위 내에 있었다. 그러나 천보 4재 2월 호구색역사(戶口色役使)가 되면서 큰 변화가 일어났다. 그는 부역을 징수하거나 점검하는 등의 행정 관련 업무를 처리하였을 뿐만 아니라, 현종이 명을 내려 백성의 부세를 감면하면 왕홍은 그 각전(脚錢 : 운송비)을 받도록 상주하였다. 또한 변방의 병사가 죽었는데도 변방의 장군이 그 병사의 본적에서 호적을 빼도록 신고하지 않은 경우에 대해, "원래의 호적에 따라 수자리에서 6년이 지난 모든 조용을 추가 징집하고" 또한 직접 그 징납(徵納)을 책임지도록 했다. 수납물 가운데에는 물에 잠긴 것은 할인하여 모두 본 군에서 징납하도록 하였다. 그가 직접 징납 업무를 책임지고 있었기 때문에 돈과 비단을 좌장고로 보내었다. 또한, 해마다 백만을 헤아릴 정도로 들어왔으므로, 내고(內庫)에까지 물품이 쌓아두게 되었으며, 궁내에서는 연회를 베풀기도 하였다. 그는 혹시나 현종이 이를 받아들이지 않을까 염려하여 현종에게 "이것은 매년 거두는 액수 이외의 것으로써, 징세물(徵稅物)이 아닙니다"라고 말하였다. 현종이 재위한지 30년이 지나자 사용하는 용품들은 날로 사치스러워졌으며, 후궁들에게 상을 내리는 것도 절도가 없어져 버렸는데, 현종은 이런 것을 좌장고나 우장고에서 정해진 액수를 넘기면서 지출하는 것이 그다지 적합하지 않다고 여기고 있었다. 왕홍이 거두어들인 이러한 돈과 물품들은 바로 현종의 이러한 수요에 딱 맞아 떨어졌다. 현종은 더 이상 추궁하지 않았을 뿐만 아니라 또한 "왕홍이 부국(富國)의 기술을 가지고 있어서 황실에 도움을 준다"고 여겨 더욱 후하게 그를 대접하였다. 국가 재정 수입을 최대 한도로 올리고 황제 내고의 사적(私的)인 저장량을 증가시키기 위하여 현종은 원래 호부사(戶部司)나 탁지사(度支事) 또는 태부시(太府寺)에 예속되어 있던 직권을 모조리 왕홍에게 넘겨 주었다. 그러나 호구색역을 주무르는 업무는 임시적인 성격을 띠고 있었기에 왕홍의 직권은 고정된 것이 아니었다.

천보 7재(748) 6월에 이르러 양소(楊釗)는[60] 급사중(給事中)·어사중승(御史中丞)·전판탁지사(專判度支事)로 승진하여, 이재(理財)의 직권을 한 몸에 더욱 집중시키게 되었고 더욱 제도적으로 본사의 직권을 탈취하였다. 양소는 양귀비와 사촌간으로 양귀비의 두 자매와 밀접한 관계를 맺고 있었다. 천보 4재 검남(劍南 : 지금의 四川 成都) 절도사 장구겸경(章仇兼瓊)에 의해서 수도로 파견되어 양귀비 자매와 결탁하였다. 양귀비 자매들은 그를 불러

---

60) 양소(楊釗)가 바로 양국충(楊國忠)이다. 천보 9재에 현종이 국충(國忠)이라는 이름을 사사하였다.

들여 현종을 만나보게 하였다. 양소는 비록 공봉관(供奉官)을 따라서 궁궐에 출입하게는 되었지만, 그의 신분은 정8품 하의 금오병조참군(金吾兵曹參軍)에 지나지 않았으니 그의 지위는 결코 높은 것이 아니었다. 그러나 천보 7재에는 급사중(給事中) 겸 어사중승(御史中丞)으로 옮겼으며, 4년도 되기 전에 열 두 단계를 연이어 상승하여 정5품 상의 단계에 올라서 고급 관리의 행렬에 진입하게 되었다. 3년 후에는 또 다섯 단계가 상승하여, 왕홍을 이어 종3품(從三品)의 경조윤(京兆尹)이 되었다. 얼마 되지 않아서 또 어사대부(御史大夫)와 경기(京畿) 관내(關內) 채방사(採訪使) 등의 사직(使職)을 맡아 3품의 고급 관리의 행렬에 진입하였다. 일반 사람들은 몇 십 년이 걸리는 과정이었으며, 설령 문음(門蔭)의 특권을 향유하는 고관자제라 하더라도 적어도 16년이 걸려야 겨우 5품에 들어갈 수 있었으며, 3품이 되려면 25년이 걸린다. 그러나 양국충은 전후 6~7년 동안에 8품에서 3품으로 뛰어올랐다. 양소가 이렇게 빨리 승진할 수 있었던 것은 양귀비 자매의 도움을 받았기 때문이라고 알려져 있다. 양귀비 자매의 도움이 없었더라면 그는 애당초 현종을 만날 수도 없었다. 몇 번의 결정적인 순간에 양귀비 자매는 그를 위해 현종에게 미리 말을 해두었다고 하는데 이것은 모두 사실이다. 그러나 현종을 알현했던 사람들 모두가 중용된 것은 결코 아니었다. 대시인 이백은 현종을 알현한 후에 한림공봉(翰林供奉)이 되어 늘 현종과 가까이 할 수가 있었다. 현종이 비록 그를 알아주고 아끼기는 했지만, 그를 그다지 중용해 주지는 않았다. 양귀비의 외사촌 형제인 양고(楊銛)는 전중소감(殿中小監)이 되었고 양기(楊錡)는 공주를 아내로 얻어 부마도위(駙馬都尉)가 되었지만, 현종은 그들을 결코 중용하지 않았다. 반면 양소가 빨리 중임을 맡게 된 원인은 그가 재무 관리에 능했기 때문이다. 양씨 자매들은 현종에게 양소가 "저포(樗蒲)를 잘한다"고 부추겼는데, 저포란 골을 던져서 승부를 정하는 중국 고대의 일종의 노름으로서 타원형 나무쪽을 던져서 승부를 결정낸다. 현종 당시에 궁중에서 성행하였다. 양소는 궁중

의 연회에서 시중을 들면서 매번 저포의 문적(文籍)을 맡아 그 진행을 정확
하게 기록했다. 현종은 그의 강명(强明)함을 매우 좋아하였고, 그를 훌륭한
탁지랑(度支郞)이라고 칭찬하였다. 그러나 현종이 실제로 그의 경제적인 재
능을 알게 되었고, 양소가 그의 이재(理財) 능력을 올바로 보여준 것은, 그
가 탁지원외랑 겸 시어사를 맡은 이후였다. 『구당서』「양국충전(楊國忠傳)」
에는 다음과 같이 말하고 있다.

> 검교(檢校) 탁지원외랑 겸 시어사로 옮겨와서, 수륙운송과 사농(司農)이
> 나 전물(錢物)의 출납을 감독하고 내중시매사(內中市買使)[61]나 검남(劍南)
> 건아(健兒)의 소집하는 사직(使職) 등을 주관하였다. 업무를 잘 처리하여
> 탁지낭중(度支郞中)으로 옮겼으며, 얼마 되지 않아서 15여 사직을 겸임하
> 였고, 다시 옮겨서 급사중(給事中) 겸 어사중승(御史中丞)·전판탁지사(專
> 判度支事)가 되었다.

『자치통감』 卷216 천보 6재 6월에는 다음과 같은 내용이 있다.

> 탁지낭중 겸 시어사 양소는 황제의 기호를 잘 살펴 그의 뜻에 잘 맞추어
> 서 세금을 긁어모아 승진하였고 일년 만에 열다섯 개의 사직(使職)을 한꺼
> 번에 맡게 되었다. 갑신년, 급사중 겸 어사중승 및 전판탁지사가 되었다.

양소는 수륙운송·사농·전물의 출납을 관리하는 15개의 사직을 맡

---

61) 내중시매(內中市買)라는 사직(使職)은 천보 4재부터 천보 6재까지 양국충이 내중
고장(內中庫藏)의 출납과 내정(內廷)의 음식재료 구입을 책임지고 있던 것이 사직
의 업무로 바뀌는 과정에서 나타난 것이다. 이후에는 이 업무가 궁시사(宮市使)로
넘어간다. 이는 앞에서 언급한 왕홍(王鉷) 이래로 내고(內庫)에 모은 자금으로 궁
중의 연회를 벌이던 비용과도 관련이 있다.

았다. 이로써 그는 전판탁지사(專判度支事)가 된 후 재정의 수입과 지출을 주관하였을 뿐만 아니라 양식·돈·비단의 보관과 출납도 관리하였는데, 이전에 없던 재정 전체를 총괄하는 대권을 얻게 된 것이다.

"이 때 각 주현은 물자가 풍부하였고, 창고에 쌓아놓은 곡식과 비단은 거의 만을 헤아렸다"는 사정에 입각하여, 병제의 변화나 수공업과 상업의 발전이나 황실과 귀족의 사치 풍조가 날로 번성하여 국가의 지출은 부단히 증가하게 된 실제적인 추세를 따라 양소는 "식량을 팔아서 경화(輕貨)로 바꾸고 정조(丁租)와 지세를 징집하던 것을 모두 면과 비단으로 바꾸어 수도에 수송하도록 주청하였다." "식량을 팔아서 경화로 바꾼다"는 것은 "전국의 의창에 보관된 양식을 저렴한 가격으로 팔아 면과 비단으로 바꾼다(『책부원귀(册府元龜)』卷520의「방계부(邦計部)」〈희지(希旨)〉)"는 것을 가리키는 것이다. 개원 년간에 의창의 징수 방법을 개조한 후에, 의창에 저장되는 양식의 양은 신속히 증가하였다. 배요경이 시행한 조운(漕運) 개혁의 중점은 강회(江淮) 지역에서 운반해오는 의창의 곡식의 규모를 확대시킨 것이었다. 천보 원년 위견(韋堅)은 또 강남 의창의 곡식을 시경화(市輕貨)로 바꾸어 수도에 운반하였다. 또한 양소는 전국 각지의 의창에 있는 곡식을 팔아 면과 비단으로 바꾸어 좌장(左藏)에 보관하고, 또한 정조와 지세를 모두 면과 비단으로 바꾸어 수도에 운반하였다. 이렇게 하여 중앙 정부의 창고는 전에 없이 풍족하였고, 화폐와 비단과 면을 저장하는 좌장고의 창고 수도 수백 칸으로 증가하였다.

현종은 국가의 금고와 창고에 보관된 양이 역사상 그 어떤 시기보다도 풍족하다는 보고를 듣고 군신들에게 국가의 재물과 부를 과시하려 하였을 뿐 아니라, 자신이 직접 참관하고자 하였다. 이리하여, 천보 8재(749) 2월 13일, 현종은 백관을 이끌고 좌장고(左藏庫)를 참관하여 비단과 면과 화폐가 산적해 있는 것을 보고는 매우 기뻐하였으며, 함께 수행하여 참관한 백관들에게 각각 서로 다른 양의 비단을 하사하였다. 양소에게는 특별히 자의금어(紫衣金魚)를 하사하고 태부경사(太府卿事)를 겸하여 맡도록 하였다. 이후, 양소는 늘 금중에 출입하였으며, 현종은 그에게 날마다 은총을 더하였다. 다음 해 현종은 국충(國忠)이라는 이름을 하사하였다.

천보 8재 초에 물자가 산적해 있는 좌장고를 참관한 뒤부터 정치적·경제적뿐 아니라 심리적으로 현종에게 막대한 영향을 주었다. 무엇보다도 개원 이래 현종이 심리적으로 끊임없이 시달려온 재정상의 압박이 철저히 해소되었다. 우문융(宇文融)의 호구조사(括戶)에서 시작하여 개원 25년 전후 부세 제도와 재정 제도에 이르기까지의 여러 가지 변화와 양신긍(楊愼矜)·위견(韋堅)을 중용한데서부터 왕홍을 중용하기까지의 시기는 모두 국가의 수입을 증가시키고 경비부족의 어려움을 해결하기 위한 시기였다. 개원 시기의 시책은 커다란 성취를 얻어, 재정 수입이 약 50% 정도로 급격히 증가하였다. 비록 천보 시기에 양신긍·위견·왕홍의 노력으로 현종은 찬탄할 만한 성과를 얻었지만, 그들은 여러 가지 방법으로 문제를 해결하기만 할 뿐 발전을 거두지는 못하였다. 특별히 지방 창고는 날로 풍부해졌지만, 중앙 창고에 축적되는 물품은 그다지 빨리 증가하지 않았다. 때문에 현종은 재정 문제에 대해서는 아직 방심할 수 없었던 것이다.

사마광은 "황제는 국가의 재화가 풍부한 까닭에 비단과 금을 보기를 거름과 같이 여겼다. 그래서 총애하는 사람들의 집에 상을 내릴 때는 제한이 없었다(『자치통감』 216권)"고 말하고 있다. 황실과 귀족, 관료들의 사치 풍토는 천보 년간 이래로 더욱 증가하여 이 시기에 이르자 제한이 없어졌다.

이런 상황에서 농우(隴右)와 하서(河西)에 견직물의 옷을 하사하는 것은 문제가 되지 않았다. 그래서 현종은 주의력을 변방에 집중시키고 변방의 장군들이 지시에 따를 것을 요구하였다.

양국충이 이렇게 획기적인 결과를 얻을 수 있던 것은, 분명 전대(前代)의 재정 정치가들의 토대 위에서 얻어낸 것이었다. 그러나 양신긍과 위견은 물론 왕홍도 전국의 재정 수입·양식 매매·절납·운수 등의 문제를 전권적으로 처리할 수 있는 이런 전판탁지사(專判度支事)의 관직에는 오르지 못하였다. 그들이 시행했던 것처럼 식량을 팔아서 경화(輕貨)를 사거나 면과 비단으로 바꾸는 등의 시책은 지방에서 국부적으로 시행되었을 뿐, 양국충이 계획했던 것처럼 전국적으로 시행되지는 않았다. 양국충이 전판탁지사를 맡은 것은 당대 재정 제도의 또 하나의 전환이었으며, 후에 탁지사(度支事)가 재정을 지배하는 효시가 되었다. 사마광은 당대 사람인 소면(蘇冕)의 말을 인용하여 다음과 같이 말하였다.

> 관직을 설치하여 직무를 나누니 각각 맡은 관청이 존재하게 되었다. 정책에는 일괄성이 있어서 지키기가 쉽다. 일은 근본으로 돌아갔으므로 잃어버리기는 어렵다. 장기적인 안목으로 국가를 다스려야 하는데 이것을 버림은 무슨 근거가 있는가? 간신들이 널리 이익을 말하는 것으로 성은을 격동케 함으로써 은총을 받는 자가 많았으며, 백성을 괴롭혀서 세금을 후하게 거두며, 가식적인 권력을 뽐내어 헌상한다. 황제의 마음이 동하여 사치가 늘어나고 백성들은 원망하며 빈곤해졌다. 황제의 관리로 하여금 그 자리를 지키되 일은 하지 않고, 후한 녹봉을 받되 그 쓰임은 낭비되게 하였다. 우문융이 그 실마리를 창도하였는데, 양신긍과 왕홍 등은 계속 그 전철을 쫓았고, 양국충은 끝내 변란을 이루게 되었다(『자치통감』권216. 천보 7재 6월 楊釗專判度支事).

소면(蘇冕)은 철저한 분석을 가하지도 않은 채 재물을 관리하고 이익을 추구하는 군신들은 모두 간신이라고 질책하고 있는데 이것은 옛부터 전해 내려오는 전통적인 편견이라 볼 수 있다.

그러나 소면이 말한 바 사직이 생긴 후에, "관리들이 자기의 자리만을 지키고 일을 하지 않게 하였으며", 많은 부문의 직권들이 사직(使職)에 의해 침탈되었다. 그리고 양국충이 "끝내 변란을 이루게" 되어서, 철저히 원래의 재정 계통을 망가뜨린 것이라고 한 점은 정확히 맞는 말이다. 양국충이 전면적으로 재정을 집권하는 과정은 바로 호부(戶部)·태부(太府)·소부(少府)의 권력이 점차 재정 관련되는 여러 사직(使職)에 의해 대체되는 과정이라고 말할 수가 있다. 양국충이 맡은 판탁지사(判度支事)는 바로 이러한 변화의 완성이었던 것이다.

천보 7·8재 이후, 현종은 양국충에게 날이 갈수록 더 깊은 은총을 내려주었다. 양국충은 천보 4재부터 장안에 도착한 후로부터 비록 관운이 형통하여 빠르게 상승하기는 하였지만, 그는 여전히 줄곧 왕홍과 이림보에게 의지하고 있었다. 처음에 이림보는 그의 재능이 미비했기 때문에 그를 안중에도 두지 않았다. 후에 양국충은 이림보를 시종 공경과 근신함으로 대하였으며, 이림보가 위견·양신긍·왕홍을 공격하고 그 자신과 다른 뜻을 가진 사람을 배척할 때 양국충에게 공격수의 역할을 맡기기도 했다. 또한 당시 재정권은 왕홍과 양국충 두 사람의 손에 나누어 맡겨져 있었는데, 이림보는 그들을 떼어 놓고 다스릴 수 있었다. 그래서 두 사람의 관계는 줄곧 천보 11재(752)까지 유지되었다. 그 사이에 양국충도 자그마한 행동을 개시하기도 하였다. 천보 9재 양국충은 이림보가 신임하는 어사대부(御史大夫) 송혼(宋渾)이 수만량을 좌장(坐贓)하였다고 탄핵하는 상주를 올려 조양(潮陽)으로 유배를 보냄으로서 이림보의 심복을 제거해버렸다. 그러나 이림보에게 큰 손해를 끼치지는 못했다.

천보 11재(752), 왕홍은 동생 왕한(王鉒)과 사이가 좋던 형재(邢縡)가 군사를 거느리고 반란을 일으키는 바람에 죽임을 당했다. 양국충은 왕홍이 맡고 있었던 경조윤(京兆尹)·어사대부(御史大夫)·경기(京畿) 관내(關內) 채방사(採訪使)와 왕홍이 다스리던 20여 개의 사직(使職)을 이어받아, 조정의 모든 재정 대권을 장악하였다. 이쯤 되자 양국충이 이림보에게 끼친 권력과 지위에 대한 위협은 보통이 아니었다. 양국충은 모든 기회를 부여잡고 이림보에 대한 전복을 기도하였다. 형재의 안건을 심사 처리할 때, 양국충은 이림보가 왕홍의 형제 및 돌궐의 아포사(阿布思)와 함께 사적으로 왕래한

사건을 빌미로 삼았고, 이에 가서한(哥舒翰)과 진희열(陳希烈)을 증인으로 삼
았다. 그러나 이 두 가지 사건은 본래 그다지 큰 비밀이 아니었기 때문에
현종은 더 이상 조사하지 않았다. 이림보를 전복시키려는 목적까지는 이
루지 못했으나 결국 현종으로 하여금 이림보로부터 멀어지게는 만들었다.
이림보도 그대로 물러설 리가 없었다. 그는 남조(南詔)가 변방에서 소란을
일으키는 틈을 타서 촉인이 양국충을 요청한다는 구실로 양국충을 촉으로
보내기를 주청했다. 이림보의 본심은 양국충을 조정에서 몰아내려 한 것
이었다. 그러나 이림보와 양국충에 대한 현종의 심정 속의 무게는 이미
변해버린 후였다. 그래서 양국충은 현종에게 이별을 고하면서 반드시 이
림보가 해를 입힐 때가 올 것이라고 이야기하였다. 현종은 양국충에게 "경
은 잠시 촉에 가서 군사의 일을 처리하라, 짐이 손을 꼽아가며 경을 기다
리겠노라"라고 말하고, 시를 지어 송별하였는데 그 시의 말구에서는 그를
재상으로 삼을 것이라는 뜻을 비추었다. 이림보가 중서령을 맡은 후, 재상
은 모두 두 명이 되었다. 이림보는 그 가운데에서 시중 혹은 평장사를 맡
은 우선객(牛仙客)이나 이적지(李適之)는 물론 진희열(陳希烈)까지도 자신의 들
러리로 보았다. 그리고 그들 역시 이림보와 같은 위세와 재능을 갖추지는
못하고 있었다. 그러나 이 시점에서 양국충의 경우에는 상황이 달랐다. 일
단 재상이 되면 이림보와 대등한 지위를 가질 것이며, 더 나아가 그를 대
신할 수도 있었다. 이림보는 확실히 죽느냐 사느냐의 중요한 기로에 놓이
게 되었다.

병에 걸려 병상에서 일어날 수 없게 된 이림보는 화도 나고 마음도
조급해 졌다. 그는 양국충에 의해 물러나는 것을 참을 수 없었다. 사람의
마음을 꿰뚫어보는 무당이 있었는데, 그 무당은 이림보가 황제를 보면 그
병이 나을 수 있다고 하였다. 이림보도 이것을 빌미로 자신에 대한 현종의
태도를 알아보고자 하였다. 현종은 자신을 십여 년 간이나 보좌해주었던
이림보를 푸대접해서 버리지는 않은 셈이다. 현종은 친히 여산(驪山)에 올

라갔다가 성각(聖閣)으로 내려가면서 이림보로 하여금 정원 안에서 멀리 현종쪽으로 바라보게 하였다. 현종은 빨간 손수건을 흔들어 자신의 마음을 전해주었다. 황제가 비록 친히 행차하지는 않았지만, 이림보에게 있어서는 황제의 극진한 관심을 확인한 셈이었다.

개원 24년(736) 11월 27일부터 16년 간이나 중서령과 재상을 맡아온 이림보가 천보 11재(752) 11월 12일 세상을 떠났다. 17일, 현종은 양국충을 우상(右相, 中書令) 겸 문부상서(文部尙書 ; 즉 吏部尙書)에 임명하였으며, 예전과 같이 판관(判官)과 사직(使職)을 겸하게 하였다.

우상으로 임명되었을 때에는 문부상서(文部尙書)・집현전학사(集賢殿學士)・수국사(修國史)・숭현관대학사(崇玄館大學士)・태청궁사(太淸宮使)・태미궁사(太微宮使)를 겸임하였다.

이림보가 임종하기 전에 맡았던 직책은 좌복야겸우상(左僕射兼右相)・이부상서(吏部尙書)・진국공(晉國公)이었다. 비록 우상의 권력이 미치지 않는 바가 없고 좌복야는 정부의 수뇌였지만, 그가 구체적으로 전담했던 것은 관리의 선발이었다. 재정권은 여전히 왕홍과 양국충이 분담하고 있었다. 그리고 양국충은 이림보가 가지고 있던 권력을 계승한 것 이외에 그가 원래 담당하고 있던 직무와 왕홍으로부터 받은 재정권 및 관내도・경기・검남・산남서도(山南西道)의 군정대권도 고스란히 건네받았다. 그는 아직도 검남의 군사를 책임지고 있었기 때문에 일부분의 병권을 장악할 수 있었다. 이것은 현종이 양국충에게 준 권력이 이림보에게 준 것보다 더 크다는 것을 보여준다. 군대의 병권 외에 행정・재정・인사 등용과 같은 커다란 권력이 모두 양국충에게 집중되어 있었다.

현종이 이렇게 큰 권력을 양국충에게 준 것은 그를 인정하고 총애하였기 때문이기도 하며, 태평성세가 유지되어 천하에는 다시 근심이 없다고 여겼고 70세가 넘은 고령의 나이에 정무에 대하여 피곤함을 느꼈기 때문이기도 하다. 현종은 고력사에게 다음과 같이 말하였다. "짐이 이제 늙었

으니 조정의 일은 재상에게 맡기고 변방의 일은 여러 장군에게 맡기고자
한다. 그렇게 하여도 어찌 다시 우환이 있겠는가."

　　양국충이 이처럼 막강한 권력을 장악하게 되자, 조정의 대신들 가운데
에는 아무도 그와 대적할 사람이 없었다. 유일하게 그와 맞설 수 있고,
재상의 권한에 위협을 줄 수 있는 것은, 실권을 장악한 변방의 장수가 출
장 입상하는 경우였다. 장군이 출장 입상하는 것은 당초 이래로 하나의
전통이 되었다. 비록 무측천이 권력을 잡고 있던 시기에 한 번 중단이 되
기도 하였지만, 현종의 개원 년간에는 변방의 형세가 변화하여 이러한 방
법이 부활되었다. 개원 9년 장열은 천병군절도대사(天兵軍節度大使)를 역임
하다가 재상이 되었다. 어떤 사람들은 개원 초 외지로 폄적된 것을 다시
기용한 것이라 하기도 한다. 개원 14년(726) 안서부대도호(安西副大都護)·
적서절도(磧西節度)인 두섬(杜暹)이 동평장사(同平章事)가 되고, 개원 16년에
는 하서절도사(河西節度使) 소숭(蕭嵩)이 병부상서·동평장사가 되고, 개원
23년에는 함주절도사(函州節度使) 장수규(張守珪)를 재상으로 삼고자 했다. 개
원 24년 삭방절도사(朔方節度使) 우선객(牛仙客)이 공부상서(工部尙書)·동중서
문하3품이 되었는데, 그것은 현종의 의도적인 시책이었다. 이러한 방법이
천보 년간까지 지속되지는 않았지만 현종이 변방의 장군에게 부여한 권력
은 날이 갈수록 커져갔다. 그래서 변방의 장군이 재상이 되는 것을 금지하
는 것은 조정 내부 권력 투쟁의 중요한 부분이 되었다. 이림보가 "특별히
왕충사(王忠嗣)를 투기하고(『구당서』 권103, 「왕충사전」)", 그에게 해를 끼친 것
은 그가 재상이 되는 것을 두려워하였기 때문이다. 이림보가 세상을 떠난
후 현종은 또 다시 장기(張垍) 형제와 고력사와 함께 의논하기를 안록산을
재상으로 삼고자 하였다. 안록산은 3도의 절도사이므로, 본래 권력이 컸
으므로, 양국충과 힘을 겨룰 만하게 되어 있었다.

　　현종이 이림보·양국충 등의 재능 있는 관리들과 안록산·가서한 등
의 번장들을 중용하는 동시에, 문사를 맡은 관리에 대한 태도에는 변화한

모습을 보였다.

개원 9년(721) 현종은 새로이 장열을 재상으로 기용하였다. 개원 11년 여정서원(麗正書院)을 설립하고 문학과 유학의 학사를 모아서 책을 수정하고 강의를 하게 하였다. 13년에는 여정서원을 집현전서원(集賢殿書院)으로 고쳤다. 개원 21년에는 장구령을 재상으로 삼았다. 비록 이러한 것들은 주로 문치(文治)를 꾸며내려는 행동이기도 하였지만, 현종이 문사들을 존중하고 신용하고 있음을 나타내 보여주는 것이기도 하였다. 다수의 과거 출신 문사들도 이러한 상승 기류를 타고 벼슬길의 기초를 확고히 다졌다.

이로 말미암아 현종이 장구령과 함께 우선객을 등용하느냐 마느냐에 대해 논쟁을 한 후 장구령이 은퇴를 하자, 문사 및 대신을 대하는 태도에도 큰 변화가 생겼다. 조정에서는 "문학과 정사는 본디 분리되어야 한다"는 사조가 우세한 쪽을 차지하였고, 현종이 '정사'를 대하는 태도에도 변화가 생겼던 것이다.

개원 초년 요숭과 송경이 재상이 되자 현종은 늘 그들을 궁중에 불러 정사를 토론하였다. 그들이 오면 현종은 일어나서 그들을 영접하였고 그들이 떠날 때에는 친히 문 입구까지 바래다주었으며 그들에 대한 예우를 아주 깍듯하게 하였다.

개원 원년에서 개원 12년에 이르기까지 현종은 우문융에게 도호(逃戶)를 검괄(檢括)하게 하였을 때, 우선 관리들로 하여금 흩어지고 옮겨간 사람들을 소집시키는 문제를 의논하게 하였으며, 위법 행위에 대해 힐문하는 것은 나중에 다시 백관 관료들을 상서성(尙書省)에 소집하여 의논하게 하였다.

개원 21년, 관중(關中)에 장기간 비가 내려 곡식의 품귀 현상이 발생하였다. 현종은 동도에 가기 전에 경조윤(京兆尹) 배요경을 불러 대책을 상의하였다. 같은 해, 재상 한휴(韓休)와 소숭(蕭嵩)은 몇 번이나 현종의 면전에서 쟁론을 벌였다.

개원 22년 재상 장구령이 동전 주조를 허락할 것을 요청하였다. 현종은 백관을 불러 그 일을 의논하였다.

이러한 일들, 즉 재상을 소집하여 의논하거나 대신들이 군국의 대사를 의논하여 결책(決策)을 내린 것은, 현종에게 있어서 정사의 내용 전부는 아니었지만 개원 전기 정사의 주요 내용과 핵심이었음을 보여준다. 비록 그가 우문융 등의 관리들로 하여금 실제적인 문제를 해결하게 하였지만, 그 문제와 관련된 일은 여전히 대신들의 토론을 거쳤다. 문학과 정사를 나누어 토론하자는 논의가 제기된 후에, 정사는 구체적인 문제의 해결에 국한되었다. 어떤 문제가 생기면 현종은 아주 드물게 대신들을 소집하여 상의하고, 한 가지 방면에 재능이 있는 자에게 관련된 사직(使職)을 맡겨, 그 방면의 문제를 해결하도록 파견하고 전권을 부여하였다.

천보 년간 현종은 자기의 신변에 많은 문사들을 모았는데, 이러한 사람들의 대다수는 개원 년간 문(文)으로 관리가 되는 영향 아래에서 성장해 왔던 것이다. 그들은 시를 잘 짓고 문장에 능하였지만 역사적 지식에는 어두웠다. 그들은 "육경(六經)은 아직 펼쳐보지도 아니 하였고, 삼사(三史)는 벽걸이에 걸어둘 뿐이었다(『舊唐書』卷119「楊綰傳」)"고 한다. 유가 경전을 공부하지 않았으며 역사적 지식도 매우 결핍되어 있었으므로, 현실적인 사회 문제에 대해서는 깊이 이해하지 못하였고 정무에 대해서는 더더욱 아무런 경험도 없었다. 고종과 무측천 시기의 그들의 선배와 비교하여 보면 그들 가운데 대다수는 정치적인 재능이 결핍되어 있었다. 현종이 문치를 꾸미는 것에 주의를 기울이고 있을 때 그들 가운데 많은 사람들은 비교적 순탄한 벼슬길에 오를 수 있었고, 급사중(給事中)이나 중서사인(中書舍人)도 될 수 있었다. 그러나 현종이 그들을 높이 평가한 것은 문학적 재능일 뿐이었다. 예를 들어 왕유(王維)는 개원 19년 진사에 급제하여 이미 시화 방면에 이름을 날렸으며 장구령의 선발을 통하여 천보 원년(742)에는 좌보궐(左補闕 : 종7품 이상)에서 고부랑중(庫部郎中 : 5품 이상)으로 승격되었다. 그 해

왕유(王維)가 지은 「삼월삼일곡강시연응제시(三月三日曲江侍宴應制詩)」에서는 이미 천자(天子)의 명을 받들어 시를 짓는 봉화(奉和)[62]의 자격을 가지게 되었음을 설명해주고 있다.

이 때 초청되어 수도로 입성한 시인 이백의 상황은 이와는 또 달랐다. 이백은 자신의 포부를 펼칠 시기가 왔다고 믿고 하늘을 바라보며 크게 웃으며 집안을 떠났다. 장안에 도달한 후에 현종은 그에게 한림(翰林)에서 문서 대조를 맡게 하였다. 그 후, 이백은 현종을 모시고 온천궁으로 갔다가 "훌륭한 부를 지어 바쳤기 때문에" "은혜를 입어 황제의 옷을 하사받았다(李白, 「溫泉侍從歸逢故人」)." 현종이 그에게 예우를 더한 셈이라고 볼 수 있다. 그러나 한림원(翰林院)에 있는 날 동안 이백은 "구름이 옷이 되려는 듯, 꽃같은 얼굴이어라(李白, 「淸平調詞三首之一」)" 같은 시가를 지어 바쳐서 후궁들에게 감상시키는 것 외에는 할 일이 없었다. 사실 그는 봉화(奉和)의 자격도 얻지 못하였으므로 이는 그저 황제의 문학적인 심부름꾼이 된 셈이었다.

이백에 비해 조금 늦었던 두보의 경우는 더욱 참담하였다. "스스로를 출중한 인재라 여긴 그는 중요한 관직에 올라 요순 시대의 풍속으로 되돌리겠다(『杜工部集』 卷1 「奉贈韋左丞大二十二韻」)"는 포부를 품고 개원 23년 진사과 고시에 참가하였다. 이 해에 관리의 추천을 맡은 자는 문사 손순(孫遜)이었다. 그는 문장의 우열을 선발의 기준으로 삼았는데, 이것은 장론고(掌論誥) 즉, 황제를 위하여 조칙을 기초하는 인재를 뽑기 위함이었다. 그런데 두보의 문장은 손순의 관점과 거리가 멀어서 낙제를 하였다. 천보 10재(751) 두보는 삼대예부(三大禮賦)에 들어가, 다음해 문장과에 시험하여 관직을 맡을 수 있는 자격을 얻었다. 또 3년이 지나 안록산의 난이 일어나기

---

62) 황제가 쓴 시에 화답하는 직책.

바로 직전에야 우위솔부(右衛率府) 주조참군(冑曹參軍)이라는 종8품의 소관을 얻을 수가 있었다.

성당의 시인 가운데 학술과 기예에 통달한 사람으로는 고적(高適)과 잠참(岑參)이 있었다. 잠참은 "오로지 공명을 향하여 곧바로 나아가니, 진실로 영웅이며 대장부라네(『岑參集校注』 권2, 「送李副使赴磧西官軍」)"라고 써서 당시의 조류를 사로잡았다. 또한 그가 바로 이러한 조류를 잘 알았기에 가슴에 가득 찬 호방한 정취로 사람의 마음을 격동시키는 변새시를 쓸 수가 있었다. 잠참은 천보 3재(744) 진사에 급제한 후에 전후로 안서(安西)와 북정(北庭)에서 막직(幕職)을 맡았고, 대종(代宗) 광덕(廣德) 2년(764)에는 우부랑중(虞部郎中)이 되었다. 비록 종5품에 지나지 않았지만, 끝내는 그나마 고관의 행렬에 끼어들게 되었던 것이다. 두보가 같은 해에 검남절도사(劍南節度使) 엄무(嚴武)의 추천에 의해 절도참모(節度參謀) 검교공부원외랑(檢校工部員外郎)이라는 종6품과 정7품에 해당하는 막직을 얻었던 것과 비교해 보면, 더욱 실질적인 것이었다. 고적은 개원 23년 장안에 이르러 과거에 응시하였으나 역시 성공하지 못하였다. 천보 8재에 이르러서 도과(道科)에 급제하여 봉구위(封丘尉)를 받았다. 천보 12재(753) 농우(隴右 : 지금의 청해 동부)에 이르러 절도사 가서한(哥舒翰)의 막부에 들어갔다. 천보 14재(755)에는 강군(絳郡) 장사(長史)에 임명되었고, 다음해 숙종(肅宗) 지덕(至德) 원년(756)에는 회남절도사(淮南節度使)에 임명되었다. 건원(乾元) 2년(759)에는 팽주(彭州) 자사에 임명되었고, 상원(上元) 원년(760)에는 촉주(蜀州) 자사로 전임되었다. 이 기간에 고적(高適)은 두보(杜甫)에게 많은 경제적 도움을 주었다. 그는 보응(寶應) 2년(763), 검남(劍南) 서천(西川) 절도사에 승진하여 임명되었으며, 동천절도사(東川節度使)를 대행했는데, 이를 잠참(岑參)과 비교해 보면 그 지위가 더욱 빛나는 것이었다.

천보 시기의 유생들은 더욱 일자무식이어서 장식적인 역할마저도 하지 못하였다. 『구당서(舊唐書)』 「유학전(儒學傳)」에 천보 시기의 유학자(儒學

者)는 한 명도 없다.

천보 년간에 조정 대신 가운데에는 통치 이념이나 역사 전적에 정통하거나, 정치에 익숙한 사람이 없었다. 현종의 주위에는 마음이 맞는 모사(謀士)도 없었고, 재능이 뛰어난 사람을 불러서 정치를 토론한 것도 기록에는 보이지 않는다. 이처럼 되었으므로, 정사에 대해 현종은 궁정 안에서 고력사와 많은 말을 주고받는 방법 밖에 없었다. 이림보와 양국충은 환관이나 비빈을 통하여 현종의 의도를 알게 되었다. 이렇게 하여 비정상적인 정치적 기운과 결책(決策) 체계가 만들어지게 되었다.

20. 변방으로 뻗어가는 말발굽 소리

개원 말년 이래로, 변방의 형세에 몇 가지 중대한 변화가 발생하였다. 첫째는 튀르기쉬[突騎施]의 내란이다. 서돌궐(西突厥)이 망한 이후 당은 줄곧 서돌궐의 귀족들을 임용하여 서돌궐의 온 오크[十姓部落 ; On Oq]를 관할하도록 하였다. 수공(垂拱, (685~688) 이후, 온 오크는 끊임없이 동돌궐의 침략을 받았고 부락은 쇠약해졌다. 이 때, 튀르기쉬가 점점 강대해져서 쇄엽(碎葉)[63]과 그 부근 지역을 점령하였다. 튀르기쉬는 서돌궐의 다른 종족에 속한다. 개원 초, 튀르기쉬의 카간[可汗] 수충(守忠)의 아우 치노[遮弩]가 돌궐의 카파간 카간[黙啜 ; 뵉 초르 카간]을 이끌고 그 형에게 반격을 가하고 수충을 포로로 잡아 돌아왔다. 그러나 수충과 치노는 모두 카파간에 의해 살해당하였다. 카파간의 군대가 물러난 후 수충부의 장군 소록(蘇祿)이 남은 무리를 모아서 스스로 카간[可汗, Kahn]을 칭하였다. 온 오크는 점차 소록에게 귀속되었는데 그 무리는 20만에 달했으며 서역에 다시 웅거하게 되었다. 소록은 쉬지 않고 사신들을 당으로 파견하였다. 개원 7년(719) 현종은 소록을 충순(忠順) 카간으로 책봉하였다. 10년, 서돌궐의 온 오크 아사나회도(阿思

---

63) 구소련 키르키스탄 북부의 Tokmak(托克馬克, 우크라이나 내에 있는 도시) 부근.

那懷道)의 딸을 교하공주(交河公主)로 삼아 소록에게 출가시켰다. 소록은 비록 당의 책봉은 받아들였지만 당나라를 따르지 않고, 또한 남으로 티베트와 통하며 동으로 돌궐에 접근하여 3개의 세력 사이에서 유리한 입지를 점하였다. 개원 14년(726), 안서도호(安西都護) 두섬(杜暹)은 교하공주가 보낸 교(敎)[64]를 받지 않고 사자를 잡아두고 되돌려 보내지 않았다. 튀르기쉬가 중국과 통상하기 위하여 보낸 1000여 필의 말들이 눈길을 지나다가 죽어버렸다. 소록은 대노하여 군사를 파병하여, 사진(四鎭)을 약탈하고 안서(安西 : 지금 신강 부근)를 포위하였다. 23년, 북정(北庭)[65]을 침략하고 안서에서 성을 탈환하였다. 공격한 다음에 모두 달아났기 때문에 비록 전쟁으로 발전되지는 않았지만, 지속적으로 불안한 요인으로 남아있었다.

개원 26년(738), 튀르기쉬에 내란이 일어났다. 추장 바가 타르칸[莫駕達干]과 도마도(都摩度)가 함께 모해하여 소록(蘇祿) 카간을 죽인 것이었다. 연이어 도마도는 소록의 아들을 토화선(吐火仙) 카간으로 삼고, 바가 타르칸과 맞섰다. 바가 타르칸이 사신을 보내어 당에 고하자, 현종은 적서(磧西) 절도사 개가운(蓋嘉運)에게 명하여 튀르기쉬와 페르가나[拔汗那]의 서쪽에 있는 여러 나라들을 소집하도록 하였다. 토화산과 도마도는 쇄엽성에 거하였고, 흑성가한(黑姓可汗) 이미특륵(爾微特勒)은 탈라스[怛邏斯][66]에 거하면서 함께 군대를 이끌고 당에 대항하였다. 개원 27년(739) 개가운이 쇄엽성을 공격하여 토화선(吐火仙)을 포로로 잡았는데, 카쉬가르[疏勒] 진수사(鎭守使) 부몽영찰(夫蒙靈察)과 페르가나 왕 아르슬란 타르칸[阿悉爛達干]이 병사를 이끌고 탈라스성에 돌입하였다. 이에 서역에 있는 처목곤(處木昆)·서니시(鼠尼施)·궁월(弓月) 등 원래 튀르기쉬에 예속되어 있던 부족들이 모두 무리를

---

64) 당대 親王·公主가 내리는 문서.
65) 北庭의 북쪽.
66) 옛 소련 연방 키르기즈공화국 쟌부르.

이끌고 와서 당에 복종하였다. 당은 바가 타르칸을 카간으로 세워 튀르기쉬 부족의 무리를 다스리게 했다. 이렇게 서역의 형세는 안정되어져 갔다. 개원 29년(741), 현종은 안서와 북정을 나누어 2개의 절도로 만들었다. 안서절도사는 예전처럼 쿠차(龜茲)를 다스리며 서역을 안정시키는 것 외에도, 쿠차·카라샤르[焉耆]·호탄[于闐]·카쉬가르[疏勒]67)의 4진(鎭)을 통치하는 임무를 맡았다. 북정절도사(北庭節度使)는 정주(庭州)68)를 다스리며, 튀르기쉬·키르키즈[堅昆]를 견제하는 책임을 지고, 항가이[瀚海]·천산(天山)·하미[伊吾]69)의 3군(軍)을 통괄하는 임무를 지니고 있었다.

둘째는 남조(南詔)가 육조(六詔)를 통일한 것이다. 운남(雲南) 경내의 민족은 아주 많았는데, 그 가운데에서 오만(烏蠻)과 백만(白蠻)이 강성하였다. 7세기 후기, 오만의 귀족이 육조를 건립하였는데, 그 가운데 몽전조(蒙全詔)가 거하는 곳이 가장 남쪽이어서 남조라고 불렀다. 현종 년간에 피라각(皮邏閣)이 누하부(淚河部)를 대패시키고 나머지 오조(五詔)를 합병하였으며, 또한 티베트를 대패하고 대화성(大和城)70)에 이주하여 살았다. 개원 26년(738) 당은 남조왕 피라각을 운남왕(雲南王)으로 책봉하였다. 이후, 남조는 신속히 강대해지기 시작하였다.

셋째는 동돌궐의 멸망이다. 고종 말년에 동돌궐은 당의 지배에서 벗어나, 동돌궐 한국(汗國)을 새로 세웠다. 이후로도 쿠틀룩[骨咄祿 : 일테리쉬 카간]과 뵉 초르[黙啜 : 카파간 카간] 카간의 지휘 하에 이들은 끊임없이 당에게 진공을 가하였다. 이것은 당에게 있어서는 줄곧 거대한 위협이 되었다. 성력(聖曆) 원년(698), 돌궐군은 이미 하북(河北)의 정주(定州)와 조주(趙州)에 깊이 들

---

67) 지금의 신강 喀什.
68) 北庭의 북쪽.
69) 北庭과 西州에 있으며 즉 지금 투르판의 高昌城과 伊州로 지금의 哈密의 서북.
70) 大理 남쪽으로 15리에 위치.

어와 살육과 약탈을 일삼고 많은 당나라 사람들을 사로잡아 갔다. 개원 4년(716), 쿠틀룩(일테리쉬)의 아들 빌게[毘伽] 카간이 즉위한 이후에도 계속 남하하여 당을 교란시키고자 하였다. 모주(謀主) 톤유쿠크[暾欲谷]는 이에 대한 분석을 가하면서 "당왕은 영명하고 용감하며 인심은 평화롭고 해마다 풍년이 드니, 틈이 없어 거동을 일으킬 수 없다. 나의 무리가 새로 모였으나 아직은 피곤하여 반드시 휴식을 취하여야 하니 3년 정도가 흐른 뒤 돌아가는 상황을 봐서 일으켜야 할 것이다(『구당서』 권194상, 「돌궐」 상)"라고 하였다. 빌게 카간은 직접 그의 의견을 받아들이고, 사신을 보내어 화친을 청하였다. 개원 8년, 당나라 삭방(朔方)의 대총관이 서쪽으로 바스밀[拔悉密]로 나가고 동으로 해와 거란을 일으켜 가을에 빌게[毘伽] 평장(平帳)을 협공하자고 주청하였다. 이 계획을 분쇄하기 위해, 톤유쿠크[暾欲谷]는 군병을 이끌고, 두려워하며 후퇴하는 바스밀을 추적했다. 드디어 바스밀이 거주하는 북정을 포위, 공격하여 격파하였다. 군병들은 돌아오는 길에 감(甘)과 량(凉)을 약탈하고, 양주(凉州)의 양마(羊馬)를 노략하고, 당의 군대를 대파하였다. 9년, 빌게는 사신을 보내어 화친을 구하였다. 현종은 서문에서 "국가와 돌궐이 화친하니, 중화와 오랑캐가 편안하게 되고, 군사들이 휴식을 취하였다. 국가에서는 돌궐의 양마를 사고 돌궐은 국가가 내린 비단을 받으니, 피차 넉넉해지리라"라고 회고하였다. 또한 카파간은 수십 년 동안 "몇 번이나 나아가 군병을 도적질하고 변방을 노략질하여, 사람들이 원망하고 신이 화를 내므로 이 몸이 죽으면 먼 곳에 장사하라"고 말하고 죽었는데, 지난 해 감주(甘州)와 양주(凉州)를 기습한 것은 카파간의 전철을 다시 밟은 것을 가리킨다고 언급하였다. 마지막으로 현종은 국가가 "지난날의 잘못을 쫓지 않는다"라고 하여, 만약 진실함이 있다면 장기적인 안목으로 함께 할 것이고, 만약 변방을 침략한다면 역시 맞서서 준비하겠다는 뜻을 나타내었다. 당시의 당 왕조의 통치는 견고하였고 북방의 방어를 강화하였으므로 돌궐은 엿볼 틈이 없었다. 외국과 통상하고 화친하는 것은 유리한 일이었다. 그래서 돌궐은 당에 대하여 줄곧 우호적인 관계를 유지하였다. 빌게[毗伽]가 죽은 후, 텡그리[登利] 카간도 이러한 정책을 유지하였다.

역사적으로 볼 때, 돌궐은 이미 동북에서 서역에 이르는 넓은 땅을 통치하였다. 즉 재건된 동돌궐은 동북과 사막 남북부, 서북에서부터 티베트에 이르기까지 영향을 미치는 하나의 거대한 군사역량을 갖추고 있었던 것이다. 이 때문에, 비록 빌게[毗伽] 카간이 당나라와 화친하는 정책을 취하였지만 현종은 그들에 대해서 쉽사리 마음 놓을 수 없었고 언제까지나 돌궐에 대해서 방어의 중점대상으로 삼아왔다.

삭방(朔方 : 지금 寧夏 靈武 서북)은 일찍이 많은 군대를 주둔시킨 곳으로, 개원 9년(721), 삭방행군대총관(朔方行軍大總管)을 삭방절도사(朔方節度使)로 변경하고 돌궐을 막는 중견 병력으로 자리잡게 하였다.

개원 11년, 천병(天兵) 및 대무(大武) 등의 군을 없애고, 태원 이북의 절도사를 설립하고 삭방(朔方) 절도사와 함께 협공하는 형태로 돌궐을 방어하였다.

개원 14년 4월, 또한 정주(定州)·항주(恒州)·막주(莫州)·역주(易州)·창주(滄州) 등의 5주(州)에 군(軍)을 설치하고 돌궐에 대비하였다. 설치 지역은 하북(河北) 내지였다.

이외에도, 하서(河西) 절도사(治所는 지금의 甘肅 武威)도 티베트·돌궐을 막는 임무를 책임지고 있었다.

군사적으로 방어하는 것 외에도 현종은 정치적으로 잘 회유하고, 경제적으로 물질적 만족을 주는 데에도 주의를 기울였다. 개원 13년 동쪽으로 가서 태산에 봉선(封禪)을 지낼 때, 현종은 원진(袁振)을 파견하여 돌궐에 가서 그 대신들이 함께 태산의 봉선에 오게 하였다. 개원 15년, 티베트가 과주(瓜州 : 지금의 甘肅 安西 東南)를 공격하면서, 빌게[毗伽]에게 편지를 보내어, 동시에 당으로 진격하자고 요구하였다. 빌게[毗伽]는 사신을 보내 티베트의 서신을 현종에게 헌납하였다. 현종은 빌게[毗伽] 카간의 진실함을 칭찬하며,

친히 사신들에게 주연을 베풀면서 다음과 같은 내용을 전하였다. "서수항성(西受降城)[71]에서 호시(互市)를 열게 하고 매년 비단 수만 필을 보내어 융마(戎馬)를 사게 하여 군대의 여정에 도움을 주고, 또한 목감(牧監) 말의 종자를 개량하기 바라노라." 이 일은 『구당서(舊唐書)』「돌궐전(突厥傳)」에 "매년 비단 수십만 필을 변방에 보내었다"라고 기록되어 있다. 당대 사람들의 설법으로 비추어 볼 때, 이 두 가지 기록은 결코 모순이 되지 않는다. 개원 9년 현종은 빌게 카간에게 보내는 서신에서 당초에 이 양쪽 호시의 상황을 회고하여 "당왕조는 돌궐의 양과 말을 샀고, 돌궐은 당왕조에서 보내는 비단을 받았다"라고 말하였다. 『구당서』「돌궐전」에서 "이를 보내었다"는 것과 "당왕조에서 보낸 비단을 받았다"라는 말이 실제로 내포한 의미는 똑같다. 단지 입으로 말하지 않고 시장에 가서 말을 샀을 뿐이다. 『신당서(新唐書)』「돌궐전(突厥傳)」하(下)에서는 "삭방 서수항성에서 호시(互市)를 열도록 허락하고, 매 년 비단 수십만 필을 주었다"라고까지 하였는데, 송대에 주로 사용한 '허세를 부려서 말하는 방법'을 썼다고 할 수 있다. 그래도 그 내용은 말과 비단을 교역하는 것을 가리키는 것이다. 비록 호시(互市)였지만 실상은 전투용 말을 사는 것이었다. 현종의 착안점은 이를 통해 돌궐의 물질적 요구를 충족시켜주고, 그 대신 변방의 안정을 취하고자 하였던 것이다. 그래서 모든 대가를 아깝게 여기지 않고 산을 넘고 물을 건너 대사막을 통과하여 몇 십만 필의 비단을 서수항성(西受降城)까지 운반하였다.

무릇 이러한 여러 가지 사항들은 현종이 돌궐에 대하여 걱정하며 고심하였음을 보여주는 것이다.

개원 22년, 빌게 카간이 신하에게 독살되어, 아들 이날[伊然] 카간이 즉위

---

71) 지금의 내몽고 바옌나오얼(Bayan Nur) 서쪽에 있는 도시.

하였지만 오래가지 않아 죽고, 아우 텡그리[登利] 카간이 그 뒤를 이었다. 그러나 개원 29년 돌궐에 내란이 일어나, 텡그리 카간은 피살되고 힘은 약해져만 갔다. 천보 4재(745) 백미(白眉) 카간이 위구르[回紇]의 회강(懷江) 카간에게 피살당하는 것으로, 동돌궐은 중국 역사의 정치 무대에서 끝내 사라졌다.

이어서 일어나게 된 위구르는 기회를 틈타 영토를 넓혔다. 그러나 동으로 실위(室韋)에 이르고, 서로는 금산(金山)에 이르고, 남으로는 대사막을 넘어 돌궐의 땅을 다 차지하였음에도 당을 위협할 수는 없었다.

동돌궐의 멸망으로 말미암아 근본적으로 북방의 형세가 변화되었다. 이로써 북방의 근심이 제거되었을 뿐만 아니라, 당은 북방 세력과 티베트의 연합을 걱정하지 않아도 되었다. 이에 따라 당은 하서주랑(河西走廊)에서의 압력으로부터 가벼워지게 되었다. 이렇게 당은 오래간만에 두 팔 다리를 뻗을 수 있었고, 다른 전선에서도 공격을 펼칠 수 있었다.

네 번째 티베트도 당과의 전투를 강화하였다. 전투의 주요 대상은 두 지방이었는데, 한곳은 길지트[小勃律]이고 다른 한곳은 석보성(石堡城)이었다.

티베트는 하서(河西) 농우(隴右)에 있는 당의 강대한 대군력을 피하여, 당의 역량이 빈약하였던 서쪽에 있는 안서(安西) 사진(四鎭)[72]으로 쳐들어갔는데 이것은 티베트가 고종·무측천 시기에 이미 얻어낸 전략이었다.

길지트[小勃律]는 지금 케시미르 북부의 키르키지아 유역에 위치하고 있는데, 이곳은 티베트 고원에서 서역으로 진입하는 유일한 통로이다. 이리하여 발율(勃律)은 당과 티베트의 전투에서 초점이 되어 왔다. 개원 전후, 티베트는 늘 발율을 포위하였고 발율에게 대해서 말하기를 "나는 이

---

[72] 안서 사진은 애초에 정관(貞觀) 22년(647)에 쿠차[龜玆]·카라샤르[焉耆]·호탄[于闐]·카쉬가르[疏勒]에 설치되었으며, 쿠차를 통치하는 안서도호부(安西都護府)에 의해 통치되었다. 조로(調露) 원년(679), 쇄엽(碎葉)으로써 카라샤르를 대치하였다. 개원 초, 북정도호부(北庭都護府)를 설립하고, 쇄엽은 그 관할 구역이 되었으며, 다시 카라샤르는 쇄엽을 대신하였다.

나라를 도모하는 것이 아니다. 이 길을 빌어 사진(四鎭)을 공격하는 것이다"라고 하였다. 개원 10년 가을, 티베트는 또 길지트를 포위하였다. 길지트 왕이 안서(安西) 도후 장숭(張嵩)73)에게 도움을 요청하여 말하기를 "발율은 당의 서문(西門)입니다. 발율이 망하면 서역이 모두 티베트의 것이 됩니다"라고 하였다. 장숭은 카쉬가르[疏勒] 부사(副使) 장사례(張思禮)를 보내어 번한마보병(番漢馬步兵) 4천 인을 이끌고, 미리 가서 구하게 하였다. 이에 당군과 발율군은 티베트를 대패시켰다. 해가 갈수록 자연히 티베트는 변방을 넘볼 수 없었고, 서쪽은 안정된 나날을 보낼 수 있었다.

석보성(石堡城)은 지금의 코코노리[靑海] 황중(湟中)과 공화(共和) 사이에 있는데, 티베트가 청해 이남의 땅에서 하황(河湟) 지역으로 진입하려면 반드시 거쳐야 하는 곳이다. 이곳은 개원 이전, 티베트에 의해 점거되었다. 티베트가 이곳에 산에 따라서 성을 건축하였는데 험준한 지역에 세웠다. 양식을 비축하였으므로 이곳은 하서(河西)와 농우(隴右)를 침략하는 기초 기지가 되었다. 개원 15년, 티베트가 과주(瓜州)를 함락하여, 현종은 소숭(蕭嵩)으로 하여금 하서와 농우의 군사를 이끌고, 반격을 가하게 하였다. 개원 17년, 신안왕(信安王) 위수(禕帥)가 무리를 이끌고 석보성을 공격하였다. 티베트는 어쩔 수 없이 화친을 제시하였고, 21년에는 적령(赤嶺 : 지금의 日月山, 靑海 湟源縣 서부)에 비를 세워 당과 토번의 경계로 삼고 "양국이 화합하고 서로 침략하지 않도록" 약정하였다.

개원 24년 전후, 티베트는 또 남에서 길지트를 공격하였다. 현종은 티베트에 군대를 철수하도록 요구하였으나, 티베트는 반대로 발율을 공격하여 파괴하였다. 현종은 매우 노했으나 티베트의 수중에서 발율을 탈환할 힘이 없었다. 이에 대신하여 청해 서쪽에서 티베트를 대파시켰는데, 이는

---

73) 『舊唐書』 卷103 「郭虔瓘傳」에 의거하면 이 때 장숭은 안서(安西) 도호임이 분명하다.

일종의 징벌이었다. 그러나 화해의 국면은 그로 말미암아 파괴되었다. 이후 쌍방은 서로를 공격·수비하면서, 서로 승리와 패배를 맛보았다.

개원 29년 12월 전후, 티베트는 또 석보성(石堡城)을 함락시켰다. 티베트는 당의 군사적 행동에 대해 또 하서주랑(河西走廊)까지 추진하였고, 개원 10년 시점의 국면을 회복하였다.

이상은 개원·천보 년간에 일어났던 변방 형세 변화의 몇 가지 주요한 사항들이다.

변방에 이러한 변화가 일어나자 현종의 이목은 완전히 서북방에 고착되어 버렸다. 동북의 형세가 비록 긴장된 것이었지만, 그것은 서북처럼 관중(關中)의 위험에 직접 연결되는 것은 아니었다. 그래서 현종은 동북의 군사를 안록산에게 맡기고, 자신은 티베트에 주의를 집중하였다. 길지트를 공격하여 되찾고 석보성을 회복하도록 준비하였으며 더불어 황하(黃河) 구곡(九曲)도 회복하고자 하였다.

현종은 우선 조직과 인사에 있어 적극적인 준비를 진행하였다.

천보 4재(745) 2월, 현종은 삭방절도사(朔方節度使) 왕충사(王忠嗣)로 하여금 하동절도사(河東節度使)를 겸임하도록 하였다. 왕충사는 2개 도의 절도사로 임명된 후, 삭방에서 운중(雲中 : 지금의 寧夏 靈武 에서 山西 大同)에 이르는 수천 리의 요해지에, 성보(城堡)를 수축하고 방어선을 북쪽으로 수백 리까지 추진하였다. 이로 북방 변방은 한층 더 견고해졌다.

천보 4재 9월, 농우절도사(隴右節度使) 황보유명(皇甫惟明)이 석보성(石堡城)에서 티베트와 전쟁을 하다가, 티베트에 패하여 부하 장수가 전사하였다. 티베트군에 대한 대항력을 증가시키기 위해, 천보 5재 정월 황보유명에게 또 하서절도사(河西節度使)를 겸임하도록 임명하였다. 그러나 아직 임지에 도착하기도 전에, 태자비(太子妃)의 오라비인 위견(韋堅)과 경용관(景龍觀) 도사(道士)의 방에서 밀회한 것이 발각되어 결국 폄적되었다. 이어서 왕충사가 하서·농우절도사가 되고, 삭방 및 하북의 임무를 겸임하게 되었다. 왕충사가 사진(四鎭)의 절도사(節度使)를 겸하였다는 것은, 북방과 서북의 광대한 땅의 군사를 총괄하였다는 것을 말하고, 이는 당대 역사상 처음 있는 일이었다.

왕충사가 도입한 후, 부장 가서한(哥舒翰)이 대두군사(大斗軍使)[74]가 되고, 이광필(李光弼)이 하서병마사(河西兵馬使)로 적수군사(赤水軍使)[75]가 되어 코코노르[靑海]·적석(積石 : 지금의 청해 貴德)에서 티베트와 전쟁을 벌이고, 묵리군(墨離軍 : 지금의 감숙성 安西 동남)에서 토욕혼(吐谷渾)을 토벌하였다. 이것은 모두 현종의 요구에 부합되는 것이었다. 그러나 현종의 최종 목표는, 그가 석보성(石堡城)의 탈환을 주관하고, 또한 나아가 하서(河西) 구곡(九曲) 지방을 회복하는 것이었다. 이에 얼마 지나지 않아, 현종은 조령을 내려 석보성을 무너뜨릴 수 있는 책략에 대해 물었다. 왕충사가 상주하여 답하였다.

석벽은 공고하고, 티베트는 거국적으로 그것을 지키고 있습니다. 만약 주둔병들이 성 아래를 잘 지키고 있다면 죽음을 당하는 자가 필히 수만에 이를 것인데, 그 후에야 일을 도모할 수 있을 것입니다. 신은 얻는 것이 잃는 것만 못할까 두렵사오니, 청컨대 군대를 쉬게 하고 말에게 여물을 먹여 군대를 정비하여, 틈을 봐서 그것을 취하고자 합니다. 그렇게 계획하심이 상책입니다.

현종이 왕충사의 상주서를 받고는 매우 화를 내었다. 사실 왕충사가 보기에는 "성 하나를 얻기 위해 다투어, 결국 그것을 얻는다 해도 적을 다스릴 수가 없고, 그것을 얻지 못한다 해도 나라에 해가 되지 않는" 것이

---

74) 대두군은 지금의 감숙성 永昌 西南.
75) 적수는 지금의 감숙성 武威.

었다. 그는 수만 병사의 생명을 성 하나와 바꾸는 것을 원치 않았으며, 또한 자신의 벼슬자리를 지키고자 한 것이었다.

석보성을 쟁취하느냐 마느냐의 여부는 사실상 변방 정책에 있어 두 파의 서로 다른 관점이다. 개원 24년(736)부터 티베트는 길지트를 통제해 왔고, 개원 29년(741) 티베트가 석보성을 탈취한 후 현종은 한시도 반격할 것을 잊은 적이 없었다. 동돌궐이 멸망한 후, 현종은 반격의 시기가 다가 왔다고 여기고 방어 및 수비를 공격 태세로 변환하였다. 왕충사를 중용한 것은 현종이 변방 전략의 변화를 실현시킨 것이다.

그러나 왕충사는 여전히 개원·천보 시기에 변방을 안정시키고자 하 는 관점을 유지하고 있었다. 『구당서(舊唐書)』「왕충사전(王忠嗣傳)」은 그에 대하여 다음과 같이 말하고 있다. "어려서 용감하고 자부심이 강하며, 절 도사가 되어, 변방을 안정시키는 임무를 굳게 지켰다. 일찍이 사람들에게 말하기를 '국가가 태평할 때 장군이 된 자는 그 따르는 자들을 지킬 뿐이 다. 나는 공을 세운다는 이름으로 중국의 힘을 약화시키기를 원치 않는다' 고 하였다. 그러나 군사들과 말을 훈련할 때 모자라는 것이 있으면 그것을 보충하였다. 150근 나가는 검은 옻나무 활이 있어 자루 속에 감추고 다녔 는데, 그것을 사용한 것을 보지 못하였다."

왕충사는 하서(河西)·농우(隴右)에 도착한 후, 여전히 이러한 태도와 방법을 유지하였다. 『구당서』「왕충사전」에서는 "하서와 농우에 이르러 그 물정에 심히 어두웠고, 공명과 부귀로 자처하니, 예전보다 그 명성이 줄었다"라고 기술하고 있다. 왕충사는 개원 말년에 이미 농우에 있었으며 또한 전쟁에서 공을 세웠다. 그러므로 "그 물정에 익숙하지 못하였다"는 것은, 하서와 농우에 있는 산천의 형세나 혹은 풍토와 인물을 가리킨 것이 아니라, 그가 형세의 발전이 요구하는 것을 알지 못하였다는 것을 가리킨 다. "공명과 부귀로 자처하였다"는 것은 분명히 그의 공로가 두터워 부귀 영화를 누렸다는 의미이지만, 중요한 것은 그가 옛날의 공명에 만족하며

새로운 공을 세우는 것을 바라지 않았다는 것이다. "예전보다 명성이 줄어
들었다"는 것은 그의 이러한 행동이 공격을 주장하는 사람들로 하여금 실
망하게 하였다는 것이며, 또한 현종 당시의 변방 정책은 아직도 상당히
광범한 지지를 받고 있었음을 설명해 준다.

현종은 왕충사를 중용하고, 그를 새로운 변방 정책의 주요 집행자로
삼기를 바랐다. 왕충사의 부친 왕해빈(王海賓)은 개원 2년(714)에 티베트와
전쟁 중에 전사하였다. 당시 왕충사는 갓 아홉 살이었는데, 현종에 의해
궁중에서 양육되었고 후에는 태자가 된 충왕과 함께 지냈다. 성장한 후에
는, 병법상의 전략을 갖추게 되었다. 현종이 그와 군대의 일을 토론할 때
마다 그는 "종횡무진 답변하며 여러 가지 의견을 내어놓았기에(『구당서』권
103, 「왕충사전」)" 현종은 그를 매우 인정하였으며 그가 후일에 좋은 장군이
되리라 여겼다. 바로 이러한 관계 위에서 현종은 비로소 그에게 중임을
맡기게 되었다. 그러나 왕충사는 여전히 변방을 편하게 해야한다는 생각
을 고수하였다. 이 때문에 그는 하는 수 없이 대립되는 견해 충돌의 초점
에 놓이지 않을 수 없었고, 결국 정치 투쟁의 희생양이 되어 버렸다.

결국은 일이 터지고 말았다. 천보 6재(747), 장군 동연광(董延光)이 자청
하여 군사를 이끌고 석보성을 공격하였고, 현종은 왕충사에게 군사를 분
담하여 협조하도록 명하였다. 왕충사는 하는 수 없이 그 조령을 받아 수만
병사를 동연광의 지휘에 넘겨주었으나 포상의 조건을 내걸지 않았는데, 그
의미는 사병들로 하여금 죽음을 무릅쓰지 않게 했다는 것이었다. 동연광
은 날짜에 맞추어서 석보성을 공격할 수 없었기에 책임을 왕충사에게 돌
리고 왕충사가 군의 계획을 교란시켰다고 말하였다. 현종은 동연광의 표
(表)를 본 후, 매우 화를 내었다. 한편 일찍이 왕충사의 공명이 날로 성대
하여 재상이 될까봐 두려워한 이림보는 이 기회를 틈타 모함했다. 그는
제양별가(濟陽別駕) 위림(魏林)을 시켜 왕충사를 모함하도록 하고 왕충사가
하동절도사(河東節度使)로 있을 때 "일찍이 충왕과 함께 궁중에서 키워졌으

니, 나는 태자를 존중하고자 한다(『舊唐書』卷103「王忠嗣傳」)"라고 말하였다. 이 말은 태자를 황제로 삼겠다는 말이다. 현종은 대노하여, 즉시 왕충사를 조정에 불러와서, 어사대(御史台)·형부(刑部)·대리시(大理寺)의 관원으로 조성된 삼사(三司)에 넘겨 심문하였다.

현종은 왕충사가 "병사를 이끌고 태자를 세우고자 한다"는 말이 사실적 근거가 전혀 없으며, 터무니없는 말이라는 것을 속히 깨달았다. 게다가 동시에 왕충사와 태자와의 관계를 심문하면 태자까지 연루가 되지 않을 수 없었다. 당시에 현종은 단지 태자가 바깥사람들과 왕래하는 것을 막고자 하였을 뿐 태자를 폐위시키고자 한 것은 절대 아니었다. 이 때문에 삼사에게 지시하여 "나의 아들은 심궁에 있는데, 어찌 바깥사람들과 몰래 통하고 있겠소. 이는 터무니없는 일이오. 단지 왕충사가 군대의 공을 방해하였는지 탄핵하고자 할뿐이오"라고 말하여, 문제를 군사적인 문제로 치부해버렸다. 삼사는 그를 사형에 처하려고 하면서, 왕충사의 죄는 죽어 마땅하다고 진언하였다. 후에 가서한(哥舒翰)이 두세 번이나 변명하고 간청하였으므로, 현종은 그제야 분노가 풀려 왕충사를 한양(漢陽) 태수(太守)로 폄적시켰다.

왕충사가 조정에 불려가 처벌을 받은 것은 그가 자기의 관점을 견지하고 현종의 뜻을 집행하지 않은 것과 직접적인 관계가 있다. 그러나 현종이 왕충사를 물리친 것은 오히려 그가 어린 시절 태자와 함께 지냈던 그 과거와 관계가 있다고 볼 수 있다.

태자와의 관계로 폄적이 된 장수는, 현종에게 있어서 그가 처음이 아니다. 일년 남짓 이전에, 왕충사의 전임이었던 황보유명(皇甫惟明)이 하주·농주 2진의 절도사(節度使)로 겸임되자마자, 태자비(太子妃)의 오라비인 위견(韋堅)과 서로 만났기 때문에 관직에서 쫓겨나 폄적되어 축출 당하였다. 당대 초기에 발생한 수 차례의 정변에서 무장들은 매번 중요한 역할을 담당하였다. 현종이 즉위한 전 후, 위후(韋后)를 주살하고 태평공주(太平公主)

를 토벌한 것도 역시 곽원진(郭元振) 등과 같은 무장의 힘을 빌린 것이었다. 궁정 투쟁에서 무장이 맡은 역할에 대해 현종은 깊이 이해하고 있었다. 황보유명은 이전에 충왕의 친구였으며, 왕충사도 어려서 궁중에서 길러질 때 충왕과 친하게 지냈다. 그들은 모두 태자와 교류하였다. 이러한 경험을 통해 그들은 왕실과 밀접한 관계를 맺었으며, 현종은 그들을 신임하고 그들을 중용하여 최고의 군사적 지위에 두게 되었다. 황보유명이 티베트에 패하자, 현종은 오히려 왕충사로 하여금 하서절도사를 겸임하게 하였다. 왕충사가 적극적으로 동연광을 지지하지 않자, 현종은 '화'를 내는 것으로 그쳤다. 이 시기에 현종이 서둘러 태자에게 전위시키지 않기로 결정하기는 했으나, 불행한 일은 이로 말미암아 태자에 대한 의심이 날로 커지고 태자와 무장들의 관계에 대해 특별히 민감하여 졌다는 것이다. 이로 말미암아 각종 참언이 횡행하였다. 이림보 등은 이미 기회를 잡았다. 비록 현종은 결코 그들이 태자에게 연루되지 않음을 알고 있었다. 그러나 일종의 미연의 가능성있는 사태를 막도록 하기 위해서 조금도 아쉬움 없이 가장 중요한 두 명의 장수들을 축출해버린 것이었다.

정치 투쟁의 이해관계는 변방의 군사적 세력보다 더 치열하였다. 정치 투쟁에 대해 민감한 시대에는 모두들 이런 상황이었다. 고종이 막 세상을 떠나고 무측천이 황제가 되자, 서경업(徐敬業)이 양주에서 군병을 일으켰을 때 당시 가장 뛰어난 장군이었던 정무정(程務挺)이 의심을 받아 전쟁을 치르다가 죽임을 당하여 변방에 심각한 영향을 가져다 준 바가 있었다. 이 시기에 이르러 황보유명과 왕충사 등도 정치 투쟁의 희생양이 되었다. 비록 가서한이 즉시 등용이 되어 그들을 대신하였으나 내부의 일은 변방에 영향을 주는 것이었다. 또한, 궁정내의 대립과 통치 계급 내부의 투쟁은 장수들의 운명에 영향을 주었을 뿐 아니라 이러한 일들은 또한 지속적으로 불거져 나갔다. 특히 현종은 신경이 과민하였기 때문에 장수들에 대한 참언을 경술하게 믿었고, 권세를 지닌 신하들은 자기의 지위를 공고히 하기 위해 기회가 되면 장수들을 모함하였다. 줄곧 이러한 전통이 형성되었으므로, 이것은 안사의 난이 폭발한 뒤의 뒷수습 과정에서 끝내 만회할 수 없는 국면을 조성하게 되었다.

천보 6재(747) 왕충사 사건이 미친 악영향 가운데 하나로서 변방의 절도사는 번장(蕃將), 즉 소수 민족 출신의 장수들이 맡는 것으로 보편화된 것이다. 그 이전에, 호인(胡人)이던 안록산이 이미 평로(平盧)와 범양(范陽)의 절도사를 맡았고, 돌궐인 안사순(安思順)도 역시 삭방절도사(朔方節度使)를 역임하였다. 왕충사가 폄적된 후, 11월, 튀르기쉬 사람 가서한이 농우절도사가 되고, 안사순이 하서절도사가 되었다. 12월 고구려인 고선지(高仙芝)도 발률을 격파한 공으로 말미암아 안서사진절도사(安西四鎭節度使)로 발탁되었다.

현종은 한족 장수들과 태자가 결탁하여 자기의 황위를 위협할까 두려워하였다. 이림보는 장수들의 명성이 날로 높아져, 조정에 들어와 재상이 되고, 이들이 자신의 지위에 영향을 줄까 두려워하였다. 이것은 천보 6재 이후 보편적으로 호인(胡人)을 장군으로 임명한 중요한 원인이다. 그러나 이러한 원인은 역시 보편적으로 번장을 임명한 유일한 이유는 아니었고, 또한 그리 중요한 원인이라고도 할 수 없었다.

개원 이래로, 사회 경제가 발전하고, 내지에서는 변방의 북소리를 들을 기회가 없었다. 보편적으로 전쟁에 대한 사람들의 흥미는 감소하였고, 한족 장수의 수는 날로 감소하였으며, 장수들의 재능도 줄어들었다. 이러한 것은 번장을 중용하였던 객관적 원인 가운데 하나이다. 원인의 두 번째는, 모병제(募兵制)가 부병제(府兵制)를 대신한 후 변방의 병사 가운데 호인(胡人)의 비중이 늘어났다는 점이다. 번장을 써서 호인을 통괄하는 것이 역시 자연스럽고 순조로운 처사였다.

비록 보편적으로 절도사를 호인으로 사용한 것은 천보 6재 왕충사가 폄적되고 난 후이지만, 왕충사가 삭방·하서·농우절도사를 역임하였을

때, 하급 군관이나 군사(軍使)들의 자리는 이미 호인들이 맡고 있었다. 이
것은 실제로 자연스러운 변화의 과정이라 할 수 있었다. 이러한 과정은
변방의 절도사로 말미암아 자발적으로 발생된 것이었다. 일련의 과정은
조정에서 주로 현종과 이림보에 의해 완성되었다. 여기에는 현실적 상황
과 객관적 형세를 인정하고 이에 맞는 일의 추진이 뒤따른 것이었다. 동시
에 그들이 개인적 권력을 안정시키고자 하는 생각도 있었다고 볼 수 있다.

21. 안록산(安祿山)의 난

안록산은 천보 년간 상승일로를 달렸다. 천보 9~10재(750~751)가 되자 현종이 그에게 내려준 권력은 변방의 어떤 장군보다도 컸다.

안록산은 본래 영주(營州) 유성(柳城 : 지금의 遼寧 朝陽) 출신의 혼혈 호인(胡人)이었다. 어머니 아사덕(阿史德)씨는 돌궐(突厥)의 무당으로 자식이 없었다. 그러다가 돌궐의 전투신(戰鬪神)인 알락산(軋犖山)에게 기도하여 안록산을 낳은 후, 그를 알락산이라고 불렀다. 아사덕은 다시 안연언(安延偃)에게 개가하였다. 안연언의 부락이 몰락한 후 안록산과 안연언의 조카 안사순(安思順) 등은 도망을 쳤고, 성을 안씨로 사칭하고 이름을 록산이라 하였다. 자라면서 안록산은 6개의 소수민족어를 익히고 여러 호시(互市)의 거간꾼이 되어 양을 도둑질하면서 생활을 영위하였다.

하루는 안록산이 양을 도둑질하다가 발각되었다. 새로 부임한 유주절도사(幽州節度使) 장수규(張守珪)는 안록산을 매를 쳐서 죽이고자 하였다. 그러자 안록산은 큰 소리로 "대부는 어찌 해와 거란의 오랑캐는 죽이려고 하지 않고 오히려 장사를 죽이려 하십니까?"라고 말하였다. 장수규는 뚱뚱하고 허여멀건 한 안록산이 떳떳하게 이야기하는 것을 보고는, 군대 앞에서 말을 모는 구사(驅使)로 채용하였다.

장수규는 이미 명장 곽건관(郭虔瓘)을 따라 북정(北庭 : 지금의 신강 吉木薩爾 북쪽)에서 수차 돌궐을 파하였으며, 후에는 유주(幽州) 양사부(良社府) 과의 (果毅)가 되었다. 개원 15년, 과주(瓜州 : 지금의 甘肅省 安西 東南部)에서 성을 비워놓고 적을 속이는 전략으로 티베트를 격파하였다. 후에 농우절도사(隴 右節度使 : 治所는 鄯州, 지금의 靑海 樂都)를 맡았다. 장수규는 지혜와 용기를 고루 갖춘 장군으로, 여러 차례 전쟁의 공을 세웠다. 개원 18년, 거란의 관리 가돌간(可突干)이 거란의 왕을 죽이고 돌궐에 투항하는 바람에, 개원 4년 거란 왕 이실활(李失活)이 조정에 귀속한 후 지속되었던 동북지방의 평화가 깨어지고 말았다. 원래 유주절도사 조함장(趙含章)과 곽영걸(郭英傑)은 전후로 가돌간에게 패한 적이 있었다. 곽영걸은 전사하였고, 그 나머지 무리 6천여 명도 힘을 다해 싸웠으나 끝내 모두 전사하였다. 하북(河北) 북부의 형세는 돌연 긴장되기 시작하였다. 그래서 현종은 서쪽 전선에서 혁혁한 공을 세운 적이 있는 장수규를 속히 농우절도사에서 유주(幽州) 절도사로 전임시키고, 그가 북정(北庭)과 과주(瓜州)에서 그랬던 것처럼 신속히 유주와 동북의 형세를 안정시키기를 희망하였던 것이다.

장수규는 과연 현종의 기대를 저버리지 않았다. 그는 부임하자마자 신속히 출격하여 모든 전쟁에서 승리를 거두었다. 가돌간은 곤경에 처하자 사신을 보내어 거짓으로 항복하는 척 하였다. 장수규는 가돌간의 의도를 꿰뚫어보고, 관기(管記) 왕해(王海)를 먼저 보내어 기회를 보아 처리하도록 하였다. 왕해는 거란국 내부의 대립 관계를 이용하여, 가돌간과 권력 다툼을 하던 아관(牙官) 이과석(李過折)을 설복시켜 거란왕 굴열(屈烈)과 가돌간을 죽이게 하고 조정에 귀순하게 하였다.

현종은 장수규가 유주에서 거둔 성취에 대해 큰 상을 내렸다. 현종은 장수규가 얻기 힘든 인재란 것을 알고는 재상에 임명하고자 하였으나 장구령의 반대로 이루지 못하였다. 개원 23년 2월 장수규가 동도에 전리품을 바치러 갈 때 현종은 그에게 관직을 더하고 상을 내리며 시를 지어

찬미하고, 또한 유주에 비를 세워 그 공을 기록하게 하였다. 이러한 사실은 현종이 거란군에게 신경을 쓰고 있었다는 것을 보여준다.

거란과의 전쟁에서 안록산은 장군을 생포하는 일을 맡았다. 그는 그 일대의 지리에 대해 잘 알고 있었으며, 수차례나 거란인 수십 명을 생포하여 장수규의 인정을 받아 그의 가자(假子)가 되었다. 후에는 편장(偏將)이 되어 가는 곳마다 적을 격파시켰다. 그는 3년 만에 백의(白衣)의 평민에서 편장(偏將)으로 승격하였고, 다시 편장에서 평로토격사(平盧討擊使)·좌효위장군(左驍衛將軍)으로 임명되어 일약 고급 무관의 행렬에 오르게 되었다. 개원 29년(741) 8월, 안록산은 평로토격사(平盧討擊使)에서 영주도독(營州都督)으로 임명되고 평로군사(平盧軍使)를 맡게 되었다. 다음 해, 천보 원년(742) 정월, 현종이 평로를 나누어 절도로 만들도록 명하자, 안록산은 절도사(節度使)가 되었다.

천보 2년 정월, 안록산이 조정에 들어가 상주하자 현종은 흡족해하며 그에게 상을 내리고 총애를 베풀었다. 그 후로 안록산은 수시로 현종을 알현할 수 있었다. 이듬해 3월, 현종은 안록산에게 범양절도사(范陽節度使)를 겸임하게 하였다. 천보 6재(747) 정월에는 다시 어사대부(御史大夫)를 겸하게 하고 천보 9재 5월에는 동평군왕(東平郡王)에 봉(封)하였다. 절도사(節度使)로서 왕으로 봉해진 것은 안록산이 처음이었다. 8월에는 하북도채방처치사(河北道採訪處置使)를 겸임하는 동시에 하북 지구의 행정적 대권을 얻게 되었다. 그리고 10월에는 입조하였다.

이때 조정에 들어오자, 안록산은 평소와는 다른 접대를 받게 되었다. 현종은 먼저 신하에게 화청궁(華淸宮) 부근에 큰 저택을 건립하도록 명하고, 양국충의 형제자매와 대신들로 하여금 회수(戲水 : 지금의 華淸宮 동쪽)에 나아가 영접하게 하였으며, 현종도 친히 망춘궁(望春宮)에서 그를 기다렸다.

또한 현종은 안록산을 위해 친인방(親仁坊)에 새로 대저택을 짓게 하고, 웅장하고 아름답게 하는데 재력을 아끼지 말도록 명하였다. 현종은 공사를 감독하는 환관(宦官)에게 "저 호인(胡人)의 눈을 휘둥그레하게 만들어 나를 깔보지 못하게 하라"고 특별히 지시하기도 하였다. 새로 지은 집에 있는 그릇은 모두 금은으로 장식이 되어있었으며, 호화로운 정도가 궁중의 것보다 더하였다. 천보 10재 1월 20일은 안록산의 생일이었다. 현종과 양귀비는 대량의 금은 기구와 의복 및 기타 기물을 하사하고 3일이 지난 후, 안록산에게 입궁하도록 하였다. 당시 민간에는 생후 3일된 아이를 목욕시키는 풍습이 있었는데, 양귀비는 그 풍습에 따라 안록산을 목욕시키고 비단으로 만든 강보로 안록산을 두르고 채색한 가마에 싣고 궁인들로 하여금 매고 다니게 하였다. 그 후에, 안록산은 금궁(禁宮)을 출입할 수 있었으며 때로는 양귀비와 함께 식사를 할 수도 있었다.

　양귀비와 안록산에 대한 관계는 역사적으로 전해지는 이야기가 많다. 사마광도 『자치통감(資治通鑑)』에서 양귀비와 안록산의 "추문이 파다하게 바깥으로 퍼졌으나, 현종은 의심하지 않았다"라고 말하고 있다. 아마도 사람들이 두 사람의 관계를 미심쩍게 여겼던 것으로 보인다.

　사실 이는 양귀비에게 아주 억울한 일이 아닐 수 없다. 양귀비는 현종에 비해 서른 살이나 어렸을 뿐만 아니라 성격은 재기발랄하였지만 현종에 대한 애정은 의외로 더욱 충성스러웠다. 총애를 한 몸에 받는 귀비가 되어서도 정사에 조금도 간섭하지 않았다. 그녀에게는 현종을 모시는 것이 유일한 직책이자 기쁨이었다. 현종이 그녀에게 안록산을 양자로 맞아들이게 하고 그녀로 하여금 조정 내에서 안록산을 목욕시킨 것은 조잡한 연극과 같은 것이며 무척 황당한 일이다. 그러나 현종의 의도는 다른 곳에 있었다.

　현종은 안록산이 속한 소수 민족의 사람을 회유하는 방법, 즉 양자로 삼고 후하게 하사하는 방법에 따라 안록산을 대하였던 것이다. 양귀비는 모비(母妃)의 신분으로 현종이 그녀에게 내린 임무를 성공적으로 완성하였다. 한편 현종은 내정에서 시끌벅적한 소리가 나자 양귀비가 안록산을 목욕시킬 때 크게 소리내어 웃는다는 사실을 알고 친히 가서 보기도 하였으며, 귀비에게는 아들을 목욕시킨 대가로 금은전을 하사하였다.

천보 10재 2월에는 안록산을 하동(河東) 절도사를 겸임하게 하였다. 이처럼 현종이 안록산에게 베풀어준 총애와 신임은 당대 이래 어떤 장군에게 내린 것 보다 후하였다. 안록산이 장악한 권력은 사실상 왕충사와 안사순이 가졌던 것을 초월하였다. 그는 평노·유주·하동 3진을 관할하였을 뿐만 아니라 하북도(河北道) 채방처치사(採訪處置使)를 겸임하여 지금의 동북·하북·산서의 광대한 토지의 군사 및 행정의 대권을 소유하게 된 것이다.

안록산이 절도사가 된 것은 멀리는 그가 한족(寒族)의 오랑캐라는 것에서 원인을 찾을 수 있다. 천보 6재 왕충사가 사직한 후 비록 서북쪽은 가서한(哥舒翰)이 맡고 동북쪽은 안록산이 맡았지만, 총애와 신임의 정도로 볼 때 가서한은 안록산에 비할 수 없었다. 현종은 왜 안록산을 이처럼 중시하였을까?

우선 당시의 상황을 원인으로 삼을 수 있다. 동북의 해(奚)와 거란은 일찍이 무측천 말년에 하북 중부의 조주(趙州) 일대로 쳐들어왔다. 무측천은 전력을 다해 형세를 안정시켰으나, 경계선은 이미 현재의 조양(朝陽) 일선까지 밀려났으며 유주(幽州)는 변방의 중요한 진지가 되었다. 선천(先天) 원년(712), 해와 거란군 2만이 어양(漁陽 : 지금의 河北 薊縣)을 공격하였는데, 유주도독(幽州都督) 송경(宋璟)은 진지를 지키며 나오지 않았다. 해와 거란의 병사들은 크게 놀라 돌아갔다. 방어를 강화하기 위하여, 개원 2년(714) 당은 유주절도사(幽州節度使)·경략사(經略使)·진수대사(鎭守大使)를 설치했다. 개원 4년 후 동북 변경은 안정되었지만, 개원 21·22년에 이르자 상황은 또 다시 긴장되기 시작하였다. 당시에는 티베트가 강성해지고 대식국(大食國 : 아랍)이 크게 번성했기 때문에, 현종은 전략적인 중점을 서방에 두고, 동북에 대해서는 방어 위주의 방침을 취함으로서 현상을 유지할 수밖에 없었다. 그러나 이렇게 하는 것도 무척 힘든 일이었다. 평노절도사(平盧節度使)를 설치하고 안록산의 권력을 부단히 강화시킨 것은 바로 이러한 상황에 적응하려는 노력이었다.

천보 6재(747) 고선지(高仙芝)가 길지트[小勃律]를 공격하고, 천보 8재(749) 가서한(哥舒翰)이 석보성(石堡城)을 공격하여 점령한 후에, 서북의 형세는 완화되는 바가 있었지만, 동북의 형세는 여전히 긴장되어 있었다. 해와 거란의 힘은 더욱더 강화되었고 안록산마저도 수차례 패배하였다. 현종은 동북에 더 많은 주의를 기울였다. 그는 강(江)·회(淮)·하남(河南)에서 부세(賦稅)로서 얻은 돈과 면포를 청하(淸河)에 모으고 북군에 대한 보급을 확보하였다. 또 부단히 안록산의 권력을 확대시키고 안록산에게 산곡(山谷 : 지금의 하북 易縣)에 5개의 주전로(鑄錢爐)를 허락하였으며 그가 서북목감(西北牧監)에서 전마(戰馬)를 선택하는 것에 동의하였다. 이것은 안록산의 권력이 부단히 상승할 수 있었던 주요한 배경이다.

그렇다면, 현종은 왜 안록산은 중용하면서 다른 이들에게는 그렇게 하지 않았을까? 진인각(陳寅恪) 선생은 이미 우리를 위해 해답을 제시하고 있다. "그 주된 원인은 그를 잡된 천한 호족(胡族)이라 여겼기 때문이다(陳寅恪, 『論唐代之番將與府兵』「金明館總稿初編」)." 당대 초기에도 역시 호인(胡人)을 장수로 임용하기도 하였다. 그러나 당태종(唐太宗) 시기에 임용한 대부분은 부락의 장군이었다. 그들이 거느린 부하들은 태종을 위해 충성을 다하였다. 그러나 공적을 세우고 나면, 이들 추장이나 그 부락은 역시 특수한 세력을 조성하게 되었고, 어떤 부락은 심지어 반란을 일으켜서 당조(唐朝)에 심각한 위협을 가하기도 하였다. 동돌궐과 서돌궐에서 이런 상황이 발생한 적이 있다. 당연히 현종은 이러한 방법은 취하지 않게 되었다. 그래서 현종이 중용한 변방의 장수들은 대부분이 가난한 족속의 호인(胡人)들 가운데서 선택되었다. 이림보는 이전에 상주하기를 "선비가 장수가 되면 무기를 겁내기 때문에 가난한 족속의 번인(蕃人)을 쓰심만 못합니다. 번인은 전쟁을 잘하고 용기도 있으며 가난한 한족(寒族)은 끌어들일 당파도 없습니다(『舊唐書』卷106「李林甫傳」)"라고 하였다. 현종은 그의 견해가 옳다고 여겼다. 이러한 상황은 당시 군신의 견해를 반영해주고 있다.

그러나 이것이 현종이 안록산을 등용한 주요 원인은 아니다. 주요 원인은 다음과 같다. 고종 이후 다른 많은 소수 민족의 소부락이 북방에 흩어져 살거나 혹은 내지로 이주해왔다. 7세기 말에 영주(營州 : 지금의 遼寧 朝陽) 지구에 장기간 거주하던 돌궐·해·거란·실위인(室韋人)들은 유주(幽州)의 양향(良鄉)·창평(昌平)·노(潞 : 지금의 通縣)·유주성(幽州城) 안팎의 땅으로 옮겨와서 거주지로 삼았다. 개원 29년(741)에의 이시(李詩) 부락 5천 장(帳 : 군막)이 양향 광양성(廣陽城)으로 옮겨왔다. 돌궐이 망하자 여러 부족의 작은 부락이 분잡하게 흩어져 변방에 거주하는 상황이 보편적인 것이 되었다.[76] 부병제가 쇠락한 후, 이러한 호족(胡族)은 절도사(節度使) 병원(兵員)의 주요한 근원이 되었다. "호인(胡人)의 소단위 부락 중에서 그 추장은 부형이면서 장군이 되었다. 그 부락의 무리들은 아들이자 병졸이 되었다. 즉 그들은 원래 혈연의 결합이었기 때문에 마음과 뜻이 상통하였으며 이해관계를 함께 하였던 것이다(陳寅恪, 「論唐代之番將與府兵」『金明館叢稿初編』)."

호인이 조성한 부대는 부락을 단위로 하거나 혹은 개별지에서 참가해 들어왔는지를 막론하고, 모두 이러한 습속과 전통을 지니고 지속적인 활동을 해왔다. 다른 부락에서 온 사병이나 혹은 다른 부락의 추장에 대해, 장군(將軍)과 주사(主師)는 그들을 '양자(養子)'로 받아들이고 후하게 대접하는 등 일종의 '친속(親屬) 관계'를 사용하여 그 부대와 관계를 유지시켜 나갔다. 장수규는 동서 양변에서 모두 머무른 적이 있었으므로 소수 민족의

---

76) 이와 관련된 연구로서, 丁載勳, 「唐朝의 突厥 降戶 羈縻와 安祿山의 亂-突厥第2帝國(682~745)崩壞以後 遊牧世界의 再編과 關聯하여」, 『分裂과 統合』, 서울大學校東洋史硏究室編, (1998, 知識産業社)을 참조.

상황을 꿰뚫고 있었다. 그는 유주 절도사에 임명된 뒤 곧바로 이미 안록산을 양자로 받아들였으며, 이러한 방법으로 부대의 전투력을 향상시켰다. 그러나 한인 장수였던 그가 보편적으로 이를 실행하기는 어려웠다. 안록산은 그 신분이 비록 부락의 장도 아니고 직접 소속된 부락도 없었지만, 그러나 잡종 호인으로 여러 호족을 잘 돌보았기 때문에 기타 여러 다른 호족의 부락을 통솔할 수 있었다. 이것은 즉 각각 다른 호족 부락의 최고 통솔자가 되었다는 말이 된다(陳寅恪, 「論唐代之番將與府兵」 『金明館總稿初編』). 현종이 안록산을 중용한 것은 변방의 상황·변방 민족의 분포·부대의 성분이 변화함에서 말미암은 결과였다. 현종이나 이림보 개인의 이해를 고려할 때 그 영향은 실제로 제한되어 있었다.

그러나 문제는 현종이 계속해서 안록산에게 더욱더 큰 권력을 주었으며, 안록산도 역시 의식적으로 자기의 권력을 확대시켜 나갔다는 데 있다. 부병제가 파괴되고, 전국의 군사 분포가 내중외경(內重外輕)에서 내경외중(內輕外重)으로 전환된 상황에서도, 현종은 부단히 절도사(節度使)의 역량을 강화시켰다. 그 목적은 효과적으로 변방의 장애를 막고자 함이었다. 안록산이 변방의 공로로 상을 받으면서, 그의 목표와 현종의 목표가 일치하게 되었다. 그가 의식적으로 자기의 역량을 확대하기 시작할 때까지 기다렸다가 그는 현종과 달리 각자 제 갈 길을 가기 시작하였다. 여기에는 조정에 반항하게 될 수 있는 가능성이 은밀하게 포함되어 있었다. 오직 그 조건이 무르익기만 한다면 가능성은 실제의 행동으로 바뀌게 될 것이었다.

고력사는 이러한 위험을 알아보았다. 그는 현종에게 말하였다. "변방의 장군은 그 용병이 너무 많으니 폐하께서는 무엇으로 그것을 제어하시려 하십니까? 신은 일단 재앙이 발하면 회복되지 못할까 두렵습니다." 현종은 비록 느끼는 바가 있었지만 이미 일이 이렇게 되었기 때문에 "경은 말을 삼가라. 짐이 천천히 생각해 보겠노라"고 말하기만 하였다. 그가 아무리 이리저리 생각해보아도, 어디에서 생겨난 문제인지 알 수 없었다.

이로 말미암아 또한 어떤 방법이나 시책도 세울 수가 없었다. 특별히 안록산은 자기가 믿고 기대를 하고 있으며, 총애와 신임이 내렸기 때문에 절대로 반역을 할 수 없다고 생각하였다. 천보 14재 여름과 가을 사이에 양국충과 위견소(韋見素)가 계속 안록산이 반역을 준비하고 있는 증거가 있다고 말하였지만, 현종은 안록산을 계속 신임하며 의심하지 않았다. 양국충 등이 안록산이 반역하려 한다는 말을 고하자 현종은 그들에게 말하였다. "짐은 안록산을 마음을 다하여 대우하고 있으므로 반드시 다른 뜻이 없을 것이다. 동변과 북변의 소수 민족들이 그들의 세력을 믿고 반란을 일으키려 한다. 짐이 이를 방어하려하니 경들은 걱정하지 말라."

안록산은 천보 9재와 천보 11재 그리고 천보 13재에 걸쳐 몇 차례 조정에 들어와 조정의 부패하고 무능함을 똑똑하게 보았다. 특히 당이 남조(南詔)에 대한 전쟁에서 패배한 것으로 말미암아, 그는 중앙 정부가 이미 일격에 감당하기 어려운 상태임을 보았다. 이런 것들은 모두 그가 반란을 일으켜 최고 통치권을 찬탈할 수 있다는 믿음을 더해주었다.

이림보가 죽은 후, 양국충은 자기의 지위를 공고히 하기 위해서 적극적으로 안록산이 재상이 되는 것을 저지하였고 두 사람 사이의 대결은 신속히 격화되어 안록산은 반란 준비를 더욱 가속화시켰다. 양국충은 늘 안록산이 반란을 일으킬 것이라고 말하였으며, 또한 현종에게 "폐하께서 시험하여 그를 불러보십시오. 분명히 오지 않을 것이옵니다"라고 말하였다. 현종이 이에 사람을 보내어 안록산을 조정에 들어오게 하였다. 안록산은 명령을 받자마자 천보 13재 정월 3일 장안에 왔고, 4일에 현종을 화청궁(華淸宮)에서 알현하고 눈물을 흘리며 현종에게 말하였다. "신은 본디 이방인으로 폐하의 총애로 여기까지 이르렀는데, 양국충에게 미움을 받게 되니 신이 죽을 날이 얼마 남지 않았습니다." 현종은 이 말을 듣고 총애와 신임을 더하였다. 현종은 안록산에게 동평장사(同平章事)의 직책을 맡기고자 하였지만 양국충의 반대로 실행하지는 못하였다. 하지만 안록산은 결국 한 번 더 현종의 신임을 얻었으며, 이로 말미암아 그의 계획은 지속적으로 진행될 수 있었다.

　물질적으로 안록산은 이미 여러 해 동안 준비를 하였으며 대량의 돈과 양식(糧食) 그리고 군비를 축적하여 놓았다. 병력면에 있어서 천보 12재 돌궐 아포사(阿布思)가 위그르[回紇]에게 패한 후에, 안록산은 투항한 아포사의 부락을 받아들였다. 안록산의 정병은 천하에 대적할 수 있는 자가 없었으며, 또한 그는 어떤 절도사(節度使)보다도 뛰어났다. 지금, 안록산이 필요로 하는 것은 바로 그에게 충성을 바치고 그의 명령에 따를 수 있는 장수였다. 안록산은 합당한 방법으로 그가 장안에 있는 기회를 이용하여 현종에게 부락장사 중에서 공이 있는 자는 일반적인 법칙에 구애받지 말고 상을 내려줄 수 있도록 주청하였다. 또한 고신(告身)을 써 달라고 요청하여 군중(軍中)에 돌아와서 수여하였다. 현종은 그의 요청에 동의하였으므로, 500여 명을 장군(종3품)으로 위임하였다. 중랑장(中郞將 : 정4품)에 위임한 자는 2,000여 명에 달했다. 이로 말미암아 안록산은 크게 사람들의 마음을 얻게 되었다. 천보 14재 2월, 안록산은 다시 번장(蕃將) 32인을 한장(漢將)에 대신할 것을 청하였는데 현종은 역시 이에 동의하고 위임장을 수여하였다. 번장과 안록산은 동일한 종족이었으므로 명령을 하달하기에 편리하였다. 이러한 방법으로 안록산은 반란의 최후 준비 작업을 완성하였으니 어느 시기에 반란을 일으킬지는 시간 문제였다.

22. 전쟁의 북소리

천보 14재(755) 11월 9일, 수개월간의 준비를 마친 안록산은 마침내 범양(范陽)에서 반란을 일으켰다. 10일, 양국충(楊國忠)은 태원(太原)에 안록산을 저지시키도록 북경부유수(北京副留守)에 양광한(楊光翰)을 배치시켰는데, 양광한은 안록산 군대의 장수인 하천년(何千年)과 고막(高邈)에게 사로잡히고 말았다. 태원에서의 소식은 화청궁(華淸宮)에 속히 전해졌다. 동수항성(東受降城)도 안록산의 반란을 알려왔다. 뿐만 아니라 하북(河北)의 주현(州縣)들도 안록산의 손에 들어갔다. 안록산이 지나가는 마을마다 사람들은 안록산의 소문만 듣고도 뿔뿔이 흩어졌다. 어떤 사람들은 문밖으로 나가 안록산의 군대를 환영하기도 하였고, 또 어떤 이들은 혹은 성을 버리고 도망쳐 숨었으며, 어떤 이들은 안록산 군에게 사로잡혀 죽임을 당하였다. 이런 이유로 말미암아 현종은 시간이 지나도록 하북 주현에 관한 보고를 들을 수가 없게 되었다. 몇 년 전부터 사람들은 늘 안록산이 반란을 일으킬 것이라고 말하였기 때문에 이때 현종은 이를 소문이라고 생각하게 되었다. 이러한 이유로 현종은 태원과 동수항성의 소식을 들은 후에도 이런 소식은 안록산을 반대하는 사람들이 지어낸 것이라고 믿었다.

15일이 되었다. 15일은 안록산이 범양(范陽)에서 기병을 일으킨 지 7일이 되는 날이었다. 현종은 그제야 안록산 반란에 대한 정확한 정보를 알게 되었다. 별 다른 도리가 없었던 현종은 급히 재상들을 소집하여 이에 대한 대책을 논의하였다. 대부분의 신하들은 큰 사건들에 부딪히게 되자 모두들 긴장하였다. 그러나 "반란이 빨리 일어나 현종에게 신임을 얻기를 기도했던" 양국충은 자기의 예언이 맞아떨어지자 오히려 득의양양해 하였다. 양국충은 "오늘 반란을 일으킨 자는 오직 안록산 한 사람 뿐으로, 장군과 사병들은 모두 이를 원하지 않았습니다. 10일이 넘기 전에 반드시 적의 머리를 베어 올 것입니다"라고 말하였다. 그는 10일 내로 안록산의 머리가 화청궁에 도착할 것이라고 믿고 있었다. 현종도 그의 견해에 동의하였다. 그러나 황제와 재상이 이처럼 국세를 제멋대로 예측하는 것을 보고 "대신들은 서로 돌아보면서 아연실색하였다."

현종이 양국충의 분석에 동의를 한 데에는 자신을 안심시키고자 하는 마음도 있었겠지만, 그렇다고 양국충의 견해가 전혀 이치에 맞지 않는 일도 아니었다. 당조(唐朝)의 건국 이래로 전쟁은 비록 적지 않게 일어났지만, 규모가 큰 지방성 반란이 일어난 것은 고종이 죽은 후 서경업(徐敬業)이 양주(揚州)에서 군대를 일으켜 무측천에게 항거한 단 한 차례뿐이었다. 중앙 정부가 내중외경(內重外輕)의 원칙에 따라 병부(兵府)를 설치하였기 때문에 제때에 병사들을 소집할 수 있었다. 또한 서경업은 군중의 지지를 받지 못하였으므로 그의 반란은 신속히 진압되었다.

그러나 현종과 양국충은 다음과 같은 사실을 잊고 있었다. 먼저, 병제는 20년 전에 이미 부병제(府兵制)에서 모병제(募兵制)로 변화하였다. 비록 서북의 각 절도사들이 대량의 군대를 통할(通割)하여 상당한 전투력을 갖추고 있었지만, 경기 일대는 수시로 부병을 소집할 수 없었다. 중앙 금위군이 78만 명 정도가 되기는 하였지만, 그들은 경사와 황실을 보호하는 임무를 가지고 있었다. 또한 그 중에는 많은 시정 상인들이 섞여 있어서 훈련을 제대로 받지 못하였다. 그러므로 이런 군대로 반란군을 진압하는 것은 불가능하였다. 현종과 양국충은 비록 군대를 모두 소집한다 하더라도 각 절도부대의 조직상황이 제각기 다르다는 사실을 아직 알지 못하고 있었다. 하서(河西)에는 그 지방의 거민들이 많았는데, 이것은 돈황의 호적부에서 그 흔적을 볼 수가 있다. 그리고 농우(隴右)에는 산동(山東)의 병졸이 많았다. 그들에게는 딸린 가정이 있었고, 가족들은 그들과 함께 하기를 기대하고 있었다. 그 장군들 중에는 비록 소수 민족이 적지 않았지만, 그래도 한인 장수가 상당 부분을 차지하고 있었다. 또한 이러한 지역의 절도사(節度使)의 임기는 역시 길지가 않았다. 때문에 절도사가 수하의 병사를 이용하여 조정의 반란군을 막는다는 것은 쉬운 일이 아니었다.

안록산의 부속들은 일률적이지 않았다. 범양은 하북 평원과 기북산(冀北山) 지구가 만나는 곳에 위치하고 있어서, 농업민과 유목민이 교류하는 중추가 되어왔다. 수나라 말년 이래로 동북의 소수 민족들은 끊임없이 이곳으로 이주해왔다. 그 중에는 돌궐(突厥)·말갈(靺鞨)·해(奚)·거란(契丹)·고구려(高句麗) 등이 포함되어 있다. 천보 년간에 부락 형식으로 여전히 범양에 남아있는 것은 7,138의 호구였는데, 범양 지구에서 당시 호구 총수의 10분의 1을 차지하였다(『舊唐書』 卷39 「地理志」, 『新唐書』 卷43下 「地理志」, 『舊唐書』 卷185下 「宋慶禮傳」). 다른 곳에서 흩어져 있다가 들어온 호인(胡人)들은 아직 이 안에 포함되어있지 않다. 안록산 부대 가운데에는 원래 많은 호인들이 포함되어 있었다. 후에 안록산은 투항한 호인을 부대에 편입시켰는데, 이로 말미암아 사병 중에는 호인의 숫자가 아주 많았다. 특별히 동라(同羅)·해(奚)·거란의 투항인 8천 여 명으로 형성된 부대는 모두 용맹하고 전쟁을 잘하는 장사들로 이루어져 있었으며, 호어(胡語)로는 그들을 '예락하(曳落河)'라고 불렀다. 그들은 일당백의 실력을 가지고 있었으며 강력한 전투력을 보유하고 있었다. 장수들 가운데에도 역시 호인이 많았다. 장충효(張忠孝)·이보신(李寶臣)은 해인(奚人)이었으며, 왕무준(王務俊)은 거란인(契丹人)이었고, 상가고(尙可孤)는 동부(東部) 선비인(鮮卑人)이었다. 반란을 일으키기 전에 안록산은 공개적으로 현종에게 번장 32명으로 하여금 한족 장군을 대신하도록 청하였다. 안록산은 그들에게 융숭한 대접을 하고 높은 관직과 많은 봉록을 주거나, 가자(假子)로 삼으면서, 호인(胡人) 장군 및 병사들과 밀접한 관계를 맺어왔다. 이것은 안록산이 반란을 일으키게 만들어준 핵심적인 역량이 되었다. 이러한 힘을 가진 것 외에도, 그는 절도사(節度使) 겸 채방처치사(採訪處置使)의 지위를 이용하여 그가 통할하는 하북 지역에 명령을 내리고 자신이 마음먹은 대로 지휘할 수 있었다. 그리하여 '반란을 일으키기 싫어하던 자'들에 대해서도 그의 지휘에 복종하도록 만들 수가 있었다.

그러므로 장수와 병사들이 반란을 원치 않기 때문에 10일 내에 안록산이 부하에게 피살된다는 양국충의 판단은 안록산의 역량을 너무나도 얕잡아 본 것이었다. 불행한 사실은 현종이 이처럼 잘못된 판단을 그대로 받아들였다는 것이다. 이런 식으로 세워진 계책은 필사침(畢思琛)을 동경(東京)에 파견하는 것과, 금오장군(金吾將軍) 정천리(程千里)를 하동(河東 : 지금의 山西 太原)에 보내어, 각각 단순히 수만 명의 사람을 되는대로 모아서 안록산 군을 막는 것에 불과하였다. 임시로 모인 사람들이 한 부대를 이루었다. 혹자는 오합지졸 같은 군인들이라 해도 적군을 막아내는 데 효과가 없다고는 할 수 없다고 말한다. 그러나 안록산의 조직된 군대에 비하면 새발의 피와 같은 격이었다.

다음날, 안서절도사(安西節度使) 봉상청(封常淸)이 입조하였다. 현종은 그에게 토벌 방침에 대해서 물었다. 봉상청의 어조는 드높았다. 그는 현종에게 다음과 같이 말하였다. "오늘날 태평성세가 너무나 오래되었기 때문에 사람들은 소문만 듣고도 무서워하는 것입니다. 그러나 일에는 순행과 역행이 있는 법이며 형세에는 기이한 일이 일어날 수도 있습니다. 신이 청컨대 말을 타고 동경(東京)으로 가서 창고를 열어 용감한 자들을 모은 다음 말에 채찍질하여 강을 건너서 수일 안에 반란을 일으킨 그 오랑캐의 머리를 베어서 폐하께 바치겠습니다."

봉상청은 양국충이 그랬던 것처럼 적의 역량을 얕잡아보는 착오를 저지른 것 이외에도, 다른 치명적인 실수를 범하였는데 그것은 바로 창고를 열고 큰 상을 내리기만 하면 용감한 전사들을 모을 수 있다고 생각한 것이다. 안서(安西 : 지금의 新疆 庫車)에서 호성남문(胡城南門)을 지키던 외조부를 따라 장성한 봉상청은 약간의 서적이나마 읽은 절도사(節度使)로서 서역에서 장기간 생활하였다. 그는 안서 지역의 사람들이 전쟁에 능하다는 상황에 대해 잘 알고 있었다. 그러나 그는 내지가 장기간 안정되어서 전쟁을 알리는 북소리를 듣지 못하였으며, 부병들의 번상(番上)과 출정(出征)이 이미 단절되었으며, 사람들이 훨씬 이전부터 이미 군인이 되어 전쟁을 하는 것에 익숙하지 못한 것을 모르고 있었다. 설령 큰 포상을 내려서 비록 부대를 모집한다 하여도 그들을 바로 전투에 투입할 수 없는 노릇이었다. 그러나 현종은 그가 호언장담을 하는데 그만 미혹이 되었다. 다음날 곧 봉상청을 범양(范陽)·평노절도사(平盧節度使)에 위임하였다. 봉상청은 그날 장안을 떠나서 동경으로 달려갔다.

봉상청이 떠나자, 현종은 화청궁(華淸宮)에서 또 나흘 동안 향락에 빠졌다. 그 후 21일이 되어서야 장안의 궁중으로 돌아왔다. 궁중으로 돌아온 후에 현종은 즉시 안록산의 아들 안경종(安慶宗)을 참수시키고, 또한 군사적으로 준비를 하였다. 또한 안록산의 계부(繼父)의 조카인 삭방절도사(朔方節度使) 안사순(安思順)을 입조시켜 호부상서(戶部尙書)로 삼았는데, 이는 그의 병권을 빼앗고 그와 안록산이 결합하는 것을 막으려고 내린 조치였다. 동시에 삭방우상병마사(朔方右廂兵馬使) 곽자의(郭子儀)를 삭방절도사(朔方節度使)에 임명하고, 우우림대장군(右羽林大將軍) 왕승업(王承業)을 태원윤(太原尹)에 임명하였다. 하남절도사(河南節度使)를 설립하고, 진류(陳留 : 汴州, 지금의 河南 開封) 등 13군을 다스리게 하고, 장개연(張介然)을 절도사(節度使)로 삼았다. 정천리(程千里)에게 명을 내려 노주(潞州 : 지금의 山西省 長治市) 장사(長史)로 삼았다. 삭방 외에도 태원·진류·노주는 모두 반군의 첫 공격 대상이 되었다.

2월 12일, 영왕(榮王) 이완(李琬)을 원수(元帥)로 임명하고 우금오대장군(右金吾大將軍) 고선지(高仙芝)를 부원수(副元帥)로 임명하여, 군대를 이끌고 동쪽을 정벌하게 하였다. 8일 간의 준비를 마친 후 12월 초2일, 고선지가 이끄는 황제의 금군(禁軍)인 비기(飛騎)·확기(彍騎)와 새로 모집한 병사들 5만 명이 장안을 떠나서 섬주(陝州 : 지금의 河南 陝縣)로 가서 주둔하게 하였다. 현종은 친히 망춘정(望春亭)에서 송별을 하였고, 또한 환관감문장군(宦官監門將軍) 변령성(邊令誠)을 특별히 파견하여 군대를 감찰하도록 하였다.

이러한 준비가 주도면밀하다고는 할 수 없지만, 만약 모든 것이 실현될 수 있었다면 적어도 반군이 전진해오는 속도를 늦출 수 있고, 반군이 동경(東京)에 다가오는 시간을 지체시킬 수 있었다. 그러나 이러한 배치는 너무 늦은 것이었다. 12월 초, 안록산의 반군은 이미 황하(黃河) 북안으로 가까이 왔다. 안록산은 밧줄을 사용하여 파손된 배들을 연결하였고, 또한 초목을 강물에 넣어서 하룻밤 사이에 얼음을 얼려 다리를 만들었다. 12월 초3일, 반군은 순조롭게 황하(黃河)를 건넜고, 영창군(靈昌郡, 즉 滑州 : 지금의 河南 滑縣의 동쪽)을 함락시키고, 진류(陳留 ; 開封)성 아래까지 다가왔다. 이때, 새로 하남절도사(河南節度使)로 부임한 장개연(張介然)이 진류(陳留)에 온 지 며칠이 안되었기 때문에 사병들을 훈련시키지도 못한 상태였다. 진류에는 비록 만 명에 가까운 장군과 군사들이 있었지만 반군의 위세를 두려워하여 전쟁에 응하지 못하였다. 12월 초6일, 태수(太守) 곽납(郭納)이 성을 들어서 안록산에게 투항하였다. 장개연도 안록산이 휘두른 칼에 불귀의 객이 되었다. 안록산은 계속 서쪽으로 진격하였으며, 재빨리 형양(滎陽 : 지금의 河南 鄭州)을 공격하여 함락시켰다.

현종은 형세의 심각성을 느끼고, 8일 직접 안록산을 정벌하겠다는 내용의 「친정안록산조(親征安祿山詔)」를 발포하고, "친히 육사(六師)를 통합하여 종군 백만을 거느리고 낙양에 가겠다. 또한 하서·농우·삭방의 병마

를 모집하고, 각 진의 병사들 중에서 남아서 군대와 마을과 성곽을 지키는
자 외에는 모두들 절도사(節度使)의 명령에 따라 정월 20일 전에 낙양의
행영(行營)에 도착하라(『唐大詔令集』 卷119)"고 하였다.

그러나 이 조령은 너무 늦게 발포되었을 뿐만 아니라 뒷북을 치는 격
이 되었다. 12월 7일 안록산은 이미 낙양을 공격하기 시작했다. 봉상청은
후원이 없는 고립된 군대를 이끌고 전쟁을 준비하였다. 봉상청은 낙양에
도착한 후 적극적으로 방어 군대를 조직하였고, 20일이 못 되는 시간 내에
6만 명의 군인을 소집하였다. 비록 이들은 '시장의 일반 무리'들로서 '전혀
훈련이 안된 상태'이기는 했지만(『舊唐書』 卷104 「封常清傳」), 마침내 한 군대
를 조직하게 된 것이다. 그들은 또한 착실하게 저항을 하여, 12월 7일부터
13일까지 계속 전투를 하여 조정으로 하여금 힘을 축적하는 시간을 얻게
만들어 주었다. 그러나 이 이후에도 현종의 준비와 처리에서 연이어 심각
한 실수가 드러나고 있다.

봉상청은 낙양에서 안록산에게 대패한 후, 세 차례나 사람을 보내어
조정에 표(表)를 올리고 현종에게 적들의 상황을 보고하려고 하였다. 그러
나 현종은 오히려 이를 거절하고 접견하지 않았다. 어쩔 수 없이 봉상청이
직접 장안으로 가려고 위남(渭南)까지 달려갔지만 결국은 되돌아가야만 했
다. 이로써 현종은 적들의 형세와 적과 아군 쌍방간의 작전 상황에 관한
가장 중요한 정보를 알 수 있는 기회를 잃어버렸다. 그는 결국 전 국면을
감찰할 수 없게 되었으며 시국에 대해서도 정확한 판단을 내릴 수가 없게
되었다. 이 점이 바로 첫 번째 실수이다.

봉상청은 중과부적으로 낙양을 잃어버린 후에, 섬주(陝州)에서 고선지
를 만나게 되어서, '물러나 동관(潼關)을 지킬 것'을 건의하였다. 고선지는
봉상청의 건의를 받아들이고 병사를 이끌고 서쪽 동관으로 갔다. 봉상청
의 건의와 고선지의 행동은 모두 옳았다. 그러나 철수하는 과정에서 저격
부대를 배치하지 않았기 때문에 적병이 추격해오자, 부대에 큰 혼란이 일

어났고 서로 짓밟혀서 사상자가 속출했다. 그래도 결국 동관에 수비를 건립하고 적군을 막아낼 수 있었다. 봉상청과 고선지의 지휘가 적당했던 것인지 부적당했던 것인지에 대해서는 이에 상응하는 평가가 내려져야 했다. 그런데 현종은 오로지 감군(監軍) 환관 변령성(邊令誠)의 단편적인 말만을 믿었다. "봉상청이 적으로 하여금 민중을 요동하게 하고, 또한 고선지는 섬주 땅 수백 리를 버렸으며, 군사의 양식과 하사품을 훔치고 감하였다"라는 하는 말을 하자, 현종은 이에 대해 분석하거나 확인하는 절차를 거치지 않은 채, 당장 영(令)을 내려 봉상청과 고선지를 사형에 처하였다. 환관을 감군(監軍)으로 임용한 데에는 그 자체로써 황제가 대장을 신임하지 않는다는 뜻이 포함되어 있다. 이는 황제와 장군간에 보이지 않는 벽이었던 것이다. 현종이 터무니없이 봉상청과 고선지를 죽인 일로 말미암아, 현종은 환관과 가까운 신하들의 말을 믿는 정도가 더욱 심해졌을 뿐만 아니라 환관 감군들이 곳곳에서 군대의 원수들을 견제하게 되었고 통일된 체제로 지휘하는 것도 지체되었다. 이것이 두 번째의 실책이었다.

안록산이 아직 낙양을 함락시키기 전에, 현종은 미리 친정(親征)하겠다는 조서를 내렸다. 낙양이 함락된 후에, 12월 17일 또 조서를 내려 태자로 하여금 감국(監國)하게 하고, 또한 태자에게 "친히 군대를 지휘하여 동으로 가서 토벌하게" 하였다. 현종이 친정하든 태자가 군대를 이끌고 동쪽을 토벌하든, 당시의 민심을 고무시키고 군대를 조직하고 지휘를 강화시키는 것에 있어서 모두 상책으로 간주할 수 있다. 그러나 황제의 친정은 낙양이 함락되므로 말미암아 수포로 돌아갔다. 태자가 동행하여 토벌하려고 하던 것도 양국충의 이간으로 수포로 돌아갔다. 이러한 점은, 현종이 친히 전선에 나가서 지휘를 할 수 없었던 상황을 시사해줄 뿐만 아니라, 그가 군사지휘권을 태자에게 넘겨주고 싶어하지 않았음을 설명해주고 있다. 이렇게 최고 통치 집단 내부의 각종 모순은 한층 더 깊어졌으며, 반란군을 평정하는데도 심각한 영향을 주었다. 이것이 세 번째 실책이었다.

태자로 하여금 병사를 모아 동쪽을 정벌할 수도 없게 되고, 또한 고선지도 죽었기 때문에, 현종은 집에서 와병중인 하서(河西)·농우절도사(隴右節度使) 가서한(哥舒翰)을 찾을 수밖에 없었다. 12월 19일, 현종은 가서한을 만나보고, 그를 황태자선봉병마사(皇太子先鋒兵馬使)·부원수(副元帥)에 임명하고, 하주(河州)와 농주(隴州)의 각 종족 노자(奴剌)·사타(沙陀)·토욕혼(吐谷渾) 등 13개 부락과 고선지의 옛 부대 합 20만 명을 이끌고 동관을 지키게 하였다.

이를 전후하여 조정에 유리한 두 가지 변화가 발생하였다. 하나는 삭방절도사(朔方節度使) 곽자의(郭子儀)가 안록산의 대동군사(大同軍使) 고수암(高秀岩)이 진무군(振武軍 : 지금의 蒙古 托克托)으로 진공하려는 것을 격퇴시키고, 이 승리를 틈타서 정변군(靜邊軍 : 지금의 陝西省 左雲)을 평정하고 운중(雲中 : 지금의 山西省 大同)을 포위하고, 마읍(馬邑 : 지금의 山西省 朔縣 동쪽)을 수복하였다. 이로 말미암아, 반군이 북쪽에서 관중(關中)과 태원(太原)을 위협하는 상황을 해소시킬 수 있었다. 둘째는 하북 경계 안에 있는 평원(平原 : 지금의 山東省 陵縣) 태수(太守) 안진경(顏眞卿)·상산(常山 : 지금의 河北正定) 태수 안고경(顏杲卿)이 한동안 서로 연락하고 준비하여, 12월 18일과 22일에 각각 안록산의 장군들을 죽이고 병사를 일으켜 안록산 군을 토벌하였다. 이에 따라서 하북의 여러 군(郡)이 호응해 주었다. 23개의 군(郡)에서 17개의 군이 모두 조정에 귀속하였다.[77] 이로써 반군의 행동을 최대한 견제하게 되었

---

77) E.G.Pulleyblank씨는 『안록산란의 배경』이라는 책에서 안록산란의 배경을 경제적·정치적·군사적으로 나누어서 분석하였으며, 덧붙여서 하북지역의 특수한 상황에 대해서도 언급하고 있으며, 이림보 시대의 안록산에 대해서 다루고 있다. E.G.Pulleyblank, 『The Background of the Rebellion of An Lu-shan』(Oxford University Press, 1955). 이 책에서 하북에 주목하고 있는 점은 매우 긍정적으로 평가할 수 있다. 그런데, 북주가 북제를 점령한 뒤부터, 수 문제 때나 당태종 때에 이르기까지 하북지역은 계속 중앙정권에 반발했는데, 왜 안록산란 때에는 이 지역에서 중앙정부에 호응하

다. 안록산은 군사를 이끌고 서쪽으로 동관을 공격하는 도중에 하북에서 변이 일어났음을 듣고는 당장 낙양으로 돌아와서 채희덕(蔡希德)을 시켜 하내(河內 : 지금의 河南 沁陽)에서부터 북으로 상산(常山)을 공격하도록 명하였다.

천보 14재(756) 초, 하북의 많은 군현(郡縣)이 또다시 반군의 소유가 되었지만, 현종이 하북으로 파견한 이광필(李光弼)·곽자의(郭子儀)는 하북인들의 지지를 얻어 날로 승리를 얻게 되었다. 5월 가산(嘉山 : 正定의 동쪽)의 전쟁에서, 곽자의·이광필은 반군의 장군 사사명(史思明) 군대를 대파시키고 사만 명의 적군을 참수하고 사사명을 박릉(博陵 : 지금의 河北 定縣)에 몰아넣어서 군대의 위엄을 크게 떨쳤다. 하북에 있는 십여 개의 군(郡)은 모두들 반란군의 수장을 죽이고 조정에 투항하였으며, 낙양에서 범양으로 통하는 도로는 다시 단절되었다. 반란군의 마음은 동요하였고 안록산도 낙양을 버리고 범양으로 돌아가고자 하였다.

바로 이때, 현종은 안록산이 섬군(陝郡 : 지금의 河南 陝縣)에 주둔시킨 군대가 몇 천 명밖에 되지 않으며 또한 병력이 많이 약해졌다는 정보를 접하게 되었다. 현종은 기회가 왔다고 생각하고, 사신을 보내어 가서한에게 진군하여 섬주와 낙양을 수복하도록 명령하였다. 하지만 가서한은 안록산이 오래도록 용병을 익혔으므로 다른 방어책을 가지고 있으며 오히려 안록산이 약한 병사들을 내세워서 아군들을 출전하도록 유인하는 것이라고 생각하였다. 동시에 적군은 멀리서 왔기 때문에 속전을 하는 것이 유리하고, 또한 관군(官軍)은 위험을 싫어하므로 자리를 굳게 지키기는 것이 유리하다고 보았다. 또한 반군은 잔인하고 포악하여 군중의 지지를 상실하였으며 군사적으로도 불리하므로, 내부에는 분명히 변고가 발생할 수 있다고 여겼다. 때가 되어 다시 기회가 오면, 전쟁을 하지 않고도 안록산을

는 움직임이 일어났는지에 대해 검토할 필요성이 아직 더 남아있다고 할 것이다.

사로잡을 수 있다고 여긴 그는 현종에게 잠시 공격을 가하지 말 것을 건의하였다. 곽자의·이광필도 상언하였다. "청컨대 군사들을 이끌어 북으로 범양을 공격하여 그들의 소굴을 뒤엎어 버리고 역적의 처자식들을 인질로 삼아 역적을 부르면 그들이 반드시 내부에서 괴멸할 것입니다. 동관의 대군은 오로지 고수하는 것으로 그들을 무찌를 것이니, 가볍게 출정하지 말아야 할 것입니다." 그러나 양국충의 부추김을 받은 현종은 가서한·곽자의·이광필과 같은 장군들의 건의를 듣지 않고, 다시 환관을 파견하여 가서한에게 진병하도록 재촉하였다. 가서한은 어쩔 수 없이 한바탕 크게 울음을 터뜨리고 난 후에, 군사를 이끌고 출관(出關)하였다. 결국은 패하여 동관은 수비를 잃어버리고 가서한도 역시 안록산의 포로가 되었다. 『구당서(舊唐書)』 「양국충전(楊國忠傳)」에 다음과 같이 적혀있다.

> 이 때, 안록산은 비록 하낙(河洛)에 있었지만, 그 군사들은 동에서 양(梁)·송(宋)에 머물러 있었고, 남으로 허(許)와 정(鄭)을 넘지 아니하였다. 이광필·곽자의는 하삭(河朔)의 군사를 통솔하였으나 항(恒)과 정(定)에서 연이어 패하였다. 만약 효(崤)와 함(函 : 潼關을 가르킴)을 고수하고 병사들이 경거망동하지 않았다면, 흉역(兇逆)의 세력은 스스로 멸했을 것이다. 그리고 가서한(哥舒翰)이 출사를 한 지 며칠이 되지 않아, 황제는 도망치고 조정은 함몰하고 백관 관료는 목을 매달고 비(妃)와 그 무리들은 죽임을 당하고 군대는 천하에 가득하고 독은 사해에 흐르니, 이 모두는 양국충이 부른 앙화였다.

이러한 앙화가 참으로 양국충이 부른 것인지에 대한 여부는 여기에선 잠시 거론하지 않기로 한다. 가서한이 출병하였다가 대패하자 반군에 대한 방어·진압체계는 완전히 파괴되었다. 이것은 뼈저린 현실이었다. 이것은 마치 우연한 일인 것 같지만, 상술한 일련의 실수들을 함께 연결시켜

보면 현종의 책임을 빠트릴 수 없다는 것을 어렵지 않게 발견할 수가 있다. 이것이 현종의 네 번째 실수이자 가장 큰 실수였다. 만약 기타의 실수가 그런대로 적당한 형식을 통해 보완된다고 한다면, 이번 착오는 확실히 큰 실수였고 도저히 만회할 수 없는 것이었다.

왜 이러한 많은 실수가 발생하였을까. 이러한 실수가 생겨난 원인은, 첫째 현종이 오랜 기간 동안 대신들과의 거리를 멀리하였기 때문이었다. 태종(太宗) 이후로부터 황제들은 늘 대신을 만나 현실을 이해하고 문제를 토론하였다. 현종도 초년에는 역시 이렇게 하였다. 그러나 개원 말에서 천보 이래로 현종이 대신을 만나 그 의견을 들어주는 일이 줄어들기 시작했다. 처음에는 부분적으로 정치적인 견해에서 어긋나는 경우에 견해를 달리하는 대신들의 의견은 들어주지 않는 것으로 시작되었다. 그러나 나중에는 측근 몇 사람의 의견만을 듣는 것이 습관화되었다. 한쪽의 말만 듣고 믿는 것이 습관이 되자, 대신과 장수들의 이야기는 들으려고도 하지 않았고 들어주지도 않았다. 단지 양국충과 양씨 자매의 말만이 그의 행동에 영향을 줄 수 있었다. 이것은 소인들이 그를 에워쌌다고는 할 수 없다. 현종이 자기가 만든 올가미에 스스로 걸려들었다고 할 수밖에 없다. 현종은 이미 상황의 전체적인 면에 대해서 파악할 수 없었고, 이로 말미암아 국세에 대해 정확한 추정을 내릴 수가 없었다. 설상가상으로, 그는 장기간의 태평 성세를 누렸기 때문에 군사 훈련을 소홀히 하였다. 이로 말미암아 현실을 살펴 상황을 헤아리는 것과, 이해(利害)의 경중을 헤아려 정확한 지휘를 하는 능력을 발휘할 수 없었으며 국세를 다스리는 능력을 완전히 상실하였던 것이다.

또한 현종이 이렇게 된 원인에는 더 심각한 요소가 있었는데, 그것은 바로 태자와의 대립이었다. 개원 24년(736), 현종은 태자 이영(李瑛)이 황위를 빼앗기 위해 비밀리에 음모를 꾸미고 있다고 의심을 하였다. 현종은 다른 사람의 모함을 쉽게 믿어버리고서는 태자 이영과 다른 두 아들을 죽어버렸다. 개원 26년(738)에 이르러 이여(李璵 : 天寶 3년 李亨이라고 개명함)를 태자로 삼았다. 처음에는 그도 힘을 다해 이형(李亨)에게 위엄과 덕망을 심어주었지만, 천보 9재(745) 이후에는 태자 이형에 대해서도 의심이 깊어지기 시작하였다. 전에 언급한 바와 같이 위견과 황보유명과 왕충사의 몇 차례 대옥(大獄)사건은 모두 태자를 겨냥한 것이었다. 이런 일은 매번 태자에게 깊은 상처를 주었고, 그는 너무나 긴장한 나머지 귀밑머리가 모두 하얗게 변해버렸다. 생존을 위하여 태자는 겉으로 겸손과 공경한 태도를 더욱 취하였다. 궁중의 정원에 위치한 그의 방은 청소도 하지 않았고, 악기도 그대로 내버려두어서 그 위에는 먼지만 쌓여져 갔다. 그러나 마흔 살이 넘은 태자의 속마음은 어떠했을까? 그는 황제가 된 지덕(至德) 원재(756) 이후부터 이심(李泌)과 함께 장안을 공격하여 회복하면 이림보의 묘를 파헤치고 뼈를 태워 재를 뿌리겠다고 말하였다. "예전에 이 역적은 백방으로 짐을 위험에 빠트렸다. 당시에 짐은 아침에 죽을지 저녁에 죽을지 생명을 보장할 수가 없었다. 하지만 짐이 온전하게 된 것은 특별히 천행(天幸)이 있었기 때문이다!"라고 말하였는데, 이 말 속에는 그를 향한 분노와 원한이 가득 차 있었던 것이다.

현종은 그의 아들이 바보가 아니라는 사실을 분명히 알고 있었기에, 힘을 다해 계책을 세웠다. 현종은 한편으로는 후사에 대해 관대함을 베풀어 그를 폐위시키지 않으려 하였으며, 그를 위협한 후에는 동궁(東宮)으로 가서 위로를 해주었다. 그러나 동시에 또 당대 궁정에서 반복적으로 일어났던 현무문(玄武門)의 변과 같은 사건이 새로 발생할까봐 내심 두려워하였다. 이리하여 또다시 의심을 가득 품고서 시시각각 이를 막기 위한 조치를 취하였다. 현종은 물론 안록산이 장안으로 쳐들어오는 것에 대해 두려움을 느꼈다. 그러나 태자가 나라를 감독하고 반란을 평정하는 가운데 위엄과 덕망이 높아져 자신의 세력을 확대하여 그가 43년 간 유지하였던 황권을 위협하는 것을 더욱 두려워하였다. 양국충은 바로 현종의 이러한 심리를 이용하여 양씨 자매를 발동시켜 현종에게 영향을 미치도록 하였다. 바로 이 때문에 현종은 비로소 태자가 아닌 영왕(榮王) 이완(李琬)을 파견하고 태자를 원수로 삼지 않았으며, 이어서 태자감국(太子監國)과 태자가 출정하는 결정을 취소하였다.

심각한 상황에 부닥치자 군대는 각종의 역량을 한 곳에 단결시킬 수 있는 중심점을 원하였다. 현종은 이러한 도리를 이해하였다. 그가 영왕 이완을 보내어 원수로 삼으려고 한 것이나, 친정의 조령을 내리거나 태자를 출정하게 하려고 했던 것은 모두 이러한 목적을 이루기 위함이었다. 그러나 현종은 궁정내부에 일고 있는 모순의 소용돌이 속에서 스스로 빠져 나올 수 없었기 때문에, 이 지점에서는 시종 어떤 일도 할 수가 없었다. 이렇게 출정한 군대 내부에는 조정과 상통하면서 각종 세력과 협조하며 때와 형세를 살펴 수시로 군대를 조종할 수 있는 총사령관이 한 사람도 존재하지 않았다. 오히려 총사령관은 곳곳마다 감군과 조정의 통제를 받았다. 동관에 출정하는 것과 같은 전략적 의미를 지닌 군사적 행동 마저도 결국은 거짓 정보에 의지하게 되었고 더구나 양국충에게 현혹되어 경솔하게 결정을 내렸다. 이로 말미암아 만회할 수 없는 결말을 조성하게 되었다. 이것은 물론 반란을 평정하는 것에도, 현종의 개인적 운명에도 심각한 영향을 미쳤다. 당나라의 역사는 진정한 전환기를 맞이하고 있었다.

곽자의·이광필이 하북에서 안록산 군대의 대장 사사명을 대파시키고, 하북 대부분의 군현은 다시 조정으로 귀순하였으며, 낙양과 범양의 도로는 재차 단절되었고, 반란군의 인심은 요동하였다. 안록산 자신도 "길은 이미 막히고 여러 군대가 사방에 모였으니, 내게 있는 것은 변주(汴州)와 정주(鄭州)의 몇 개의 주뿐이다"라고 생각하였다. 안록산이 낙양을 버릴 준비를 하고 범양으로 돌아갈 때, 가서한이 영보(靈寶 : 지금의 河南 靈寶 동북)의 서쪽 벌판에서 대패하여 동관을 잃었다. 이 상황에서 극적인 변화가 발생하였던 것이다.

동관을 공격하여 탈취하는 것은, 안록산이 취한 모든 군사 행동의 중심고리였다. 동관으로 진격해 들어가기만 한다면 장안은 바로 수중에 들어올 수 있었다. 장안으로 진격한 다음에, 그는 곧 전국을 호령하는 지위를 얻을 수 있었다. 이리하여 12월 13일 낙양을 공격하여 점거한 후, 며칠이 지나지 않아서 안록산은 즉시 병사를 거느리고 서쪽으로 들어왔다. 그러나 막 신안(新安 : 지금 河南省에 속함)으로 오자마자, 하북의 형세에 변화가 있다는 소식을 접하게 되었고 낙양으로 물러나는 수밖에 없었다. 20일이 지난 다음 즉 천보 15재 정월 11일, 안록산은 다시 그의 아들 안경서(安慶緖)를 파견하여 동관을 치도록 하였으나, 가서한에게 격퇴 당하였다. 이후에, 가서한은 동관을 굳게 지켰고, 반란군은 몇 날 며칠이 되도록 진격할 수 없었으며 안록산도 다른 도리가 없었다. 그러므로 영보(靈寶)의 서쪽 벌판에서 벌였던 마지막 공격에서 가서한이 이끄는 거의 25만의 대군을 소멸시킨 것은 안록산의 예상을 벗어난 것이었다. 현종이 어떤 계획을 세우고 있는지에 대해서는 안록산도 역시 자세하게 짐작할 수는 없었다. 이리하여 감히 장안으로 진공할 수 없었고, 사람을 보내어 반군을 동관에 주둔하도록 시킨 것이었다.

『원화군현도지(元和郡縣圖志)』에 따르면, 동관은 장안에서 300리 되는 길로, 빠른 말을 타면 하루만에 도달할 수 있다고 한다. 그렇다면 안록산이 범양에서 반란을 일으킨 후 매일 60리의 진군 속도로 이동해 왔는데, 이 속도로 가면 오래 걸리더라도 겨우 5일밖에 걸리지 않는다. 또한 6월 8일 동관이 함락되고 나서도 현종은 장안에서 13일 이른 새벽까지 탐닉에 빠졌다. 이전의 3일은 그래도 상당히 진정되어 있었다. 이것은 역시 아주 이상한 일이라고 할 수 있다.

문제는 현종이 제때에 정확한 정보를 접하지 못하였다는 데 있다. 8일 영보의 서쪽 벌판에서 패배한 후에, 위급함을 알리기 위해 가서한이 파견한 부장(部將)이 9일 장안에 도착하였다. 현종은 비록 당장 그를 만나보기는 하였지만, 형세에 대해서 그다지 심각하게 여기지 않았다. 현종은 검남군의 장군과 병사 및 감목병(監牧兵)을 동관에 파견한 것 외에는 다른 부서에서는 어떤 조치도 취하지 않았다. 저녁이 되어서 동관 부근의 봉화로부터 평안을 알리는 평안화(平安火)가 전해오지 않았다. 현종은 그제서야 대세가 불리함을 깨닫고, 이튿날 재상을 찾아 상의하였다. 양국충은 적을 물리치는 계획에 대해서는 생각하지 않고 빨리 도망갈 생각만 하고 정식으로 현종에게 사천(四川)으로 피난을 가자고 건의하였다. 3일 째인 11일, 양국충은 백관을 소집하여 조당에서 대책을 토론하였는데, 대신들은 옳지 않다고 생각하였다. 양국충은 백관에게 "사람들이 안록산이 반란을 일으키리라고 말한 지 이미 10년이 흘렀으나, 황제께서는 믿지 않으셨습니다. 오늘날의 일은 재상의 잘못이 아닙니다"라고 말하여 모든 책임을 전부 현종에게 돌려버렸다. 현종은 45년 간 황제를 맡았으나, 이렇게 위급한 지경에 이르러서는 뜻밖에도 정확한 정보를 제때에 얻지 못하였다. 조정의 대신들도 결국은 응변의 방책을 제의하지 못하였으며, 각 정부 기관에서도 역시 필요한 대응을 하지 못하였다. 그래서 더욱 적합한 시책을 취할 수가 없었는데, 결국은 이것이 모두 현종 한 사람의 책임으로 돌아가 버린 듯하였다. 현종이 대책을 토론하는 데에는 양국충 외에는 결국 다른 참모가 없었으니 진정으로 홀로 남겨지게 된 셈이었다. 적들이 아직 쳐들어오지 않았지만, 조정은 이미 마비되고 국가 기구는 정상가동할 수 있는 능력을 상실하였다. 개원·천보 시기 정치 체제가 변화하면서 생겨난 병폐는, 관리의 배양 및 선발에서 실수를 하였으며 사람을 부적절하게 부리는데에서 생겨난 나쁜 결말이었는데, 이 시기에 이런 문제들이 집중적으로 반영되어 나타난 것이다.

전선이 불리하다는 소식은 빨리 퍼져나갔다. 11일, 장안의 사람들은 놀라서 어디로 가야할지 알지도 못한 채 도망을 쳤다. 시장과 마을은 텅 비었다. 12일, 장안은 곧 더욱 어지러웠으며, 조정에 나온 대신은 열에 두

셋도 되지 않았다. 오직 현종만이 겉으로 침착하게 국세를 진정시키기 위해 근정루(勤政樓)에 올라가, 친정(親征)을 준비하도록 선포하였다. 동시에, 경조윤(京兆尹) 위방진(魏方進)을 어사대부(御史大夫) 겸 치돈사(置頓使)로 임명하고, 경조소윤(京兆少尹) 최광원(崔光遠)을 경조윤에 임명하여 서경유수(西京留守)를 맡겼다. 또한 검남절도대사(劍南節度大使)를 겸하고 있는 영왕(潁王) 이교(李璬)에게 진지를 보완한다는 명목으로, 촉군(蜀郡 : 지금의 四川 成都)에 명을 내려 물질적인 준비를 마련하게 하였다. 현종은 근정루(勤政樓)에서 친정의 조서를 내린 뒤에, 당장 성내의 흥경궁(興慶宮)에서 성 밖의 대명궁(大明宮)으로 옮기고, 언제든지 빠져나갈 수 있도록 준비하였다. 이 이전에 현종은 줄곧 느리고도 침착하였다. 형세가 위급하여 반군이 언제든지 장안으로 들어올 수 있는 상황이 되어서도 그렇게 당황하지 않고 서두르지 아니하였는데, 이것은 결코 그가 지휘하는데 정해진 기개가 있었기 때문이 아니었으며, 어쩌면 전장에서 적을 물리치는 병법을 가지고 있어서도 아니었다. 오히려 그것은 그의 이목(耳目)이 통하지 않았기 때문이다. 가서한은 너무 갑작스럽게 패하였을 뿐만 아니라, 또한 자기의 부하의 손에 잡혀서 안록산에게 넘겨졌다. 따라서, 가서한은 현종에게 마지막 보고를 올릴 겨를이 없었다. 그러므로 현종이 장안을 떠나기 전까지는 아무도 가서한이 잡혀서 포로가 된 사실을 전혀 몰랐을 뿐 아니라, 가서한의 전군이 전멸하였다는 것도 몰랐다. 현종은 가서한과 증원해 보낸 삼천명의 감목병(監牧兵)으로 한바탕 저항을 할 수 있다고 여겼다.

12일 저녁이 되어서야 현종은 상황이 확실히 악화되었다는 사실을 믿지 않을 수 없었다. 바삐 용무대장군(龍武大將軍) 진현례(陳玄禮)에게 명하여 비밀리에 육군(六軍)을 정돈하게 하고, 금전과 비단을 후하게 내렸다. 동시에 마구간의 말[閑廐馬] 900여 필을 골라내었다. 다음날 동틀 무렵이 되어 부슬부슬 가랑비가 내리는 가운데 급히 대명궁(大明宮)에서 도망쳤다. 동행한 사람은 귀비의 자매와 황자·황손·왕비·공주·양국충·위견소(韋見

素)・위방진(魏方進)・진현례(陳玄禮)와 측근의 환관들뿐이었다. 비와 왕・황손들조차도 궁 밖에 거주하고 있는 경우에는 통지를 받지 못하였으며 그들을 "모두 버리고 갔다." 후에 그들은 반군에게 살해당하고 안록산에 대한 복수의 희생양이 되었다.

현종이 군신을 버리고 도망을 가자, 많은 군신들도 현종을 버렸다. 아예 장안에 남아서 안록산에게 투항할 준비를 하는 사람도 있었다. 그중에는 재상 진희열(陳希烈), 현종의 총애와 신임을 많이 받은 장열의 아들 장균(張均)과 장기(張垍)도 포함되어 있었다. 장안에 남아있는 사람들 모두가 굳이 반군에 투항하고자 남아있는 것은 아니었다. 그 가운데에는 도망을 하기에는 이미 시간적 여유가 너무 없었던 사람도 있었고, 마지못해 어쩔 수 없었던 사람도 있다. 그러나 그들이 낙양으로 보내어진 후에, 진희열(陳希烈) 등의 300여 명은 오히려 안록산이 그들에게 주는 관직을 받았다.

이러한 사실은 천보 말기 통치 계급 내부의 분열이 단지 하층과 변방에서만 있었던 것이 아니라, 조정의 대신들 중에도 일탈하고자 하는 세력이 있었음을 설명해주고 있다. 이러한 힘을 이루고 있는 사람의 수는 비록 많지 않았고 또한 공개적으로 표출된 것이 아니지만, 중요한 시점에 와서 그들은 그들의 원래의 모습을 드러내게 되었다.

당 사회는 끊임없이 변동하는 과정에 있었기 때문에, 각종의 역량도 부단히 흥망성쇠의 과정을 겪고 있었다. 이리하여, 그들은 이미 정국의 변동을 부채질하는 자들이 되었고 결국은 정국의 변동을 통하여 자신의 지위를 공고히 하려는 목적을 달성하려 하였다. 이러한 것은 당조에서 이미 하나의 전통이 되어버렸던 것이다. 황제에게 충성을 다한다는 충군(忠君) 사상은 아직 대신들이 지켜야하는 행동의 최고 준칙으로 자리 잡지는 못하였다. 제아무리 황제가 방범(防范) 시책을 가중시킨다 하더라도, 황제마저도 형세를 다스리지 못하는 상황이 되면 그들은 바로 충분히 자신을 표현할 수 있었다.

6월 13일 새벽, 현종은 허겁지겁 달아났다. 일체의 상식과 규칙을 깨트리고, 위엄 있는 의장도 갖추지 않은 채였다. 심지어 큰 대열의 수행원들도 없었고, 심지어는 한 명의 총관(總管)이나 지휘(指揮) 조차도 없었다. 현종은 환관 왕락경(王洛卿)을 보내어 다음 역에 가서 청소하게 하였고, "주현에 주둔지를 설치하도록" 전달하게 하였다. 그러나 그가 함양(咸陽)에 오자 현령들은 모두 도망을 갔다. 현종의 일행이 함양의 망현궁(望玄宮)에 오자, 궁중에는 개미 새끼 한 마리도 보이지 않았다. 환관은 백성을 불러서 접대하게 하였으나, 결국은 "아무도 이에 응하는 자가 없었다." 정오가 되었지만, 현종은 식사도 하지 못하였다. 양국충은 몸소 시장에 가서 호떡[胡餠]을 사서 현종에게 바쳤다. 어떤 백성들이 소찬을 보내오자 황손들은 서로 집어먹으려고 다투며 눈 깜짝할 사이에 먹어치웠다. 그러나 이 정도로 배가 부를 리 없었다. 그래도 현종은 친히 보수(報酬)를 주어서 위로의 마음을 표시하였다. 현종의 이러한 태도는 백성들이 평소에 보기 힘든 것이었으므로, 사람들은 감동하였고 군주와 백성들은 함께 눈물을 흘렸다. 노부(老父) 곽종근(郭從謹)은 현종에게 진언하여 말하였다.

안록산이 앙심을 품은 것은 하루 이틀의 일이 아닙니다. 또한 그 모의를 아뢴 자를 폐하께서는 몇 차례나 죽이셨습니다. 그들이 반역을 이루어, 결국은 폐하께서 이리저리 떠돌아다니는 지경에 이르렀습니다. 선왕께서 충성스럽고 우수한 사람을 찾아 총명함을 널리 하신 것이 모두 이를 위함입니다. 신은 송경(宋璟)이 재상이 되어 오히려 수 차례 진언하여 천하가 평안하게 다스려진 것을 기억합니다. 요즈음 들어서는 궁정의 신하들에게 이러한 말씀을 드리는 것을 금기시하였고, 폐하께서는 오직 아부하는 말만을 들으셨으니, 궐문 바깥의 일을 모두 아실 수가 없었사옵니다. 초야에 있는 신하들은 언젠가 반드시 오늘과 같은 날이 오리라는 것을 예전부터 알고 있었습니다. 그러나 구중궁궐까지 경계가 너무 엄하여 이 미천한 것의 마음을 전할 길이 없었습니다. 이런 지경에 이르지 않고서 신이 어찌 무엇으로 폐하를 보고 아뢸 수 있었겠사옵니까![78]

현종은 이미 군신들로부터 버림받고 굶주림의 고통을 톡톡히 본 후이기에, 이러한 말을 듣고 자기도 모르게 이렇게 대답해 버렸다. "이는 짐의 현명하지 못함이니, 후회하여도 소용이 없구려." 그는 자신의 현명하지 못함을 승인하였는데, 이것은 현종에게 있어서는 결코 쉬운 일만은 아니었을 것이다. 그러나 노부가 "요즈음 들어서는 궁정의 신하들에게 이러한 말씀을 드리는 것을 금기시하고, 오직 아부하는 말만을 들으셨으니, 궐문 바깥의 일을 폐하가 모두 아실 수는 없었습니다"라고 한 말에는 매우 깊은 뜻이 담겨져 있었다. 이것은 또한 현종이 이해할 수도 없고 이해하기를 원치 않는 말이기도 하였다. 그리고 피할 수 없이 또 다른 소동이 일어날 수 있었다.

망현궁에서 식사를 한 후, 부근의 촌장에 가서 먹을 것을 구하던 사병이 돌아오자 오후 3시경 다시 출발하였다. 금성(金城 : 지금의 陝西 興平)에 도달하니 이미 한밤중이 되었다. 현령과 이민(吏民)들은 이미 도망을 가버렸다. 현종의 수종들도 상당수 도망했으며 황제의 생활을 총관하던 환관 내시(宦官內侍) 원사예(袁思藝)도 이미 줄행랑을 치고 없었다. 역참의 물건은 전란 중에 이미 하나도 없이 가져가 버렸고, 등불도 하나 남아있지 않았다. 수종드는 인원은 빽빽하게 함께 붙어서 귀천을 불문하고 종횡으로 서로 섞여서 서로를 베고 잠을 이루었다. 다행히 달빛이 밝아 현종과 비빈, 황손들은 그래도 다른 사람들과 떨어져서 거주할 수 있었으니, 다소간이라도 황가의 위엄을 지킬 수가 있었다.

금성(金城)에서, 현종은 마침 동관에서 방금 도착한 가서한의 마군도장(馬軍都將) 왕사례(王思禮)를 만났는데 이로써 가서한이 이미 포로가 되었음

78) 張居正, 『張居正講評資治通鑑』 권18.

을 알게 되었다. 왕사례는 동관에서 이미 가서한에게 권하여 현종에게 양국충을 주살하라고 주청하게 한 적이 있었으며, 또한 30명의 기병[騎]을 보내어 양국충을 협박하여 동관으로 와서 죽여버리자고 건의하였다. 양국충에 대한 적대적인 태도는 아주 확연한 것이었다. 그의 출현으로 말미암아 현종은 동관의 실패를 알게되었을 뿐만 아니라, 기타 수행 인원들 특히 수행하는 장군과 병사들의 정서에도 미묘한 영향이라도 주게 되었다.

14일, 현종의 일행은 계속 앞으로 나아갔다. 대략 정오가 되어, 마외역(馬嵬驛 : 지금의 陝西 興平 馬巍坡)에 이르렀다. 온종일 바쁘게 뛰어다녔기 때문에 수행하는 장군과 병사들은 허기지고 지쳐서, 멈추기는 했지만 먹을 것을 찾을 수 없었다. "병사들은 음식을 먹지 못하였고, 근거 없는 불손한 말들이 떠돌게 되자" 평소와는 달리 분노하였다. 그들은 그 분함을 양국충에게 쏟아 부었다. 마침 양국충은 티베트[吐蕃]의 사절과 역문(驛門) 앞에서 이야기를 하고 있었는데, 군사들이 이 기회를 타서 "양국충과 티베트가 모반하고 있다"라고 크게 소리쳤다. 기사(騎士) 장소경(張小敬)이 먼저 양국충의 말에 활을 쏘아, 그를 말에서 떨어뜨렸다. 양국충은 역참 서문까지 달려갔지만 거기에서 병사들에게 쫓겨서 죽임을 당하였다. 그 아들 양훤(楊暄)과 한국부인(韓國夫人)·진국부인(秦國夫人)·어사대부(御史大夫) 위방진(魏方進)도 동시에 피살되었다. 재상 위견소도 난동을 부리는 병사들에게 부상을 당하여 흘린 피가 땅을 적셨는데 다행히도 아는 병사의 힘을 빌려 조난에서 벗어날 수가 있었다.

금군(禁軍) 병사는 현종을 역참의 가운데에 놓고 둘러쌌다. 현종은 금군 장사들이 모반의 죄명으로 양국충을 죽였다는 것을 알고 난 후에 어쩔 수 없이 이 사실을 받아들였다. 바삐 지팡이를 짚고 자신은 역문 밖으로 달아났으며, 병사들에게 위문을 표시하고는 또한 그들에게 각자의 부대로 돌아가도록 명령하였다. 그런데 병사들은 여전히 서서 흩어지지 않았다. 현종은 고력사에게 먼저 가서 물어보게 하였는데, 용무대장군(龍武大將軍)

진현례(陳玄禮)가 대답하여 "양국충이 모반을 하였으니, 귀비를 받들어 모실 수가 없습니다. 원컨대 폐하께서는 은총을 끊고 법대로 바르게 처리하시기 바랍니다"라고 하였다. 현종은 "짐이 스스로 그를 처분할 것이오"라고 말하고, 자신이 이 문제를 처리할 것을 나타내고는 곧 서둘러 몸을 돌려서 문으로 들어가서는 지팡이를 짚고 고개를 떨군 채 멍청히 그곳에 서 있었다. 흡사 송대 악사(樂史)는 「양태진외전(楊太眞外傳)」 중에서 "성군의 마음은 어지럽고 암담하였으며, 오랜 시간동안 들어가지 않았다"고 서술하였듯이 이처럼 오래도록 결단을 내리지 못하였는데, 이를 보고 현종의 주위 사람들은 초조하지 않을 수가 없었다.

위견소의 아들인 경조녹사참군(京兆錄事參軍) 위악(韋諤)은 정세가 위급한 것을 보고는 더 이상 참지 못하고 현종에게 진언하였다. "지금 많은 사람들이 분노에 차있어서 그들을 다스리기가 어렵습니다. 위기가 경각에 달렸으니, 폐하께서는 신속히 결단을 내려주시기 바랍니다." 이에 현종이 반문하였다. "귀비는 늘 깊은 궁중에 거처하였는데 어찌 양국충의 모반을 알았겠는가?" 그러자 고력사가 곧 대답하였다. "귀비께서는 진실로 죄가 없습니다. 그러나 장군과 병사들이 이미 양국충을 죽였습니다. 그런데 귀비는 폐하의 가까이에 머무르고 계시니 황제의 신변이 어찌 보장 될 수 있겠습니까? 원컨대 폐하께서는 이를 심사숙고하십시오. 장수들과 병사들이 안심해야 폐하께서도 편하실 것이옵니다." 고력사의 말은 명백했다. 현종은 어쩔 수 없이 양귀비와 자신의 평안 사이에서 결정을 내릴 수밖에 없었다.

양귀비와 이별한 후 현종은 고력사에게 불당에서 양귀비를 목메어 죽이도록 명하였다. 고력사는 양귀비를 입견한 후에, 상세히 당시의 사태와 형세를 설명하였다. 그러자 양귀비는 "오늘의 일은 진실로 달게 받아들이겠으니, 예불을 드리도록 허락하여 주십시오"라고 말하고는, 고력사로 하여금 자신을 목매달아 죽게 하였다. 양귀비는 스무 한 두 살부터 수왕(壽

王)의 부저(府邸)에 입궁하여, 이미 현종과 함께 17~18년을 같이 하였다. 그녀는 정사에 대해 간섭한 적이 없었으며 시종일관 현종과 함께 동반하는 것을 그녀의 유일한 직책이자 기쁨으로 생각하였다. 지금, 삼십 팔 세의 그녀는 자신의 생명을 현종의 평안과 맞바꾸었다. 진현례 등이 양귀비의 시신을 본 후, 역참을 포위하고 있던 금군(禁軍)은 즉시 자신의 부대로 돌아갔고, 계속 앞으로 갈 준비를 하였다.

마외의 변[馬嵬之變]을 책동한 사람은 도대체 누구일까? 어떤 학자는 태자 이형(李亨)이라고도 하고, 어떤 사람은 진현례(陳玄禮)라고도 생각하는데 두 가지 모두 가능성이 있다. 이형은 양국충을 죽이고자하는 마음을 가지고 있었으나, 당시 그는 아직 그만한 배짱이 없었으며 또한 그럴만한 힘이 없었다. 진현례는 변란의 과정 중에 확실히 중요한 역할을 하였다. 그러나 현종과의 관계와 당시의 지위로 볼 때, 이 사건을 책벌하는 데 주동하지 못하였을 것이다. 그러나 병사들의 분노가 병변으로 바뀌자, 진현례는 시세를 타고 이를 유리하게 인도하게 되었고 병사의 분노를 양국충에게 돌렸는데, 이것은 오히려 현종을 보호하는 상책이 되었다.

그러나 병사들이 자발적으로 양국충을 죽인 것이든 아니면 어떤 사람이 병사들의 분노를 이용하여 병사들이 행동을 취하도록 고무시켰든 마외(馬嵬)의 변은 단순한 병변(兵變)이 아니다. 그것은 결국 실제적인 정변으로 변화되었던 것이다. 양국충 한 명을 죽인 것은 단지 한 명의 재상을 죽인 것일 뿐, 천보 말년에 집중적으로 강화된 최고 권력의 결합을 깨트릴 수는 없었다.

천보 말년, 중앙의 권력이 이렇게 집중된 것은 모두가 황제와 재상에 의해 임시적으로 안배된 것으로, 중대한 사직을 설립하여 각종의 사무를 맡겼고 원래의 기구들은 모두 직무를 행할 수가 없었기 때문이다. 많은 문제점, 예컨대 원래의 기구는 처리할 수 있는 권리가 없었고, 새로 설립된 사직은 또한 이러한 문제를 처리할 임무를 가지고 있지 않았다. 이리하여, 돌발적인 사건을 만나게 되자 최고 권력 기구는 정상적으로 돌아갈 수가 없었다.

사실상, 동관의 전투에서 실패한 후, 기구가 비대하고 직책마다 정확하지 못하였기에, 모든 정부 기관이 곧 마비가 되었다. 그러나, 황제와 재상, 각급 기구의 골격은 결국 그대로 남아있었다. 현종이 황궁을 떠난 순간부터 원래의 권력 결합 구조는 파괴되었다. 그러나 현종이 존재하기만 한다면 여전히 황제의 옥좌에 앉을 수 있는 것이고, 그렇다면 그가 적합한 곳을 찾아 안둔시킨 다음에 여전히 이러한 권력의 결합을 수복하려고 했던 것이다.

그런데 마외의 변이 일어난 다음, 태자 이형은 백성들을 위한다는 구실을 명분으로 삼아서 현종과 헤어져 제각기 갈 길을 갔으며 사람들을 데리고 북상하였는데, 이것은 곧 이러한 권력 결합으로 하여금 조정하고 개조할 수 있는 가능성을 남겨 두었다.

15일 새벽, 마외에서 떠나려고 하자 장군과 군병들이 "양국충이 모반을 하고, 그 장군과 벼슬아치들은 모두 촉 지방에 있으니, 가실 수 없습니다"라고 말하면서 먼저 성도(成都)로 가는 것을 반대하였다. 어떤 사람은 태원(太原)의 성지가 견고하니 태원으로 가자고 건의하였다. 어떤 사람은 삭방(朔方, 靈武) 부근은 산에 가려있고 강을 끼고 있으니 방어에 유리하다고 하여 삭방으로 가자고 건의하였다. 또 어떤 사람은 양주(凉州)로 가자고 하였다. 고력사는 태원은 비록 성지는 견고하지만 땅이 역적들과 근접해 있고 원래 안록산이 할거하던 곳이어서 인심을 다스리기 어렵다고 생각하였다. 삭방의 변새(邊塞)는 그 태반은 번융(蕃戎)들이어서 통제하기 어렵고, 양주는 길이 멀 뿐만 아니라 또한 사막이고 사람이 살지 않기 때문에 대부대 인원들에게 물자를 공급한다고 보증할 수 없었다. 또한 검남(劍南)은 비록 땅은 크지 않지만 토지가 비옥하고 사람들이 많고 안팎에 강과 산이 있어서 험난하지만 그래도 성도로 가는 것이 마땅하다고 여겼다.

　　원래 현종이 성도로 가자는 방침을 정하였지만, 군심이 안정되지 못하고 의론이 분분한 상황에서 현종도 감히 무턱대고 가자고 할 수는 없었다. 그래도 어사중승(御史中丞) 겸 치돈사(置頓使)로 갓 충당된 위악(韋諤)이 결론을 지었는데, 그는 "수도로 돌아가는 데는 당연히 역적들을 막는 준비가 되어 있어야 합니다. 그러나 지금 병사의 수가 작아서 아직은 동으로 가는 것은 어렵고 차라리 부풍(扶風 : 지금의 陝西 鳳翔)으로 가는 것이 낫습니다. 천천히 어떻게 할 것인지 계획하시기 바랍니다"라고 하였다. 현종은 사람들의 의견을 구하였는데, 그들은 모두 동의하는 수밖에 없었다.

　　막 길을 떠나려하자, 많은 노부들이 길을 막고 현종에게 남아있도록 부탁하였다. 노부들은 "궁궐은 폐하의 거처이며, 능침은 폐하의 분묘입니다. 지금 이를 버리시니 어찌 하려 하십니까?" 동관의 전쟁에서 실패한 후, 현종은 이미 진압하려는 책임을 포기했고, 완전히 운명에 맡겨버렸다. 장안을 떠난 후로는 그가 먼저 고려한 것은 살아남는 것이었으며, 반군을 토벌하고 구업을 부흥시키고자 하는 계획은 이미 한 쪽으로 밀어둔 상태였다. 노부가 길을 막았지만 그의 정신은 진작되지 않았다. 그는 말고삐를 잡고 한참 동안을 침묵하였다. 마침내 태자를 불러 뒤에서 노부들을 안위하게 하고는 자신은 말을 타고 가버렸다.

　　현종이 가자 실망한 민중들은 즉시 태자 이형(李亨)을 둘러싸고는 그에게 말하였다.

　　지존께서 이미 남으려 하지 않으시니, 우리들은 아드님을 모시고 전하로부터 동으로 역적들을 파하고 장안을 탈취하고 싶습니다. 만약 전하와 지존이 모두 촉(蜀)으로 가신다면, 중원의 백성들은 누구를 주인으로 삼아야 한단 말입니까?

　　이형(李亨)은 짐짓 한번 거절한 다음 결국은 남아있기로 하였다. 현종

은 태자를 오래도록 기다렸으나 돌아오지 않자 사람을 보내어 상황을 몰
래 살펴보게 하였으나, 하는 수 없이 길을 떠날 수밖에 없었다.

　현종은 이별의 아쉬움과 침통함을 품은 채 어쩔 수 없는 심정으로 마
외역을 떠났다. 길에서 또 반군이 바로 눈앞에 도착했다는 소식을 듣고는
감히 길 위에서 멈춰 서 있을 수가 없었으며, 어렵사리 17일에야 부풍군
(扶風郡 : 지금의 陝西 鳳翔)에 도착하였다. 부풍(扶風)에 도달했을 때 "군사들은
각각 어디로 가야할 지를 생각하고 있었고, 모두들 추악한 말들을 내뱉었
으므로 진현례도 이를 다스릴 수가 없었다(『구당서』 권9, 「현종기」 하)." 병사
들은 다시 소란스러워지기 시작하였다. 다행히도 촉군(蜀郡)에서 보내온 채
색비단 10여만 필이 전달되었고, 현종은 명령을 내려 그것을 정원에 늘어
놓아두게 하고 동시에 장사들을 소집하였다. 현종은 그들에게 말하였다.

　　짐은 이제 늙고 쇠약하고 사람들을 잘못 등용하여, 변방 오랑캐의 난을
　당하였으므로 반드시 이 전쟁을 멀리 피하여야 하오. 경(卿) 등은 모두 갑
　자기 여기에 이르렀으니 노고가 얼마나 큰지 알 만하니 짐은 매우 부끄럽
　게 여기고 있소. 촉로(蜀路)에는 길이 많이 멀며 군현은 편협한데 사람과
　말이 너무나 많고 물자도 공급되지 않아 지금 경들을 집으로 돌아가도록
　하니 나의 말을 들으시오. 짐은 홀로 아들과 손자와 중관들과 앞으로 나아
　가 촉(蜀)으로 들어갈테니 역시 족히 다다를 수 있을 것이오. 오늘날 경들
　과 결별하니 이 비단들을 함께 나누어 물자와 식량을 준비하시오. 만약 돌
　아간다면 부모님과 장안(長安)의 노부를 만나서 짐을 대신해 문안을 전하
　고 각자 자신을 돌보도록 하시오(『舊唐書』 卷9 「玄宗紀下」).

　현종은 여기에서 자신이 이미 늙어 의탁할 사람도 없고, 오랑캐 안록
산의 반란을 만났다고 말하고 있다. 이것은 자신을 자책하는 말이었다.
난을 멀리 피하여야 한다고 말한 것은 자기가 도망가야 하는 이유를 설명
한 것이다. 아래에서 장군과 병사들이 바쁜 중에 부모와 처자와 이별의 인

사도 나누지 못하고 길에서 고생하는 것을 말한 것은 장군과 병사들에게
죄책감과 미안한 마음의 뜻을 표시한 것이다. 이러한 말은 다소 진정으로
말한 것 같다. 마지막으로 어떤 장군과 병사들이라도 집에 돌아가는 것을
허락하고 비단을 나누어주게 하고, 또 그들에게 부모와 장안의 노부들에
게 문안을 전하게 하였다. 이것은 자신이 가지고 싶으면 남에게 먼저 주어
야 한다는 식의 태도로 사람의 마음을 감동시키는 방법이기도 하였다. 기
백과 풍모가 당당하던 천자(天子)가 결국은 이곳으로 오게 된 것을 생각하
자, 사람들은 "눈물로 옷깃을 적셨으므로", 옷이 흠뻑 젖었다. 이는 감정의
자연적인 표현이었다. 하지만 현종의 눈물은 헛되이 흐른 것이 아니었다.
장군과 사병들도 따라서 울기 시작하였으며 죽든지 살든지 모두들 현종을
따르리라고 하였다. 이렇게 한 차례의 난관을 건너게 된다.

　18일 부풍군(扶風郡)에서 하루를 묵었다. 19일에는 부풍을 떠나 촉(蜀)
으로 가는 여정을 떠났다. 20일에는 산관(散關 : 지금의 陝西 寶鷄市 서남 大散嶺
위쪽)에 도착하였다. 수행하는 장군과 군병을 6군으로 나누고, 수왕(壽王) 이
모(李瑁) 등이 이를 나누어 다스렸다. 또한 영왕(潁王) 이격(李璬)에게 먼저
검남(劍南 ; 成都)으로 가서 안치시키도록 하였다. 24일에는 하지군(河池郡 :
지금의 陝西 鳳縣 부근의 鳳州)에 도착하였고, 원래 검남절도유후(劍南節度留后)로
있다가 몇 일 전 검남절도부대사(劍南節度副大使)로 임명된 최원(崔圓)의 천자
[車駕]를 환영한다는 표문을 받았다. 최원은 원래 양국충이 성도에 보내어,
검남절도사(劍南節度使)의 임무를 맡게 한 사람이다. 전국(全國)에서 통솔력
을 상실하고, 양국충이 피살된 상황에서, 도대체 이것이 무슨 태도란 말인
가. 현종이 촉으로 가는데 무슨 준비를 한단 말인가. 현종의 마음은 완전
히 확실하지 않았다. 부풍군에 도착하기 전에, 주로 안록산의 추병(追兵)들
이 좇아오는 것을 두려워하였는데, 부풍을 떠난 후에는 앞길에 대한 생각
이 다시 일어났다. 최원의 표문이 도착하자, "검남에는 해마다 풍년이어서
백성이 평안하고, 물자가 저축되어 공급이 결핍되지 않은" 것을 알게 되었

다. 최원은 이미 환영 준비를 잘 하였고, 현종은 큰 위안을 느끼며 아주 즐거워하였다. 그는 즉시 최원을 중서시랑(中書侍郞) 동중서문하평장사(同中書門下平章事)에 임명하였다.

봉주(鳳州)를 떠난 후 각도(閣道) 지역으로 진입하였다. 각도는 잔도(棧道)79)로 되어 있었다. 봉주에서 검문관까지의 수직 거리가 불과 450리에 지나지 않았지만, 산길이 굽어 있어서 역로(驛路)로는 1100리에 달하였다. 그 중에 백분의 이삼십은 잔도로 되어 있었다. 이렇게 가고 또 가서 반개월 동안 산을 넘고 물을 건너 7월 초 10일에야 익창현(益昌縣 : 지금의 四川 廣元 昭化鎭城)에서 고백강(古栢江, 嘉陵江)을 건너게 되었으며, 또 산을 넘고 올라가서 높이 솟은 절벽사이로 진입하였는데 이는 마치 문과 문이 대면하고 있는 것 같았다. "산세가 높고 험준한 것이 힘센 장사 한 명만 지키고 서있어도 만 명이 쳐들어올 수 없다"는 검문관은 진실로 촉(蜀) 지방으로 진입하는 대문 구실을 하였다. 12일는 검주(劍州) 보안군(普安郡 : 지금의 四川 劍閣)에 도달하였다. 비록 하남과 하북에서 안록산을 대항하여 공격했다는 상황과 태자의 종적에는 소식이 없었지만, 결국 새로운 근거지를 밟고 보니 마음에는 큰 변화가 생겨났다. 방금 장안에서 온 헌부시랑(憲部侍郞)은 비록 나쁜 소식을 적지 않게 전해주었지만, 모든 이야기는 그래도 현종에게 기쁨을 주었다. 그날 방관(房琯)을 이부상서(吏部尙書)·동중서문하평장사(同中書門下平章事)로 삼고, 또한 다음 행동에 대한 계획을 개시하였다.

방관(房琯) 등과 몰래 모의를 한 뒤에 현종은 7월 15일 조령을 발표하여, 태자 이형(李亨)을 천하병마원수(天下兵馬元帥)로 삼고, 삭방(朔方)·하동(河東)·하북(河北)·평로(平盧) 절도사(節度使)를 통솔하게 하고, 남쪽으로 장

---

79) 절벽에 기둥을 옆으로 꽂아 놓고, 이를 밧줄로 엮어서 그 위에 다리를 걸어 놓은 것이 잔교(棧橋)이다. 이 책의 겉표지에 절벽에 잔교를 이어서 도로를 만들어 놓은 그림이 있는데, 이 부분이 바로 잔도(棧道)이다.

안과 낙양을 취하도록 지시하였다. 동시에 영왕(永王) 이린(李璘)을 강릉부 (江陵府) 도독에 임명하고 산남 동도(山南東道)·영남(嶺南)·검중(黔中)·강남 서도(江南西道) 절도사(節度使)의 역할을 담당하게 했다. 성왕(盛王) 이기(李琦) 는 광릉대도독(廣陵大都督)·강남동로(江南東路)·회남(淮南)·하남(河南) 등의 절도사(節度使)를 관할게 했다. 필요한 병마·무기·전량(錢糧) 등은 각자 본 래 관할하는 지역 내에서 모으도록 하였다. 현종이 보기에 장차 아들들이 순조롭게 처리하기만 한다면, 대당의 산천은 곧 외성(外姓)의 수중에 떨어 지지 않을 수 있었다. 그들의 역량이 강대해진 후에 서로간에 어떻게 될 것인가에 대해서는 황급한 중이라 많을 것을 돌아볼 겨를이 없었다.

7월 18일, 파서군(巴西郡 : 지금의 四川省 綿陽)에 도착했다. 파서태수(巴西太 守) 최환(崔渙)이 영접을 거행하였고, 현종과 의기투합하여 이야기하였다. 방 관(房琯)도 역시 그를 추천하였으며 현종은 그날 최환을 재상으로 임명하였 다. 또 10일이 지나고 28일에는 드디어 성도(成都)에 도달하였다. 수행한 관리와 군사들은 1300명이었고 궁녀는 24명이었다.

6월 15일에 장안을 떠난 이후 현종은 전국 각지에서 연계를 잃어버렸 다. 사방에서 "황제가 어디에 있는지를 알지 못하였으며", 모두들 현종이 어디로 갔는지 몰랐다. 태자 이형은 비록 북상하였지만, 아직 적당한 정착지를 찾지 못하였으므로, 아직 '태자'보다 호소력이 있는 명칭이 없었 고, 또한 곧바로 전국을 호령할 수도 없었다. 근 한 달의 시간 동안 당조(唐 朝) 중앙 정부가 다시금 존재하고 있지 않은 것 같았다. 각지 군민들은 모 두 반군에 대한 원망과 당나라 정부에 대한 충성에 근거하여 전투를 진행 하였다. 현종이 검남(劍南)에서 조령을 발표한 후에야, 모두들 현종이 이미 검남에 도착했다는 것을 알게 되었다.

그리고 이로부터 3일전인 7월 12일 즉 현종이 검주(劍州)에 도착한 날, 태자도 영무(靈武 : 지금의 寧夏 靈武 서북쪽)에서 황위에 올랐다. 새롭게 중앙 정부를 구성하고, 천보 15재를 지덕(至德) 원년으로 개원하였으며, 배면(裴

璘)을 재상으로 삼았다. 이렇게, 한꺼번에 두 명의 황제와 두 개의 중앙 정부가 출현하였다. 이후 한 달 동안 두 명의 황제는 동시에 시령(施令)을 발호하니, 부자지간에 마치 한바탕 장난치듯 하는 것만 같았다.

검주에서 성도까지는 아직도 족히 700리에 달하는 노정이 남아있었는데, 이 때 현종은 성도로 가려고 했다. 이리하여 8월 초하루에야 성도에서 "천하에 대사(大赦)"를 베푸는 조서를 내릴 때까지 현종은 전국에 어떤 조령도 내려본 적이 없었다. 그리고 10일이 지난 뒤 8월 12일, 영무의 사자(使者)가 성도로 도착하여서 숙종이 즉위한 소식을 알렸다. 따라서 한 달 동안 두 개의 중앙 정권이 병존하였었으며, 영왕(永王) 이린(李璘)이 희생양이 되는 것 외에 더 큰 문제는 아직 일어나지 않았다.

숙종이 즉위하였다는 소식을 듣자 현종에게는 두 가지 마음이 생겨났다. 숙종은 수습하기 어려운 국면을 과거로 접어두고, 적에게 항거하는 임무를 모두 담당하였으니, 의심할 것 없이 현종에게 무거운 짐을 벗겨준 것이었다. 그래서 『자치통감(資治通鑑)』에는 "영무(靈武)의 사자들이 촉(蜀)에 이르자, 황상은 기뻐하며 말하였다. '나의 아들이 하늘에 응하고 사람을 순조롭게 하니, 내가 어찌 다시 근심이 있겠는가!'"라고 하여 다소간 감정상의 진실함을 드러내었다. 그러나 사실상 그는 이미 일개월 동안이나 방치해두었던 최고 통치권을 잃어버렸기에 진심으로는 기뻐하지 않았다. 그래서 나흘 후 다시 제칙(制勅)을 내렸다. "지금부터 제칙을 일컫기를 고(誥)라고 부르고, 표소(表疏)에서는 태상황(太上皇)이라 칭하라. 모든 군국의 일은, 모두 먼저 황제에게 결정을 취하고, 여전히 짐에게 보고하여 알리라. 다시 상경하면 짐은 다시 간섭하지 않을 것이다"라고 하며 정사의 최고 결정권을 보류하였다.

중앙 정권이 부재하던 1개월 동안에, 하북에서 안록산에게 투항하는 전투는 계속되었다. 하남에서 안록산에게 저항하는 전투도 계속 진행되었다. 장안 부근의 진창령(陳倉令) 설경선(薛景仙)은 반군의 수장을 죽이고 부풍군(扶風郡)을 수복하였다.

　조정의 신하들 가운데에는 여전히 용감하게 나아가서 위험한 국면을 회복시킬 대신이 출현하지는 않았지만, 그러나 하북 군현과 하남 각지와 삭방의 군장 중에는 당조를 부흥시킨 중견들이 많이 출현하였다. 안진경(顔眞卿)은 평원(平原 : 지금의 山東 陵縣)에서 군대를 일으킨 후에, 하북 군현의 모범이 되었다. 동관에서 수비를 잃고 이광필(李光弼)이 하북으로 물러난 후에도, 그는 여전히 "하북의 군대의 임무를 결정하고 처리하는" 중임을 주동하여 맡았다. 하북 군현의 군민들의 대항하고자 하는 의지 또한 굳건하였다. "상산(常山) 태수 왕보(王俌)는 적에게 항복하고자 하여 여러 장수들을 노하게 만들었다." 그들은 격구를 하다가 말을 종횡으로 몰아서 그를 짓밟아 죽여버렸다. 하남(河南)에서 장순거(張巡据)는 옹상(雍上 : 지금의 杞縣)을 수비하고 40여 일간 맞서 결국은 반군을 격퇴시켰다. 바로 그들이 백성의 지지를 받으며 지탱하였으므로 당왕조(唐王朝)가 붕괴하는 것을 막았다.

　각 개 전투는 적들을 끌어들일 수가 있었고 적들이 더 발전하는 것을 막을 수가 있었다. 이로써 현종은 안전하게 사천(四川)으로 도망갈 수 있었고, 태자는 북상하면서 추격을 당하는 어려움을 겪지 않아도 되었다. 그러나 최후로 반란군을 박멸시키기 위해서는 흩어진 세력을 한곳에 모아서 통솔할 수 있는 힘이 필요하였다. 숙종은 영무(靈武)에서 즉위하여 최고 통치권을 관할할 수 있었다. 그가 반군을 평정하는 지휘를 맡은 후에 상황은 급변하여 1년 만에 장안을 수복하였다.

23. 다시 장안으로 돌아오다

장안이 수복되었다는 소식을 들은 현종의 마음은 동요하였다.

현종이 성도(成都)에 머물던 지덕 2재(757) 정월, 촉군(蜀郡) 건아(健兒) 가수(賈秀) 등 오천 명이 반란을 일으켰다. 현종은 촉군 남루(南樓)로 피난을 가고, 장군 석원경(席元慶)이 반란을 평정시켰다. 7일에는 촉군 군인 곽천인(郭千仞)이 반란을 일으켜 현종은 현영루(玄英樓)로 피했으며 육군(六軍) 병마사 진현례(陳玄禮)와 검남절도사 이구(李嶇)가 군사를 이끌고 격퇴하였다. 이것으로 볼 때, 촉의 군인들도 현종을 안중에 두고 있지 않았음을 알 수 있다. 이런 사건이 일어난 것을 제외한다면 현종의 생활은 그래도 평안한 편이었다.

이제 현종에게는 장안으로 돌아갈 문제가 남아있었다. 현종의 힘은 사천이라는 작은 곳에 남아있을 뿐, 그 나머지의 땅은 모두 아들의 천하가 되었다는 것을 그 자신도 분명하게 알고 있었다. 또한 그와 아들의 대립에 대해서도 잘 알고 있었다. 게다가 그는 자신이 만든 전대미문의 국가적 재앙에서 자신이 져야할 책임을 명백히 알고 있었다. 이런 가운데 영왕(永王) 이린(李璘)이 강릉(江陵)에서 제멋대로 군대를 이끌고 동으로 내려와 강회(江淮)를 점령하고 지방에서 할거하려 한 사건이 일어났다. 장안으로 돌아가면 아들이 어떻게 그를 대할 것이며, 군신들은 또 어떻게 그를 대할 것인가?

처음에 현종이 사천에 머무르려 한 데에는 적당한 이유가 있었다. 그런데 마침 숙종이 황제의 자리에서 물러나려하면서 현종에게 장안으로 돌아오기를 청하였다. 그러나 숙종의 이러한 행동은 표면적인 겉치레에 지나지 않았다. 숙종은 그가 영무에서 황제의 자리에 오른 것은 주위의 형세에 따른 것이며 현종을 강제로 퇴위시키고자 한 것이 결코 아니라고 하였다. 또한 자신이 "아침저녁으로 끊임없이 사모하며" 한시라도 현종을 잊지 않고 있음을 표명하였다. 그러나 현종은 때마침 좋은 구실을 찾아내어 숙종에게 "나에게 검남도(劍南道)를 주어 다스리게 하라. 다시는 돌아가지 않을 것이다"라고 하였다.

이비(李泌)는 세상사에 능통한 정치가였다. 그는 현종과 숙종의 관계를 표면적으로라도 유지하는 것이 숙종의 위치를 안정시키고 후손들에게도 모범이 된다는 것을 잘 알고 있었다. 숙종은 다음과 같이 말하였다. "짐은 이미 상황(上皇)에게 동도로 돌아오시도록 하였다. 짐은 동궁(東宮)으로 돌아가서 다시 신하와 자식으로써의 도리를 다하겠다." 이비는 그 말을 듣고 "상황께서는 오시지 않을 것입니다"라고 예견하였다. 그리고 다음과 같이 진언하였다. "지금 군신들로 하여금 하표(賀表)를 올리게 하십시오. 그 속에서 말하기를, 마외(馬嵬)에 남도록 하였으며, 영무(靈武)에서 황제의 자리에 앉기를 권하였기 때문에 오늘날의 성공에 이르게 되었으며, 또한 성상(聖上)을 아침저녁으로 그리워하고 있으니 신속히 수도로 돌아오셔서 효도하고 부양하려는 뜻을 받아주시기를 바란다고 아뢰는 것이 가할 것이옵니다." 과연 많은 신하들이 표를 올리자 현종은 달리 할 말이 없어 되돌아가라는 명령을 내릴 수밖에 없었다. 숙종은 태자태사(太子太師) 위견소(韋見素)를 파견하여 성도로 가서 영접하게 하였다.

10월 23일, 현종은 성도를 떠났다.

검문관(劍門關)을 통과하다가 검문(劍門) 좌우에 높이 솟은 험준한 암벽을 보면서 현종은 대신들에게 말하였다. "하늘을 찌를 듯한 검문의 험준함이 이와 같구나. 예부터 지금까지 무너뜨려도 계속 이어졌으니, 성패가 덕에 딸려 있는 것이지 어찌 험준함에 있다 하겠는가?" 그리고 시를 읊었다.

〈幸蜀西至劍門〉
검각은 하늘을 찌를 듯 높이 솟았고
마차는 사냥 나갔다가 돌아오나니
가파른 산세는 푸른 병풍을 둘러 서 있는 듯 하고
저녁노을로 물든 붉은 산은 다섯 장정에 의해 생겼네
우거진 나무는 깃발을 감아 돌리고
신선 구름은 말위로 스치며 떠돈다네
태평성시는 바야흐로 덕(德)에 달려있나니
아아! 그대의 재주를 명문에 새겨 찬탄하노라

(『天寶傳信記』, 『全唐詩』 明皇帝 參考)

촉(蜀)으로 들어올 때 현종은 근심이 많고 갈 길이 바쁜 터라 파산(巴山) 촉수(蜀水)의 풍채를 감상할 수가 없었다. 그러나 이제 다시 검문(劍門)을 지나가게 되자 그는 자기도 모르게 검각(劍閣)의 우람함과 험준함에 매료되어 버렸다. 그는 눈을 들어 저 멀리 70km에 이어진 까마득히 높이 솟은 절벽을 바라보았다. 그것은 마치 비취빛의 병풍이 검문으로 모여든 것 같고, 가까이 관문의 양쪽을 보니 험준한 석벽은 힘센 장사들이 비취빛 암벽 위에서 열어서 만든 것처럼 보였다. 관목 수풀 속에서 흩날리는 깃발과 홀연히 날아드는 흰 구름을 보니 마치 신선이 사는 곳에 있는 것만 같고, 고금에 일어난 일들이 떠올랐다. 현종은 감탄하며 "태평성시는 바야흐로 덕에 달려 있나니"라는 시구를 써냈다. 이 시에는 상당한 기백이 드러나 있으며 역사와 연계성이 있다. 그는 태평성세는 "덕에 있는 것이지 험준함에 있지 않다"는 사실을 깨달았는데, 이것 역시 사려 깊은 생각이다. 애석한 것은 그는 이에 자신을 연결시키지 않았다는 것이다. 특히 검문의 험준함과 동관에서의 패배를 연결시키지 않았던 것이다. 이 시에는 깊은 성찰이 결여되어 있으며 오히려 자아를 조소하는 듯한 모습이 드러나고 있다. "검각은 하늘을 찌를 듯 높이 솟았고, 마차는 사냥을 나갔다가 돌아오나니"라고 하였는데, 분명히 위험에 빠져 급히 도망쳤던 자신의 모습을 마치 순행 나가서 사냥 하고 돌아오는 황제로 변모시켰으니 지나치게 홀가분한 어조임이 틀림없다.

현종 일행은 검문관을 지나 각도(閣道) 구역에 들어섰다. 11월 22일에는 봉상(鳳翔)에 도착하였다. 이 때 수행 인원은 사병(士兵) 600명이었다. 성도를 떠난 지 1개월의 시간 밖에 걸리지 않았으므로, 성도로 갔을 때의 시간과 비교하면 10일이 적게 걸렸다. 현종은 수행하는 병사들의 갑옷과 병기 전부를 군고(郡庫)에 넘겨주도록 명하였다. 이것은 자신의 운명을 아들의 손에 맡기는 것과 다름없었다.

숙종은 정병(精兵) 3천 명을 보내 미리 현종을 영접하게 하였다. 12월 3일, 현종 일행이 함양(咸陽)에 도달하자 숙종은 망현궁(望賢宮)에서 영접하였다. 현종이 망현궁 남루(南樓)에 올라가니, 숙종은 황제가 입는 황포를 벗고 자포를 입고는 말에서 내려 앞으로 나왔다. 현종은 누각에서 내려와 숙종을 껴안고 눈물을 흘리며 손수 숙종에게 황포를 입혀주었다. 숙종은 땅에 엎드려 머리를 조아리며 사양하겠노라고 고집하였다. 현종은 "천명과 인심이 모두 그대에게 돌아갔으니, 짐으로 하여금 남은 인생을 보양하게 하는 것이 그대가 효도를 하는 것이오"라고 말하였다. 그리고 저녁이 되자 현종은 황제가 거하는 정전(正殿)에 거하려하지 않으면서 "이는 황제의 자리니라"고 말하였다. 그는 재삼 자신이 다시 황위에 오르지 않을 것이며 황제의 자리를 능가할 뜻이 없음을 밝혔다. 숙종은 재삼 청하면서 직접 현종을 부축하여 전(殿)에 오르게 하였다. 둘째 날 행궁을 떠날 때 숙종은 직접 현종의 말을 끌며 앞에서 말을 타고 길을 인도하였다. 현종이 좌우 대신들에게 "나는 황제가 된 후 50년 간 천자의 자리에 있으면서도 고귀하지 못하였다. 그러나 이제는 황제의 아비가 되니 이제서야 고귀하게 되었도다"라고 하였다. 그러자 좌우 대신들은 만세(萬歲)를 불렀다. 장안 서북변의 개원문(開遠門)에서 대명궁(大明宮)의 정문 단봉문(丹鳳門)으로 가는 길에는 깃발이 하늘을 뒤덮고 오색 천막이 길 양쪽에 줄을 이었다. 문무백관과 수도의 선비와 서민들이 큰 소리로 환호하고 춤을 추었으며, 어떤 이는 감동의 눈물을 흘리기까지 하였다. 백성들은 "이제는 다시 현종과 숙종 두 황제가 헤어지기를 원하지 않는다"고 하였다. 뿐만 아니라, 현종은 양경(兩京)을 수복한 후 장안으로 돌아왔기 때문에, 현종에 대한 환영은 승리에 대한 축하로 이어졌다. 백성들은 승리를 축하하면서 자신들을 버렸던 황제에 대해서 그리고 안사의 난이 폭발하기 전과 그 후에 그가 지었던 모든 과오를 용서해주었다.

그날 현종은 대명궁(大明宮)의 함원전(含元殿)에서 백관들을 접견하고 진심 어린 위로를 표시하였다. 이어서 태극궁(太極宮)의 장락전(長樂殿)에서 구묘신주(九廟神主)를 참배하고 선조를 향해 죄를 아뢰고 선조의 보호에 감사를 드렸다. 아홉 분의 선조의 위패(位牌) 앞에서, 현종은 울음을 참지 못하고 한참동안 통곡하였다. 그 후에는 홍경궁(興慶宮)에 머물러 있었다. 홍경궁은 현종이 어린 시절 형제들과 함께 살았던 곳으로, 개원 년간에 증축을 했던 곳이다. 그 후 숙종은 몇 차례나 황위에서 물러나 동궁(東宮)으로 돌아가겠다고 요청하였다. 12월 22일 현종이 대명궁의 선정전(宣政殿)에서 전국보(傳國寶)를 숙종에게 주고 나서야 비로소 권력교체의 최후의 막이 내렸다.

숙종은 황위에서 물러나려 했다가 즉위했기 때문에 수시로 동궁으로 돌아가 태자로 되돌아가려는 뜻을 강조했다. 그러나 현종은 천명과 인심이 모두 아들에게 가 있음을 알았다. 그는 정치 무대에서 물러날 것을 결심하고, 마치 그의 부친 예종(睿宗)이 그랬던 것처럼 안심하고 태상황(太上皇)이 되었다. 이리하여 이들 부자는 아무 기약도 없이 하나가 되었고, 숙종이 현종을 영접하면서부터 직접 국보(國寶)를 받기까지의 모든 절차에는 기쁨과 양보의 분위기가 충만하였다. 그들 부자지간에는 조금의 나쁜 감정도 없는 것 같았다. 결국 숙종의 위엄과 덕망은 더욱 높아졌고 그의 지위도 더욱 탄탄해져갔다. 현종 역시 이로 말미암아 2년 반 동안 평안한 생활을 확보하게 되었다.

홍경궁에 거주하는 2년 반 동안 숙종이 때때로 찾아왔고 현종은 시간이 나면 대명궁에 가보았다. 현종을 시위하는 좌룡무대장군(左龍武大將軍) 진현례와 내시감 고력사를 제외하고도, 숙종은 현종의 여동생이며 여도사인 옥진공주(玉眞公主)와 여선원(如仙媛), 내시(內侍) 왕승은(王承恩)과 위열(魏悅), 그리고 이원자제(梨園子弟)들을 보내 현종의 시중을 들게 하였기 때문에 그의 생활을 그다지 적막하지 않았다. 그러나 밤이 깊어 인기척이 사라지고 달이 누각으로 떠오르는 시각이 되어 난간에 기대어 남쪽을 바라볼 때면 늘 지난날의 기억이 떠올랐다.

환경을 바꾸기 위해서인지 건원(乾元) 원년(758) 10월 15일 현종은 여산(驪山) 아래의 화청궁(華淸宮)으로 갔다. 이 때, 현종은 이미 75세가 되었고 늘 수레를 타고 다녔었다. 그곳의 늙은이가 현종을 보고는 왜 예전처럼 사냥하러 오지 않았느냐고 물었다. 현종은 "내가 이미 늙었으니 어찌 그때와 같겠소"라고 하였다. 이 말을 듣고 모두들 매우 가슴 아파하였다.

또 과거에 늘 양귀비와 관계가 매우 좋았으며, 자주 궁중에 들어왔던 신풍무녀(新豊舞女) 사아만(謝阿蠻)을 현종은 불러들였다. 사아만은 그녀가 가장 잘하는 『능파곡(凌波曲)』을 춘 후에, 금구슬로 장식한 팔찌를 현종에게 내어 보이고는 지난날 양귀비가 그녀에게 준 것이라고 말하였다. 물건을 보면 사람이 생각나는 법이기에 현종은 팔찌를 보면서 목 놓아 울었다.

현종이 망경루(望京樓)에 오르면서 보니 수종하는 비빈(妃嬪)들은 대부분 이전의 사람들이 아니었다. 그러자 이유 없이 양귀비의 생각이 나서 촉으로 따라갔던 이원자제(梨園子弟)에게 명하여 필률(觱篥 : 한대에 서역에서 전래된 피리)을 잘 부는 장야호(張野狐)를 시켜 '우림령(雨霖鈴)'을 부르게 하였다. '우림령'이란 곡은 현종이 사천(四川)으로 도주하던 당시, 비오는 날 잔도에서 들리던 방울소리가 산에 부딪혀서 되울리는 소리를 듣고 곡으로 만든 것이다. 이 곡은 양귀비에 대한 애달픈 그리움을 기탁한 것이었다. 악곡을 절반도 연주하지 않았는데 현종은 또 다시 눈물을 흘렸다. 그 마음과 그 모습을 보고 좌우에 있던 사람들도 감동하였다.

화청궁(華淸宮)에는 현종에게 옛 일을 떠오르게 하는 것이 너무나 많았다. 어린 시절 씩씩하고 힘찼던 그의 모습, 나이가 들어 겉잡을 수 없이 빠져들었던 양귀비와의 애정, 그리고 노년(老年) 환락이 서려있었다. 그리고 이곳은 바로 "어양(漁陽)의 북소리가 울려 퍼지자, 놀란 가슴에 예상우의곡(霓裳羽衣曲)을 멈추어야 했던" 그런 곳이기도 하다. 현종은 본래 여기에서 잃어버린 과거를 찾고 마음의 공허함을 채우려고 하였지만 오히려 얻게 된 것은 많은 애상과 슬픔뿐이었다. 그래서, 24일 간을 머물고 11월 8일 흥경궁으로 돌아와 버렸다.

현종은 결국 적막함을 참지 못하고, 남쪽으로 큰 길이 난 장경루(長慶樓)에 자주 올라가서 배회하며 경치를 감상하였다. 내왕하는 백성들이 그를 보고 절을 하며 황제에게만 부를 수 있는 만세(萬歲)를 불렀다. 현종도 그들을 위해 누각 아래에서 음식과 술을 베풀었다. 예전에 현종으로 하여금 검문에서 수도로 돌아오도록 상주문을 올렸던 관원이 장경루를 지나다가 현종에게 절을 하고 춤을 추자, 현종은 옥진공주(玉眞公主)와 여선원(如仙媛)을 시켜 그를 초대하도록 하였다.

이러한 일이 숙종의 귀에 들어갔지만 숙종은 개의치 아니하였다. 그러나 현종이 장군 곽영의(郭英義) 등을 장경루 위에 불러서 연회를 베풀자 상황이 달라졌다. 곽영의는 현종이 정권을 잡고 있던 때 농우절도사(隴右節度

使)를 지냈던 곽지운(郭知運)의 아들이다. 숙종이 즉위한 후 농우절도사를 역임하였으며, 장안과 낙양의 양경을 수복한 후 장안에 와서 우림대장군(羽林大將軍)이 되어 금군(禁軍)을 장악하고 있었다. 당대에 일어났던 모든 정변은 모두 금군 장군과 밀접한 관계가 있었다. 이세민이 일으킨 현무문(玄武門)의 사건도 그러하였고, 무측천 말년 장간지(張柬之) 등이 장이지(張易之) 형제를 죽이고 무측천에게 다그쳐서 퇴위시킨 것도 그러하였으며, 현종이 임치왕(臨淄王)으로 있을 때 위후(韋后)를 죽인 것도 그러하였다. 금군을 장악하는 자는 궁정의 전투에서 승리를 얻을 수 있었다. 이러한 이유로 현종이 곽영의와 같은 금군장군을 장경루에 불러 연회를 베풀자 숙종은 의심을 하지 않을 수 없었다. 특별히 건원(乾元) 2년(759) 아홉 절도사의 군대가 상주(相州 : 지금의 하남성 안양(安陽))를 괴멸하고, 사사명(史思明)이 다시 변주(汴州)·정주(鄭州)·낙양(洛陽)을 점령하는 등, 당나라 군대가 아직 크게 진전된 상황을 얻어내지 못했는데 현종의 이러한 거동은 더욱 민감하게 여겨졌다.

환관 이보국(李輔國)은 기회를 타서 숙종에게 말하였다. "상황(上皇)이 흥경궁에 거하시면서 매일 바깥사람들과 왕래하고 있고, 진현례와 고력사가 폐하에게 불리한 일을 도모하고 있습니다. 지금 육군장사(六軍壯士)가 모두 영무(靈武)의 공신이라 모두들 전전반측 불안해하고 있습니다. 이를 제거할 수 없다고 신이 알려드린 바 있습니다." 한편으로는 현종이 외부인들과 왕래하는 것이 숙종에게 충격을 주었지만, 동시에 군병들의 심정이 불안하다는 사실로 말미암아 숙종은 서둘러 조취를 취하게 되었다. 숙종은 울면서 "성황(聖皇)께서 인자하신데 어찌 이런 일을 하셨으리오"라고 하였다. 이보국은 한술 더 떠서 숙종에게 이익과 손해 그리고 구체적인 방안을 하나하나 짚으면서 말하였다. "상황에게 굳이 이러한 뜻이 없더라도, 어찌 이것이 군중들의 소도(小道)와 같겠습니까! 폐하는 천하의 주인이시며 사직의 큰일을 맡으셨습니다. 반란은 싹이 트지 않았을 때 없애야 하는 법이

니, 어찌 필부들의 효행을 따르려 하십니까! 또한 홍경궁은 마을 백성들의
여염집과 같이하고 있고, 담에는 이슬이 흐르니 지존께서 거할 바가 못되
옵니다. 궁내의 관리가 엄중하니 상황을 맞아들여 거주하게 하십시오. 다
른 이들과 달리 특별하게 하여 소인들의 멸시를 두절시켜야 합니다. 이렇
게 되면 상황은 만세의 안락함을 향수 할 수 있으시고, 폐하께서는 삼조
(三朝)의 즐거움을 얻으실 수 있는데, 무슨 손해 될 것 있습니까?" 그러나
숙종은 "듣지 않았다." 이보국은 또 육군 장사들에게 명하여 고개를 숙이
고 곡하게 하면서, 현종을 서내(西內 : 太極宮, 즉 大內)로 맞이하도록 요청하였
으나, 숙종은 울면서 응하지 않았다. 숙종은 이 일에 대하여 침묵을 지킴
으로서 모순되고 망설이는 심정을 드러내었다. 그러나 그의 태도만은 아
주 분명하였다. 그래서 이보국은 행동을 개시하였다.

가장 먼저 이보국은 황제의 조서임을 사칭하여 홍경궁의 말을 거두어
들였다. 원래는 300필의 말이 있었는데, 결국 현종에게는 10필만이 남게
되었다. 이제야 현종은 모든 것을 분명히 알게 되었다. 겉으로는 이보국
이 음모를 꾀하고 있는 것처럼 보였지만, 만약 숙종의 허락이 없었다면
이보국은 이같이 담대하게 행동하지 못하였을 것이다. 현종은 고력사에게
말하였다. "나의 아들이 이보국에게 현혹당하여, 마지막까지 효도를 할 수
없겠구나."

이어서 7월 9일이 되자 현종을 서내(西內)에 유람을 한다는 명목으로
속여서 현종을 홍경궁(興慶宮)에서 내보내었다. 그 후에 이보국은 사생(射
生) 500명의 기병을 시켜 현종을 협박하여 서내(西內) 감로전(甘露殿)에서 살
게 하고, 진현례와 고력사 및 옛 궁인들이 모두 시중을 들지 못하게 하였
다. 서내는 수나라 때에 건립된 궁성으로, 정전(正殿)을 태극전이라고 불렀
기 때문에 태극궁이라고도 하였다. 고종이 대명궁을 확장한 후에, 황제들
이 이곳에서 활동하는 일은 드물었다. 궁성의 남쪽은 황성(皇城)이며, 동쪽
은 태자가 거주하는 동궁(東宮)이며, 서쪽은 궁인들이 거주하는 액정궁(掖庭

宮)이고, 북쪽은 금원(禁苑)으로 외부세계와 격리되어 있어서 현종을 그곳에 안치시키면 위험을 막을 수가 있었다. 숙종은 이보국과 육군대장(六軍大將)이 이 일로 말미암아 소복을 입고 죄를 청하자 "남궁(南宮)과 서내(西內)가 무엇이 다르단 말인가! 경들이 소인들의 미혹을 걱정하는데 미리 근절시켜 작은 위험을 막아 사직을 안정시키고자 하는데 무엇을 두려워하리오!"라고 하였다. 물론 여러 장군들에 의해서 어쩔 수 없이 이런 말을 했겠지만, 분명히 자기의 본심을 드러낸 것임에 틀림없었다. 이전에 현종이 아직 태자였던 숙종과 외부의 관계를 끊고자해서 위견(韋堅)·황보유명(皇甫惟明)과 왕충사(王忠嗣)에 대하여 단호한 시책을 취하였던 것처럼, 이번에는 숙종이 현종과 외부인과의 관계를 단절하기 위하여 이보국의 손을 빌어 아버지를 감금시킨 것이다. 자신의 권력을 다지는 투쟁에 있어서, 숙종의 이러한 점은 아버지인 현종보다 더욱 결단력이 있었다.

원래 현종을 모시던 환관 고력사·왕승은(王承恩)·위열(魏悅)은 유배되었고, 진현례도 퇴직을 당하였다. 현종을 수행하던 옥진공주(玉眞公主)는 옥진관(玉眞觀)으로 나가살게 되었고, 여선원(如仙媛)은 귀주(歸州, 지금의 호북성 秭歸縣)에 안치되었다. 현종의 신변에 있던 사람은 모두 바뀌었다. 숙종은 처음에는 문안을 드렸으나, 후에는 병이 있다는 핑계로 현종을 보러가지 않았다. 현종이 세상을 떠나기 5개월 전인 상원(上元) 2년(761) 11월 18일에 이르러서야 겨우 숙종은 서내에서 현종을 알현하였다.

현종은 비록 태상황의 호칭으로 남아있었지만 서내에서의 행동은 자유롭지 못하였다. 그의 신변에는 옷을 입고 음식을 먹는 것을 도와주기 위하여 숙종이 배치한 두 딸 만안공주(萬安公主)와 함의공주(咸宜公主)가 있었을 뿐, 말을 주고받을 만한 가까운 사람이 하나도 없었다. 현종은 깊고 깊은 고독과 번뇌에 빠져들었다. 번뇌는 사람의 마음을 어지럽히며 고독은 인내심과 평정심을 막아 버린다. 인간 세상에서의 부귀영화는 이미 흘러간 일이 되어버렸다. 현종은 단약(丹藥)을 먹는 일도 멈추었으며, 오래 살기 위하여 기도하지도 않았다. 게다가 "고기를 먹지 아니하고, 곡식을 꺼려"하였으며, 육류(肉類)를 들지 않고 양식(糧食)을 들지도 않았다. 그는 오로지 수련을 하여 신선이 되어 날개를 달고 하늘을 날아다니면서 해탈을 얻고자 하였다. 아마도 방법은 정확하지 않지만 주로 마음에 안녕을 얻고자 하였던 것일 것이다. 그러나 신선의 기운은 증가하지 않았고 신체는 오히려 날이 갈수록 쇠약해져서 결국 병으로 일어나지 못하였다. 보응(寶應) 원년(762) 4월 5일 그는 일생을 마쳤다.

후기(後記)

개원·천보 시기는 중국 고대의 황금기이자 전성기였다. 그런데 이러한 시기에 안사의 난은 또 다른 예외적인 결말을 가져다주었다.

이융기는 격동의 풍랑 위에서 처음부터 끝까지 수많은 파도를 넘어야만 했다. 비록 역사는 그에 대해 여러 가지를 비난하였지만 그가 안사의 난으로 말미암아 생겨난 역사적 책임을 졌다는 점에 대해서는 역사가들도 그 의견을 같이하고 있다. 『구당서』「현종기(玄宗紀)」를 적은 사관은 이 동란의 이유를 "사람을 등용하는 데 있어서 저지른 실책"으로 돌렸고, 범조우(范祖禹)는 『당감(唐鑑)』에서 "재상이 되지 말아야 할 사람을 재상으로 삼았기 때문"이라고 결론내렸다. 또한 『신당서(新唐書)』「현종기」의 찬을 지은 구양수(歐陽修)는 "여자 때문에 망했다"라고 생각하고 있는데, 마치 다른 사람들처럼 '여인의 재앙'이라는 똑같은 어조로 말하고 있는 듯하다.

그가 정성을 다해 정사를 돌보자 개원시대는 거의 태평성대에 이르렀다. 얼마나 성대하였는가! 그러나 사치한 마음이 한번 발동하자, 천하를 다한 욕망으로도 그 즐거움을 채우지 못하였고, 심히 사랑하는 바에 빠져서, 경계해야 할 바를 잊어버렸다. 결국은 몸을 망치고 나라를 잃어버리는 지경에 이르러서도 뉘우치지 않았다. 그 처음과 끝의 변화를 생각해 볼 때, 그 성격과 습관의 차이가 여기까지 미치게 하였던 것이다. 어찌 신중하지 못하였던가!

그러나 구양수는 모든 책임을 양귀비에게 돌리지 않고, 황제의 마음이 변한 것으로 되돌렸다. 이것은 성쇠치란(盛衰治亂)의 궁극적 원인을 황제로부터 찾기를 바라면서, 역사적 교훈을 찾아서 후인들에게 보여주려고 한 것이다.

민간에서는 그에 대하여 더욱 관용적인 태도를 취하였다. 백거이가 「장한가(長恨歌)」의 첫 부분에서 "황제가 여색을 중시하여 나라가 기울었네"라는 것은 그를 비판하고 견책하고자 하는 주제를 밝힌 것이다. 하지만 객관적으로 볼 때, 오히려 이융기는 사람들의 마음속에 애정과 충정의 불변하는 상징이 되었다. 희곡 예술가들은 그를 이원(梨園)의 창시자로 받들었으며, 그에게 예술가의 월계관을 씌워주었을 뿐만 아니라, 희곡 예술의 신으로 받들기도 하였다. 민간에 있어서 당현종은 풍류의 황제로 형상화되었으며, 특별히 영명하거나 어리석은 황제로 형상화되지는 않았다.

그러나 이융기는 중국 역사에서 반세기의 발전을 이루도록 영향을 준 황제이며, 그의 공벌과 시비가 어떻게 평가되든 그의 일생의 행적은 우리에게 분명한 계시를 남겨주고 있다. 이제 그와 관련된 수많은 역사 인물들에 대해 어떻게 평가해야 하는지, 역대 역사 학자의 비평과 민간의 전설에만 만족할 수는 없게 되었으며 새로운 탐색을 요구하게 되었다. 이 『당현종(唐玄宗)』은 바로 이러한 많은 탐색들 중의 하나이다. 다만 우리는 한 가지 관점에 주의를 기울여 몇 가지 견해를 내었으므로, 아직 접근하지 못한 문제도 많다고 하겠다. 우리는 여러분의 귀한 의견을 환영하나 이 책에 대해 완전한 책임을 요구하는 것을 바라지는 않는다.

　　그리고 이 책이 완성되기까지는 장옥량(張玉良)·호극(胡戟) 두 분 선생님의 독려와 독촉에 감사를 드린다.

　　본서의 1~13·15·17단원은 염수성(閻守誠)이 집필하였고, 14·16·18~23단원은 오종국(吳宗國)이 집필하였으며, 염수성(閻守誠)이 전체를 정리하였다.

作者

1989年 1月 21日

옮긴이 뒷글

중국의 역사를 살펴보면서, 각 왕조의 전성 시기의 황제가 그 번영의 절정에 이르게 하면서도 한편으로는 내리막을 걷게 만들어 버리는 양면성을 만들어 내고 있다는 점을 인식하지 않을 수 없었다. 진시황도 그러한 대표적인 사례이며, 한무제나 당현종, 그리고 송태종, 원세조(쿠빌라이), 명성조, 청고종(건륭제) 등을 손꼽을 수 있을 것이다. 시기가 다르고, 여러 가지 정치 환경이나 사회적 배경이 다르므로 그대로 그들의 이야기를 우리의 교훈으로 삼기는 쉽지 않겠지만, 홍성기의 저력을 이어나갈 수 있게 하는 참고자료로는 쓰일 수 있으리라고 생각하면서 이 책을 번역하게 되었다. 그럼에도 불구하고, 여러 가지 사정으로 상당한 시간을 지체하게 되었다. 그런데 이 책의 번역출판을 더 이상 미룰 수 없는 사정이 생겼다.

얼마 전에 『고려시대 율령의 복원과 정리』(영남대학교민족문화연구소)라는 연구결과가 한 권의 책으로 나왔다. 이제까지 고려율령에 대해서 부족했던 많은 부분을 밝혀내었다. 고려율에 당률 뿐 아니라, 송대나 원대를 비롯하여 요(遼)·금(金) 시대의 법제까지 영향을 받고 있는 점을 밝혀내고 있기도 하였다. 상당히 정성스러운 노력이 담겨있는 업적이라고 할 수 있다. 그 이후에 중국정법대학에서 박사학위 논문심사에 참가했던 적이 있

다. 옮긴이가 맡았던 분과에서는 4편의 논문을 심사했는데, 그 가운데 70
여 세의 만학도인 한국인이 제출한 『당률이 고려율에 미친 영향』(김영준)
이라는 논문은 이제까지 검토되지 않았던 많은 문제점을 언급하고 있어
서, 학계에 던져주게 될 과제거리가 매우 크다고 할 수 있다. 그 가운데에
서 고려율과 역대의 앞 왕조의 습관법과의 관계나 고려율이 제정된 역사
적 배경이나 시간 및 환경에 대해서 언급하면서, 『고려사』「형법지」에 실
린 71조의 내용(일명 '고려율')을 당률과 비교하여 분석하였다. 그러한 결
과로서 당률은 고려율에 대해서 일반법이며, 고려율은 당률을 고려왕조에
적용하는 데에서 파생되어 나오는 특별법이 되는 관계라고 결론지었다.

　단지, 좀 더 생각해 보아야 할 과제로서, 그의 학설을 수긍하면서도
㉠'고려율'은 ㉡당률+㉢『고려사』「형법지」에 실린 71조라고 보는 것이
나을 것이며, 이 경우에 ㉡당률은 본래의 당률에서 ㉢『고려사』「형법지」
에 실린 71조가 빠진 부분일 것이다. 또한, 고려율이 받아들인 당률이라는
것은 『당률소의』의 판본이 아니라, 『송형통』의 판본이라는 점을 유념할
필요가 있다. 김영준씨의 논문에서 획기적으로 밝혀놓은 부분들을 수긍하
면서 ㉢『고려사』「형법지」에 실린 71조에 절장법(折杖法)과 군률(軍律) 부
분이 삽입되어 있다고 지적한 점에서, 고려가 건국될 시점에서 가장 최근
에 중국에서 나온 『송형통』의 체제가 그렇게 구성되었으므로, 『송형통』
을 받아들였다고 해석하는 것이 합당하다고 생각된다. 물론 그 내용상 처
벌에서 강약의 차이가 있는 것은, 오랜 시간이 지나면서 변화되었다고 보
면 될 것이다.

　옮긴이는 고려율에 나오는 절장법(折杖法)을 이해할 수 있도록, 「송대
절장법 초고」라는 장문의 논문을 『아시아연구』(1・2 ; 2008)에 번역하여
실었다. 절장법을 이해하여야, 고려의 해당시기에 적용되는 형벌이 엄격
하였는지 여부를 이해할 수 있기 때문이다. 이는 결국 중국의 법제도가
한국에 유입되는 과정이기도 했으며, 결국 한국의 제도를 이해하려면 그

바탕을 찾다보면 중국의 제도를 이해하여야 풀릴 수 있는 경우가 있기 때문이다. 가령, 삼성(三省) 육부(六部)라고 이야기되는 당대의 제도가 당현종 시기에 이미 변화하고 있으며, 그 바뀐 제도가 거의 비슷한 시기에 한국에 영향을 미칠 수도 있지 않을까 생각해 볼 수도 있는 것이다. 중국사를 연구하는 옮긴이로서는, 중국사에서의 구체적 내용이 한국의 전통시대를 연구하는 데에 그 어떤 실마리를 제공할 수 있기를 몹시 바라고 있다. 그러한 점에서 당현종 시기에 이루어진 여러 가지 제도적인 변화는 그 이전 시기와는 크게 다른데, 아직 한국의 학계에서는 이 부분에 대해서 그다지 주목하고 있지 않은 듯 하다.

그러한 배려에서 오랫동안 미루어왔던 『당현종』의 번역서를 중국의 남경에 1년 동안 머물다 귀국한 뒤에 서둘러서 출판하려고 달려들었다. 그런데, 마지막 작업이라고 생각하고, 교정파일로 받지 않고 교정지로 받았는데, 너무나도 많은 오류가 생겨있는 것을 발견하였다. 보통, 출판사에서는 고치는 것이 많은 단계에서는 교정파일로 작업하도록 하며, 거의 완성된 단계에서는 교정지에 수정하도록 한다. 오랫동안 손을 놓고 있었던 『당현종』의 번역출판 작업이었는데, 우선 원본에 수많은 오자(誤字)가 있어서, 출판을 앞둔 최종 작업 단계에서는 이것을 인용한 본래의 원서에서 일일이 원본 대조해야 하는 과정이 필요했다. 또한, 교정지에서 많은 한자가 잘못 되어 있었으므로, 한자를 일일이 대조해야만 하였다. 심지어 상당히 많은 부분에서 번역의 내용이 반대로 되어있었다. 이 점은 이 번역출판이 아래에 언급하는 사정상 이미 몇 번이나 담당하는 출판사가 바뀌었기 때문이다.

본래, 이 책의 번역은 1990년대에 당시 경북대학교에 재학하던 이지은 씨가 중국사를 공부하고 싶다고 해서 매주 한번 씩 공부모임을 가졌던 것이 출발점이었다. 처음에는 『무측천평전』을 교재로 삼았으며, 그 다음에 『당현종』을 교재로 삼았다. 이 책이 해당 시기의 문제점들을 설득력 있게 설명해 주고 있기 때문이었다. 그 결과물을 몇 번이나 손질하여, 어느 출판사에 넘겼었다. 이미 두 권 모두 원저자에게 판권료를 옮긴이가 지불하였었다. 그런데, 이 책을 출판하기로 했던 출판사의 담당자의 친구가 근무하는 다른 출판사에서 『무측천평전』을 출판사끼리 계약하여 번역 출판한다고 하자, 본래 이 책을 출판 직전까지 작업하였던 출판사에서 두 권 모두를 포기하겠다고 해 버리는 바람에 그 이후 이 책의 출판이 허공에 떠버리게 되었다. 이에 이 책의 문장을 좀 더 쉽게 읽힐 수 있도록 만들기 위해서 공역체제로 들어갔다. 나중에 『당현종』과 『중국전쟁사』의 번역출판을 신서원에서 맡기로 했는데, 『중국전쟁사』의 원저작 출판사와의 출판계약 때문에 지체되다가 임성렬 사장께서 병환으로 돌아가셔서 다시금 이 책의 출판이 결렬되었다.

최근 들어서, 이 책의 출판을 서경문화사에서 맡아주기로 결정되었다. 서경문화사의 김선경 사장님을 비롯하여, 김소라, 김윤희 씨의 수고에 감사드린다. 그 이후에도 꽤 지체되었는데, 옮긴이가 중국에서의 1년 생활을 마치고 귀국한 뒤에 다른 일을 모두 미루어놓고 최종 작업하느라고 꼬빡 이에 매달렸는데도 이렇게 늦어진 것은 모두 옮긴이의 게으름 때문이라고 변명하지 않을 수 없게 되었다. 애초에는 당현종 시대와 관련된 문화재 등의 사진도 넣을 생각이었으나, 이미 쪽수가 거의 400쪽에 가까우므로, 본문 내용만을 싣기로 하였다. 그리고, 이 책의 기나긴 번역과정 동안, 몇 번이나 이 책을 교재로 사용하여 수업했던 적이 있는데, 이에 관련된 내용이나 전후 시기의 배경을 ppt로 작업하여서 싸이월드의 중국문화탐방(http://junggug.cyworld.com)에 올려두었다. 경우에 따라서는 이 책을 이해하는 데에 손쉽게 접근할 수 있는 방법이 될 수 있을지도 모르겠다.

이 책에서는 당현종 시기의 교류 판도에 걸맞게, 중국인이 아닌 인물도 자주 등장한다. 이 경우에 가급적 그 본인의 본래 이름을 음사(音寫)하려고 노력하였다. 그 과정에서 정재훈 교수로부터 많은 도움을 얻었다.

이 점에 대해 고맙게 생각한다. 또한, 최종 단계에서 이 책을 꼼꼼하게 읽으면서 여러 가지 오류를 지적해 주신 남인국 교수님과 이상훈 님께 감사드린다.

이 번역서가 한국사를 연구하시는 분들에게도 재미있는 읽을거리로서 제공되기를 기대하는 바이다.

2012년 봄
옮긴이 씀

찾아보기

ㅇ

ㅊ